プリント形式のリアル過去問で本番の臨場感！

大阪府

清風中学校

2025年春受験用

解答集

本書は，実物をなるべくそのままに，プリント形式で年度ごとに収録しています。
問題用紙を教科別に分けて使うことができるので，本番さながらの演習ができます。

■ 収録内容

・解答集(この冊子です)

書籍ＩＤ番号，この問題集の使い方，最新年度実物データ，リアル過去問の活用，
解答例と解説，ご使用にあたってのお願い・ご注意，お問い合わせ

・2024(令和６)年度 ～ 2021(令和３)年度　学力検査問題

JN132416

〇は収録あり

年度	'24	'23	'22	'21		
■ 問題(前期，前期プレミアム・理Ⅲ)	〇	〇	〇	〇		
■ 解答用紙	〇	〇	〇	〇		
■ 配点	〇	〇	〇	〇		

全教科に解説があります

注)国語問題文非掲載:2024年度前期の【三】，2021年度前期の【三】

問題文の非掲載につきまして

著作権上の都合により，本書に収録している過去入試問題の本文の一部を掲載しておりません。ご不便をおかけし，誠に申し訳ございません。

本文の一部を掲載できなかったことによる国語の演習不足を補うため，論説文および小説文の演習問題のダウンロード付録があります。弊社ウェブサイトから書籍ＩＤ番号を入力してご利用ください。

なお，問題の量，形式，難易度などの傾向が，実際の入試問題と一致しない場合があります。

教英出版

■ 書籍ＩＤ番号

入試に役立つダウンロード付録や学校情報などを随時更新して掲載しています。
教英出版ウェブサイトの「ご購入者様のページ」画面で，書籍ＩＤ番号を入力してご利用ください。

書籍ＩＤ番号　107429

（有効期限：2025年9月30日まで）

【入試に役立つダウンロード付録】
「要点のまとめ（国語／算数）」
「課題作文演習」ほか

■ この問題集の使い方

年度ごとにプリント形式で収録しています。針を外して教科ごとに分けて使用します。①片側，②中央のどちらかでとじてありますので，下図を参考に，問題用紙と解答用紙に分けて準備をしましょう（解答用紙がない場合もあります）。

針を外すときは，けがをしないように十分注意してください。また，針を外すと紛失しやすくなりますので気をつけましょう。

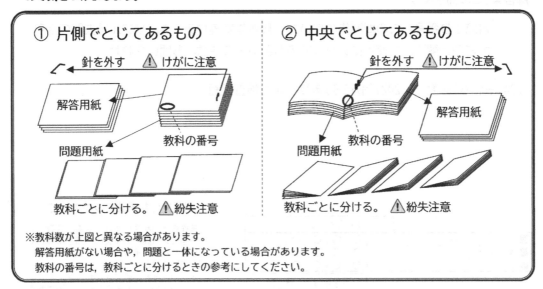

① 片側でとじてあるもの

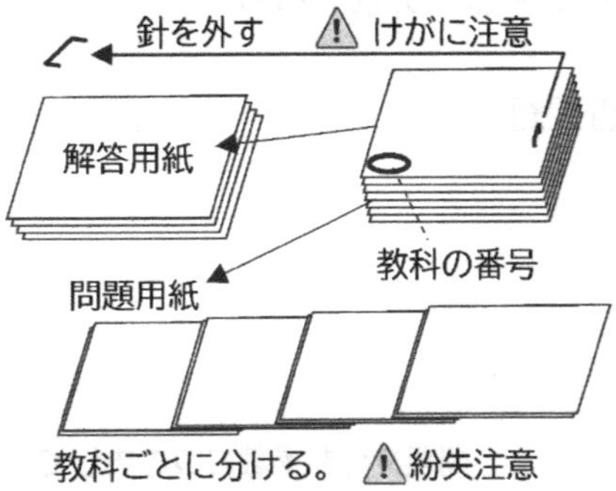

② 中央でとじてあるもの

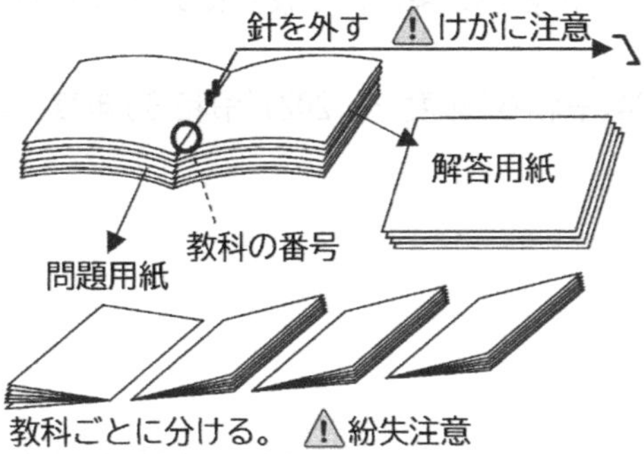

※教科数が上図と異なる場合があります。
解答用紙がない場合や，問題と一体になっている場合があります。
教科の番号は，教科ごとに分けるときの参考にしてください。

■ 最新年度 実物データ

実物をなるべくそのままに編集していますが，収録の都合上，実際の試験問題とは異なる場合があります。実物のサイズ，様式は右表で確認してください。

問題用紙	Ｂ５冊子（二つ折り）
解答用紙	Ｂ４片面プリント

リアル過去問の活用

～リアル過去問なら入試本番で力を発揮することができる～

本番を体験しよう！

問題用紙の形式（縦向き／横向き），問題の配置や余白など，実物に近い紙面構成なので本番の臨場感が味わえます。まずはパラパラとめくって眺めてみてください。「これが志望校の入試問題なんだ！」と思えば入試に向けて気持ちが高まることでしょう。

入試を知ろう！

同じ教科の過去数年分の問題紙面を並べて，見比べてみましょう。

① 問題の量

毎年同じ大問数か，年によって違うのか，また全体の問題量はどのくらいか知っておきましょう。どのくらいのスピードで解けば時間内に終わるのか，大問ひとつにかけられる時間を計算してみましょう。

② 出題分野

よく出題されている分野とそうでない分野を見つけましょう。同じような問題が過去にも出題されていることに気がつくはずです。

③ 出題順序

得意な分野が毎年同じ大問番号で出題されていると分かれば，本番で取りこぼさないように先回りして解答することができるでしょう。

④ 解答方法

記述式か選択式か（マークシートか），見ておきましょう。記述式なら，単位まで書く必要があるかどうか，文字数はどのくらいかなど，細かいところまでチェックしておきましょう。計算過程を書く必要があるかどうかも重要です。

⑤ 問題の難易度

必ず正解したい基本問題，条件や指示の読み間違いといったケアレスミスに気をつけたい問題，後回しにしたほうがいい問題などをチェックしておきましょう。

問題を解こう！

志望校の入試傾向をつかんだら，問題を何度も解いていきましょう。ほかにも問題文の独特な言いまわしや，その学校独自の答え方を発見できることもあるでしょう。オリンピックや環境問題など，話題になった出来事を毎年出題する学校だと分かれば，日頃のニュースの見かたも変わってきます。

こうして志望校の入試傾向を知り対策を立てることこそが，過去問を解く最大の理由なのです。

実力を知ろう！

過去問を解くにあたって，得点はそれほど重要ではありません。大切なのは，志望校の過去問演習を通して，苦手な教科，苦手な分野を知ることです。苦手な教科，分野が分かったら，教科書や参考書に戻って重点的に学習する時間をつくりましょう。今の自分の実力を知れば，入試本番までの勉強の道すじが見えてきます。

試験に慣れよう！

入試では時間配分も重要です。本番で時間が足りなくなってあわてないように，リアル過去問で実戦演習をして，時間配分や出題パターンに慣れておきましょう。教科ごとに気持ちを切り替える練習もしておきましょう。

心を整えよう！

入試は誰でも緊張するものです。入試前日になったら，演習をやり尽くしたリアル過去問の表紙を眺めてみましょう。問題の内容を見る必要はもうありません。どんな形式だったかな？受験番号や氏名はどこに書くのかな？…ほんの少し見ておくだけでも，志望校の入試に向けて心の準備が整うことでしょう。

そして入試本番では，見慣れた問題紙面が緊張した心を落ち着かせてくれるはずです。

※まれに入試形式を変更する学校もありますが，条件はほかの受験生も同じです。心を整えてあせらずに問題に取りかかりましょう。

2024 解答例
令和６年度

清風中学校【前期】【前期プレミアム・理Ⅲ選抜】

《前期　国語》

【一】問一．a．ウ　b．ア　c．イ　問二．耳　問三．イ　問四．イ　問五．ウ　問六．エ
問七．B，F

【二】問一．a．当初　b．単刀　c．迷　d．適応　問二．１．イ　２．ア　３．エ
問三．Ⅰ．忍耐力と克己心　Ⅱ．条件の良いところ　Ⅲ．体を使って心を鍛える　問四．エ　問五．ウ
問六．誰かが言っ～かったから　問七．Ⅰ．酸素が薄い　Ⅱ．不利　Ⅲ．体が高地に慣れる　Ⅳ．対乳酸能力
問八．根拠なく信じられている常識や固定観念を、実際に検証しなければ、間違いがあっても気づかないままになり、向上できないから。

【三】①ためらう　②きゅうを据える　③必需品　④普及　⑤いつしか　⑥情景　⑦統計史上
⑧身を潜める　⑨機会　⑩遺物

《前期　算数》

1　(1)1000　(2)大人…3300　子ども…1650　(3)４　(4)540　(5)10

2　(1)４　(2)12　(3)９時間20分　(4)ア．４　イ．３

3　(1)６　(2)$5\frac{5}{8}$　(3)９：１　(4)$2\frac{17}{24}$

4　(1)体積…50.24　表面積…113.04　(2)30.144　(3)31.4　(4)125.6

5　(1)①６　②26　(2)①22　②17

《前期　理科》

1　問１．イ，エ　問２．(1)エ　(2)90　問３．(1)ろ過　(2)10.2　問４．９

2　問１．気孔　問２．(1)ウ　(2)エ　問３．(1)ウ　(2)3.3　(3)0.3

3　問１．イ，オ　問２．ア，エ　問３．269　問４．2.8　問５．③14　④73

4　問１．(1)イ　(2)ア　問２．ア　問３．イ　問４．ウ　問５．イ

5　問１．オ　問２．イ　問３．エ　問４．ウ，カ　問５．①0.5　②1.5　③X

6　問１．15　問２．60　問３．40　問４．36　問５．60　問６．10　問７．36

《前期　社会》

1　問１．ア　問２．イ　問３．エ　問４．潮目〔別解〕潮境　問５．ウ　問６．イ　問７．イ

2　問１．ア　問２．ウ　問３．イ

3　問１．ア　問２．イ　問３．イ　問４．イ　問５．ア　問６．ウ　問７．ア　問８．オ
問９．ア　問10．エ

4　問１．ア　問２．ヤングケアラー　問３．イ　問４．エ　問５．ウ　問６．ア　問７．エ
問８．エ　問９．ウ　問10．エ

《前期プレミアム・理Ⅲ選抜　国語》

【一】問一．ａ．平板　ｂ．得体　ｃ．興奮　ｄ．ぎょうそう　ｅ．裏腹　　問二．⑴イ　⑵エ　⑶ア
問三．ウ　　問四．ウ　　問五．セイタカア～害するもの　　問六．イ　　問七．エ　　問八．Ｃ，Ｅ
問九．亡くなった人間が生きられるのは生きている人間の記憶の中だけだから、拓海の言葉を信じて優しい祖父の姿が真実だと決めた陸の心が大事であり、祖父が花壇を踏み荒らした真相はわからないままでよいということ。

【二】Ａさんは、ＡＩの技術が急速に発達しており、ＡＩが高度な仕事をこなせる上にコストを節約できるという利点もあるので、将来は人間の代わりに幅広い仕事を引き受けるようになると考えている。一方、Ｂさんは、相手がＡＩではなく人間だからこそ、私たちが相手を信頼したり相手と共感し合ったりすることができるので、ＡＩの能力をしっかりと見極めて、任せられることとそうでないことを見分けていくことが必要になると考えている。

《前期プレミアム・理Ⅲ選抜　算数》

1　⑴１　⑵1500　⑶１　⑷18　⑸41.28

2　⑴280　⑵165　⑶525　⑷１分25秒後

3　⑴12.56　⑵88.44　⑶144　⑷45.12

4　⑴48　⑵42　⑶①12　②26

5　⑴⑧　⑵４　⑶100　⑷3239

清風中学校【前期】

《2024　前期　国語　解説》

【一】

問二　「耳障り」は、聞いていて気にさわったり不快に感じたりすること。「耳を疑う」は、思いがけないことを聞いて、信じられず、聞きちがいかと思うこと。

問三　「そのときふいに現れたべつの手が、こぼれたクリームシチューを雑巾でぬぐいだした～三熊だった」とあり、三熊は「おれ」に「ひとりじゃ時間かかっちゃうでしょ。それに、吹奏楽部の仲間なんだからさ」と言った。そして「おれ」は、「三熊のように親切でやさしく、協調性のある人間だったら」と思ったとある。これらの内容から、ア、ウ、エのような人物像が読みとれる。よって、イが適さない。

問四　「おれ」がこぼしてしまったクリームシチューを三熊はいっしょに片付けてくれて、おたがいに本当の気持ちを話したことで、「おれ」は「三熊と協力して、すこしずつ頑張ってみよう～吹奏楽部のみんなといっしょにできるように」という気持ちになっている。その思いが――線部②にこめられているので、イが適する。アの「せめてもの償いとして味わって食べるべきだと思った」、ウの「一緒に食べてくれており、ありがたいと思った」、エの「三熊たちと仲良くなれた」などは適さない。

問五　「戸惑ったままだった」とあるので、どうしてよいかわからない様子であったことが読みとれる。よって、ウが適する。アの「胸を打たれた」、イの「あきれている」は適さない。エの「高城(おれ)のことを三熊が肩を持つ」は、――線部③より後の出来事なので適さない。

問六　「結果がどうなろうと」は、信任投票の結果、部長を続けることができなくなっても、という意味。――線部②の直前で「それでも(部長を続けられなくなっても)三熊と協力して、すこしずつ頑張ってみよう。あのときおれが感動したような素晴らしい演奏を、吹奏楽部のみんなといっしょにできるように」と思っていることから、エが適する。

問七　Ｂさんの「後半からは、物語が三熊の視点からも語られていた」は誤り。Ｆさんの「みんなの先頭に立つ力強いリーダーが大切だ」は本文の内容に合わない。

【二】

問三Ⅰ・Ⅱ　「東スイに伝統的に伝わっているものとして、『大切なのは忍耐力と克己心だ』『条件の良いところばかりでやらせない』といった教えがある」より、下線部を抜き出す。　Ⅲ　「『道』のつくスポーツ～では、体を使って心を鍛えるということが、もっとも基本的で伝統的な考え方になっている」より、下線部を抜き出す。

問四　――線部②の「それ」が指す内容を読みとる。それは「一つのメニューに一つの要素しかないということはない」「複数の要素が盛りこまれていないと、『練習』とは呼べない」という考えに基づくものであり、「たとえば生理学的なこと～複数の要素が盛りこまれていなければならない。その上で～精神的な部分を鍛える要素も、ちゃんと組みこまれている」といったものである。この内容に、エが適する。アの「伝統的なやり方に則ってひたすら選手を過酷な条件下において」、イの「持久力を支える精神的な部分を優先して」、ウの「どちらが高いかをよく見極めたうえで～より効率的な要素を」は適さない。

問五　――線部③の直後で「なぜ～成功できたのか。それは従来の高地トレーニングとは違う目的を持って臨んだからである」と理由を述べ、さらに具体的に「それまでの高地トレーニング～持久力を向上させることをもっぱら目的としていた。しかし私たちは～対乳酸能力を高めることを目的にした」と説明している。また、「対乳酸能力を高める」効果について、――線部⑤の１～４行後に「乳酸がどんどんたまり、相当にきつい練習になる。そこを我慢して頑張らせる～平地に戻ると～乳酸がたまるのが遅くなる。その分だけ～スピード・アップすることができるはずだ」と書かれている。これらの内容に、ウが適する。アの「無駄なトレーニングを極力省きつつ」、イの「是が非でも金メダルを取るために」、エの「持久力を向上させるトレーニングを積むことで」は適さない。

問六　本文後ろから４～５行目の「誰かが言ったことをそのまま鵜呑みにし、誰も検証してみようとしなかったから、いつの間にかそれが常識や固定観念になってしまったのだ」より、下線部が36字。

問七　「デメリット」は、欠点、短所。「メリット」は、利点、長所。――線部⑤の前後で「酸素が薄い環境の中で、体が高地に慣れる前に、高地でだからこそできるトレーニングがあるはず～思いっきりスピードを上げさせる練習」「平地で泳ぐと、七五メートル～八〇メートルあたりから～高地～五〇メートルも泳ぐと、もう乳酸がたまってくる～だったら、あえて不利な環境の中で練習する」「体がまだ高地に慣れないうちにスピードを思いっきり出させる。すると乳酸がどんどんたまり、相当にきつい練習になる。そこを我慢して頑張らせる～平地に戻ると～乳酸がたまるのが遅くなる(対乳酸能力が高まる)」と述べていることから読みとる。

問八　高地トレーニングは持久力を向上させるためにするものだ、高地に行ったらスピードがなくなる、といった「常識とか固定観念」にとらわれないで、あえて「対乳酸能力を高めることを目的にした」ために、北島選手は高地トレーニングで成功できたのである。つまり、実際にやってみることで、常識や固定観念の間違いに気づいたり、良い結果が生まれたりするということ。そのことを本文の最後で「誰かが言ったことをそのまま鵜呑みにし、誰も検証してみようとしなかったから、いつの間にかそれが常識や固定観念になってしまったのだ。だが、実際に検証してみれば、常識と思われていたことが非常識であることに気づく」と述べている。

《2024　前期　算数　解説》

1 (1)　与式＝25×３＋25×９＋25×３×５＋25×13＝25×(３＋９＋15＋13)＝25×40＝**1000**

(2)　大人10人と子ども５人が休日に行くと入場料の合計は，7500×５×(１＋0.1)＝41250(円)

大人10人と子ども４人が休日に行くと入場料の合計が39600円になるから，休日の子ども１人の入場料は，

41250－39600＝**1650**(円)　　よって，休日の大人１人の入場料は，(39600－1650×４)÷10＝**3300**(円)

(3)　2024÷７＝289.142857142857…より，小数点以下の位は142857という６つの数をくり返す。

2024÷６＝337余り２より，小数第2024位は142857を337回くり返した後の２けた目の数だから，**4**である。

(4)　三角形の１つの外角は，これととなり合わない２つの内角の和に等しいから，

右図のように記号で角の大きさを表せる。よって，印をつけた角の大きさをすべて足すと，

五角形の内角の和になるから，180°×(５－２)＝**540°**

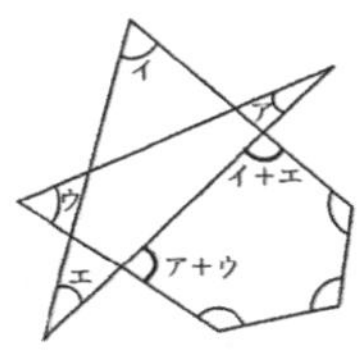

(5)　**【解き方】２つの長方形どちらについても，重なり合った部分を取り除き，切り取った辺でくっつけると，長方形ができる。このようにしてできた２つの長方形を，長方形Ａ，長方形Ｂとする。**

長方形Ａと長方形Ｂは縦の長さの和が2.5×４＝10(cm)だから，横の長さの和は，34－10＝24(cm)である。長方形Ａと長方形Ｂを合わせると，縦が2.5cmで横が24÷２＝12(cm)の長方形ができ，その面積は，2.5×12＝30(cm²)

もとの長方形２つの面積の合計は，2.5×10×２＝50(cm²)だから，重なった部分の面積は，(50－30)÷２＝**10**(cm²)

2 **【解き方】作業全体の量を１とすると，ロボットＡ１台が１時間でする作業の量は，１÷８÷６＝$\frac{1}{48}$となり，ロボットＡ２台とロボットＢ１台が１時間でする作業の量は，１÷３÷６＝$\frac{1}{18}$となる。よって，ロボットＢ１台が１時間でする作業の量は，$\frac{1}{18}-\frac{1}{48}\times 2=\frac{1}{72}$となる。これをもとに計算していく。**

(1)　１日ごとに$\frac{1}{48}\times 2\times 6=\frac{1}{4}$の作業が終わるから，ちょうど**4**日間で終わる。

(2)　１日ごとに$\frac{1}{72}\times 6=\frac{1}{12}$の作業が終わるから，ちょうど**12**日間で終わる。

(3) 作業した量は，$\frac{1}{48}\times 2\times 6+\frac{1}{72}\times 2\times 6=\frac{5}{12}$だから，残りの作業は，$1-\frac{5}{12}=\frac{7}{12}$となる。

ロボットＡ３台が１時間でする作業の量は，$\frac{1}{48}\times 3=\frac{1}{16}$

よって，残りの作業にかかる時間は，$\frac{7}{12}\div\frac{1}{16}=\frac{28}{3}=9\frac{1}{3}$(時間)→**９時間 20 分**である。

(4) 次の日に残った作業は，$1-\frac{3}{4}=\frac{1}{4}$であり，ロボットＡ１台が３時間でする作業の量は，$\frac{1}{48}\times 3=\frac{1}{16}$だから，

残りの作業をするロボットＡの台数は，$\frac{1}{4}\div\frac{1}{16}=$ ア**4**(台)

ロボットＢを加えて１日目にした作業は$\frac{3}{4}$だから，ロボットＢだけがした作業は，$\frac{3}{4}-\frac{1}{48}\times 4\times 6=\frac{1}{4}$

ロボットＢ１台が６時間でする作業の量は，$\frac{1}{72}\times 6=\frac{1}{12}$だから，ロボットＢの台数は，$\frac{1}{4}\div\frac{1}{12}=$ イ**3**(台)

3 (1) 角ＡＢＦ＝角ＦＢＣ，角ＡＦＢ＝角ＦＢＣ(平行線の錯角)より，角ＡＢＦ＝角ＡＦＢとなるから，

三角形ＡＢＦはＡＢ＝ＡＦの二等辺三角形となる。よって，ＡＦ＝ＡＢ＝**６㎝**である。

(2) **【解き方】右の「１つの角を共有する三角形の面積」を利用し，三角形ＡＣＤの面積から三角形ＡＧＦの面積を求める。**

> **１つの角を共有する三角形の面積**
> 右図のように三角形ＰＱＲと三角形ＰＳＴが１つの角を共有するとき，三角形ＰＳＴの面積は，
> (三角形ＰＱＲの面積)$\times\frac{PS}{PQ}\times\frac{PT}{PR}$
> で求められる。
>
> 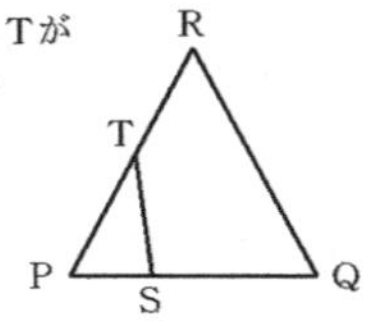
>

ＡＤとＢＣが平行だから，三角形ＡＧＦと三角形ＣＧＢは同じ形なので，

ＡＧ：ＣＧ＝ＡＦ：ＣＢ＝６：10＝３：５

三角形ＡＣＤの面積は平行四辺形ＡＢＣＤの面積の$\frac{1}{2}$なので，$50\times\frac{1}{2}=25$(㎠)

よって，三角形ＡＧＦの面積は，(三角形ＡＣＤの面積)$\times\frac{AF}{AD}\times\frac{AG}{AC}=25\times\frac{6}{10}\times\frac{3}{3+5}=\frac{45}{8}=$ **$5\frac{5}{8}$**(㎠)

(3) **【解き方】ＡＩ，ＡＪの長さがＡＥの長さの何倍か求め，ＩＪの長さがＡＥの長さの何倍か求める。**

ＢＥ：ＥＣ＝１：４より，$BE=10\times\frac{1}{1+4}=2$(㎝)

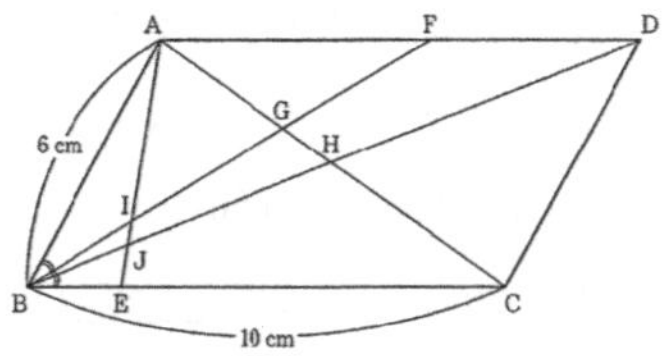

ＡＤとＢＣが平行だから，三角形ＡＩＦと三角形ＥＩＢは同じ形なので，

ＡＩ：ＥＩ＝ＡＦ：ＥＢ＝６：２＝３：１，$AI=AE\times\frac{3}{3+1}=AE\times\frac{3}{4}$

また，三角形ＡＪＤと三角形ＥＪＢは同じ形なので，

ＡＪ：ＥＪ＝ＡＤ：ＥＢ＝10：２＝５：１，$AJ=AE\times\frac{5}{5+1}=AE\times\frac{5}{6}$

よって，$IJ=AJ-AI=AE\times\frac{5}{6}-AE\times\frac{3}{4}=AE\times\frac{1}{12}$と表せるから，

$AI:IJ=(AE\times\frac{3}{4}):(AE\times\frac{1}{12})=$ **９：１**

(4) **【解き方】(2)の「１つの角を共有する三角形の面積」を利用して，三角形ＡＪＨの面積から三角形ＡＩＧの面積を引く。**

(三角形ＡＥＣの面積)＝(三角形ＡＢＣの面積)$\times\frac{EC}{BC}=\frac{50}{2}\times\frac{4}{5}=20$(㎠)

平行四辺形の２本の対角線はたがいの真ん中の点で交わるから，

(三角形ＡＪＨの面積)＝(三角形ＡＥＣの面積)$\times\frac{AJ}{AE}\times\frac{AH}{AC}=20\times\frac{5}{6}\times\frac{1}{2}=\frac{25}{3}$(㎠)

(三角形ＡＩＧの面積)＝(三角形ＡＥＣの面積)$\times\frac{AI}{AE}\times\frac{AG}{AC}=20\times\frac{3}{4}\times\frac{3}{8}=\frac{45}{8}$(㎠)

よって，四角形ＩＪＨＧの面積は，$\frac{25}{3}-\frac{45}{8}=\frac{65}{24}=$ **$2\frac{17}{24}$**(㎠)

4 (1) 底面が半径ＢＣ＝４㎝の円で，高さがＡＣ＝３㎝の円すいとなるから，体積は，４×４×3.14×３÷３＝16×3.14＝**50.24**(㎤)　　円すいの側面積は，(底面の半径)×(母線の長さ)×3.14 で求められる(この円すいの母線はＡＢ＝５㎝)から，この円すいの側面積は，４×５×3.14＝20×3.14(㎠)

底面積は，$4\times4\times3.14=16\times3.14$(cm²)　　よって，表面積は，$20\times3.14+16\times3.14=36\times3.14=$**113.04**(cm²)

(2)　**【解き方】Cから辺ABに垂直な線を引き，ABと交わる点をDとすると，底面の半径がCDの２つの円すいを合わせた立体ができる。**

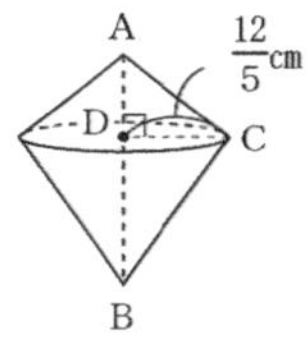

三角形ABCの面積は，$4\times3\div2=6$(cm²)だから，$CD=6\times2\div5=\frac{12}{5}$(cm)

立体は右図のようになり，２つの円すいの体積の和は，(底面積)×AB÷３で求められるから，

体積は，$\frac{12}{5}\times\frac{12}{5}\times3.14\times5\div3=\frac{48}{5}\times3.14=$**30.144**(cm³)

(3)　**【解き方】円柱から円すいを取り除いた立体ができる。**

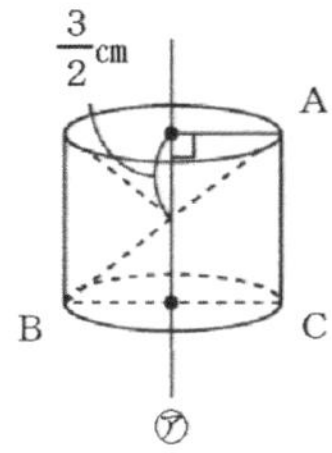

円柱は，底面の半径がBC÷２＝２(cm)，高さがAC＝３cmだから，

体積は，$2\times2\times3.14\times3=12\times3.14$(cm³)

円すいは，底面の半径がBC÷２＝２(cm)，高さが$\frac{AC}{2}=\frac{3}{2}$(cm)だから，

体積は，$2\times2\times3.14\times\frac{3}{2}\div3=2\times3.14$(cm³)

よって，求める体積は，$12\times3.14-2\times3.14=10\times3.14=$**31.4**(cm³)

(4)　**【解き方】右図のように，三角形EBGの回転体の円すい(円すい①とする)から，三角形EAFの回転体の円すい(円すい②とする)と，四角形ACGFの回転体の円柱を除いた立体ができる。**

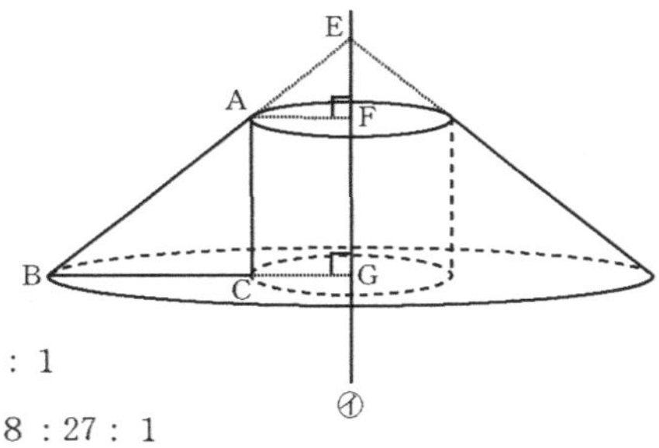

三角形ABCと三角形EBGと三角形EAFは同じ形だから，

三角形ABCの回転体の円すいと円すい①と円すい②は同じ形

であり，対応する辺の比は，BC：BG：AF＝４：６：２＝２：３：１

これより，体積比は，(２×２×２)：(３×３×３)：(１×１×１)＝８：27：１

したがって，円すい①から円すい②を取り除いた立体の体積は，三角形ABCの回転体の円すいの体積の，

$\frac{27-1}{8}=\frac{13}{4}$(倍)だから，(1)より，$16\times3.14\times\frac{13}{4}=52\times3.14$(cm³)

円柱の体積は，(3)の円柱の体積と等しく，12×3.14(cm³)

よって，求める体積は，$52\times3.14-12\times3.14=40\times3.14=$**125.6**(cm³)

5　(1)①　52と78の最小公倍数156が作る正方形の１辺の長さになる。縦に並べる枚数は，156÷52＝３(枚)，横に並べる枚数は，156÷78＝２(枚)だから，必要な枚数は，３×２＝**6**(枚)

②　52と78の最大公約数26が切り分ける正方形の１辺の長さになる。よって，求める長さは**26**cmである。

(2)①　**【解き方】図形を右図のように分割する。正方形のタイルの１辺の長さは，88，110，132の約数のうち，最も大きい数である。**

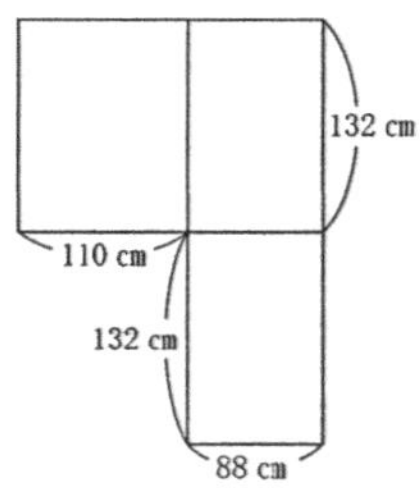

正方形のタイルの１辺の長さは，88，110，132の最大公約数だから，

右の筆算より，２×11＝**22**(cm)

```
 2 ) 88  110  132
11 ) 44   55   66
      4    5    6
```

②　**【解き方】AからBに向かって直線を引いたときに，最初にタイルの頂点を通るのがいつかを考える。**

縦264cm，横198cmの長方形の中に，１辺が22cmの正方形のタイルを敷きつめると，縦に264÷22＝12(枚)，横に198÷22＝９(枚)並ぶ。

12と９の最大公約数は３だから，AからBに向かって直線を引いていくと，縦に12÷３＝４(枚)，横に９÷３＝３(枚)進むたびに，タイルの頂点を通る。縦４枚，横３枚のタイルからできる長方形を長方形Cとすると，長方形Cは図Ⅰのようになり，直線ABが通るタイルは６枚である。

図Ⅰ

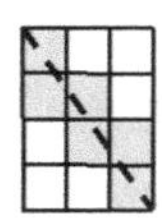

図Ⅱ

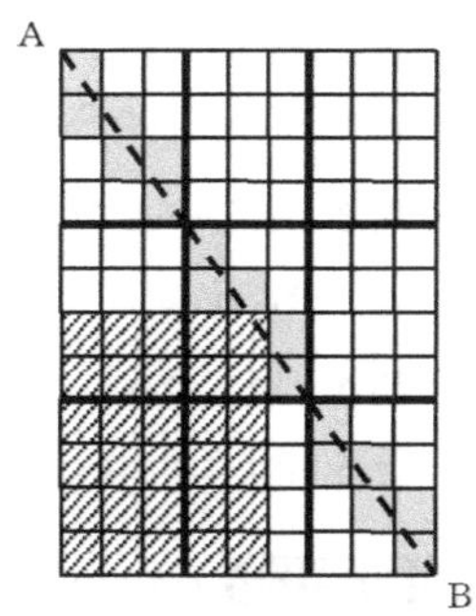

縦264㎝，横198㎝の長方形の中に，長方形Cは縦と横に３枚ずつ敷きつめられる。
また，縦132㎝，横110㎝の長方形の中に，タイルが何枚敷きつめられるか計算すると，縦に132÷22＝６(枚)，横に110÷22＝５(枚)となる。したがって，図形全体について図Ⅱのように作図でき，斜線部分は切り取った長方形だから，直線ＡＢが通るタイルの枚数は，６×３－１＝17(枚)となる。

《2024　前期　理科　解説》

1　問１　ア×…水溶液の濃さは，時間がたってもどこも同じである。　ウ×…色のついた水溶液もある。

問２(2)　同じ温度において，溶ける物質の量は溶かす水の量に比例する。40℃の水 100ｇには食塩が 36ｇまで溶けるから，40℃の水 250ｇには $36\times\frac{250}{100}=90$(ｇ)まで溶ける。

問３(2)　60℃の水 100ｇにはホウ酸が 15ｇまで溶け，20℃の水 100ｇにはホウ酸が 4.8ｇまで溶けるから，20℃まで冷やすと，ホウ酸 15－4.8＝10.2(ｇ)が溶けきれなくなって結晶として出てくる。

問４　20℃に冷やした水溶液にホウ酸は4.8ｇ溶けているから，はじめの 20ｇにホウ酸は4.8＋6.2＝11(ｇ)，食塩は 20－11＝９(ｇ)含まれていたとわかる。

2　問２(1)　根から吸い上げた水の通り道を道管，葉で作られた養分の通り道を師管といい，これらが束になったものを維管束という。ホウセンカなどの葉脈が網目状になっている植物(双子葉類)では，茎の維管束は輪状に並んでいるため，断面はウのようになる。なお，イネなどの葉脈が平行になっている植物(単子葉類)では，茎の維管束はバラバラになっているため，断面はイのようになると考えられる。

問３(2)　ワセリンを塗ると気孔がふさがれ，塗った部分からは蒸散が起こらなくなる。したがって，蒸散が起こる場所は，Ａが葉の表側と裏側と茎，Ｂが葉の裏側と茎，Ｃが葉の表側と茎である。よって，葉の裏側からの蒸散によって出ていった水の量は，ＡとＣの減少した水の量の差の 5.3－2.0＝3.3(mL)である。　(3)　(2)解説より，茎からの蒸散によって出ていった水の量は，Ｂの減少した水の量から葉の裏側からの蒸散量を引いた 3.6－3.3＝0.3(mL)である。

3　問１　こん虫の体は，頭・胸・腹の３つに分かれていて，３対(６本)のあしが胸についている。

問２　アやエのように，卵→幼虫→さなぎ→成虫と育つことを完全変態といい，イやウやオのように，卵→幼虫→成虫と育つことを不完全変態という。

問３　ある成長段階の〔はじめの数－死亡数〕が，次の成長段階のはじめの数に等しくなるから，①にあてはまる数値は 442－173＝269 である。

問４　卵のはじめの数は 1012 個であり，成虫になる数は 28 匹だから $\frac{28}{1012}\times100=2.76\cdots\to2.8$(％)である。

問５　③$28\times\frac{1}{1+1}=14$(匹)　④1012÷14＝72.2…(個)より，成虫のメスは１匹あたり少なくとも 73 個の卵を産む必要がある。

4　問１(1)　流れる水が砂や泥をけずるはたらきをしん食，運ぶはたらきを運ぱん，積もらせるはたらきをたい積という。　(2)　川の上流は水の流れが速くしん食作用が大きくなって，Ｖ字谷ができやすい。なお，扇状地は山から平地に出るところで水の流れがゆるやかになって，たい積作用が大きくなってできる。また，扇状地と同じはたらきで河口付近にできる地形を三角州という。

問３　イ○…Ａでは，水の流れが速いので全体的にけずられる。さらに水の流れが端より速い中央部は，端より深くけずられる。

問４　図２のＢのように，川の曲がったところでは，内側(ａ側)より外側(ｂ側)の方が水の流れが速いため，内側には川原ができやすく，外側にはがけができやすい。

問５　イ×…川幅を狭くすると，流れられる水の量が少なくなり洪水が起きやすくなる。また，水の流れが速くなるため危険である。

5　**問１**　オの回路は乾電池の＋極同士がつながっているので，豆電球は光らない。

問２　乾電池の数が同じとき，直列につなぐ豆電球の数が多いほど光り方は暗くなる。なお，並列につなぐ豆電球の数が増えても光り方は変わらない。

問３　豆電球の数が同じとき，直列につなぐ乾電池の数が多いほど光り方は明るくなる。なお，並列につなぐ乾電池の数が増えても光り方は変わらない。

問４　問２，３解説より，アと同じ光り方をする（同じ大きさの電流が流れる）のはウとカである。イでは豆電球に流れる電流の大きさは小さくなり，エでは豆電球に流れる電流の大きさは大きくなる。

問５　①図２のような回路では，並列につながれた部分を別々の回路として考えることができる。Ｘと乾電池１個の回路と，直列つなぎのＹ，Ｚと乾電池１個の回路の２つに分けて考える。乾電池の数が同じとき，直列につながれた豆電球に流れる電流の大きさは豆電球の数に反比例するから，Ｘ（点ａ）に流れる電流の大きさを１とすると，ＹやＺ（点ｂ）に流れる電流の大きさは$\frac{1}{2}=0.5$ となる。　②図２のような回路では，枝分かれする前後（点ｃ）に流れる電流の大きさは，枝分かれした部分（点ａや点ｂ）に流れる電流の大きさの和に等しいから，$1+0.5=1.5$ となる。　③流れる電流の大きさが大きいほど明るく光るから，もっとも明るく光る電球はＸである。

6　**問１，２**　表１より，〔弦の長さ(cm)×１秒間に振動する回数(回)〕が 600 で一定とわかる（１秒間に振動する回数は弦の長さに反比例している）。よって，弦の長さが 40 cmのとき，１秒間に振動する回数（①）は $600\div40=15$（回）である。また，弦の長さが 10 cmのとき，１秒間に振動する回数は $600\div10=60$（回）である。

問３，４　表２より，おもりの個数が４（＝２×２）倍になると，１秒間に振動する回数は２倍になっているとわかる。よって，おもりの個数が１個で１秒間に振動する回数が 10 回を基準にすると，おもりの個数が 16（＝４×４）倍の 16 個のとき，１秒間に振動する回数（②）は４倍の 40 回である。また，弦が１秒間に振動する回数が６倍の 60 回になるとき，おもりの個数は $6\times6=36$（倍）の 36 個である。

問５　表１より，弦の長さ 20 cmでおもりの個数が１個のとき，１秒間に振動する回数は 30 回である。ここから，おもりの個数を４（＝２×２）倍の４個にすると，１秒間に振動する回数は２倍の 60 回になる。

問６　問３，４解説より，おもりの個数を９個の$\frac{1}{9}$（$=\frac{1}{3}\times\frac{1}{3}$）倍の１個にすると，１秒間に振動する回数は 180 回の$\frac{1}{3}$倍の 60 回になる。問２解答より，このときの弦の長さは 10 cmとわかる。

問７　問１，２解説より，弦の長さが 15 cmでおもりが１個のとき，１秒間に振動する回数は $600\div15=40$（回）である。また，問３，４解説より，１秒間に振動する回数が 40 回の $240\div40=6$（倍）になるのは，おもりの個数が $6\times6=36$（倍）の 36 個である。

《2024　前期　社会　解説》

1　**問１**　ア　　冬の日本海側では，北西季節風が暖流の対馬海流上空で大量の水分を含み，山地を越える手前に大雪を降らせる（右図参照）。

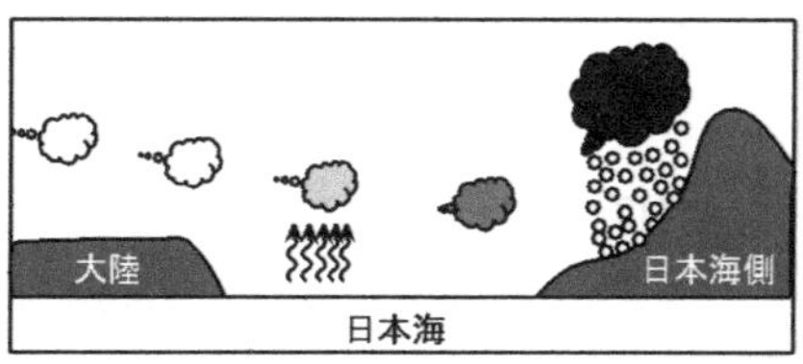

問２　イ　　「越後」は新潟県の旧国名である。関東平野は，関東地方の１都６県，濃尾平野は，岐阜県・愛知県・三重県，筑紫平野は，福岡県・佐賀県にかけて広がる。

問３　エ　　アは高知県，イは徳島県，ウは香川県についての記述。

問４　潮目〔別解〕潮境　　暖流と寒流がぶつかる潮目（潮境）には，魚のえさとなるプランクトンが豊富にあり，多くの魚が集まってくる。

問5　ウ　　アはぶどう，イはもも，エはりんご。

問6　イ　　沿岸部の県に集中しているイ・ウのうち，山口県・千葉県が含まれているイを選ぶ。山口県は瀬戸内工業地域，千葉県は京葉工業地域にあり，どちらも化学工業が盛んである。

問7　イ　　戦後に植林が進んだため，1950年代と比べて2000年代には森林面積が増加している。

2　問1　ア　　イは中華人民共和国，ウは大韓民国，エはアメリカ合衆国。

問2　ウ　　アは大韓民国，イはサウジアラビア，エは中華人民共和国。

問3　イ　　X．正しい。ユーラシア大陸に位置するのは，サウジアラビア・中華人民共和国・大韓民国である。221＋960＋10＝1191(万㎢)より，1000万㎢を超えている。Y．誤り。人口密度は人口÷面積(㎢)で求められる。人口密度は韓国が最も高い。

3　問1　ア　　イ．誤り。飛鳥時代後半以降の律令制下についての記述。ウ．誤り。前方後円墳は近畿地方でつくられはじめ，各地に広がった。エ．誤り。飛鳥時代，白村江の戦いで敗れた中大兄皇子が，唐と新羅の攻撃に備えて警備につかせた兵士を防人といい，九州北部に配置された。

問2　イ　　X．正しい。中大兄皇子や中臣鎌足が蘇我蝦夷・入鹿親子を滅ぼし(乙巳の変)，人民や土地を国家が直接支配する公地公民の方針を示して政治改革に着手した。この一連の政治改革を大化の改新という。Y．誤り。行基ではなく，鑑真。鑑真は日本に正しい仏教の戒律を伝えるために唐から招かれた。行基は，大仏づくりに貢献し，聖武天皇から大僧正の位を与えられた僧である。

問3　イ　　年中行事には，正月・節分・ひな祭り・端午の節句・七夕・お盆・月見などの行事がある。節分に恵方を向いて巻き寿司を食べるようになったのは，近世以降とされている。

問4　イ　　承久の乱に勝利した鎌倉幕府は，西国武士の統制と朝廷の監視のために，京都に六波羅探題を置いた。

問5　ア　　長篠の戦い以降，織田信長は安土城を築いて全国統一を目指し，安土城下で楽市・楽座などを行った。楽市・楽座によって，商人による自由な売買が可能になり，安土城下は活気にあふれたといわれている。

問6　ウ　　X．誤り。名護屋城は現在の佐賀県に築かれた。Y．正しい。豊臣秀吉による２度の朝鮮出兵を文禄の役(1592年)，慶長の役(1597年)という。

問7　ア　　b．誤り。幕府領より大名領の割合の方が高い。d．誤り。伊達・前田・細川・島津は，50万石以上の外様大名である。

問8　オ　　c(1853年)→a(1903年)→b(1914～1918年)　ライト兄弟の動力飛行の成功以降，飛行機は改良を重ねられ，第一次世界大戦には兵器として使用された。

問9　ア　　イ．誤り。日露戦争の講和条約(ポーツマス条約)では，韓国における日本の優越権が認められただけである。その後韓国を保護国とし，1910年には韓国を植民地とした(韓国併合)。ウ．誤り。日本はポーツマス条約において満州の鉄道の利権を得た。その後満州事変によって日本は傀儡国家である満州国をつくり，実権を握ろうとした。エ．誤り。日本はポーツマス条約で樺太の南半分を得たが，第二次世界大戦の講和条約(サンフランシスコ平和条約)によって，放棄した。

問10　エ　　日本では，8月15日を「終戦の日」としている。1945年８月14日に日本政府はポツダム宣言を受諾し，８月15日に天皇による玉音放送が行われ，日本の敗戦が国民に伝えられた。

4　問1　ア　　厚生労働省は，医療・福祉・介護・雇用・年金などの行政を担う。子ども・子育て支援については，厚生労働省からこども家庭庁に移管された。

問3　イ　　X．正しい。法律案はどちらの院から審議してもよく，先に衆議院で可決された場合は，次に参議院に送られる。衆議院に先議権があるのは，予算だけである。Y．誤り。両院とも委員会で意見を出し合い，委員会の決定を経て本会議で議決される。

問4 エ　「参加する権利」は，子どもが子どもに関わる事柄について意見を表現できることなどであり，児童労働や納税，主権者としての意思を求めるものではない。

問5 ウ　高齢化が進んで社会保障給付費も増加しているにもかかわらず，少子化によって高齢者を支える労働力人口が減少して，現役世代の負担が増加する。

問6 ア　イ．誤り。30 歳代に比べて，40 歳代，50 歳代の方が人口は多い。ウ．誤り。100 万人を超えているのは，女性の 70～73 歳だけである。エ．誤り。総人口に占める 65 歳以上人口の割合である高齢化率は 29%程度である。

問7 エ　X．誤り。投票は国民の義務ではなく，権利である。Y．誤り。近年，20 歳代の投票率は年代別で最も低い。

問8 エ　参議院の議員定数は，2022 年の通常選挙から 248 人となった。

問9 ウ　ア．誤り。国土の防衛のための予算は歳出の５％である。イ．誤り。歳出の中で最も多くの割合を占めているのは社会保障の費用(33.7%)である。エ．誤り。公債金は，1075964×0.343≒369056(億円)より，約36兆9056 億円である。

問10 エ　ア．誤り。２月 23 日は天皇誕生日で，建国記念の日は２月 11 日。イ．誤り。５月３日は憲法記念日で，こどもの日は５月５日。ウ．誤り。８月 11 日は山の日で，海の日は７月の第３月曜日。

《2024　前期プレミアム・理Ⅲ選抜　国語　解説》

【一】

問三　「表情が曇る」は、顔つきから明るさが失われるという意味。陸は、拓海から「花壇の花たちの元気がない原因」をつくった犯人が「人間ではない」と聞き、「まさか、うちのチコが……」と思っている。よって、ウが適する。アの「チコに失望した」、イの「祖父が花壇を踏み荒らした原因が」、エの「チコが犯人かもしれないとうすうす思っていた」は適さない。

問四　［ X ］は、「他の植物の生長を抑制する～しかも」に続く内容である。【資料】の「自分の根から出す成分によって、なんと自分自身にも影響が出て、何年も同じ場所で育つことが難しくなってしまっているのでしょう」より、ウが適する。

問五　セイタカアワダチソウが放出する「他の植物の生長を抑制する物質」は、「容器で育てて」いる間の過程に大きな影響をおよぼすということ。～～～線部ｂの４行後に「セイタカアワダチソウの放出する化学物質は、主に発芽を阻害するもの」とある。「阻害する」は、さまたげる、じゃまをするという意味。

問六　拓海から「お祖父さんが花壇を踏み荒らしていた理由～知りたいか？」と聞かれて「陸が驚愕し」とある。「驚愕する」は、非常に驚くという意味。そして、陸の言った――線部Ｃは「迷いのない、真っ直ぐな言葉だった」とある。これらの様子から、イのような心情が読みとれる。アの「うれしさのあまりのぼせあがってしまった」、ウの「本当のことと思えなかった」、エの「さらに～自分の勘違いを指摘されるのをおそれた」は適さない。

問七　「あの優しい祖父がなぜ～ずっと心にひっかかって思い悩んでいた」陸が、祖父の行動は、陸とチコのために、失態を隠そうとしてやったことだと拓海から聞いたのである。陸の「俯いてしまった。固く目を閉じ、小刻みに肩を震わせている」という様子は、亡き祖父の優しさに感動して泣いているのだろうと思えるが、――線部Ｄの前後の「噴き出す」「声を上げて笑いながら」から、笑いをこらえる様子だったのだとわかる。つまり、「なんだ、そんなことだったのか」というような、自分が思い悩んでいたほど深刻な理由ではなかったことに安心する気持ちであるとうかがえる。また、「言葉とは裏腹に(反対に)愉快そうな」「笑い続ける陸の目尻から、涙が一筋流れた」という様子からは、陸が祖父を責める思いで――線部Ｄと言っているわけではないこと、祖父の愛情を感じ取ったことが読みとれる。よって、エが適する。アの「本当かどうかはわからないが～あえて～信じようと決め」、イの「祖父のことを一瞬残念に感じた」、ウの「滑稽な姿～ほほえましく感じている」は適さない。

問八　Ｃくんの「陸から直接聞き出して」、Ｅくんの「自分だけでも信じようと思った」は誤り。

問九　「それでいい」は、「その(祖父が花壇を踏み荒らした)真相は、永遠にわからない」ままでいいという意味。航大がそのように考える理由をふくめてまとめる。その理由は、――線部Ｅの直後で「陸は拓海の言葉を信じた。彼の心は、優しい祖父の姿こそが真実だと決めたのだ。亡くなった人間が生きていられるのは、生きている人間の記憶の中だけだ」と語られている。

《2024　前期プレミアム・理Ⅲ選抜　算数　解説》

［1］ (1)　与式 $=21\times\frac{1}{281}\times37\times(\frac{53}{21}-\frac{80}{37})=21\times\frac{1}{281}\times37\times\frac{53}{21}-21\times\frac{1}{281}\times37\times\frac{80}{37}=\frac{37\times53}{281}-\frac{21\times80}{281}=\frac{1961}{281}-\frac{1680}{281}=\frac{281}{281}=1$

(2)　**【解き方】50個の不良品のせいで，損失が100×50＝5000(円)発生している。したがって，この50個がなければ利益は67500＋5000＝72500(円)になっていた。**

1個150円で売ると，1個あたりの利益は150－100＝50(円)になるから，売った個数は，72500÷50＝1450(個)

よって，仕入れた個数は，1450＋50＝**1500**(個)

⑶　**【解き方】一の位の数だけを考えればいいので，13を何回かかけあわせていくとき，計算結果の一の位だけに3をかけることをくり返し，一の位の数の変化を調べる。**

一の位の数は，3→3×3＝9→9×3＝27→7×3＝21→1×3＝3→…，と変化するので，3，9，7，1という4つの数がくり返される。2024回かけると，2024÷4＝506より，3，9，7，1がちょうど506回くり返されるので，一の位の数は**1**になっている。

⑷　三角形の1つの外角は，これととなりあわない2つの内角の和に等しいから，三角形ABCにおいて，

○×2－●×2＝36°　　○－●＝18°　　三角形DBCにおいて，角ア＝○－●と表せるから，角ア＝**18°**

⑸　右図より，斜線部分の面積は，色をつけた部分の面積を6倍して求められる。色をつけた部分は，縦8cm，横4cmの長方形から，半径4cmの円の$\frac{1}{4}$を2つ取り除いた図形だから，その面積は，$8\times4-(4\times4\times3.14\times\frac{1}{4})\times2=32-8\times3.14=6.88$(cm²)

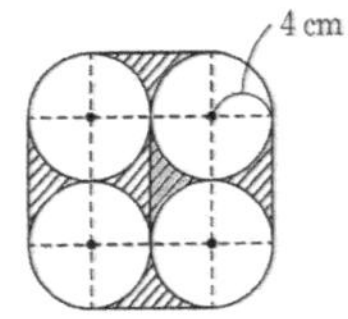

よって，斜線部分の面積は，6.88×6＝**41.28**(cm²)

2　⑴　リーダーの先生がメモを渡した地点をQ地点とすると，リーダーの先生はPからQまで2分20秒かかったのだから，QからPまでも2分20秒＝$2\frac{1}{3}$分＝$\frac{7}{3}$分かかる。したがって，$\frac{7}{3}\times2=\frac{14}{3}$(分)で先頭の生徒が進んだ道のりを求めるので，$60\times\frac{14}{3}=$**280**(m)

⑵　**【解き方】リーダーの先生が再びP地点にもどってきたとき，先頭の生徒と280mはなれていて，この後，2分20秒＋5分－$\frac{14}{3}$分＝$\frac{8}{3}$分かかって追いついた。**

リーダーの先生と列の速さの差は，$280\div\frac{8}{3}=105$より，分速105mである。

よって，リーダーの先生の走る速さは，105＋60＝165より，分速**165**mである。

⑶　**【解き方】リーダーの先生がメモを渡してから先頭の生徒に追いつくまでの時間は5分であり，この間に先頭の生徒よりも，列の長さの分だけ多く進んだ。**

リーダーの先生と列の速さの差は分速105mだから，列の長さは，105×5＝**525**(m)

⑷　**【解き方】リーダーの先生が最初にP地点を通過したとき，サブリーダーの先生はP地点まで525mの地点にいた。**

リーダーの先生が最初にP地点を通過したときから考えると，サブリーダーの先生がP地点を通過するのは，

$\frac{525}{60}=\frac{35}{4}=8\frac{3}{4}$(分後)→8分45秒後，リーダーの先生が先頭の生徒に追いつくのは，2分20秒＋5分後＝7分20秒後である。よって，求める時間は，8分45秒後－7分20秒後＝**1分25秒後**

3　⑴　三角形ABCは正三角形だから，角BAC＝60°なので，$12\times2\times3.14\times\frac{60°}{360°}=4\times3.14=$**12.56**(cm)

⑵　**【解き方】Aを中心とするおうぎ形ABCの面積と，Bを中心とするおうぎ形BCAの面積を足して，重なった部分である正三角形ABCの面積を引けばよい。**

$(12\times12\times3.14\times\frac{60°}{360°})\times2-62.28=48\times3.14-62.28=$**88.44**(cm²)

⑶　**【解き方】AとHは2つの円が交わる点なので，AHは円エの直径であり，FはAHの真ん中の点である。同様に，FはBGの真ん中の点である。**

四角形ABHGの2本の対角線はたがいの真ん中の点で交わるから，四角形ABHGは平行四辺形である。また，三角形AEFと三角形BEFが直角二等辺三角形だから，三角形AFBも直角二等辺三角形なので，角AFB＝90°

よって，四角形ABHGは正方形だから，面積は，12×12＝**144**(cm²)

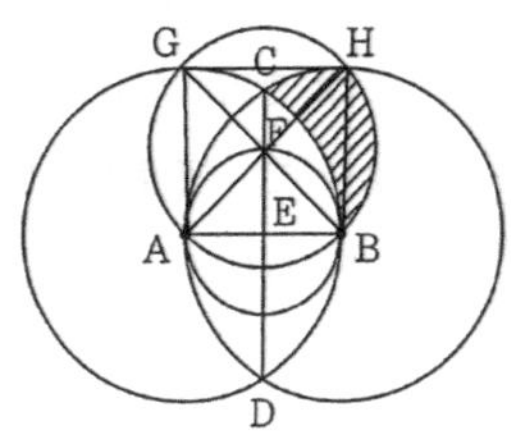

⑷　**【解き方】曲線BHと直線BHに囲まれた部分を㋐とすると，㋐とおうぎ形BHAの面積を足してから，⑵**

で求めた面積を引けばよい。

㋐の面積は，おうぎ形ＦＢＨの面積から三角形ＢＦＨの面積を引いて求める。

正方形ＡＢＨＧの面積より，ＢＧ×ＢＧ÷２＝144 だから，ＢＧ×ＢＧの値は，144×２＝288

また，ＢＧ＝ＢＦ×２だから，ＢＦ×２×ＢＦ×２＝288　　ＢＦ×ＢＦ＝72

したがって，㋐の面積は，$72\times3.14\times\frac{1}{4}-\frac{144}{4}$＝18×3.14－36＝20.52(㎠)

おうぎ形ＢＨＡの面積は，$12\times12\times3.14\times\frac{1}{4}$＝36×3.14＝113.04(㎠)

よって，斜線部分の面積は，20.52＋113.04－88.44＝**45.12**(㎠)

4 (1)　６×６×４÷３＝**48**(㎤)

(2)　**【解き方】立体アと切り取った立体は同じ形であり，対応する辺の比が４：２＝２：１である。**

立体アと切り取った立体の体積比は，(２×２×２)：(１×１×１)＝８：１だから，立体アと立体イの体積比は，

８：(８－１)＝８：７　　よって，立体イの体積は，$48\times\frac{7}{8}$＝**42**(㎤)

(3)①　**【解き方】ＡＤ，ＢＣの真ん中の点をそれぞれＪ，Ｋとし，Ｊ，Ｋ，Ｉを通る平面で立体ウを切断した切断面について，右のように作図する。**

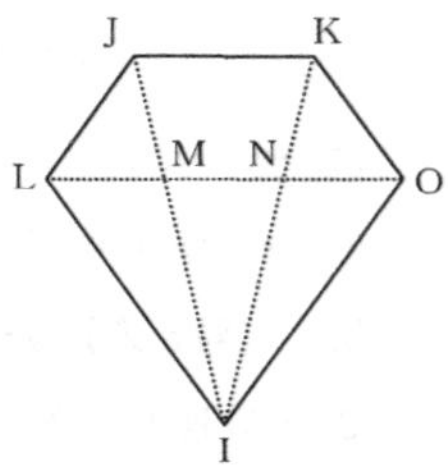

三角形ＩＭＮと三角形ＩＪＫは同じ形である。底辺をそれぞれMN，ＪＫとしたときの高さの比が４：(４＋２)＝２：３だから，三角形ＩＭＮと三角形ＩＪＫの対応する辺の比も２：３なので，MN＝ＪＫ×$\frac{2}{3}$＝３×$\frac{2}{3}$＝２(㎝)

図形の対称性より，ＬＭ＝ＯＮだから，ＯＮ＝(６－２)÷２＝２(㎝)

ＦＰ＝ＯＮ＝２㎝なので，長方形ＰＦＧＱの面積は，６×２＝**12**(㎠)

②　**【解き方】体積を求める立体を平面ＥＦＧＨで上下に分けて考える。上の立体をエ，下の立体をオとする。三角柱を，底面と垂直な３本の辺を通るように切断してできる立体の体積は，(底面積)×(底面と垂直な辺の長さの平均)で求められることを利用する。**

立体エは，底面積が①の図の三角形ＯＮＫの面積と等しい三角柱を切断した立体と考える。三角形ＯＮＫの面積は，

２×２÷２＝２(㎠)だから，立体エの体積は，$2\times\frac{BC+PQ+FG}{3}=2\times\frac{3+6+6}{3}$＝10(㎤)

立体オは，底面が長方形ＰＦＧＱで高さが４㎝の四角すいだから，体積は，12×４÷３＝16(㎤)

よって，求める体積は，10＋16＝**26**(㎤)

5 (1)　⑩→⑧→④→⑧→④→⑧の順に光るから，６回目に光る電球の番号は**⑧**である。

(2)　**【解き方】(1)から光る電球の番号に規則性がありそうなので，電球１つずつについて，それが光ったときに次にどの電球が光るかを調べると，右表のようになる。**

光る電球	次に光る電球
①	②
②	④
③	⑥
④	⑧
⑤	⑩
⑥	⑫
⑦	②
⑧	④
⑨	⑥
⑩	⑧
⑪	⑩
⑫	⑫

表より，２回目以降は奇数の電球が光ることはないとわかる。

⑫からさかのぼって考えると，⑫の前に光った電球は⑥か⑫である。⑥の前に光った電球は③か⑨である。よって，１回目に③か⑥か⑨か⑫が光れば，おそくても３回目以降から⑫が光り続けるので，求める個数は**４**個である。

(3)　**【解き方】600 は電球の番号と比べると大きい数なので，電球が光った回数はかなり多い。したがって，何度も同じ光り方がくり返されたと予想できる。**

１回目に奇数が光ったとすると，２回目以降は奇数が光らないので，電球の番号の合計は奇数になる。したがって，１回目から偶数が光ったとわかる。

④からさかのぼって考えると，④の前に光った偶数の電球は②か⑧である。②の前に光る偶数の電球はない。

⑧の前に光った偶数の電球は④か⑩である。⑩の前に光る偶数の電球はない。つまり，⑧→④→⑧→④→……をく

り返したとわかる(どちらが先かは，まだわからない)。8＋4＝12，600÷12＝50より，⑧と④が50回くり返され，最後が④だった(1回目は⑧だった)。よって，最後の④は，50×2＝**100**(回目)である。

(4)　【解き方】光り方は，⑩→⑧→④→⑧→④→……となる。素数の積で表したときにふくまれている2の個数に注目する。

1回目から[イ]回目までに光った電球の番号の積をAとする。16＝2×2×2×2で2を4個ふくむから，Aを素数の積で表すと，2を4×2024＝8096(個)ふくむ。

10＝2×5，8＝2×2×2，4＝2×2だから，2をふくむ個数はそれぞれ，1個，3個，2個である。最初の⑩の1個を除くと，Aにふくまれる2の個数は8096－1＝8095(個)となる。8×4は2を3＋2＝5(個)ふくむから，8095÷5＝1619より，2回目以降は8と4が1619回ずつふくまれる。よって，[ウ]＝1＋1619×2＝**3239**

清風中学校【前期】【前期プレミアム・理Ⅲ選抜】

《前期 国語》

【一】問一．a．ア b．ウ c．エ　問二．ウ　問三．エ　問四．兄は長い訓　問五．イ　問六．B，E

【二】問一．a．預 b．二世帯 c．親近 d．奮発　問二．1．ア 2．エ 3．イ

問三．Ⅰ．人によって感じ方はさまざま Ⅱ．選択した語の解釈の幅 Ⅲ．その語がどう映るか　問四．エ

問五．ウ，オ，カ　問六．人によって　問七．「四強止まり」には、全国ベスト四に満足せずに、優勝というより高い目標を目指す意志が表れているから。

【三】①足しげく　②つづっている　③流れをくむ　④閲覧　⑤従来　⑥膨大　⑦沿革　⑧制約

⑨利便性　⑩ちなみに

《前期 算数》

1 (1)4060　(2)75.2　(3)7　(4)296　(5)20.56

2 (1)5　(2)60　(3)7　(4)$\frac{3}{7}$　(5)$\frac{9}{10}$

3 (1)BE…1　EP…$\frac{3}{4}$　(2)$5\frac{5}{8}$　(3)DR…$2\frac{1}{2}$　DQ…$3\frac{1}{8}$　(4)$1\frac{5}{16}$

4 (1)①12.56 ②87.92 ③12　(2)①72 ②4

5 (1)①25 ②13　(2)412　(3)60

《前期 理科》

1 問1．A．エ B．ウ　問2．(1)XとP…ウ YとQ…イ (2)ア　問3．25　問4．150

2 問1．イ　問2．子宮　問3．ウ　問4．エ　問5．イ　問6．1.5

3 問1．イ　問2．(1)オ (2)カ (3)肝臓　問3．イ

4 問1．①イ ②ア　問2．イ　問3．(1)エ (2)ウ (3)イ (4)ア

5 問1．4　問2．30　問3．F，I　問4．B　問5．ア　問6．G

6 問1．0.36　問2．2.4　問3．0.72　問4．0.96　問5．1.8　問6．3　問7．ア

《前期 社会》

1 問1．エ　問2．イ　問3．ア　問4．ウ　問5．ア　問6．エ

2 問1．ウ　問2．エ　問3．マイレージ　問4．ウ

3 問1．ウ　問2．ア　問3．ア　問4．雪舟　問5．エ　問6．イ　問7．エ　問8．ウ

問9．イ　問10．ア

4 問1．エ　問2．イ　問3．イ　問4．ア

5 問1．マッカーサー　問2．(1)エ (2)イ　問3．(1)ウ (2)エ　問4．ア

《前期プレミアム・理Ⅲ選抜　国語》

【一】問一．a．意図　b．夢中　c．専門　d．編集　e．防音　　問二．A．エ　B．ウ　C．イ

問三．ア　　問四．エ　　問五．花壇に蒔いた大好きなマリーゴールドの種が次の日に大雨で流されたというマイナスの経験を、大好きな映画の舞台であるベニスにその種が流れ着いて花を咲かせる姿を想像することで、プラスの経験に変えている。　　問六．ウ　　問七．イ，キ　　問八．Ⅰ．イ　Ⅱ．ウ　Ⅲ．ア

問九．(1)マフラー　(2)エ　　問十．(1)料理　(2)ア　(3)ただしハセ　(4)言葉を動かしようのない瞬間

【二】Ａさんは、ＩＴ化が進んでいけば、もっと便利な生活がだれでも送れるようになるので、社会のＩＴ化がどんどん進んでいったらいいと考えている。一方、Ｂさんは、ＩＴ化は生活を便利にするが、使っていく中で色々な危険も大きくなるうえ、むやみにＩＴ化を進めると、情報技術を使える人と使えない人の格差が広がって、一部の人が孤立してしまうかもしれないので、ＩＴ化を進めるのはもう少し慎重になった方がいいと考えている。

《前期プレミアム・理Ⅲ選抜　算数》

1　(1) $\frac{3}{4}$　(2)2500　(3)25　(4)ＡＢ…9　ＡＤ…12　ＡＥ…11　(5)314

2　(1) $\frac{1}{2}$　(2)8，4　(3)6　(4)46

3　(1)36　(2)5：3　(3)5：1　(4) $18\frac{3}{4}$

4　(1)25.12　(2)21.98　(3)①75.36　②169.56

5　(1)9　(2)16　(3)① x　②33

清風中学校【前期】

《2023　前期　国語　解説》

【一】

問三　第１段落を参照。サトルの兄は自閉症のため変化が苦手で、「変わらないくり返しの日々」によって安心することができる。それなのに、〝毎日サトルがむかえにくる〟という日常が変わってしまったら、兄が動揺することが想像できる。サトルはそれが申し訳なく、負い目を感じているのである。

問四　兄について、――線部②の２～３行前に「みんなとおなじことをできない」とあるから、普通の人にはできるようなことを、母が兄に学習プログラムを組んで教えたと考えられる。――線部①の７～８行後の「兄は長い訓練の末に、着るものを自分で用意することも～一人でできるようになった」からぬき出す。

問五　母は、アキオ(兄)をむかえにいくことが楽しみだといって、おむかえができなくなるサトルが後ろめたい気持ちならないように気づかい、応援していると考えられる。よって、イが適する。　ア．前日にサトルが合唱部に入りたいと言ったときも、母は、反対する父に抗議し、サトルを応援してくれる様子だったので、「許すつもりのなかった」が適さない。　ウ．「やはり消極的な子だとがっかりし」は、本文から読みとれない内容。　エ．サトルは母に「部活にでもはいらんば、あんた、友だちできんばい。あんたが結婚するとはもうあきらめとるけどね」と「ひどい」ことを言ったが、サトルは「全体的には母の気持ちがつたわってきた」と思っており、母の応援する気持ちを感じ取っている。よって「サトルが期待もされていないと誤解をしてしまい」が適さない。

問六　Ｂさん．本文は「僕」（アキオ）の視点で描かれており、内面を直接描いているのは「僕」だけなので、「登場人物のそれぞれの内面が～具体的に描かれている」が適さない。　Ｅさん．母は、祖母の言葉を「今でも忘れられない」から「わざわざ」言ったのではなく、自分は兄のことをとても好きなので、むかえにいくのが嫌ではないということをサトルに伝え、サトルが罪悪感をもたないようにしたのである。母は実際にアキオのことが好きである。問五の解説も参照。

【二】

問三　第１段落で、「書き手」と「読み手」で受け取り方がちがうという主題を述べた後、２～５段落で具体例をあげ、――線部①につなげている。

問四　筆者は、――線部②の４～６行後で「中継ぎは重要な役割を担っているにもかかわらず、地味な日陰者として見られがちでした。上原投手の批判は、中継ぎが正当に評価されていない日本国内のスポーツ・メディアの現状に向けられたものだったわけです」とまとめている。これに合う、エが適する。　ア．「中継ぎこそが高い評価を得るべき」が適さない。「中継ぎ」を「先発」と「抑え」よりも特別に高く評価してほしいと主張しているわけではない。　イ．マスコミは、田中将大投手が、先発としての調子が悪いから、中継ぎに降格したという趣旨の報道をした。よって「先発の調子が悪ければ中継ぎがそれをカバーする」は本文に書かれていない内容。
ウ．「日本のマスコミを挑発した」とまでは言えない。また、記者に悪意があったわけではない。

問五　「ヤマ(山)を張る」は「山をかける」と同じ意味。万が一の幸運をねらって物事をすること。「ずるいことをするような錯覚に陥る」せいか、この言葉が「野球一筋できた」「純粋で一途な性格」の選手には受け入れられなかったため、野村克也監督は正々堂々というイメージがある「勝負(する)」という言葉を使うことにした。

問六　「人によって語の意味が変わるということは、読み手にとってよい語感の語を選べば、それだけ書き手の思いが伝わることになります」ということを説明するための具体例として、野村監督が「ヤマを張れ」を、「勝負をしてみろ」と言いかえたことと、清宮幸太郎選手がベスト四に残ったことを、「四強進出」とせず、「四強止まり」

と表現したことをあげている。

問七　『Ｎｕｍｂｅｒ　Ｗｅｂ』の記事の中に、「仕留められなかった残りの二勝は、次の機会でねらいに行く」とあること、本文の最後の２行に「目標はあくまで、深紅(しんく)の大優勝旗なのでしょう」とあることを参照。清宮選手は準決勝で敗れてしまったが、次の甲子園では、準決勝、決勝と勝つことを目標にしているのである。（このとき、清宮選手は高校一年生だったため、二年生、三年生で甲子園へ出場する可能性があった。実際には三年生の時に出場した。）「四強進出」は、四強に残ったという満足が感じられる言葉だが、「四強止まり」は、四強で終わってしまったという悔しさと次に勝ちたいという思いが感じられる言葉である。

《2023　前期　算数　解説》

1　(1)　与式＝2023×14－2023×12＋33×２－26×２＝2023×(14－12)＋(33－26)×２＝2023×２＋７×２＝(2023＋７)×２＝2030×２＝**4060**

(2)　**【解き方】(平均点)＝(合計点)÷(人数)だから，(合計点)＝(平均点)×(人数)で求められる。**

上位 10 人の合計点は 96×10＝960(点)，残り 65 人の合計点は 72×65＝4680(点)だから，75 人の合計点は，960＋4680＝5640(点)　　よって，75 人の平均点は，5640÷75＝**75.2**(点)

(3)　**【解き方】$\frac{5}{7}$を小数で表すと，小数第１位から，「７１４２８５」の６つの数がくり返し並ぶ。**

2023÷６＝337 余り１より，小数第 2023 位までに，「７１４２８５」が 337 回並び，その後７が並ぶから，小数第 2023 位の数字は**７**である。

(4)　５で割ると１余る数は，１，６，11，16，21，26，…　　６で割ると２余る数は，２，８，14，20，26，…

よって，５で割ると１余り，６で割ると２余る数のうち最小の数は 26 である。この数から，５と６の最小公倍数である 30 を加えても条件に合うので，300－26＝274，274÷30＝９余り４より，300 に近い数は，26＋30×９＝296，296＋30＝326 である。296 の方が 300 に近いから，求める数は **296** である。

(5)　右のように線をひく。求める面積は，たてが４cmで横が８cmの長方形の面積と半径が４cmの円の$\frac{1}{4}$のおうぎ形の面積の和から，底辺が８＋４＝12(cm)で高さが４cmの直角三角形の面積をひけばよいので，４×８＋４×４×3.14×$\frac{1}{4}$－12×４÷２＝**20.56**(cm²)

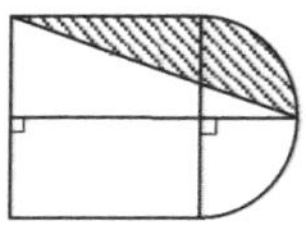

2　**【解き方】歯車がかみ合っているとき，それぞれの歯車の(歯数)×(回転数)は等しくなる。**

(1)　Ａを 20 回転させると，Ａの(歯数)×(回転数)は 15×20＝300 となるので，Ｂは 300÷60＝**５**(回転)する。

(2)　(1)と同様に考えると，Ｃの回転数は，(15×140)÷35＝**60**(回転)

(3)　１分間で，Ｂは 100 回転し，Ｃは(60×100)÷35＝$\frac{1200}{7}$(回転)するから，求める時間は，1200÷$\frac{1200}{7}$＝**７**(分)

(4)　(歯数)×(回転数)が等しく，Ｃの歯数はＡの歯数の 35÷15＝$\frac{7}{3}$(倍)だから，Ｃの回転数はＡの回転数の$\frac{3}{7}$倍になる。

(5)　**【解き方】Ａの１分間あたりの回転数を１回転して考える。**

(4)より，交換(こうかん)前のＣの１分間あたりの回転数は１×$\frac{3}{7}$＝$\frac{3}{7}$(回転)なので，交換後のＣの１分間あたりの回転数は，$\frac{3}{7}$×1.08＝$\frac{3}{7}$×$\frac{108}{100}$＝$\frac{81}{175}$(回転)

Ｄの歯数はＣの歯数の 18÷35＝$\frac{18}{35}$だから，Ｄの回転数はＣの回転数の$\frac{35}{18}$倍である。

よって，交換後のＤの１分間あたりの回転数は$\frac{81}{175}$×$\frac{35}{18}$＝$\frac{9}{10}$(回転)だから，Ａの$\frac{9}{10}$倍にした。

3 **【解き方】平行線の錯角は等しいこと，合同な三角形の対応する角の大きさは等しいことから，同じ大きさの角を同じ記号で表すと，右のようになる。**

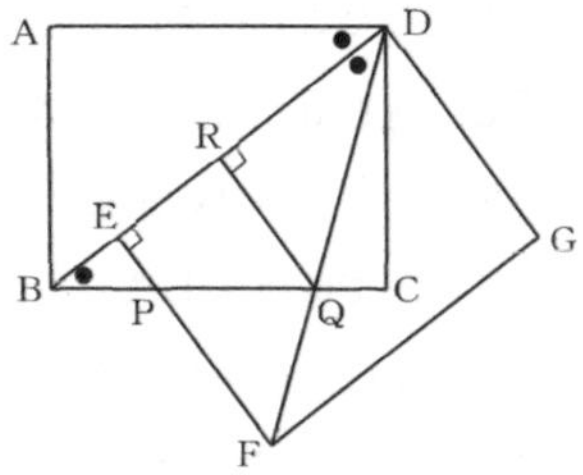

(1)　ＥＤ＝ＡＤ＝４㎝だから，ＢＥ＝ＢＤ－ＥＤ＝５－４＝１(㎝)

三角形ＡＢＤと三角形ＥＰＢは同じ形の三角形であり，ＡＢ：ＡＤ：ＢＤ＝３：４：５だから，ＥＰ＝ＢＥ×$\frac{3}{4}$＝１×$\frac{3}{4}$＝$\mathbf{\frac{3}{4}}$(㎝)

(2)　求める面積は，(四角形ＥＰＣＤの面積)＝(三角形ＣＤＢの面積)－(三角形ＥＰＢの面積)＝４×３÷２－１×$\frac{3}{4}$÷２＝６－$\frac{3}{8}$＝$\mathbf{5\frac{5}{8}}$(㎠)

(3)　三角形ＲＱＢと三角形ＲＱＤは合同だから，ＢＲ＝ＤＲ＝ＢＤ÷２＝５÷２＝$\frac{5}{2}$＝$\mathbf{2\frac{1}{2}}$(㎝)

三角形ＡＢＤと三角形ＲＱＤは同じ形だから，ＤＱ＝ＤＲ×$\frac{5}{4}$＝$\frac{5}{2}$×$\frac{5}{4}$＝$\frac{25}{8}$＝$\mathbf{3\frac{1}{8}}$(㎝)

(4)　ＢＱ＝ＤＱ＝$3\frac{1}{8}$(㎝)だから，ＣＱ＝ＢＣ－ＢＱ＝４－$3\frac{1}{8}$＝$\frac{7}{8}$(㎝)

よって，三角形ＤＱＣの面積は，ＣＱ×ＣＤ÷２＝$\frac{7}{8}$×３÷２＝$\frac{21}{16}$＝$\mathbf{1\frac{5}{16}}$(㎠)

4 (1)①　円すいの底面の半径は４÷２＝２(㎝)だから，底面積は，２×２×3.14＝４×3.14＝**12.56**(㎠)

② **【解き方】円すいの展開図は右のようになる。**

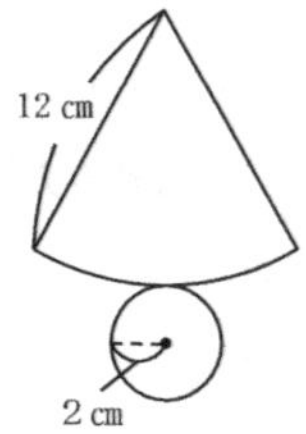

側面のおうぎ形の曲線部分の長さは底面の円周に等しく，２×２×3.14＝４×3.14(㎝)

おうぎ形の面積は$\frac{1}{2}$×(弧の長さ)×(半径)で求められるから，側面積は，

$\frac{1}{2}$×(４×3.14)×12＝24×3.14(㎠)

底面積は(４×3.14)㎠だから，表面積は，24×3.14＋４×3.14＝28×3.14＝**87.92**(㎠)

③ **【解き方】展開図上でひもは右図の太線のように直線となる。**

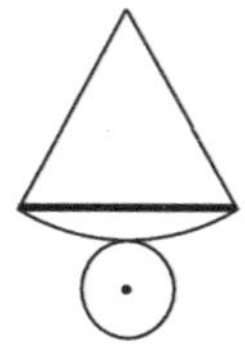

おうぎ形の曲線部分の長さは(４×3.14)㎝，半径が12㎝の円周は12×２×3.14＝24×3.14(㎝)

だから，おうぎ形の中心角は，360°×$\frac{4\times3.14}{24\times3.14}$＝60°

よって，おうぎ形の半径と太線で囲まれた三角形は正三角形になるので，求める長さは**12**㎝である。

(2)① **【解き方】図２について，図ｉのように記号をおく。**
三角形ＡＰＱを底面として組み立てると，図ⅱのようになる。

図ｉ

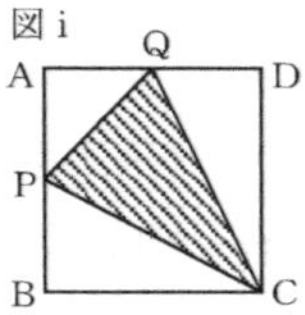

図ⅱ

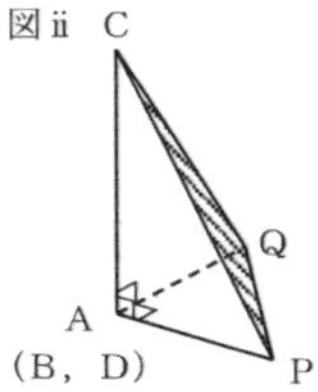

三角形ＡＰＱの面積は，６×６÷２＝18(㎠)

この立体は三角形ＡＰＱを底面とすると，高さがＢＣ＝ＤＣ＝12㎝となるので，体積は，18×12÷３＝**72**(㎤)

②　①をふまえる。三角形ＣＰＱの面積は，正方形ＡＢＣＤの面積から，三角形ＡＰＱ，ＢＣＰ，ＤＣＱの面積をひけばよいので，12×12－18－12×６÷２－12×６÷２＝54(㎠)

立体の体積は72㎤なので，求める高さは，72×３÷54＝**４**(㎝)

5 (1)①　十の位の数の選び方は，１～５の５通りある。その５通りに対して，一の位の数の選び方は，０～５のうち十の位で選んだ数を除く５通りある。よって，２桁(けた)の整数は全部で，５×５＝**25**(個)できる。

②　偶数(ぐうすう)は，10，12，14，20，24，30，32，34，40，42，50，52，54の**13**個できる。

(2) **【解き方】百の位の数で場合をわけて考える。**

百の位の数が１のとき，十の位の数の選び方は０，２，３，４，５の５通り，一の位の数の選び方は０，２，３，４，５のうち十の位で選んだ数を除く４通りあるから，百の位の数が１である３桁の数は５×４＝20(個)ある。

同様に，百の位の数が２，３，４，５の３桁の数も20個ずつある。

66÷20＝３余り６より，小さい方から数えて66番目の整数は，百の位の数が４である数のうち，６番目に小さい数だとわかる。百の位の数が４である３桁の数を小さい順で並べると，401，402，403，405，410，412，…となるので，求める数は**412**である。

⑶　**【解き方】初めに分母と分子で使う４つの数を選び，その４つの数からできる分数の数を考える。**

例えば，分母と分子で「1，2，3，4」の数を使うとすると，できる分数は，$\frac{12}{34}$，$\frac{12}{43}$，$\frac{13}{24}$，$\frac{13}{42}$，$\frac{14}{23}$，$\frac{14}{32}$，$\frac{21}{34}$，$\frac{21}{43}$，$\frac{23}{41}$，$\frac{24}{31}$，$\frac{31}{42}$，$\frac{32}{41}$の12個ある。どの４つの数を選んでも，その４つの数は常に異なる数となるので，できる分数の数は12個で変わらない。

1～5の5つの数から4つの数を選ぶときの選び方は，選ばない1つの数の選び方に等しく，5通りある。

よって，1より小さい分数は，12×5＝**60**(個)できる。

《2023　前期　理科　解説》

1　**問1**　BTB溶液は酸性で黄色，中性で緑色，アルカリ性で青色を示す。よって，水にとけると酸性を示すAは塩化水素(エ)，アルカリ性を示すBはアンモニア(ウ)である。

問2⑴　酸素はものが燃えるのを助け，水素は気体が音を立てて燃えるので，Cが酸素，Dが水素である。酸素はウ，水素はイで発生する。なお，アでは二酸化炭素が発生し，エでは気体が発生しない。　**⑵**　酸素は水にとけにくい気体だから水上置換(ちかん)法(ア)で集める。イは上方置換法で水にとけやすく空気より軽い気体を，ウは下方置換法で水にとけやすく空気より重い気体を集めるときに用いる。

問3　表1より，発生する気体の体積はPの体積に比例することがわかるので，$10\times\frac{125}{50}=25$(㎤)となる。

問4　$P_1$20㎤からは100㎤，$P_4$20㎤からは200㎤のCが発生するので，それぞれが10㎤の時に発生する気体は$100\times\frac{10}{20}+200\times\frac{10}{20}=50+100=150$(㎤)となる。

2　**問3**　ウ○…メダカは，メスが卵をうむときにオスが精子をかけて体の外で受精する。

問4　エ→イ→ア→ウの順である。

問5　イ×…たいばんと赤ちゃんは，へそのおによってつながっている。

問6　受精卵ができる前の血液の重さは 50×0.08＝4(kg)，赤ちゃんがうまれる直前の血液の重さは 50×1.3×0.09＝5.85(kg)だから，5.85÷4＝1.4625→1.5倍となる。

3　**問1**　イネは単子葉類のなかまで，子葉は1枚で葉脈は平行である。また，イネのような植物は呼吸によって二酸化炭素を出し，光合成によって二酸化炭素を吸収する。

問2⑴　口から入った食べ物は，食道(③)→胃(⑤)→小腸(⑥)→大腸(⑦)の順に通る間に消化，吸収され，こう門からべんとして体外に出される。なお，①はかん臓，②は気管，④は肺である。　**⑵**　養分は小腸(⑥)で吸収される。小腸のかべの表面には無数のとっきがあり，効率よく養分を吸収している。　**⑶**　かん臓(①)は小腸で吸収された養分を一時的にたくわえている。

問3　うすいデンプン溶液(ようえき)はだ液によって別の物質に変化するが，時間をおかないまま実験を進めると，両方の試験管でデンプンが残っていて，溶液の色が青紫色(あおむらさきいろ)に変化する可能性がある。十分な時間をおけば，加熱してはたらきを失っただ液が入っている実験2のみで，デンプンが残って溶液の色が青紫色に変化する。

4　**問1**　夕焼けが見えるということは，西の空に雲がないということである。天気は西から東へ移り変わるので，夕方西の空に雲がないと，次の日に晴れることが多い。

問2　太陽は東の地平線からのぼり，南の空でもっとも高くなって，西の地平線にしずむ。影(かげ)は太陽と反対の方向にでき，太陽の高度が高いほど影は短くなるので，太陽の高度がもっとも高くなるころ，影は北向きでもっとも短くなる。

問3⑴　地面の温度は，地面にあけたあなに温度計の球部を入れてはかる。　**⑵**　晴れの日の地面の温度は午後1時ごろ，気温は午後2時ごろに最高になることが多いので，午後1時の4時間前(午後2時の5時間前)の午前9

時に観察を開始したと考えられる。　⑶　地面の温度が先に最高に達し，そのおよそ1時間後に気温が最高に達するのは，太陽からの熱は空気を通り抜けてまず地面を温め，地面からの熱が空気を温めるからである。

⑷　ふつうくもりの日の最高気温は晴れの日よりも低く，1日の気温の変化は晴れの日よりも小さくなる。

5　問1　Aは10㎤の重さが40gだから，1㎤あたりの重さは40÷10＝4(g)となる。

問2　Fは60㎤の重さが20gだから，10gあたりの体積は$60\times\frac{10}{20}$＝30(㎤)となる。

問3　体積1㎤あたりの重さが同じ物体は体積と重さが0の点から引いた同じ直線上にある。よって，図iよりFとIである。

問4　同じ重さに対する体積が小さいということは，同じ体積での重さが大きいということである。同じ体積での重さが大きいほど，図iで体積と重さが0の点とその点を結ぶ直線の向きが縦軸(たてじく)に近づく。

問5　水に浮(う)くのは，1㎤あたりの重さが1gの水よりも小さい物体である。図iより，1㎤あたりの重さが1gを表す直線より下の部分(ア)にある物体は水に浮く。

問6　液体Xは1㎤あたりの重さが0.7gだから，100㎤の重さが70gである。よって，図iより，1㎤あたりの重さが0.7gの直線より上にあり，1㎤あたりの重さが1gの直線より下にあるGが正答となる。

図i

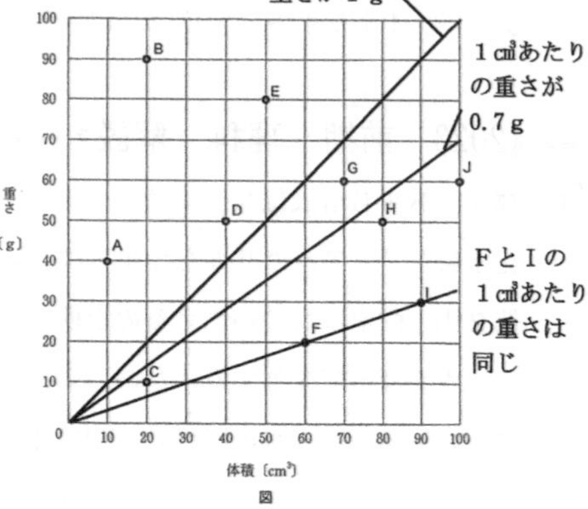

6　問1　レールAの伸(の)びは温度に比例することがわかるので，$0.12\times\frac{30}{10}$＝0.36(cm)となる。

問2　$0.24\times\frac{100}{10}$＝2.4(cm)

問3　レールCは20℃上がると0.72cm伸びることがわかるので，レールの伸びは0.72cmである。

問4　表1より，同じ温度のときのレールの伸びは，レールの長さに比例することがわかるので，長さが40mのDを20℃に加熱すると，$0.24\times\frac{40}{10}$＝0.96(cm)となる。

問5　レールの長さが50mのEを加熱して温度を30℃上げたので，$0.36\times\frac{50}{10}$＝1.8(cm)となる。

問6　Aを0℃から100℃まで加熱すると$0.12\times\frac{100}{10}$＝1.2(cm)伸びる。よって，それぞれのレールを0℃から100℃まで加熱したときのレールの伸びは，Bが$1.2\times\frac{20}{10}$＝2.4(cm)，Cが$1.2\times\frac{30}{10}$＝3.6(cm)，Dが$1.2\times\frac{40}{10}$＝4.8(cm)，Eが$1.2\times\frac{50}{10}$＝6.0(cm)となるので，3cm以上になるのはC，D，Eの3本である。

問7　Fを0℃から同じ温度まで加熱したときの伸びはAよりも小さいので，AとFを貼(は)り合わせた物体を加熱すると，アのように，Aが外側，Fが内側になるように曲がる。

《2023　前期　社会　解説》

1　問1　エ　　山形県を流れる最上川は，長さが全国7位，流域面積が全国9位の河川である。福島県と宮城県を流れる阿武隈川は長さが全国6位の河川である。福島県と新潟県を流れる阿賀野川は長さが全国10位，流域面積が全国8位の河川である。

問２　イ　　日本海流は黒潮とも呼ばれる暖流である。日本近海の海流は右図を参照。

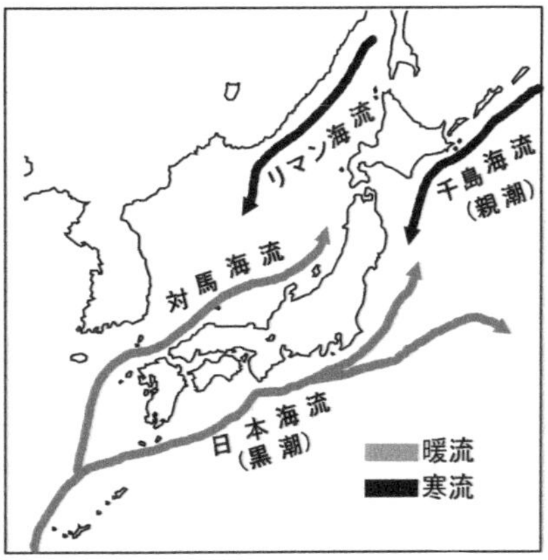

問３　ア　　ⓐ県は群馬県である。キャベツの収穫量は群馬県と愛知県が多い。ⓑ県は茨城県，ⓒ県は埼玉県，ⓓ県は千葉県である。

問４　ウ　　❹は神奈川県の三浦半島で，冬が比較的温暖で夏から秋にかけての降水量が多い太平洋側の気候を示すからウを選ぶ。アは❸，イは❶，エは❷の雨温図である。

問５　ア　　東京都の離島には，伊豆諸島・小笠原諸島・沖ノ鳥島・南鳥島などがある。

問６　エ　　化学の割合に着目する。原料や燃料を海外からの輸入に頼る日本では，化学工業は沿岸部に発達しやすい。よって，化学工業の割合は，京葉工業地域＞京浜工業地帯＞関東内陸工業地域の順に高い。

2　問１　ウ　　ウは養殖漁業ではなく栽培漁業についての記述である。

問２　エ　　日本の米の自給率はほぼ 100%に近いので，もっとも輸入量の少ないエを選ぶ。アは大豆，イは牛乳・乳製品，ウは肉の輸入量を表している。

問３　マイレージ　　フードマイレージが小さくなると，輸送の際の二酸化炭素排出量が減り，地球温暖化の抑制の効果が期待できる。そのための取り組みとして地産地消が挙げられている。

問４　ウ　　輸入農産物については，生産地(原産国)の表示義務はあるが，生産者についてはない。

3　問１　ウ　　青森県にあるのは縄文時代の三内丸山遺跡である。弥生時代の遺跡である登呂遺跡は静岡県にある。三内丸山遺跡からは，この地域でとれない黒曜石やひすいなどが出土していることから，遠方との交流があったと考えられている。弥生時代になるとムラやクニとの間で戦いがおこるようになった。

問２　ア　　『風土記』がつくられはじめたのは奈良時代だからアを選ぶ。イとウは平安時代，エは古墳時代。

問３　ア　　b．源義経は壇ノ浦の戦いで平氏と戦って勝利した。d．竹崎季長が手柄を訴えた相手は，天皇ではなく鎌倉幕府の御家人である安達泰盛であった。

問４　雪舟　　雪舟は，『秋冬山水図』『天橋立図』などの水墨画で知られる画僧である。

問５　エ　　aは豊臣秀吉の行った刀狩である。

問６　イ　　武家諸法度(元和令)の内容として正しい。ア，ウ，エはいずれも徳川家光について述べた文である。

問７　エ　　二・二六事件は，1936 年におきた。

問８　ウ　　X．選挙権は，直接国税を 15 円以上納める満 25 歳以上の男子に与えられた。Y．正しい。

問９　イ　　ア．戦場にかり出されたのは男性であり，女性や子どもは軍需工場などで働かされた。ウ．太平洋戦争終結後の内容である。エ．太平洋戦争前の 1930 年代初頭の内容である。

問 10　ア　　1950 年の朝鮮戦争の際に結成された警察予備隊が，保安隊ー自衛隊と変化していったから，戦後まもなくおこなわれた改革ではない。

4　問１　エ　　ア．国際連合の本部はアメリカのニューヨークにある。イ．2022 年現在の国際連合の加盟国数は 196 である。ウ．韓国ではなく，ソ連と国交が正常化された，1956 年の日ソ共同宣言に調印した後，日本は同年国際連合に加盟した。

問２　イ　　X．正しい。「達成済み」の数は両国とも３である。Y．フィンランドの「課題がある」とされた項目のうち，日本が「達成済み」とされているのは，「9　産業と技術革新の基盤をつくろう」と「16　平和と公正をすべての人に」である。

問３　イ　　X．正しい。Y．被災した市町村は，最初に被害の報告を所属する都道府県におこなう。

問４　ア　　イはアムダ(旧アジア医師連絡協議会)，ウは地域的な包括的経済連携協定，エは日米豪印戦略対話の略称である。

5　問１　マッカーサー　　マッカーサーは，連合国軍最高司令官(ＧＨＱ)として1945年から1951年まで日本を占領し，日本の民主化を進めた(ＧＨＱによる日本統治は1952年まで)。

問２(1)　エ　　ア．天皇には政治についての権限はない。イ．日本国憲法では，武力での解決をすること・戦力をもつこと・戦争をすることなどが禁止されている。ウ．「国会で選ばれた内閣総理大臣と国務大臣」の意味を読み違えないこと。国務大臣は国会で選ばれるのではなく，内閣総理大臣によって選ばれる。　(2)　イ　　ア．税金には市町村に納めるものもある。ウ．2020年における国の収入(歳入)は，公債金＞消費税＞所得税＞法人税の順に多い。エ．2022年現在，テイクアウトする食料品にかかる消費税率は８％である(軽減税率)。

問３(1)　ウ　　「三種の神器」は，電気冷蔵庫・電気洗濯機・白黒テレビである。クーラーは，車(カー)・カラーテレビと合わせて「新三種の神器・３Ｃ」と呼ばれた。　(2)　エ　　X．ＧＨＱによって独占的な企業(財閥)は解体された。Y．バブル経済は，1980年代後半におき，1991年にはじけた。

問４　ア　　障がいを理由に差別することを禁止し，すべての国民がともに生きる社会の実現をめざす法律は，バリアフリー法ではなく障害者差別解消法である。バリアフリー法は，高齢者や障がい者が肉体的・精神的に負担なく移動できるように，町や建物のバリアフリー化を促進する法律である。

《2023　前期プレミアム・理Ⅲ選抜　国語　解説》

【一】

問三　北村先生は子どものころ、一日の出来事をプラスとマイナスに分けていたが、蒔いておいたマリーゴールドの種が雨で流されてしまうという「出来事」が起きたのを境に、分けるのをやめてしまった。その理由について、――線部①の３～４行後で「だって、私はその前日に、マリーゴールドの種を植えたことを、プラス10で計算してたの。でも、私が植えなかったら種は流されなかったと思うと、それってマイナス10ってことになるじゃない？」と説明し、さらにその後の会話で「でもね、実際は世界ってもっと複雑で」「その偶然には、きっと意図がない。起こった出来事を、プラスにするとかマイナスにするとかは、人の心が決めるんじゃないかな」と言っている。ここから、ある出来事や経験を単純にプラスとマイナスには分けられないという先生の考えが読み取れる。よって、アが適する。

問四　前向きな句は書けそうにないというソラに対して、先生の言った「前向きな句を書かなくたっていいのよ。私が言うプラスの効果っていうのはね、いやな経験も、作品にできるっていうこと～そうすると、自分だけの思いじゃないってわかる。だれかと共有することもできる。それだけで、気持ちが楽になると思うの」という言葉より、エが適する。特に下線部が、エの「自分ひとりで心の中に抱えていた思いが、だれかと分かち合えるものとなり、それによって心が解放されることにもなる」と一致している。

問五　「『プラス』、『マイナス』という言葉を用いて」という条件がヒントとなる。この句を思いつく直前に、北村先生は「俳句って、マイナスをプラスにする力があると思うの」「いやな経験も、作品にできる」と言っている。その考えをふまえてできた句であるから、俳句の背後にある北村先生の思いを本文中から読みとり、どのようなマイナスがどのようなプラスに転じるのかがわかるように、具体的に説明する。

問六　北村先生に「また、ソラくんの俳句が見たいな」と言われ、ソラは「また、句を作りたい。その思いは、けっして消えていないことを、確信したのだ。いましか書けない句。自分にしか書けない句。それができそうな気がしてきたのだ」と感じている。よって、ウが適する。問四もふまえると、いじめを受けた経験のあるソラは、先生の「いやな経験も、作品にできる」という言葉に感化されたと考えられるので、エの「べらべらと話せるようになっていること」に気づいたことは関係がないと考えられる。

問七　ハセオの父は絵を描くことに熱心に取り組んでいたが、「それはあくまで、仕事の英気を養うため」であった。また、══線部Ａの１～２行後に「文学や芸術を否定するわけじゃないんだ、と父はよく言っていた。ただそれは、あくまで本当の人生を豊かにするためにあるのであって、本当の人生とは、社会のためになるような仕事をすることにある。それが、父の哲学だった」とある。この内容に合う、イが適する。ハセオは正秀おじさんの主宰する俳句結社に入って、事務や編集を手伝っていたが、おじさんは「主宰の俺だって、それで食べていけるわけじゃない。厳しい道だぞ」と言い、ハセオを「何度も説得」した。この内容に合う、キが適する。

ア．父が、絵画の方が俳句よりも芸術的であると考えていた、ということは書かれていない。　ウ．「(父が、正秀おじさんが)俳句で身を立てた点については一目置いており～」以下が本文に書かれていない内容。　エ．ハセオは父にヒマワリ句会に参加していることを言っていないので、適さない。　オ．正秀おじさんは、ハセオに俳句の道の厳しさを伝えているので、「うれしいので、熱心に教えてやる」が適さない。　カ．「人生の意義が理解できず」は、父の、正秀おじさんに対する評価で、客観的にそう言えるわけではない。　ク．正秀おじさんが、父のことを批判している描写はない。また、父と正秀おじさんが「相手のことをひそかに敬って」いるということも本文から読みとれない。

問八Ⅰ　ハセオはソラがクリスマスの夜に送ってきた句に対して、(駄句の意味の)ダックスフントの絵文字を４個送り、「上五中七の感情表現がナマのまま」と辛口の評価をしたが、「孤独でもいいってひかりオリオン座」の句には、ダックスフントの絵文字を２個だけ送り、「この感じ！」とほめているから、「感情表現がナマのまま」という点が改善したのだと考えられる。　**Ⅱ**　ダックスフントが３個に増え、「一歩後退」と評価したから、悪い評価の言葉が入る。　**Ⅲ**　直前に「すごく客観的になった」とあり、［Ⅲ］の後で「もっと感情を」と求めているから、感情がおさえられているのだと推測できる。

問九(2)　「マフラー」と、エの「雪」は、冬の季語。アの「五月雨」は夏、イの「柿」は秋、ウの「雪残る」は春の季語。「雪残る」は、春になっても雪が消えていないことで、冬の季語ではないので注意。残雪のこと。

問十(1)　ハセオがソラに対して、どのような比喩(たとえ)を使って俳句のアドバイスをしているのかを読みとる。［Ⅲ］の６～８行後のソラの言葉に「『ハセオってさ、意外に<u>料理</u>好きなの？』～『ナマじゃだめとか、スパイスとかさ。<u>たとえが、料理男子みたい</u>』」とある。　**(2)**　本文の「励ましの一句を、ソラに送る？　そんなの、ばかばかしい」の直前に、「俳句はたしかに、誰かのために、役に立つというものではない」とあることから、俳句というものはそのような使い方をするものではない、メッセージを直接的に伝えるためのものではない、というハセオの考えが読みとれる。よって、アが適する。風太くんが［(2)］の後で、「励ましの一句を詠まないかわりに、俳句を通じた真剣なやりとりを大事にしたんじゃないかな」と言っていることも参照。　**(3)**　「俳句を通じてソラと向き合おうとするハセオの姿勢や考え方」が書かれているのは、本文［Ⅰ］の７行前の「<u>ただしハセ</u>オは、作品については、容赦しなかった。」という一文とその後の段落。ハセオはソラの俳句を、題材が何であるかに関係なく、公正に批評しようとしている。　**(4)**　俳句は完成するとハセオは信じており、そのような瞬間のことを、本文の最後から３行目で「言葉を動かしようのない瞬間」と言っている。

【二】

具体例を省いてまとめればよい。Ａさんの意見は最後の段落に、Ｂさんの意見は、１、２段落の最後と、３段落にまとめられている。

《2023　前期プレミアム・理Ⅲ選抜　算数　解説》

［1］ (1)　与式より，$(\square-\frac{2}{3})\times 7=\frac{11}{24}+\frac{1}{8}$　　$(\square-\frac{2}{3})\times 7=\frac{11}{24}+\frac{3}{24}$　　$\square-\frac{2}{3}=\frac{14}{24}\div 7$

$\square=\frac{1}{12}+\frac{2}{3}=\frac{1}{12}+\frac{8}{12}=\frac{9}{12}=\mathbf{\frac{3}{4}}$

(2)　**【解き方】初めの兄と弟の持っている金額の比は４：１，兄が弟に 1900 円渡したあとの兄と弟の持っている金額の比は１：５だから，兄と弟の持っている金額の合計を４＋１＝５と１＋５＝６の最小公倍数である 30 として考える。**

初めに兄の持っている金額は $30\times\frac{4}{5}=24$，弟に 1900 円渡したあとの兄の持っている金額は $30\times\frac{1}{6}=5$ だから，24－５＝19 が 1900 円にあたる。弟の持っている金額は 30－５＝25 だから，$1900\times\frac{25}{19}=$ **2500**(円)にあたる。

(3)　**【解き方】大のさいころの出た目の数で場合をわけて考える。**

中と小のさいころの出た目の数の和は，右表のようにまとめられる。

大の目が１のときは，中と小の出た目の和が 12－１＝11 となればよい。

表より，そのような中と小の出方は２通りある。

大の目が２のときは，中と小の出た目の和が 12－２＝10 となればよい。

表より，そのような中と小の出方は３通りある。

２個のさいころの目の和

		小					
		1	2	3	4	5	6
中	1	2	3	4	5	6	7
	2	3	4	5	6	7	8
	3	4	5	6	7	8	9
	4	5	6	7	8	9	10
	5	6	7	8	9	10	11
	6	7	8	9	10	11	12

同様に考えると，大の目が３，４，５，６のときの中と小の目の出方はそれぞれ，４通り，５通り，６通り，５通りあるから，条件に合う目の出方は全部で，２＋３＋４＋５＋６＋５＝**25**(通り)

⑷　**【解き方】長方形の面積より，ＡＢ×ＡＤ＝108 ㎠，ＡＥ×ＡＢ＝99 ㎠，ＡＥ×ＡＤ＝132 ㎠である。**

３つの辺の長さを整数とすると，ＡＢとして考えられる長さは，108 と 99 の公約数である１cm，３cm，９cmである。

ＡＢ＝１cmのとき，ＡＤ＝108 cm，ＡＥ＝99 cmとなり，ＡＥ×ＡＤ＝132 ㎠にならないので，条件に合わない。

ＡＢ＝３cmのとき，ＡＤ＝108÷３＝36(cm)，ＡＥ＝99÷３＝33(cm)となり，ＡＥ×ＡＤ＝132 ㎠にならないので，条件に合わない。

ＡＢ＝９cmのとき，ＡＤ＝108÷９＝12(cm)，ＡＥ＝99÷９＝11(cm)となり，ＡＥ×ＡＤ＝12×11＝132(㎠)となるので，条件に合う。したがって，求める長さは，ＡＢ＝**９**cm，ＡＤ＝**12** cm，ＡＥ＝**11** cmである。

⑸　**【解き方】右のように作図し，太線で囲まれた部分を矢印の向きに移動させてから斜線部分の面積を考える。**

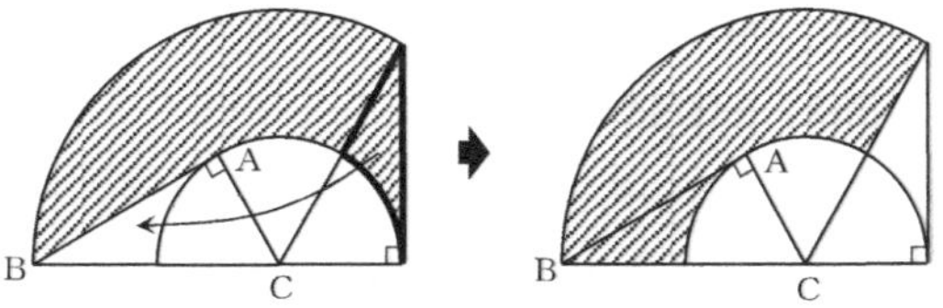

半径がＢＣで中心角が 180°－60°＝120°のおうぎ形の面積から，半径がＡＣ＝10 cmで中心角が 120°のおうぎ形の面積をひけばよい。三角形ＡＢＣは２つあわせると１辺が 10×２＝20(cm)の正三角形になるから，ＢＣ＝20 cmである。よって，求める面積は，$20\times20\times3.14\times\frac{120°}{360°}-10\times10\times3.14\times\frac{120°}{360°}$＝**314**(㎠)

2　⑴　Ｍは 10 cmを 20 秒で進むから，求める速さは，毎秒(10÷20)cm＝毎秒$\frac{1}{2}$cm

⑵　ＭがＡを出発してから２秒後，ＭはＡから$\frac{1}{2}$×２＝１(cm)進んだ位置におり，このときＫが１個目の岩を転がす。このときのＭと岩の間の距離は 10－１＝９(cm)で，この距離は１秒ごとに$\frac{1}{2}$＋１＝$\frac{3}{2}$(cm)短くなる。

よって，Ｍが初めて岩と出会うのは出発してから２＋９÷$\frac{3}{2}$＝**８**(秒後)でＡから$\frac{1}{2}$×８＝**４**(cm)の地点である。

⑶　**【解き方】２個目の岩からは何秒ごとに何cm進んだ位置で次の岩に出会うのかを考える。**

⑵の続きを考える。岩と岩の間の距離は１×４＝４(cm)で，Ｍがジャンプする１秒間で岩は１cm進むから，ジャンプ後のＭと次の岩との距離は４－１＝３(cm)である。よって，ここから３÷$\frac{3}{2}$＝２(秒後)にＭと次の岩が出会うから，１個目の岩に出会ってからは，１＋２＝３(秒)ごとに，$\frac{1}{2}$×２＝１(cm)進んだ位置で次の岩に出会うことがわかる。１個目の岩に出会ったとき，ＭとＢの距離は 10－４＝６(cm)だから，到着までにあと６÷１＝６(回)岩と出会う。最後の岩は避ける必要がないので，求める回数は，１＋６－１＝**６**(回)

⑷　**【解き方】ＭがＡに戻ってから，Ｍが何回ジャンプするのかに注目する。**

３番目の岩は出発から２＋４×(３－１)＝10(秒後)にＢから転がるので，ＭがＡに戻るのは，出発から 10＋10÷１＝20(秒後)である。このとき，Ｍと次の岩との間の距離は４cmだから，４÷$\frac{3}{2}$＝$\frac{8}{3}$(秒後)に，Ａから$\frac{1}{2}$×$\frac{8}{3}$＝$\frac{4}{3}$(cm)の位置で出会う。その後は，３秒ごとに１cm進んだ位置で次の岩に出会うので，Ｍが２点Ａ，Ｂの中間点(Ａから５cmの位置)に来るまでに，５－$\frac{4}{3}$＝$\frac{11}{3}$＝３$\frac{2}{3}$より，全部で１＋３＝４(回)ジャンプする。また，Ｍが２点Ａ，Ｂの中間点に来たときに最後に岩が転がされ，このときのＭと岩との距離は５cmだから，５÷４＝1.25 より，さらに２回ジャンプする。まとめると，ＭがＡに戻ってから，Ｍは４＋２＝６(回)ジャンプする。

ＭがＡに戻ってから，Ｂまでの移動にかかる時間は 10÷$\frac{1}{2}$＝20(秒)，ジャンプにかかる時間は１×６＝６(秒)なので，求める時間は，20＋20＋６＝**46**(秒)

3　⑴　**【解き方】高さの等しい三角形の面積の比は，底辺の長さの比に等しいことを利用する。**

平行四辺形の対角線ＢＤをひくと，(三角形ＢＣＤの面積)＝(平行四辺形ＡＢＣＤの面積)÷２＝180÷２＝90(㎠)

ＥＤとＢＣは平行なので，(三角形ＢＣＤの面積)：(三角形ＥＢＦの面積)＝ＢＣ：ＢＦ＝(２＋３)：２＝５：２

よって，(三角形ＥＢＦの面積)＝(三角形ＢＣＤの面積)×$\frac{2}{5}$＝90×$\frac{2}{5}$＝**36**(㎠)

(2)　ADとBCは平行なので，三角形AEGと三角形FBGは同じ形の三角形である。
$AE = AD \times \frac{2}{2+1} = AD \times \frac{2}{3}$，$FB = BC \times \frac{2}{5}$であり，AD＝BCだから，
$AG : GF = AE : FB = \frac{2}{3} : \frac{2}{5} =$ **5：3**

(3)　**【解き方】右のように作図する。**

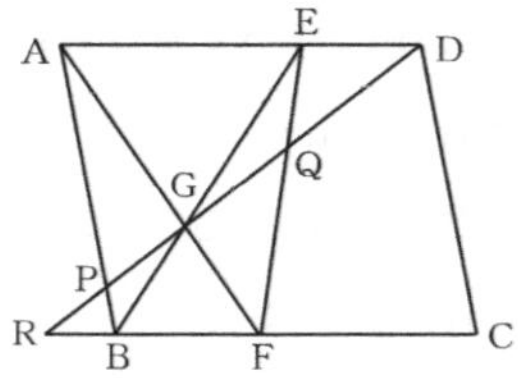

三角形ADGと三角形FRGは同じ形だから，AD：FR＝AG：FG＝5：3
よって，$FR = AD \times \frac{3}{5}$　　$BF = BC \times \frac{2}{5} = AD \times \frac{2}{5}$だから，
$BR = FR - BF = AD \times \frac{3}{5} - AD \times \frac{2}{5} = AD \times \frac{1}{5}$
三角形ADPと三角形BRPは同じ形だから，AP：PB＝AD：BR＝
$AD : (AD \times \frac{1}{5}) =$ **5：1**

(4)　**【解き方】右の「1つの角を共有する三角形の面積」を利用して考える。**

1つの角を共有する三角形の面積
右図のように三角形STUと三角形SVWが1つの角を共有するとき，三角形SVWの面積は，
$(三角形STUの面積) \times \frac{SV}{ST} \times \frac{SW}{SU}$
で求められる。

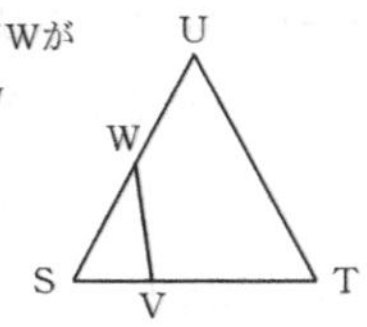

AEとBFは平行だから，(三角形ABFの面積)＝(三角形EBFの面積)＝36 ㎠
よって，(三角形APGの面積)＝(三角形ABFの面積)$\times \frac{AG}{AF} \times \frac{AP}{AB} = 36 \times \frac{5}{5+3} \times \frac{5}{5+1} = \frac{75}{4} =$ **$18\frac{3}{4}$**(㎠)

4　(1)　円すいの体積は(底面積)×(高さ)÷3で求められるから，立体Aの体積は，
2×2×3.14×6÷3＝8×3.14＝**25.12**(㎤)

(2)　**【解き方】対応する辺の長さの比がA：Bの立体の体積の比は，(A×A×A)：(B×B×B)になることを利用する。**
立体Aを底面から3㎝のところで底面と平行な平面で切断したとき，体積が小さい方の立体を立体Cとする。
立体AとCは同じ形で，高さの比は6：3＝2：1だから，体積の比は，(2×2×2)：(1×1×1)＝8：1
立体AとBの体積の比は8：(8－1)＝8：7だから，立体Bの体積は，$8 \times 3.14 \times \frac{7}{8} = 7 \times 3.14 =$ **21.98**(㎤)

(3)①　半径2㎝の底面が通過する部分は右図の色付き部分のように，半径が3＋2＝5(㎝)の円から，半径が3－2＝1(㎝)の円を取り除いた図形になるから，求める面積は，5×5×3.14－1×1×3.14＝**75.36**(㎠)

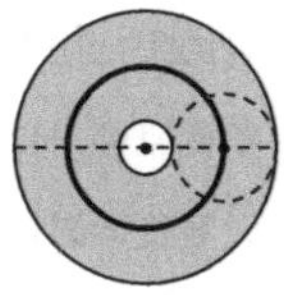

②　**【解き方】通過する部分は右のように，㋐<u>立体Aと同じ形で底面の半径が5㎝の円すい</u>から，㋑<u>立体Aと同じ形で底面の半径が5－1＝4(㎝)の円すい</u>と立体Bを取り除いた立体になる。**

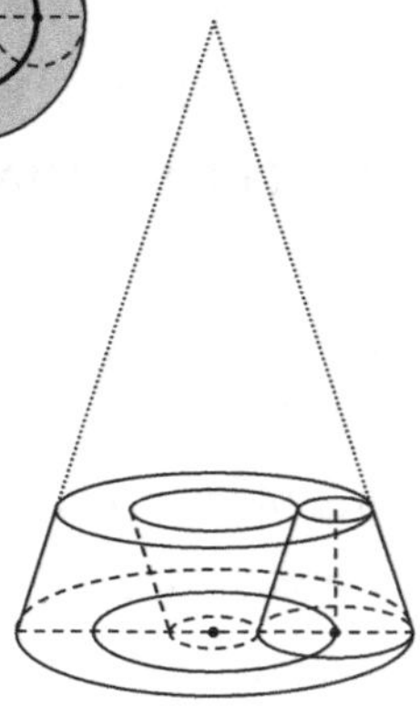

立体Aと㋐と㋑の体積の比は，(2×2×2)：(5×5×5)：(4×4×4)＝8：125：64で，立体AとBの体積の比は8：7だから，立体Aと通過する部分の体積の比は，8：(125－64－7)＝8：54である。
よって，求める体積は，$8 \times 3.14 \times \frac{54}{8} = 54 \times 3.14 =$ **169.56**(㎤)

5　**【解き方】Bを押したときは*z*が変化せず，Cを押したときは*y*が変化しない。それ以外はボタンを押すごとに変化する。**

(1)　表の続きをかくと右のようになるので，初めてすべての電球が同時に消灯するのは，**9**回ボタンを押したときである。

	B	A	C	B	A	C	B	A	C
x	赤	黄	消	赤	黄	消	赤	黄	消
y	赤	黄	黄	消	赤	赤	黄	消	消
z	消	赤	黄	黄	消	赤	赤	黄	消

(2)　*x*と*y*はボタンを押すごとに変化するので，1回目から，「赤，黄，消」の変化をくり返す。*z*は2回ボタンを押すごとに1回変化するので，1回目から，「赤，赤，黄，黄，消，消」の

変化をくり返す。よって，６回ボタンを押すごとにすべての電球が消灯している状態が１回ある。

100÷６＝18 余り４より，求める回数は **16** 回である。

⑶① xはボタンを押すごとに「赤，黄，消」の変化をくり返す。200÷３＝66 余り２より，200 回ボタンを押すまでに，xは「赤，黄，消」の変化を 66 回くり返し，その後に赤，黄と変化するから，点灯している電球は$\boldsymbol{x}$である。

② **【解き方】ＢとＣを押した回数が何通りあるかが決まれば，Ａを押した回数が何通りあるかも決まる。**
yとzが 200 回目に消灯しているようなＢとＣを押した回数を考える。

200 回のうち，ＢとＣを１回ずつ押すごとに，yとzの変化する回数がxより１回少なくなる。

①より，xは 200 回目に黄の状態である。yとzの変化する回数がxよりも２回少なければ，yとzは 200 回目に消灯している状態になる。よって，ＢとＣをそれぞれ２回ずつ押すと，yとzは 200 回目に消灯している状態になる。

また，ここから，ＢとＣを押す回数を３回ずつ増やしても，yとzは 200 回目に消灯している状態になる。

ＢとＣが押せる回数は最大で 200÷２＝100(回)ずつなので，100－２＝98，98÷３＝32 余り２より，

Ａを押した回数は，１＋32＝**33**(通り)考えられる。

2022 解答例 令和４年度　清風中学校【前期】【前期プレミアム・理Ⅲ選抜】

《前期　国語》

【一】問一．a．ウ　b．イ　c．エ　問二．Ⅰ．エ　Ⅱ．ア　Ⅲ．カ　問三．イ　問四．ウ　問五．留学生と友達になっても、しばらくすれば去っていかれて、またつらい思いをすること。　問六．ア　問七．エ

【二】問一．a．片手間　b．特筆　c．観戦　d．典型　問二．１．ア　２．エ　３．イ　問三．ウ
問四．Ｘ．ア　Ｙ．イ　問五．エ　問六．Ⅰ．私たちの祖～生活の名残　Ⅱ．狩りで用い～継いでいる
問七．イ

【三】①支援　②交信　③栄誉　④偉業　⑤協力　⑥たたえた　⑦展示　⑧はかない　⑨晩年
⑩期待

《前期　算数》

1　(1)3.01　(2)76　(3)45　(4)24　(5)4.56

2　(1)A：B…25：24　B：C…12：11　(2)①36　②９　(3)①2.5　②19，12

3　(1)ＡＥ…18　ＡＥ：ＥＣ…９：16　(2)337.5　(3)478.5　(4)$\frac{63}{400}$

4　(1)４　(2)①264　②84　(3)8.5　(4)5.4

5　(1)15　(2)140　(3)45，86　(4)1012

《前期　理科》

1　問１．イ　問２．ウ　問３．ア　問４．エ　問５．エ　問６．(1)50　(2)100

2　問１．A．気管〔別解〕気道　B．食道　問２．(1)肺胞　(2)ア　問３．ア，エ

3　問１．10　問２．マグニチュード　問３．ア　問４．エ　問５．ウ　問６．ハザードマップ

4　問１．エ　問２．(1)21　(2)73　問３．ウ　問４．19

5　問１．40　問２．20　問３．90　問４．130　問５．(1)90　(2)450

6　問１．(1)ア　(2)ウ　(3)イ　問２．ア　問３．A．４　B．８　C．４

《前期　社会》

1　問１．イ　問２．ウ　問３．エ　問４．ア　問５．エ　問６．ウ

2　問１．ア　問２．アラビア　問３．ア　問４．イ

3　問１．ウ　問２．ア　問３．エ　問４．イ　問５．藤原道長　問６．イ　問７．ウ　問８．ウ
問９．ア　問10．カ

4　問１．ウ　問２．ハンセン　問３．カ　問４．ウ　問５．イ　問６．イ

5　問１．ア　問２．エ　問３．イ　問４．ウ

《前期プレミアム・理Ⅲ選抜　国語》

【一】問一．a．心臓　b．ゆかた　c．視線　d．興奮　　問二．⑴ア　⑵ウ　⑶エ　⑷イ　　問三．ウ
問四．エ　　問五．ア　　問六．ウ　　問七．ア　　問八．養老院の人たちとも友達になれたことを喜んでいたのに、急に恐ろしい存在に変わってしまったおばあさんや、それを見ても素知らぬ様子をしている老人たちに、裏切られたように思い、くやしい気持ちになっている。　　問九．ウ　　問十．ウ　　問十一．B，F

【二】Aさんは、地球温暖化の影響はとても深刻なので、これ以上の温暖化は絶対に防がないといけないが、そのためには世界中の国や人々が、例外なく同じように、温室効果ガスの排出を止めるように努力することが必要だと考えている。一方、Bさんは、温暖化の対策は確かに必要だが、今の温暖化の原因になっている温室効果ガスを排出していた主な国は先進国なので、その先進国と同じ責任を他の国にまで負わせるのは不公平だと考えている。

《前期プレミアム・理Ⅲ選抜　算数》

1　⑴$\frac{1}{2}$　⑵159，160　⑶9　⑷1049　⑸$5\frac{1}{3}$

2　⑴10200　⑵800　⑶①22　②17，21

3　⑴240　⑵192　⑶96　⑷32

4　⑴36　⑵52　⑶①五角形　②75　⑷62.4

5　⑴8　⑵13　⑶63　⑷321

清風中学校【前期】

←解答例は前のページにありますので，そちらをご覧ください。

《2022　前期　国語　解説》

【一】

問三　イズミちゃんについては、次の行に「小学校入学以来はじめて同級生を得た」と書かれている。また、――線部①の前後には、イズミちゃんと親友になり、毎日楽しく充実した日々を送る様子が描かれている。よって、イが適する。

問四　直前の８行に書かれている内容から、何が「ひっくり返った」のかを読み取る。毎日楽しそうに過ごしていたイズミちゃんは、「この村での生活が嫌」で、「本当はつらくてたまらなかった」。「わたし」とイズミちゃんは「『一生親友ね！』と～何度も誓い合った」仲で、「わたし」はイズミちゃんを本当の親友だと思っていたが、「イズミちゃんにとってわたしは親友なんかじゃなかった」。こうしたことに気づいた時に、「わたし」が信じていたものが、すべて「ひっくり返った」、つまりくずれてしまったのである。よって、ウが適する。アは前半の内容が誤り。「お父さんとお母さんの強い希望で」山村留学をしたイズミちゃんは、「東京での暮らしが恋しく」なり、本人の希望で東京に帰ってしまった。イは、「イズミちゃんをひどく傷つけてしまっていた」が誤り。エは、「にくしみがわいた」が誤り。

問五　５～６行前に「よそからやってくる子とは、あんまり親しくならないほうがいい。ずっといっしょにいられるなんて思っちゃいけない。そんな勘違いをしたら最後、つらい目にあうのは自分だから」とある。イズミちゃんとの別れを経験し、「わたし」は、再び似たようなつらい目にあうのをおそれるようになったのである。

問六　少し前に、「野見山くんは遮らずに黙って耳を傾けてくれた」とある。このことから、野見山くんが、「わたし」の話をしっかりと聞き、その気持ちを受け止めようとしていることがわかる。その上で、自分はイズミちゃんとちがって「これからずっとここにいる」ということを、ていねいに落ち着いて説明している。こうした野見山くんの様子から、誠実に、自分のことを理解してもらおうとする態度が読み取れる。よって、アが適する。

問七　四つの手のひらとは、野見山くんと「わたし」の両手の手のひらを指している。顔の前で手のひらを打ち合わせたということは、ハイタッチをしたということである。ハイタッチは、喜びを表すときなどに行うので、これまで避けてきた野見山くんに対する思いが変わり、不安がぬぐわれたことが読み取れる。また、四つの手のひらを打ち合わせるには、タイミングが合うことも重要である。これがうまくいったということは、二人の気持ちが通じ合っているということである。

【二】

問三　世界記録を更新するのは、ほんの一握りの人々である。その一握りの人々、あるいはそれに近いレベルに達している人々だけを見れば「進歩」し続けていると言えるのかもしれないが、「ヒトが全体として『進歩』し続けている」と言うためには、その他の大勢の人々も「進歩」し続けている必要がある。よって、ウが適する。

問四Ｘ　同じ段落の内容に着目する。英語の game ということばは、もとは「狩猟での獲物」を意味していたが、それが、「試合」「競技」といった「スポーツ」の意味をもつようになり、「遊び」の意味ももつようになったとある。よって、空らんには下線部の３語が入る。　Ｙ　４行前に「走ることはきついけれど、快感も与えてくれる～言い知れぬ喜びだ」とあり、スピードを出すと快感が得られることが書かれている。また、空らんの後には、「車を飛ばすと、そのスピード感は、興奮を呼び起こし、気分は高揚する」とあり、狩りを行わなくなった現在でも、スピードを出すと快感が得られるという関係は変わっていないことが読み取れる。よって、イが適する。

問五　── 線部②の「それ」が指すのは、直前に書かれている、狩猟の時のような身体の動きをしたいという強い欲求である。また、「制度化された」というのは、スポーツがルールに従って行われることを指している。よって、エが適する。

問六　最後の段落に、筆者の答えが述べられているので、ここから探す。　Ⅰ　ここには「スポーツやその価値」が入る。最後の段落に「スポーツは、そしてそれに付与される価値は、私たちの祖先の長きにわたった狩猟生活の名残(なごり)であり」とある。　Ⅱ　空らんの前の「自分で気づかないうちに」と、最後の段落の「ほとんど意識していないが、私たちは」は同じような内容を表している。よって、「私たちは」の直後の部分をぬき出せばよい。

問七　コラムに書かれているのは、速く走ることで快感を得られるという内容である。文章の ── 線部②の前に「狩猟の時のように身体を動かすのが快く感じられ」とある。コラムではこれを受けて、より具体的なイメージを読者に与えようとしている。よって、イが適する。

《2022　前期　算数　解説》

1　(1)　与式＝3×2×3.01÷8＋2×3×3.01÷8－4×3.01÷8＝

(6＋6－4)×3.01÷8＝8×3.01×$\frac{1}{8}$＝3.01

(2)　50人全体の合計点は70×50＝3500(点)で，A組の合計点は61×20＝1220(点)だから，B組の合計点は，3500－1220＝2280(点)，平均点は，2280÷30＝76(点)

(3)　**【解き方】規則性を調べるとき，差が一定でない場合で，a×aのような数字になっていないときは，いわゆるフィボナッチ数であるかどうかを調べてみるとよい。**

5＋6＝11，6＋11＝17，11＋17＝28となることから，□＝17＋28＝45

28＋45＝73，45＋73＝118となり，条件に合う。

(4)　**【解き方】A→Cの進み方，C→Dの進み方，D→Bの進み方をそれぞれ求め，かければよい。**

右図のように，A→Cの進み方が3通り，C→Dの進み方が2通り，D→Bの進み方が4通りあるから，AからC，Dの両方を通ってBまで進む進み方は，3×2×4＝24(通り)

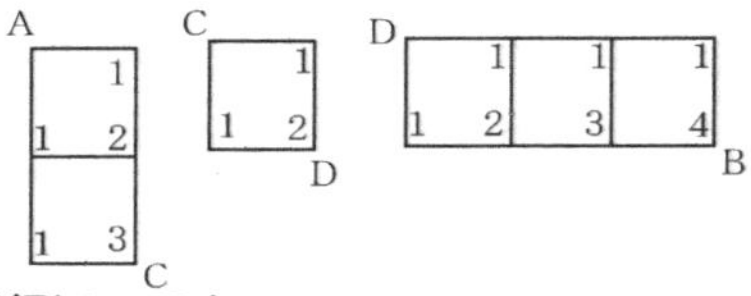

(5)　**【解き方】右のように作図して，おうぎ形BCEの面積から，おうぎ形OCFと直角二等辺三角形OFBの面積を引けばよい。**

BDは正方形の対角線だから，角DBC＝45°になるので，

求める面積は，8×8×3.14×$\frac{45°}{360°}$－4×4×3.14÷4－4×4÷2＝

25.12－12.56－8＝4.56(㎠)

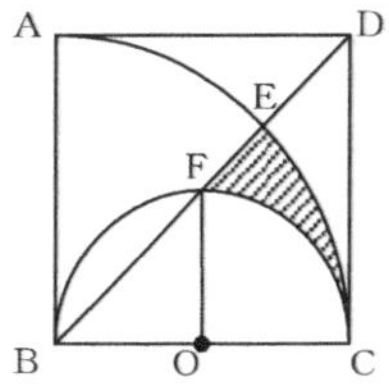

2　(1)　**【解き方】A君が300m走ったとき，B君は300－12＝288(m)走り，B君が300m走ったとき，C君は300－25＝275(m)走っている。**

A君とB君が同じ時間に走る距離の比は，300：288＝25：24

B君とC君が同じ時間に走る距離の比は，300：275＝12：11

(2)①　**【解き方】A君とB君とC君が同じ時間に走る距離の比は，25：24：(11×$\frac{24}{12}$)＝25：24：22になる。**

A君とC君が同じ時間に走る距離の比は，25：22だから，A君が300m走ったときの，A君とC君の差は，比の差の25－22＝3にあたる。よって，C君はA君の300×$\frac{3}{25}$＝36(m)後ろを走っている。

②　**【解き方】①をふまえると，A君が1周するごとに36mの差が開いていく。**

300÷36＝8余り12より，A君がC君を初めて追い抜くのは，9周目を走っている間である。

(3)① **【解き方】A君とB君の速さの比は25：24だから，同じ距離を走るのにかかる時間の比は24：25であり，比の数の差の25－24＝1が48秒にあたる。**

B君は，48×25＝1200(秒)で，300×10＝3000(m)を走ったから，B君の走る速さは，

毎秒(3000÷1200)秒＝毎秒2.5m

② ①より，B君は1200秒＝(1200÷60)分＝20分かかったから，A君は20分－48秒＝19分12秒かかった。

3 (1) **【解き方】三角形ＡＢＣは，ＡＢ：ＢＣ：ＣＡ＝30：40：50＝３：４：５の直角三角形であり，ＢからＡＣに垂直な直線を引いたから，三角形ＡＥＢも同じ形の直角三角形になる。**

三角形ＡＥＢは，ＡＥ：ＥＢ：ＢＡ＝３：４：５の直角三角形で，ＢＡ＝30㎝だから，ＡＥ＝$30\times\frac{3}{5}$＝18(㎝)

よって，ＡＥ：ＥＣ＝18：(50－18)＝18：32＝９：16

(2) **【解き方】ＡＦとＢＣが平行だから，三角形ＦＥＡと三角形ＡＢＣは同じ形の直角三角形になる。**

三角形ＦＥＡは，ＦＥ：ＥＡ：ＡＦ＝３：４：５になるから，ＡＦ＝ＡＥ×$\frac{5}{4}$＝18×$\frac{5}{4}$＝$\frac{45}{2}$(㎝)

よって，三角形ＡＣＦの面積は，$\frac{45}{2}$×30÷２＝$\frac{675}{2}$＝337.5(㎠)

(3) **【解き方】三角形ＡＣＤの面積から，三角形ＦＥＡの面積を引く。**

(2)より，ＦＥ＝ＡＥ×$\frac{3}{4}$＝18×$\frac{3}{4}$＝$\frac{27}{2}$(㎝)だから，三角形ＦＥＡの面積は，18×$\frac{27}{2}$÷２＝$\frac{243}{2}$＝121.5(㎠)

三角形ＡＣＤの面積は，30×40÷２＝600(㎠)だから，求める面積は，600－121.5＝478.5(㎠)

(4) **【解き方】高さの等しい三角形の面積比は，底辺の長さの比に等しいことを利用する。**

三角形ＡＣＤの面積をＳとする。三角形ＡＣＤと三角形ＡＤＥの面積比は，ＡＣ：ＡＥ＝(９＋16)：９＝25：９だから，三角形ＡＤＥの面積は，Ｓ×$\frac{9}{25}$である。

三角形ＡＤＥと三角形ＦＥＤの面積比は，ＡＤ：ＦＤ＝40：(40－$\frac{45}{2}$)＝16：７だから，

三角形ＦＥＤの面積は，(Ｓ×$\frac{9}{25}$)×$\frac{7}{16}$＝Ｓ×$\frac{63}{400}$になる。

よって，三角形ＦＥＤの面積は，三角形ＡＣＤの面積の$\frac{63}{400}$倍である。

4 (1) **【解き方】どの部分まで水が入るかを考える。ＦＴ＝12－６－３＝３(㎝)だから，四角形ＴＷＧＦを底面とするときの底面積は，３×２＝６(㎠)になる。**

24÷６＝４より，底面が四角形ＴＷＧＦの部分に水を入れると，ちょうど４㎝の部分までになるとわかる。

(2)① **【解き方】四角形ＴＷＧＦを底面とする部分の高さは16㎝，四角形ＱＲＳＰを底面とする部分の高さは16－４＝12(㎝)，四角形ＡＢＣＤを底面とする部分の高さは16－８＝８(㎝)になる。**

四角形ＴＷＧＦの面積は６㎠，四角形ＱＲＳＰの面積は３×２＝６(㎠)，四角形ＡＢＣＤの面積は６×２＝12(㎠)だから，この容器に入る水の体積は，６×16＋６×12＋12×８＝264(㎤)

② **【解き方】右図は，容器を真正面から見た図であり，ＡＤとＦＧが机の上につくように傾けたとき，色をつけた部分に水が残っている。**

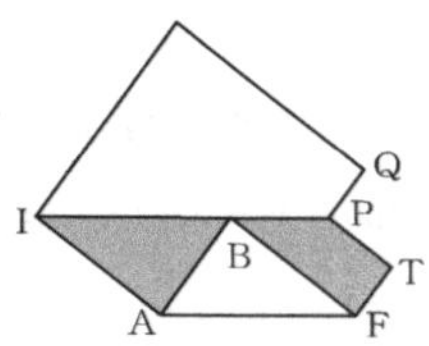

三角形ＡＢＩは，ＡＢ＝６㎝，ＡＩ＝16－８＝８(㎝)の直角三角形だから，

面積は，６×８÷２＝24(㎠)

四角形ＢＦＴＰは，上底と下底がＰＴ＝４㎝，ＢＦ＝８㎝で，高さがＦＴ＝３㎝の台形だから，面積は，

(４＋８)×３÷２＝18(㎠)

よって，残っている水の体積は，(24＋18)×２＝84(㎤)

(3) **【解き方】再び面ＦＴＷＧが下になる状態に戻したとき，面ＦＴＷＧからの高さが８㎝までの部分の体積を調べて，水面の高さが８㎝より上に来るか下に来るかを考える。**

面ＦＴＷＧからの高さが８㎝までの部分の体積は，６×２×８－３×２×４＝72(㎤)だから，水面の高さは，

８cmをこえることがわかる。高さが８cmをこえると，水の入る部分の底面積は，12×２＝24(cm²)になるから，
水面の高さは，８＋(84－72)÷24＝8.5(cm)になる。

⑷　**【解き方】ＴＷとＱＲが机の上につくように傾けても水はこぼれない。**

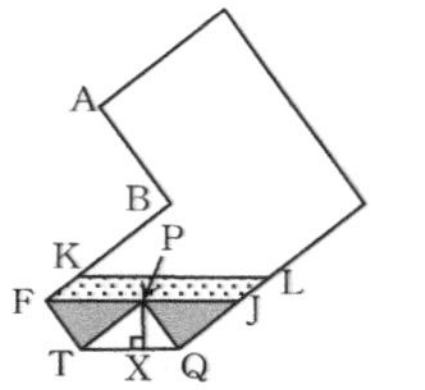

右図の，三角形ＦＴＰと三角形ＰＱＪと三角形ＱＰＴは合同な直角三角形になるから，
面積はそれぞれ，３×４÷２＝６(cm²)になる。右図で，三角形ＰＸＴと三角形ＱＰＴは
同じ形の直角三角形で，３辺の比は３：４：５になるから，ＰＸ＝ＰＴ×$\frac{3}{5}$＝４×$\frac{3}{5}$＝
2.4(cm)になる。高さ2.4cmまでの部分にたまる水の量は６×２×２＝24(cm³)だから，
水面は高さ2.4cmより上側にくる。ＦＰ＝ＰＪ＝５cmだから，ＦＪ＝ＫＬ＝５＋５＝10(cm)になる。高さが2.4cm
をこえたときの水の入る部分の底面積は，10×２＝20(cm²)になるので，水面の高さは，2.4＋(84－24)÷20＝
5.4(cm)になる。

5　⑴　**【解き方】各段の一番右側の数字に着目する。１段目は１，２段目は２×２＝４，３段目は３×３＝９，…
となっているから，ｎ段目の一番右側には，ｎ×ｎがある。**
７段目までに７×７＝49(個)，８段目までに８×８＝64(個)が並ぶから，上から８段目には，64－49＝15(個)が
並ぶ。

⑵　**【解き方】⑴をふまえる。**
上から11段目までに，11×11＝121(個)が並ぶから，上から12段目の左から19番目に並ぶのは，121＋19＝140

⑶　**【解き方】⑴をふまえて，2022に近い数字を探す。**
45×45＝2025だから，2022は上から45段目にある。上から44段目までに，44×44＝1936(個)が並ぶから，
2022は，上から45段目の左から，2022－1936＝86(番目)

⑷　**【解き方】１番左にある数と１番右にある数の差は，２段目が４－２＝２，３段目が９－５＝４，４段目が
16－10＝６，５段目が25－17＝８だから，ｎ段目では，２×(ｎ－１)になる。**
２×(ｎ－１)＝2022が成り立つので，上から，2022÷２＋１＝1012(段目)

《2022　前期　理科　解説》

1　**問１**　イ×…においは手であおぐようにしてかぐ。

問２　ウ×…水溶液(すいようえき)が混ざってしまうので，異なる水溶液では別のピペットを使う。

問３　実験１より，炭酸水はにおいがないので，ＡかＣかＥとわかる。実験２より，ＢＴＢ溶液は酸性で黄色，中性で緑色，アルカリ性で青色を示すから，酸性の炭酸水はＡとわかる。なお，においがして酸性を示すＢは塩酸，においがなくアルカリ性を示すＣは水酸化ナトリウム水溶液，においがしてアルカリ性を示すＤはアンモニア水，においがなく中性を示すＥは食塩水である。

問４　アとウは酸性，イは中性である。

問５　石灰水を白くにごらせる気体は二酸化炭素である。Ｂ(塩酸)と反応して二酸化炭素を発生するのは，石灰石である。なお，塩酸にアルミニウムを加えると水素が発生する。

問６⑴　固体の重さが0.1ｇから３倍の0.3ｇになると，発生した気体の体積も75÷25＝３(倍)になっているから，固体の重さが0.3ｇ以下では，発生した気体の体積は固体の重さに比例する。したがって，固体の重さが0.2ｇのときの発生した気体の体積は，0.1ｇのときの２倍の50cm³である。　**⑵**　固体の重さが0.3ｇ以上になると，発生した気体の体積が75cm³で一定になっているから，50cm³のＢと0.3ｇの固体が過不足なく反応し，75cm³の気体を発生するとわかる。よって，100cm³のＢは固体を0.6ｇまでとかすことができるから，100cm³のＢに0.4ｇの固体を加えたと

きは，0.4ｇの固体がすべて反応し，0.1ｇのときの４倍の100㎤の気体が発生する。

2 **問１**　②には食べ物が通らないようにするしくみがあるから，Ａが肺につながる気管，Ｂが胃につながる食道である。

問２⑴　たくさんの肺胞があることで表面積が広くなり，より効率的に酸素と二酸化炭素の交換ができる。

⑵　肺胞で，二酸化炭素をはい出し，酸素を受け取るから，肺胞を通る前のＱを流れる血液には二酸化炭素が多く含まれ，肺胞を通った後のＰを流れる血液には酸素が多く含まれる。

問３　容器にたまった水は，容器を通る空気に含まれる水蒸気が冷やされて水になったものだから，水が多くたまった実験２の方が含まれる水蒸気の量が多かったと考えられる。容器を通るのは，実験１では吸った空気，実験２でははき出した息である。また，実験２の方が氷が多くとけたから，吸った空気よりもはき出した息の方が温度が高いと考えられる。

3 **問１**　震度は観測地点におけるゆれの大きさを表す。

問３　ア×…高潮は台風や発達した低気圧によって起こる海面上昇のことである。地震によって起こることがある海面の変動に関する現象は津波である。

問４　エ×…ガラス窓が割れてけがをするおそれがある。

問５　ア×…日本には活火山が多くある。　イ×…火山灰が降ると農作物に大きな被害がでるが，火山灰が降り積もった土地でも農作物は育てられる。　エ×…火山の地下の熱を利用した発電方法は地熱発電である。

4 **問１**　エ×…地面からの高さは1.2～1.5ｍである。

問２⑴　乾球温度計が示す温度(21℃)が気温である。　⑵　乾球温度計が示す温度が21℃，乾球温度計と湿球温度計が示す温度の差が21－18＝３(℃)だから，表より，73％とわかる。

問３　温度と湿度のグラフが反対の変化を示すことから，晴れの日だと考えられる。晴れの日の気温は，日の出直前に最も低く，昼過ぎに最も高くなるので，実線が気温，破線が湿度である。

問４　図２より，12時の気温(乾球温度計が示す温度)は24℃，湿度は60％だから，表より，乾球温度計と湿球温度計が示す温度の差が５℃とわかる。よって，乾球温度計の温度は24－５＝19(℃)である。なお，湿球温度計には水で湿らせたガーゼがまかれていて，湿度が100％のとき以外は，ガーゼから水が蒸発するときに熱をうばっていくので，湿球温度計が示す温度は乾球温度計よりも低くなる。

5 **問１**　棒を回転させるはたらき〔おもりの重さ(ｇ)×支点からのきょり(㎝)〕が等しいとき，棒は水平につり合う。棒の左端を支点とすると，おもりが棒を時計回りに回転させるはたらきは80×100＝8000だから，ばねばかりが棒を反時計回りに回転させるはたらきも8000であり，ばねばかりが示す値は8000÷200＝40(ｇ)である。

問２　おもりが棒を回転させるはたらきが80×50＝4000だから，ばねばかりが示す値は4000÷200＝20(ｇ)である。

問３　棒を時計回りに回転させるはたらきは，２個のおもりのはたらきの和だから，100×60＋150×80＝18000である。よって，ばねばかりが示す値は18000÷200＝90(ｇ)である。

問４　ばねばかりが棒を回転させるはたらきが65×200＝13000だから，おもりをつるした位置は棒の左端から13000÷100＝130(㎝)である。

問５　おもりの重さは，棒の両端に，両端からのきょりの逆比に分かれてかかる。おもりが棒の左端から40㎝の位置にきたとき，両端からの距離の比は，左端：右端＝40：(200－40)＝１：４だから，両端にかかる重さの比は，左端：右端＝４：１である。よって，左端に360ｇの重さがかかって糸が切れるとき，右端にはその$\frac{1}{4}$の90ｇがかかる(ばねばかりは90ｇを示す)から，おもりの重さは360＋90＝450(ｇ)である。

6 **問１⑴**　鉄しんを入れたコイルに電流を流すと電磁石になる。スイッチを閉じると，コイルの左横に置いていた方位磁針のN極が東を向いたから，コイルの左側がS極，右側がN極になっている。よって，右横に方位磁針を置くと，方位磁針のS極がコイルに引きつけられるので，N極は東を向く。　(2)　電磁石では，電池の＋極と－極(電流の向き)を反対にすると，N極とS極が反対になるので，コイルの左横に置いていた方位磁針のN極は西を向く。　(3)　コイルから遠ざけるにつれて，電磁石の影響(えいきょう)が小さくなり，北の方を向くようになる。

問3　直列につなぐ電池の数を増やすと，それに比例して持ち上がるクリップの数も増える。これに対し，並列につなぐ電池の数を増やしても，コイルに流れる電流の強さは変化しないので，持ち上がるクリップの数は変化しない。Aは電池2個，Cは電池3個が並列につながれているので，持ち上がるクリップの数は電池1個のときと同じ4個である。Bは並列につながれた電池2個が右の電池1個と直列につながれているので，電池2個が直列につながれていると考えればよい。よって，持ち上がるクリップの数は8個である。

《2022　前期　社会　解説》

1　**問1**　日本の国土面積は約 38 万㎢だから，中国・四国地方の面積は 380000×0.134＝50920(㎢)であり，最も近いイを選ぶ。

問2　Xのみ誤りだからウを選ぶ。冬は北西から吹く季節風の影響により日本海側で雪や雨が多く降り，夏は南東から吹く季節風の影響により太平洋側で雨が多く降る。

問3　エ．石見銀山(島根県大田市)から採れた銀は，かつて南蛮貿易によってヨーロッパに大量に輸出されていた。16 世紀の日本は，世界の銀の生産量のおよそ3分の1を占めていたため，「銀の島」として知られていた。

問4　ア(鳥取県境港市)を選ぶ。日本海側の境港ではアジやサバの水あげ量が多い。鳥取県の県庁所在地は鳥取市で，鳥取県に山陽新幹線は通っていない。天橋立は京都府にある。

問5　エ(愛媛県今治市)が正しい。山口県岩国市と岡山県倉敷市は石油化学工業(化学繊維)，広島県呉市は鉄鋼業がさかんである。

問6　ウ．みかんの生産が盛んな愛媛県の産出額が 500 億円以上なので，果実と判断する。

2　**問1**　アを選ぶ。マイバッグの活用や海岸のプラスチックごみ拾いなど(プラスチック・スマート)が進められている。海に流れ込んだ微小なプラスチック粒子(マイクロプラスチック)を魚などが食べ，その魚を食べている人間の体に移行して影響を及ぼす危険性が問題視されている。イは間伐材，ウは石炭，エはごみや下水汚泥からつくられる。

問2　中東諸国にはイスラム教徒(ムスリム)が多い。イスラム教の聖典『コーラン』はアラビア語で書かれている。

問3　ア．Xは鉱産資源が多いのでオーストラリア，Yは化学製品(医薬品)が多いのでアメリカ，Zは輸入額が圧倒的に高く，衣類が多いので中国である。

問4　イが誤り。火力発電の燃料となる天然ガスは限りある化石燃料である。火力発電では地球温暖化の原因となる二酸化炭素を大量に排出するが，再生可能エネルギーでは二酸化炭素の排出量が少ない。

3　**問1**　弥生時代のウが正しい。アは古墳時代，イは鎌倉時代と室町時代，エは平安時代。

問2　両方とも正しいのでアを選ぶ。邪馬台国の女王である卑弥呼が魏に使いを送り，「親魏倭王」の称号を授かったことが中国の歴史書『魏志』倭人伝に記されている。

問3　エが正しい。古墳時代，大和(奈良県)や河内(大阪府)の豪族が強い勢力をほこっていた。やがて彼らは大和政権(大和王権)を中心にまとまるようになり，大和政権の中心となった者は大王(後の天皇)と呼ばれるようになった。ア．古墳の表面には埴輪が並べられた。　イ．「藤ノ木古墳」ではなく「稲荷山古墳」である。　ウ．「北海道」ではなく「関東」である。北海道は古墳時代まで続縄文時代が続いた。

問4　イが正しい。鑑真は，奈良時代に正式な僧になるために必要な戒律を授けるための戒壇を東大寺に設けたことで知られる。アは古墳時代に渡来人によって伝えられた。ウとエが成立したのは室町時代。

問５　「世の中すべてが自分の思い通りになる」と詠んだ藤原道長は，摂関政治(娘を天皇のきさきとし，生まれた子を次の天皇に立て，自らは天皇の外戚として摂政や関白となって実権をにぎる政治)によって勢力をのばした。

問６　イ．ａは室町幕府３代将軍足利義満，ｂは室町幕府を滅ぼした(15 代将軍足利義昭を追放した)織田信長が今川義元を倒した戦い，ｃは室町幕府８代将軍足利義政の跡継ぎ争いだから，ａ→ｃ→ｂとなる。

問７　ウが正しい。江戸時代に諸藩の蔵屋敷が集まっていた大阪は，経済の中心地として「天下の台所」と呼ばれていた。アは出島，イは対馬，エは江戸。

問８　ウの富岡製糸場は，生糸の品質や生産技術の向上を目的に，フランス人のブリューナによって開設された。このような近代産業の育成を目ざして西洋の知識や技術を取り入れた政策を「殖産興業」と言う。アは大日本帝国憲法，イはノルマントン号事件，エは自由民権運動。

問９　アが正しい。ラジオ放送が 1925(大正 14)年にはじまると，文化が大衆に広まっていった。イとウとエは明治時代。

問 10　カ．ｃの満州事変の開始は 1931 年で，ｂの 1937 年の盧溝橋事件をきっかけに日中戦争が始まり，その中でａの南京事件が起きたので，ｃ→ｂ→ａとなる。

4　問１　ウが正しい。　ア．共働き世帯数が専業主婦世帯をはじめて上回ったのは 1990 年から 1995 年の間である。
イ．阪神淡路大震災が発生した年(1995 年)の核家族の世帯数は約 2400 万世帯である。　エ．学童保育の待機児童数は 2014 年―2015 年と 2018 年―2019 年に増加している。

問２　1996 年にらい予防法が廃止されるまでハンセン病の患者は隔離され，療養所に収容されると出ることができなかった。

問３　ｃ・ｄ・ｅ．国の予算は，内閣が予算案を作成した後，国会で審議されて決定される。予算の審議において，衆議院に予算先議権があるため，必ず衆議院で先に審議される。その後，衆参両院が異なる議決をしたときは両院協議会が必ず開かれ，意見が一致しないときは，衆議院の優越によって衆議院の議決が国会の議決となる。

問４　ウ．「写真には祖父母の家や家族の顔など個人情報がたくさんある」から，プライバシーの権利と判断する。

問５　自由に自分の意見を表す権利は表現の自由にあたるから，イが正しい。

問６　イが正しい。厚生労働省は，公衆衛生や社会保障に関する業務を担当する。アは地方自治制度・行政組織や通信事業に関する業務，ウは皇室や天皇の国事行為に関する業務，エは消費者問題に関する業務を担当する。

5　問１　ソ連の解体は 1991 年だから，アを選ぶ。ソ連が解体され，バルト三国(ラトビア・リトアニア・エストニア)と 12 の独立国家共同体(ＣＩＳ)が形成された。

問２　両方とも誤りだからエを選ぶ。　Ｘ．「ドル」ではなく「ユーロ」である。なお，ＥＵ加盟国のうち，デンマークなどはユーロを導入していない。　Ｙ．「フランス」ではなく「イギリス」である。

問３　イが正しい(右表参照)。戦後初の衆議院議員総選挙(1946 年)では，女性の参政権を認めたほか，有権者の年齢を 25 才から 20 才に引き下げたことで有権者が増加した。

選挙法改正年	納税額	性別	年齢
1889 年	15 円以上	男子	満 25 歳以上
1925 年	なし	男子	満 25 歳以上
1945 年	なし	男女	満 20 歳以上
2015 年	なし	男女	満 18 歳以上

問４　ウが誤り。「参議院」ではなく「衆議院」である。参議院に解散はない。

《2022　前期プレミアム・理Ⅲ選抜　国語　解説》

【一】

問三　この１カ月ほど前、おばあさんは、キャッチボールをしている時夫に「友達になってくれるかの」と言った。「それから毎日、おばあさんは窓から時夫を見つめて」いて、それを見た時夫は「あそびに来てほしいのかもしれない」と何度も思った。──線部①の後、時夫は勇気を出して、おばあさんのいる養老院へと向かった。それは、おばあさんのところに友達として遊びにいくためである。よって、ウが適する。

問四　養老院や看護婦という言葉が使われていることからわかるように、かなり昔の話であることに注意する。当時は、一般(いっぱん)に、年齢(ねんれい)が上の人ほど外来語を知らないし、知っていても使わなかった。そのため、時夫は、おばあさんが「ルームメイト」という外来語を知っていたことにおどろき、「なんとなくおかしく」感じたのである。よって、エが適する。

問五　直後に「おばあさんがどっさり持っているおはじきや昔のお金、古い写真や思い出話は～もっと魅力(みりょく)的だった」とある。時夫にとっては、こうしたものが、アイスクリームやバナナ、学校の仲間と遊ぶことよりも魅力的だったので、毎日養老院に遊びにいったのである。また、時夫はお菓子(かし)や果物につられて遊びにいくわけではなく、おばあさんと遊ぶために毎日通っている。つまり、時夫はおばあさんのことを友達だと思うようになっている。よって、アが適する。

問六　２行後で、お母さんは「食べものだけのことじゃないのよ」と言っている。このあとの場面で、時夫は、急にボケてしまったおばあさんにしがみつかれ、こわい思いをした。お母さんは、このようなトラブルにまきこまれるのを心配しているのである。よって、ウが適する。

問七　時夫は、養老院に遊びに行ってはいけないと言うお父さんに、「どうして」と理由をたずねたが答えてもらえなかった。時夫はこのことに不満をいだいている。また、──線部⑤の前の一文の「友達になったのに～あるもんか」という心の中の声からは、せっかく友達になったのにという思いが読み取れる。よって、アが適する。

問八　次の行に「こわくて、くやしくて、涙(なみだ)がとまらない」とある。友達になったと思っていたおばあさんは、「ものすごいぎょうそうで髪(かみ)をふり乱して」しがみついてきて、時夫はこわい思いをした。そして、げんさんがおばあさんをおさえてくれたあと、ゆりこさんやひさしさんは素知(そし)らぬ様子で自分のしたいことをしていた。仲良くなったと思っていた老人たちのこうした様子を見て、時夫はくやしさを感じている。直前の「やっぱり鬼(おに)ばばあだ。みんな鬼ばばあと鬼じじいだ」という部分からは、友達だと思っていたのに裏切られたという思いが読み取れる。

問九　中略のあとに「時夫の頭のすみに、おばあさんのことはひっかかったままだった」とある。おばあさんが別の部屋にうつされたと聞いた後、時夫はおばあさんのことを気にし始めた。これは、一度は「鬼ばばあ」だと思ったおばあさんを、再び友達として意識し始めたことの表れである。時夫が久しぶりにおばあさんに会った時、おばあさんは時夫のことをまるで覚えていなかった。しかし、おばあさんは何ということはない会話でうれしそうに笑う。十五分しか会話ができないのに、時夫がおばあさんのところに毎日通うようになったのは、友達になったおばあさんが笑うのを見てうれしかったからだと考えられる。よって、ウが適する。

問十　４行前に「時夫は頭がぐらぐらした」とある。この表現から、おばあさんが亡くなったことに大きな衝撃(しょうげき)を受けていることが読み取れる。時夫にとっておばあさんは大切な友達だった。「待ってるって言ったくせに」という表現が２回くり返されているのは、おばあさんが亡くなったことに対する悲しみを強調する効果がある。よって、ウが適する。

問十一　Ｂさんについては、「時夫はそのことに気づかなかったから悲しい目にあわされたんだね」が適切でない。

Ｆさんについては、「きっと作者は～人間の心の冷たさを描きたかったんじゃないかな」が適切でない。

【二】

Ａさんとの意見の共通点は、温暖化の影響は深刻で、その対策が必要だという点である。異なるのは、Ａさんは、それぞれの国が同じ努力をしなければならないと考えているのに対し、Ｂさんは、先進国の方がより責任が大きく、こうした国々と同じ責任を他の国にまで負わせるのは不公平であり、これまで温暖化の原因を作ってきた国は、より大きな責任を引き受けて努力しなければならないと考えている点である。

《2022　前期プレミアム・理Ⅲ選抜　算数　解説》

1 ⑴　与式$=\{\frac{11}{19}\times(\frac{15}{12}+\frac{4}{12})-\frac{3}{4}\}\div(\frac{3}{6}-\frac{1}{6})=(\frac{11}{19}\times\frac{19}{12}-\frac{3}{4})\div\frac{1}{3}=(\frac{11}{12}-\frac{9}{12})\times 3=\frac{1}{6}\times 3=\frac{1}{2}$

⑵　**【解き方】商をＡとすると，Ａの範囲は，5.45≦Ａ＜5.55 になる。**

ある数は，29×5.45＝158.05 以上，29×5.55＝160.95 未満だから，159 と 160 が考えられる。

⑶　**【解き方】１｜１，３｜１，３，５｜１，３，５，７｜１，３，５，７，９｜１，３，５，…と区切って考えると，第ｎ群には，ｎ個の連続する奇数が並ぶ。**

１＋２＋３＋…＋10＝55，55＋11＝66 より，左から 60 番目は第 11 群の 60－55＝５(番目)の奇数の９である。

⑷　**【解き方】３でわると２あまり，５でわると４あまり，７でわると６あまる数は，３と５と７の公倍数より１小さい数である。３と５と７の最小公倍数は 105 だから，1000 以上の最小の 105 の倍数を考える。**

1000 以上の 105 の倍数のうち最小の数は 1050 だから，求める数は，1050－１＝1049

⑸　**【解き方】三角形ＡＤＢと三角形ＥＡＣにおいて，角ＡＢＤ＝角ＥＣＡ＝60°…①**

三角形ＡＢＤにおいて，角ＤＡＣ＝角ＡＢＤ＋角ＡＤＢ＝60°＋角ＡＤＢ…②

図より，角ＤＡＣ＝角ＤＡＥ＋角ＥＡＣ＝60°＋角ＥＡＣ…③　　②と③より，角ＡＤＢ＝角ＥＡＣ…④

①，④より，２組の角が等しいから，三角形ＡＤＢと三角形ＥＡＣは同じ形の三角形になる。

正三角形の１辺の長さは８＋２＝10(cm)で，折り返した図形だから，(Ａ)Ｄ＝ＡＤ＝７cmなので，

ＢＤ＝10－７＝３(cm)になる。

三角形ＡＤＢと三角形ＥＡＣは同じ形の三角形なので，ＡＢ：ＥＣ＝ＢＤ：ＣＡより，８：ＥＣ＝３：２

３×ＥＣ＝８×２　　ＥＣ$=\frac{16}{3}=5\frac{1}{3}$(cm)

2 ⑴　**【解き方】平日の大人の入場料金は，600×1.5＝900(円)になる。**

900×４＋600×11＝10200(円)

⑵　**【解き方】大人１人と子ども１人の入場料金の比は 1.5：１＝３：２だから，大人と子どもの入場料金の合計が同じとき，入場した大人と子どもの人数の比は２：３になる。**

比の数の和の２＋３＝５が 10 人にあたるから，子どもの人数は 10$\times\frac{3}{5}$＝６(人)になる。子ども６人の入場料金の合計が 9600÷２＝4800(円)だから，休日の子供料金は，4800÷６＝800(円)

⑶①　**【解き方】大人１人の休日の入場料金は 800×1.5＝1200(円になる。また，31 人の団体Ａは 100×31＝3100(円)の割引を受けている。**

休日と平日の割引がない場合の入場料金の差は 5300＋3100＝8400(円)になる。大人１人の休日と平日の入場料金の差は，1200－900＝300(円)で，子ども１人の休日と平日の入場料金の差は 800－600＝200(円)である。

子ども 31 人の休日と平日の入場料金の差は，200×31＝6200(円)になり，8400－6200＝2200(円)少ない。

子ども１人を大人１人にかえると，金額の差は，300－200＝100(円)増えるから，団体Ａの大人の人数は，

2200÷100＝22（人）

② **【解き方】大人の人数をx人，子どもの人数をy人とすると，300×x＋200×y＝7300 となるような，奇数x，yを考える。ただし，x＋y＜30 である。**

300×x＋200×y＝7300 より，３×x＋２×y＝73 となるような奇数x，yを考える。

x＝１のとき，y＝(73－３)÷２＝35 になるが，x＋yが 30 未満にならないので，あてはまらない。

xを２増やすとyは３減るので，３×x＋２×y＝73 を満たす(x，y)の組は，(１，35)(３，32)(５，29)(７，26)(９，23)(11，20)(13，17)(15，14)(17，11)(19，８)(21，５)(23，２)がある。

この中で，x＋yの値が 30 未満で，x，yがともに奇数になるのは，(17，11)(21，５)の２組である。

よって，団体Ｂの大人の人数は，17 人と 21 人が考えられる。

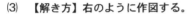

3 (1) 正三角形の１つの内角の大きさは 60° だから，角㋐＝360° －60° ×２＝240°

(2) **【解き方】右図において，三角形ＰＱＲと三角形ＰＳＴは同じ形で，対応する辺の長さの比は，３：１だから，面積比は(３×３)：(１×１)＝９：１になるので，正三角形ＰＱＲと台形ＳＱＲＴの面積比は，９：(９－１)＝９：８になる。**

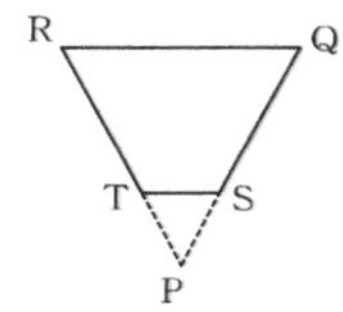

右図の台形ＳＱＲＴの面積は，$36\times\frac{8}{9}$＝32(㎠)だから，図形２の面積は，32×６＝192(㎠)

(3) **【解き方】右のように作図する。**

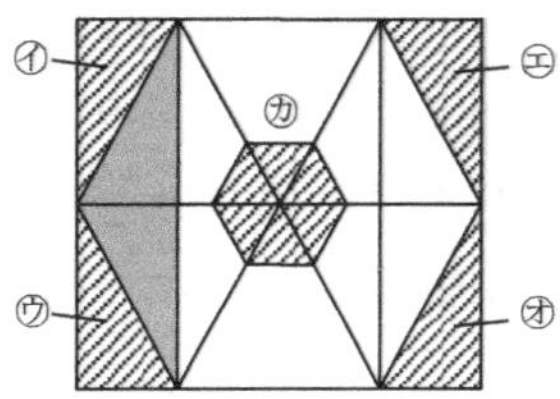

㋑と㋒の面積の和は，右図の色をつけた三角形の面積に等しく，色をつけた三角形の面積は，図形１をつくる正三角形の面積に等しく 36 ㎠である。

㋑＋㋒＋㋓＋㋔の面積の和は，36×２＝72(㎠)

㋕の面積は，$36\times6\times(1-\frac{8}{9})$＝24(㎠)だから，求める面積は，72＋24＝96(㎠)

(4) **【解き方】右図において，ＢＣ：ＣＧ＝２：１で，ＣＧ＝ＨＧだから，ＣＨ＝ＢＣである。**

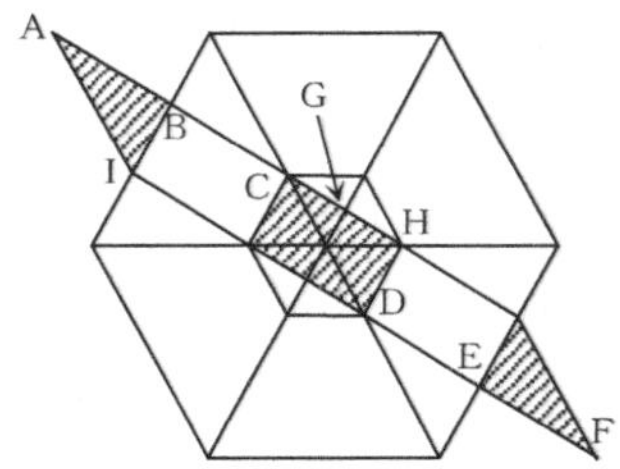

右図で，三角形ＡＢＩと三角形ＣＨＤは合同になるから，

斜線部分の面積の和は，三角形ＣＨＤの面積の４倍に等しい。

(3)の解説図の㋕の面積が 24 ㎠で，三角形ＣＨＤの面積は，$24\times\frac{2}{6}$＝８(㎠)

よって，求める面積は，８×４＝32(㎠)

4 (1) 底面積が６×６÷２＝18(㎠)で，高さが６㎝の三角すいができるから，体積は，$18\times6\times\frac{1}{3}$＝36(㎤)

(2) **【解き方】点Ａを含む立体は，右図のＡＢＤ－ＥＭＮになる。このとき，三角すいＫ－ＡＢＤと三角すいＫ－ＥＭＮは同じ形の三角すいになる。**

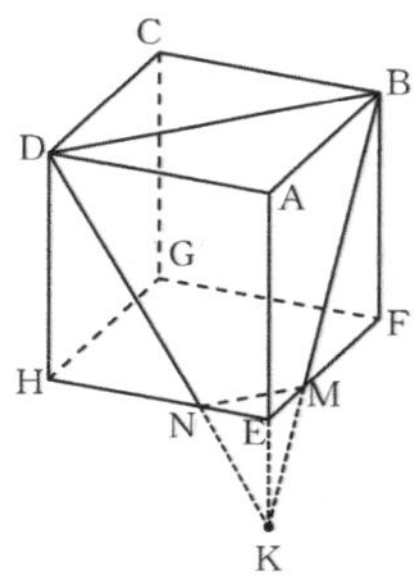

２つの三角すいの対応する辺の長さの比は，ＡＫ：ＥＫ＝(６＋３)：３＝３：１だから，体積の比は，(３×３×３)：(１×１×１)＝27：１になる。

三角すいＫ－ＡＢＤの体積は，$(6\times6\div2)\times9\times\frac{1}{3}$＝54(㎤)だから，

求める立体の体積は，$54\times(1-\frac{1}{27})$＝52(㎤)

(3)① **【解き方】Ｂ，Ｊ，Ｋを通る平面で切ると，右図のような立体ができる。**

右図の色をつけた部分が切り口になるから，五角形になる。

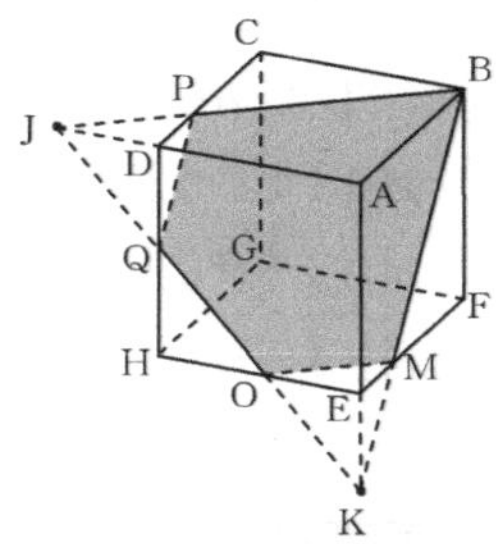

② **【解き方】(2)と同じように考える。**

右図の三角すいＫ－ＡＢＪと三角すいＫ－ＥＭＯと三角すいＱ－ＤＰＪは同じ形の三角すいである。対応する辺の長さの比は，

三角すいＫ－ＡＢＪと三角すいＫ－ＥＭＯは，ＡＫ：ＥＫ＝３：１

三角すいK - ＡＢＪと三角すいQ - ＤＰＪは，ＡＪ：ＤＪ＝３：１だから，
体積比は，(３×３×３)：(１×１×１)：(１×１×１)＝27：１：１になる。
三角すいK - ＡＢＪの体積は，$(6+3)\times6\div2\times(6+3)\times\frac{1}{3}=81$(cm³)だから，
求める体積は，$81\times(1-\frac{1}{27}-\frac{1}{27})=75$(cm³)

(4)　**【解き方】できる立体は，右図１の色をつけた部分になる。**

図１

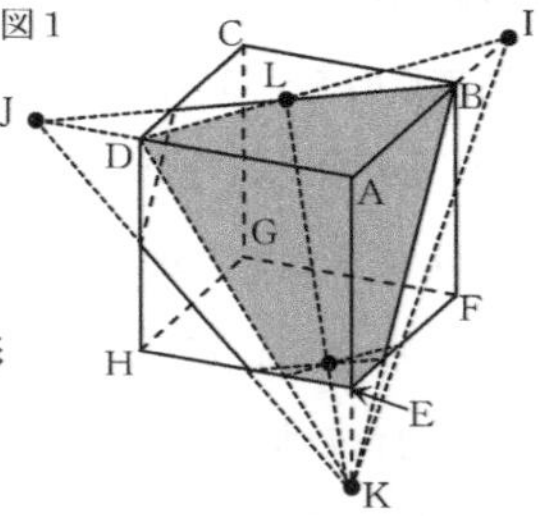

図２

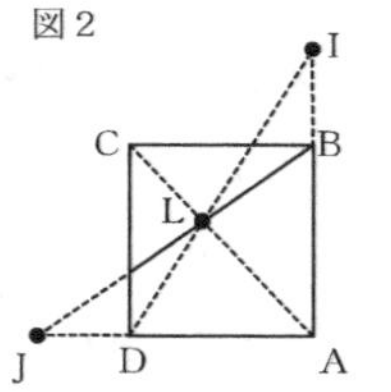

(3)の三角すいK - ＡＢＪの体積から，三角すいK－ＤＬＪの体積を引いて，それを$1-\frac{1}{27}=\frac{26}{27}$(倍)すれば，体積を求めることができる。
右図２において，三角形ＬＪＡと三角形ＬＢＣは同じ形の三角形で，対応する辺の長さの比は，９：６＝３：２だから，
ＪＢ：ＪＬ＝(３＋２)：３＝５：３になる。
三角形ＬＪＤの面積は，(三角形ＡＢＪの面積)$\times\frac{JD}{AJ}\times\frac{JL}{JB}=(9\times6\div2)\times\frac{1}{3}\times\frac{3}{5}=\frac{27}{5}$(cm²)だから，
三角すいK - ＪＤＬの体積は，$\frac{27}{5}\times9\times\frac{1}{3}=\frac{81}{5}$(cm³)になる。
よって，求める体積は，$(81-\frac{81}{5})\times\frac{26}{27}=\frac{312}{5}=62.4$(cm³)

5　(1)　**【解き方】３か５の目が多い方が得点は高くなる。**
３回のさいころの目のうち，３が２回出るとき，残りの目は10－３×２＝４になり，３の目が２回と４の目が１回出たとき，得点の合計は，３×２＋２＝８(点)になる。
３回のさいころの目のうち，３が１回と５が１回出るとき，残りの目は10－３－５＝２になり，２も４と同じく２点だから，得点の合計は８点になる。よって，最大の得点は８点である。

(2)　**【解き方】得点の合計が４点になる(１回目，２回目)の得点の組は(１点，３点)(２点，２点)(３点，１点)がある。**
１回目に１点となるのは１通り，２回目に３点となるのは２通りあるから，(１点，３点)となる目の出方は，１×２＝２(通り)ある。
１回目に２点になるのは３通り，２回目に２点となるのも３通りあるから，(２点，２点)となる目の出方は，３×３＝９(通り)ある。
１回目に３点となるのは２通り，２回目に１点となるのは１通りあるから，(３点，１点)となる目の出方は，２×１＝２(通り)ある。
よって，全部で，２＋９＋２＝13(通り)ある。

(3)　**【解き方】２回目までに３点以上取らないと，３回の得点の合計は６点にならない。**
２回目までに３点となるのは，(１点，２点)(２点，１点)の２パターンがあり，１点は１通り，２点は３通りの目の出方があるから，２回までに３点となるのは，１×３×２＝６(通り)ある。
２回目までに４点となるのは，(2)より13通りある。
２回目までに５点となるのは，(２点，３点)(３点，２点)の２パターンがあり，２点は３通り，３点は２通りの目の出方があるから，２回までに５点になるのは，３×２×２＝12(通り)ある。
２回目までが３点のとき，３回目は３点取ればよいから，目の出方は，６×２＝12(通り)。
２回目までが４点のとき，３回目は２点取ればよいから，目の出方は，13×３＝39(通り)。
２回目までが５点のとき，３回目は１点取ればよいから，目の出方は，12×１＝12(通り)。
よって，全部で，12＋39＋12＝63(通り)ある。

⑷　【解き方】⑶をふまえると，３回目までに５点以上取らないと，４回の得点の合計は８点にならない。

⑶を応用すると，３回目までに５点となるのは，（２回目までに２点）かつ（３回目に３点），（２回目までに３点）かつ（３回目に２点），（２回目までに４点）かつ（３回目に１点）のパターンがあり，その目の出方は，

（１×２）＋（６×３）＋（13×１）＝33（通り）あるから，３回目までが５点で，４回目に３点となる目の出方は，

33×２＝66（通り）ある。

⑶より，３回目までに６点となるのは 63 通りあるから，３回目までが６点で，４回目に２点となる目の出方は，

63×３＝189（通り）ある。

３回目までに７点となるのは，（２回目までに４点）かつ（３回目に３点），（２回目までに５点）かつ（３回目に２点），（２回目までに６点）かつ（３回目に１点）のパターンがあり，その目の出方は，

（13×２）＋（12×３）＋（４×１）＝66（通り）あるから，３回目までが７点で，４回目に１点となる目の出方は，

66×１＝66（通り）ある。

よって，全部で，66＋189＋66＝321（通り）ある。

清風中学校【前期】【前期プレミアム・理Ⅲ選抜】

《前期　国語》

【一】問一．ａ．エ　ｂ．ウ　ｃ．イ　問二．１．ウ　２．エ　３．ア　問三．家族　問四．エ　問五．イ　問六．ア　問七．イ　問八．死が迫りながら、一番の主人である妹の結婚式を見送るまで頑張って生き延びたところ。

【二】問一．ａ．体操　ｂ．弁護　ｃ．承認　ｄ．姿勢　問二．イ→エ→ウ→ア　問三．サル里に人が出た　問四．Ｂ．いじめ　Ｃ．把握した　問五．Ｃ　問六．イ　問七．エ

【三】①人工的　②推測　③採取　④実に　⑤冒頭　⑥指摘　⑦もっぱら　⑧生態系　⑨領域　⑩種々

《前期　算数》

1 (1)31.4　(2)15　(3)8　(4)400　(5)90

2 (1)200　(2)10　(3)2070　(4)1120

3 (1)6　(2)72　(3)2.565　(4)18　(5)162

4 (1)1.5　(2)15.42　(3)92.52　(4)155.94

5 (1)１ｇのおもり…２　４ｇのおもり…２　(2)31　(3)11　(4)①768　②192

《前期　理科》

1 問１．イ　問２．ア，エ　問３．エ　問４．(1)90　(2)500

2 問１．イ　問２．エ　問３．ウ　問４．100　問５．イ　問６．イ

3 問１．イ，ウ　問２．葉緑体　問３．オ　問４．②Ａ　③Ｄ　問５．Ｅ

4 問１．Ａ．肺　Ｂ．肝臓　問２．⑦　問３．ア　問４．②イ　④ウ

5 問１．クレーター　問２．イ　問３．ア　問４．ア　問５．イ

6 問１．①２　②１　③２　④$\frac{1}{2}$　⑤１　問２．ウ　問３．エ

《前期　社会》

1 問１．ウ　問２．エ　問３．イ　問４．イ　問５．ジャスト　問６．ウ

2 問１．ア　問２．ウ　問３．イ　問４．イ

3 問１．イ　問２．エ　問３．ア　問４．オ　問５．ア　問６．イ　問７．ウ　問８．エ　問９．ウ　問10．エ

4 問１．ウ　問２．イ　問３．エ　問４．ア　問５．イ　問６．ウ

5 問１．ウ　問２．ア　問３．ウ　問４．ア

《前期プレミアム・理Ⅲ選抜　国語》

【一】問一．a．貯金　b．小銭　c．勢　d．合図　問二．⑴ア　⑵ウ　⑶イ　⑷ア　問三．Ⅰ．オ　Ⅱ．エ　Ⅲ．ウ　問四．イ　問五．エ　問六．ウ　問七．なんの約束もなく生まれたことがたよりなく、生まれる前の場所につれもどされそうで、特に幼い自分たちはそこに近く、しかも、そうなるときはひとりなのだと思うと、おそろしくなるということ。　問八．Ⅰ．風　Ⅱ．ヒナコのたましいをさらおう　問九．エ　問十．Ⅰ．エビの絵　Ⅱ．運命　Ⅲ．おねえさん　Ⅳ．妹　問十一．B，E

【二】Aさんは、多くの人が知りたいと思っている情報を伝えることや、番組や記事を通してみんなを楽しませることが、マスメディアの役割だと考えている。一方、Bさんは、マスメディアには他にも大切な役割があって、それは人々が知らなければならないことを伝えることであり、マスメディアが権力者をしっかり監視して問題点や不祥事を伝えることで、私たちは問題点を認識して、もっとよい社会を作っていけるようになると考えている。

《前期プレミアム・理Ⅲ選抜　算数》

1　⑴1111　⑵生徒…14　鉛筆…60　⑶495　⑷70　⑸面…14　辺…24　頂点…12

2　⑴8　⑵6　⑶144　⑷7

3　⑴24　⑵1.57　⑶15　⑷41.04　⑸74.64

4　⑴$2\frac{2}{3}$　⑵6　⑶72　⑷①15　②18

5　⑴20　⑵①25　②1375　⑶17　⑷39971

2021 解説 令和3年度 清風中学校【前期】

←解答例は前のページにありますので，そちらをご覧ください。

《2021 前期 国語 解説》

【一】

問三 直前で、ねねが「居候」であることを否定している。居候とは、他人の家に住み、養ってもらっている人のこと。居候ではないのなら、「家族」だと考えられる。

問四 ねねの尻を足の指で押して移動させるなど、「私」はふだんからねねのことをかわいがってはいない。そのため、家族から「ねねは案外、私を気に入っている」と言われても、「私は照れもあり、頑なにそれを認めなかった」。このこととエの前半は一致する。照れるということは、ねねが自分を案外気に入っていることについて、「私」は悪い気はしていないということ。だから、「身体を撫でてみ」よう、つまりかわいがってみようという気になったのである。よって、エが適する。

問五 冷戦とは、かつてのアメリカとソ連の、武力は用いないが厳しく対立していた状態を表した言葉。「私」は一度もねねを抱かず、ねねは「私」の足に身体をすりつけるのに、撫でられると手を噛もうとする。互いに相手に無関心なわけではなく、関わろうとするが、緊張関係にあり警戒し合っている。よって、イが適する。

問六 「鼻で笑う」とは、相手を馬鹿にしてあざけり笑うこと。母親は、ねねが、人間の気持ちや妹が結婚して家から出ていくことを理解しているというような話をしている。「ねね」にたいした思い入れのない「私」には、母親がおかしなことを言っていると感じられ、小馬鹿にしているのである。よって、アが適する。

問七 ねねは急激に衰弱し、「もはや立つことも無理そうに見え」た。人間であれば、もう動きたくなくなるだろうに、ねねは「少しでも気持ちがいい場所で横になりたい」らしく、場所を移動している。「ネコが生きる最大の目的は気持ちよく寝ること」だと思っていた「私」は、こんな大変な状態でもネコらしくふるまうねねに対し、少しあきれながらも感心していると考えられる。よって、イが適する。

問八 ――線部③の前に「拾い主ゆえか、やはりねねは妹を第一主人と考えているようだった」とあり、そのこともあって、母親は「ねねちゃん、結婚式の日に死ぬような気がする」と言ったと思われる。ねねは、結婚式前日には、「もはや立つことも無理そうに見える」ほどに衰弱し、それでもネコらしくふるまって、結婚式当日まで生き延びた。そんなねねの姿や生き様に「私」は感動している。

【二】

問二 [イ]の一文目は、[事例H]について説明したもの。その後、話題は「インターネットやテレビ、雑誌、新聞記事などから受け取っている情報」に移っていく。[エ]は、[イ]の内容を受けて、「テレビニュース」や「インターネットの記事」を例に、「情報を出す側」の事情を説明している。[ウ]は、[エ]の「情報を出す側」の事情を受けて、「受け取る側」の心構えについて説明している。[ア]は、[事例H]から直前までの内容をまとめて、次の話題に進めようとしている。

問三 ここでは「《立場》の入れ替え」について説明している。２つ目の空欄[A]の直前に「人里にサルが出た」とあるので、これを「サル」の立場に立って言いかえればよい。

問四Ｂ このニュースについて「『悪い』と感じた人」の受け止め方を考える。こうした人は、「把握したいじめ」の数が増えたのだから、「いじめ」の実数も増えたのだろうと受け止めたのである。 Ｃ このニュースについて「『いい』と感じた方」の人の受け止め方を考える。空欄の前に「把握件数が増えたということは～いじめが、それだけちゃんと把握されて取り組まれるようになったということだから」とあり、これが「『いい』と感じた方」

の人の考え方である。

問五　逆リポーターごっこで行うのは、立場を入れ替えることなので、立場を入れ替えていないＢ君、Ｄ君、Ｅ君の発言は適切ではない。Ａ君は立場を入れ替えているものの、Ｓ君が言ったことを否定しているので適切ではない。試合相手の北中学の立場に立ってコメントしているＣ君の発言が適する。

問六　――線部２のある段落は、「《立場》の入れ替え」について説明した部分である。相手の立場に立ち、「別の見方を探」すことは、物事を多角的に理解することにつながる。よって、イが適する。

問七　「《重心》のずらし方」について説明した、事例Ｊから考える。事例Ｊでは、「いじめ」という語と「把握した」という語のどちらに重心を置くかで見方が変わることを説明している。これは、どちらの語に重点を置く、あるいは焦点(しょうてん)を当てて情報を受け止めるかということなので、エが適する。

《2021　前期　算数　解説》

1　(1)　与式＝15×3.14＋3.5×２×3.14－3.14×100×0.12＝3.14×(15＋７－12)＝3.14×10＝31.4

(2)　**【解き方】天びん図を使う方法も考えられるが，今回は食塩の量から考える。**

10%の食塩水100ｇの中には，100×0.10＝10(ｇ)の食塩が含(ふく)まれている。13%の食塩水250ｇの中には，250×0.13＝32.5(ｇ)の食塩が含まれている。したがって，食塩水Ｂは，食塩を32.5－10＝22.5(ｇ)含んだ，250－100＝150(ｇ)の食塩水である。その濃度は，22.5÷150×100＝15(%)

(3)　**【解き方】できる３けたの奇数の一の位は１か３になる。一の位が１のときを考える。**

一の位が１のとき，百の位→十の位の順に数を考えると，百の位には２，３の２通りが考えられる。十の位には，０，２，３の３つのうち，百の位に使った１つの数を除いた２通りが考えられるから，一の位が１である３けたの奇数は，２×２＝４(個)できる。一の位が３の場合も４個できるから，全部で，４×２＝８(個)できる。

(4)　**【解き方】クラブに入っている生徒が全生徒の65%ならば，入っていない生徒は100－65＝35(%)になる。**

65－35＝30(%)が120人にあたるから，この中学校の全生徒数は，120÷0.30＝400(人)

(5)　**【解き方】右図のように記号をおくと，三角形ＡＦＥと三角形ＤＦＥは合同である。**

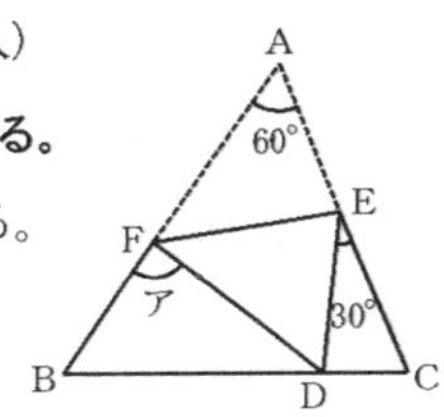

右図で，角ＦＤＥ＝角ＦＡＥ＝60°である。また，角ＡＥＤ＝180°－30°＝150°である。
右図の四角形ＡＦＤＥで，角ＡＦＤ＝360°－60°－150°－60°＝90°だから，
角ア＝180°－90°＝90°

2　(1)　**【解き方】グラフより，はじめの４分間は，毎分(1080÷４)ｍ＝毎分270ｍの割合で離(はな)れていく。**

Ｂ君は毎分70ｍの速さで歩いているから，Ａ君の自転車の最初の速さは，毎分(270－70)ｍ＝毎分200ｍ

(2)　**【解き方】Ｂ君を追いかけ始めたときのＡ君の速さは，毎分{200×(１＋0.25)}ｍ＝毎分250ｍである。**

Ａ君がＢ君を追いかけ始めると，Ａ君は毎分(250－70)ｍ＝毎分180ｍの割合で近づくから，1080ｍを追いつくのに，1080÷180＝６(分)かかる。よって，Ａ君がＢ君に追いつくのは，学校を出てから，４＋６＝10(分後)

(3)　**【解き方】Ａ君が再び家に帰るときの速さは，毎分{250×(１＋0.1)}ｍ＝毎分275ｍである。**

Ａ君が再び家に帰り始めるのは，学校を出てから10＋２＝12(分後)だから，アの距離だけ離れるまでに18－12＝６(分)かかる。その間，２人は毎分(275＋70)ｍ＝毎分345ｍの速さで離れていくから，ア＝345×６＝2070(ｍ)

(4)　**【解き方】グラフから，学校を出てから18分後にＡ君かＢ君のどちらかが家に着いたとわかる。**

学校を出てから18分後から20分後までの２分間で，２人の間の距離は，毎分$\frac{2620-2070}{2}$ｍ＝毎分275ｍ離れていく。毎分275ｍはＡ君が再び家に帰るときの速さだから，学校を出てから18分後に家に着いたのはＢ君とわかる。
Ｂ君が歩いていた時間は，10＋６＝16(分間)だから，学校からＢ君の家までは，70×16＝1120(ｍ)

3 ⑴ **【解き方】直径ＥＩの円周は，9.42×２＝18.84(cm)になる。**

円周が 18.84 cmの円の直径は，18.84÷3.14＝６(cm)だから，ＥＩ＝６cm

⑵ **【解き方】三角形ＣＦＥは，ＣＥ＝ＣＦ，角ＥＣＦ＝90°の直角二等辺三角形であり，ＡＧとＤＣが平行だから，三角形ＢＦＧと三角形ＣＦＥは同じ形の三角形になる。**

三角形ＢＦＧは直角二等辺三角形になるから，角ＢＧＦ＝45°である。したがって，三角形ＧＩＨも直角二等辺三角形になるから，ＧＩ＝ＨＩ＝12 cmである。よって，三角形ＧＩＨの面積は，12×12÷２＝72(cm²)

⑶ **【解き方】右のように作図して考える。Ｏは半円の中心である。**

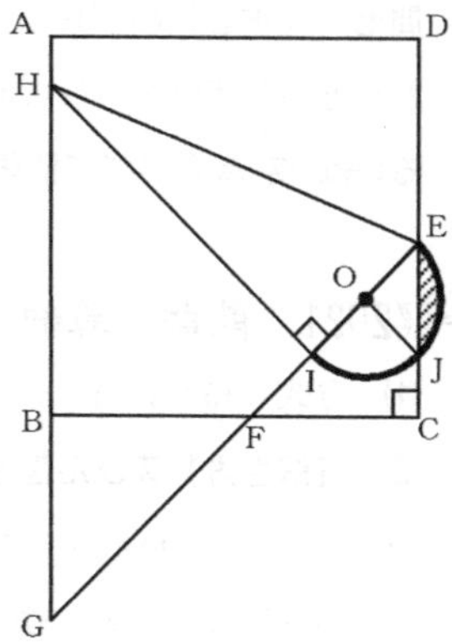

Ｏは半円の中心だから，ＯＥ＝ＯＪ＝６÷２＝３(cm)である。

また，角ＯＥＪ＝45°だから，三角形ＯＥＪは直角二等辺三角形になり，

角ＥＯＪ＝90°である。

よって，斜線部分は，半径が３cmで中心角が 90°のおうぎ形の面積から，

直角三角形ＯＥＪの面積を引けば求められる。

斜線部分の面積は，$3\times3\times3.14\times\frac{90°}{360°}-3\times3\div2=9\times0.785-9\times0.5=$

$9\times(0.785-0.5)=9\times0.285=2.565$(cm²)

⑷ **【解き方】ＢＤを結ぶと，角ＡＢＤ＝45°だから，角ＡＢＤ＝角ＢＧＦとなり，同位角が等しいので，ＢＤとＧＥは平行とわかる。ＢＧとＤＥも平行だから，四角形ＢＧＥＤは平行四辺形である。**

四角形ＢＧＥＤは平行四辺形だから，ＢＤ＝ＧＥ＝ＧＩ＋ＥＩ＝12＋６＝18(cm)

⑸ **【解き方】正方形の面積を，ひし形の面積の公式から求める。**

18×18÷２＝162(cm²)

4 ⑴ **【解き方】この直角三角形を２つ合わせると，１辺が３cmの正三角形になる。**

ａ＝３÷２＝1.5(cm)

⑵ **【解き方】右図は，立体を真横から見た図であり，点Ａは太線部分を動く。**

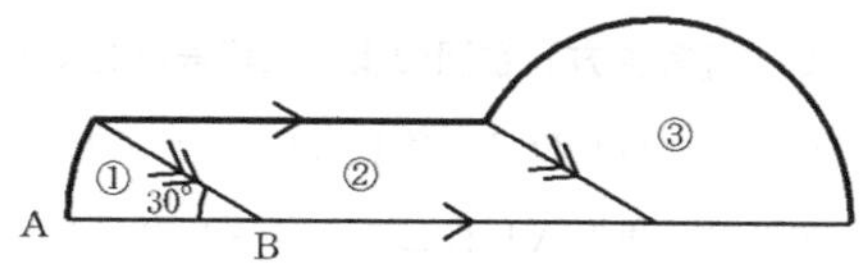

右図において，図形①は半径が３cm，中心角が 30°のおうぎ形，

図形②は平行四辺形，図形③は半径が３cm，中心角が 150°のおうぎ形になるので，図形①と図形③を合わせると，半径が３cmの半円になる。よって，求める長さは，(３×２)×3.14÷２＋６＝15.42(cm)

⑶ **【解き方】⑵をふまえる。図形①と図形③の部分の立体を合わせると，半径が３cmで高さが４cmの円柱の半分になる。また，図形②の部分は，底面が図形②で高さが４cmの四角柱になる。**

図形②は，底辺が６cmで高さがａ＝1.5 cmの平行四辺形だから，面積は６×1.5＝９(cm²)になる。

図形②が底面となる高さが４cmの角柱の体積は，９×４＝36(cm³)

図形①と図形③がそれぞれ底面となる，高さが４cmの立体の底面積の和は，(３×３×3.14)÷２＝14.13(cm²)だから，体積の和は，14.13×４＝56.52(cm³)

よって，求める体積は，36＋56.52＝92.52(cm³)

⑷ **【解き方】図の立体は柱体だから，底面積と側面積に分けて考える。側面積は，(底面の周囲の長さ)×(立体の高さ)で求めることができる。**

底面積は，9＋14.13＝23.13(㎠)である。底面の周囲の長さは，(2)で求めた長さに3＋6＋3＝12(㎝)を加えて，15.42＋12＝27.42(㎝)である。よって，表面積は，27.42×4＋23.13×2＝109.68＋46.26＝155.94(㎠)

5 (1) **【解き方】おもりはそれぞれ3個ずつしかないことに注意する。**

1ｇのおもりでは最大で3ｇまでしか作れないので，4ｇのおもりで10－3＝7(ｇ)以上にする。そのために4ｇのおもりを2個使って，4×2＝8(ｇ)を作れば，1ｇのおもりは，(10－8)÷1＝2(個)になる。

(2) **【解き方】できるだけ軽いおもりを多く使えばよい。**

1ｇのおもりを3個，4ｇのおもりを3個，16ｇのおもりを1個使った，1×3＋4×3＋16×1＝31(ｇ)

(3) **【解き方】重いおもりから順に個数を決めていく。**

2021÷1024＝1余り997より，1024ｇのおもりは1個。997÷256＝3余り229より，256ｇのおもりは3個。

229÷64＝3余り37より，64ｇのおもりは3個。37÷16＝2余り5より，16ｇのおもりは2個。

5÷4＝1余り1より，4ｇのおもりは1個。1÷1＝1より，1ｇのおもりは1個。

よって，使うおもりは全部で，1＋3＋3＋2＋1＋1＝11(個)

(4) **【解き方】重さの違うおもりで同じ重さを作ることはできないから，それぞれのおもりを使う個数だけを考える。**

① 256ｇのおもりの使い方は，1個，2個，3個の3通りある。1ｇ，4ｇ，16ｇ，64ｇのおもりの使い方は，それぞれ0個，1個，2個，3個の4通りずつあるから，作ることができる重さは，

3×4×4×4×4＝768(通り)

② 256ｇのおもりの使い方は3通り。1ｇ，4ｇ，16ｇのおもりの使い方は4通りずつあるから，作ることができる重さは，3×4×4×4＝192(通り)

《2021 前期 理科 解説》

1 **問1** 水酸化ナトリウム水溶液にアルミニウムを入れると水素が発生する。

問2 塩酸にマグネシウムかアルミニウムを入れると，水素が発生する。

問3 水素のような水に溶けにくい気体は水上置かんで集める。

問4(1) 表より，発生する水素の体積が400㎤になるまでは，水素の体積は塩酸の体積に比例することがわかる。したがって，水素が300㎤発生する時の塩酸の体積は$30\times\frac{300}{100}$＝90(㎤)となる。 **(2)** 表より，鉄1ｇと塩酸120㎤がちょうど反応することがわかる。したがって，鉄2ｇとちょうど反応する塩酸は120×2＝240(㎤)となる。したがって，塩酸150㎤が反応して水素が$100\times\frac{150}{30}$＝500(㎤)発生する。

2 **問1** ア×…植物の気こうから水蒸気が出ていく現象である。 ウ×…空気が冷やされて，水蒸気が水てきとなって植物の表面などにつく現象である。 エ×…空気中に水蒸気がそれ以上ふくむことができない状態や，水溶液中にとけるものがそれ以上ふくむことができない状態のことである。

問2 エ○…ぬれていた洗たく物がかわくのは，洗たく物にふくまれる水が水蒸気に変化して空気中に出ていくからである。ア，イ，ウは水蒸気から水へと状態が変化することで起こる現象である。

問3 ウ×…加熱するときは，空気調節ねじを回して，ほのおが青くなるように調節する。

問4 氷を温めると，氷から水に変化する0℃と水から水蒸気に変化する100℃で温度が一定になる。これは，水の状態を変化させるのに熱が使われているからである。

問5 イ○…氷から水へと状態が変化し始めてから，すべて水になるまでは，温度が0℃で一定である。したがっ

て，図2で5分から17分までの17－5＝12(分間)である。

問6　イ○…氷の重さが半分になると，温度変化が2倍になるので，半分の時間で100℃に達する。

3　問1　ア×…アサガオは花びらが根元でくっついている。　エ×…アサガオのがくの枚数は5枚である。

問2　緑色をしていて光合成をおこなう部分を葉緑体という。

問3　オ○…それぞれの手順の目的を考えてみよう。葉がやわらかくなるまで煮る(d)のは，エタノールと反応しやすくするため，エタノールの中に入れてあたためて葉を脱色する(b)のは，ヨウ素液の反応(a)を見やすくするためである。

問4　ある条件が必要かどうかを調べるとき，その条件以外を同じにして結果を比べる実験を対照実験という。AとDでは，光以外の条件が同じだから，Aだけにデンプンができて青紫色になることで，光合成には光が必要だとわかる。

問5　デンプンがなくなったことを調べるので，葉Ⅰでデンプンができた A と葉Ⅱの同じ部分のEを比べる。

4　問1，2　心臓からAに血液が流れる血管(②)とAから心臓に血液が流れる血管(③)があるので，Aは肺，②は肺動脈，③は肺静脈である。また，小腸で吸収された栄養分がBへ運ばれる血管(⑦)より，Bは肝臓である。

問3　ア○…血液中の酸素と二酸化炭素の交かんは，肺で行われる。血液は①(大静脈)→右心房→右心室→②(肺動脈)→肺→③(肺静脈)→左心房→左心室→④(大動脈)の順に流れるので，二酸化炭素を多く含む血液が流れるのは①と②である。

問4　アが①(大静脈)，イが②(肺動脈)，ウが④(大動脈)，エが③(肺静脈)である。

5　問2　イ○…月は太陽の光を反射して光って見える。図1では，太陽，月，地球の順にほぼ一直線に並んでいるので，地球からは月の光っている部分が見えない新月のときである。月は新月→上弦の月(7日後)→満月(15日後)→下弦の月(22日後)の順に満ち欠けし，約29.5日後に再び新月にもどるので，1週間(7日後)には上弦の月になる。

問3　ア○…月は地球の周りを北極側から見て反時計回りに1か月で1周している(公転という)。このため，地球から見える月は太陽よりも動く速度がおそい。日食は，太陽，月，地球の順に一直線に並び，太陽が月によってかくされる現象だから，太陽が月を追いこすようにしてかいき日食が起こり，太陽は右側から順に月にかくされていき，完全にかくされた後は，右側から順に出てくる。

問4　ア○…月食は，太陽，地球，月の順に一直線に並び，地球のかげが月にかかって，月が欠けたように見える現象である。このような位置関係になるときの月は満月である。満月は午後6時ごろに東の地平線からのぼり，0時ごろ南中する。

問5　イ○…地球の公転より月の公転の方が速いから，月食は月が地球のかげを右から左へ追いぬくことで起こる。したがって，月は左側から順に欠けていき，かいき月食の後は，左側から順に出てくる。

6　問1①　乾電池を直列つなぎにすると，豆電球に流れる電流は2倍の2になる。　②　乾電池を並列つなぎにしても，豆電球に流れる電流は変わらないので，1である。　③　乾電池を並列つなぎにしても，回路に流れる電流は乾電池1個と同じになる。したがって，乾電池2個が直列つなぎの回路だと考えることができるので，2である。　④　豆電球を直列つなぎにすると，豆電球に流れる電流が半分になるので，$\frac{1}{2}$である。　⑤　豆電球を並列つなぎにしても，それぞれの豆電球を流れる電流は，豆電球1個のときと変わらないので，1である。

問2　ア×…乾電池1個と豆電球3個が直列につながれた回路になるので，それぞれの豆電球に流れる電流は$\frac{1}{3}$である。　イ×…乾電池2個と豆電球2個が直列につながれた回路になるが，2個の乾電池の向きが反対だから，豆電球に電流は流れない。　ウ○…乾電池３個と豆電球１個が直列につながれた回路になるが，乾電池３個のうち１個だけは向きが反対だから，結果として２－１＝１(個)の乾電池と豆電球１個がつながれているときと同じ電流が流れる。　エ×…乾電池３個と豆電球１個が直列につながれた回路になるので，電流の大きさは３である。

問３　エ○…ＡをＰ，ＢをＱにつないだとき，図３の豆電球に流れる電流が１になるのは，乾電池２個と豆電球２個が直列つなぎになるウとエである。これらのうち，ＡをＰ，ＢをＲにつなぐと，図３の豆電球に流れる電流が１になるのは，乾電池２個と豆電球２個が直列つなぎになるエだけである。

《2021　前期　社会　解説》

1　**問１**　ウが誤り。米の生産量は，食の多様化によって年々減少傾向にある。また，生産調整は1969年から2018年までおこなわれ，田の作付面積を減らして畑の面積を増やす転作が奨励されていた。

問２　エが誤り。有珠山は北海道にある。また，熊本県には阿蘇山などの活火山がある。

問３　イを選ぶ。鹿児島県では，ブリやウナギの養殖が盛んである。マダイは愛媛県，フグは長崎県，ホタテ貝は北海道や青森県で養殖が盛んである。

問４　Ｙのみ誤りだから，イを選ぶ。人工林の面積は1980年代中頃まで増加し続け，それ以降はほどんど変化していない。

問５　自動車工場では，主にジャスト・イン・タイム生産方式(必要なときに必要なものを必要なだけ生産する方式)が取られているので，倉庫に余分な在庫が保管されることはほとんどない。そのため，天災などにより部品工場が操業を停止すると，被害のない工場でも操業を停止せざるを得なくなる。

問６　ウが正しい。　Ｘ．比較的温暖で梅雨時期の降水量が最も多いから，鹿児島市である。　Ｙ．冬の降水量が多いから，北西季節風の影響を受ける日本海側の新潟市である。　Ｚ．夏の降水量が多いから，南東季節風の影響を受ける太平洋側の津市である。

2　Ａはサウジアラビア，Ｂは中国，Ｃはブラジル。

問１　アが誤り。イスラム教徒の女性は肌の露出を禁じられており，ブルカやヒジャブなどの衣服で体をおおっている。

問２　ウが正しい。　Ｙ．日本は，原油を主にサウジアラビア，アラブ首長国連邦，カタールなどの中東の国々から輸入している。

問３　イが誤り。インチョン国際空港は，「中国」ではなく「韓国」にある。

問４　イを選ぶ。小麦や米は中国，トウモロコシはアメリカが世界で最も多く生産している。

3　**問１**　Ｙのみ誤りだから，イを選ぶ。１万2000年前は縄文時代初期にあたるが，米づくりが日本列島に伝わったのは縄文時代末期である。

問２　ｂとｄが正しいから，エを選ぶ。　ａ．古事記は８世紀につくられた。　ｃ．「『魏志』の倭人伝」ではなく「『宋書』倭国伝」である。「魏志」の倭人伝には，３世紀頃に邪馬台国の卑弥呼が魏に使いを送り，「親魏倭王」の称号を授かったことが記されている。

問３　アが誤り。平等院鳳凰堂は，平安時代に藤原頼通によって建てられた。

問４　オ．ｃ．前九年の役・後三年の役(11世紀後半)→ａ．平清盛の太政大臣就任(1167年)→ｂ．屋島の戦い(源平合戦)(1185年)

問５　ａとｃが正しいから，アを選ぶ。鎌倉幕府８代執権北条時宗が元による服属の要求をしりぞけた後の，元軍による１度目の襲来を文永の役，２度目の襲来を弘安の役といい，これら２つを合わせて元寇という。防塁は，文永の役ののち，元軍の再度の襲来に備えて，博多湾岸に築かれた。　ｂ．「明」ではなく「元」である。　ｄ．「北条時宗」ではなく御家人の「竹崎季長」である。

問6　イが正しい。国人・地侍らが中心となって山城国一揆を起こし，守護を追い出した後に自治をおこなった。アは平安時代，ウは江戸時代，エは飛鳥時代と奈良時代についての記述である。

問7　ウが正しい。豊臣秀吉は，明征服の通り道となる朝鮮に２度にわたって出兵した。アは徳川家康と徳川秀忠，エは石田三成についての記述である。イについて，秀吉が就任したのは「関白」であり，征夷大将軍に任命されたのは，源頼朝や足利尊氏や徳川家康などであった。

問8　エが誤り。条約改正交渉は岩倉使節団の派遣(1871年)からはじまっていた。また，ノルマントン号事件(1886年)をきっかけに条約改正を求める動きは更に強まった。

問9　Xのみ誤りだから，ウを選ぶ。「満州」ではなく「朝鮮」である。甲午農民戦争(東学党の乱)をしずめるため朝鮮政府が清に救援を求めると，日本も対抗して朝鮮に軍隊を派遣したことがきっかけとなり，日清戦争がはじまった。

問10　エが正しい。日中平和友好条約の締結は1978年，警察予備隊の創設は1950年，日米安全保障条約の締結は1951年，朝鮮戦争の開始は1950年。

4　問1　ウ．社会保障制度は，憲法第25条の生存権(健康で文化的な最低限度の生活を営む権利)をよりどころとしている。

問2　イが正しい。精神の自由は自由権として保障されている。　ア．日本国憲法は1946年11月３日に公布され，1947年５月３日に施行された。　ウ．国民の祝日は，国民の祝日に関する法律によって定められている。　エ．憲法改正は，最終的に国民投票で有効投票の過半数の賛成を得られなければ成立しない。

問3　エ．問１の解説の下線部を参照。

問4　アが誤り。政治への参加は，「義務」ではなく「権利(参政権)」として定められている。

問5　イが誤り。少子高齢化が進むと，社会保障負担の増大によって生産年齢人口の負担が増えるため，商品を買う人が減り，産業全体が衰退する。

問6　ウが誤り。「都道府県知事」ではなく「内閣総理大臣」である。都道府県知事は，住民が直接選挙で選ぶ。

5　問1　ウは海洋プラスチックごみ問題を解消するための取り組みだから，誤り。主に飛沫や接触によって感染する新型コロナウイルス感染症の拡大を防ぐため，緊急事態宣言が出されて三密を避けるとともに学校の休校を含めた活動自粛が求められた。

問3　ウ．中村哲さんは，アフガニスタンで，医療支援や井戸や用水路をつくるなどの人道支援を続けていた。

問4　アを選ぶ。ＯＤＡは政府開発援助，ＷＨＯは世界保健機関，ＷＴＯは世界貿易機関の略称である。

《2021　前期プレミアム・理Ⅲ選抜　国語　解説》

【一】

問四　ミオは、道路地図をひろげて真剣に見て、自分の手に負えないことがわかると、今度は遠足を思い出して海に出る方法を考えている。さらに、ヒナコにお金をいくらもっているかたずね、「バス代、電車代、できればジュース代、いくらぐらいお金がかかるものだろう」と考えている。つまり、海に行く方法について具体的に考えている。――線部③の前の行に「でも(２匹のカニの)運命はかえられる。いまは自分たちがそれをにぎっている」とあり、実際に海に行ってカニを逃がすことを想定して、その方法を考えていることがわかる。よって、イが適する。

問五　ミオは「どうみてもこのカニの運命はいまのところ最低だ。でも運命はかえられる。いまは自分たちがそれをにぎっている」と感じている。つまり、自分たちが他の生きものの運命を決められる立場にあると感じているので、エが適する。

問六　２～３行後の「死ぬようなことはないだろう～『ないだろう』というのはもしかしたら『ある』ということにはならないか」より、ヒナコが死ぬ可能性もあると考えていることが読み取れる。ミオはこのことに気付いて衝撃を受け、立ちつくしているのである。また、「シンバルがジャンとなる」という表現は、ヒナコが強い衝撃を受けていることを表現している。よって、ウが適する。

問七　――線部⑤の直前の「それ」が指す内容は、「ヒナコはまだちいさく、この世にしっかりとつながってはいない。だから、かんたんにつれていかれてしまいそうでこわかった」というもの。この不安について、さらにくわしく説明しているのが、――線部⑤の直後の「なんの約束もなしにこの世に生まれたことが、たよりなくてしかたがないときがある～ひとりぼっちなのだろう」の部分。この部分を中心にまとめればよい。

問八　すぐ後で、ミオが窓のサッシのかぎをしめなおしたのは、風が入ってこないようにするためである。これより前で、ミオは「風はヒナコのたましいをさらおうと、ねらいをさだめたのかも」と想像している。ミオは自分が重しになることで、風からヒナコを守ろうとしたのだと考えられる。

問九　ここより前に「いまのヒナコはカニに似ているとミオは思った～運命が似ている。カニが網につかまったように、ヒナコもなにかにつかまりかけているのだ」とある。このあとミオは「つかまったカニを逃がしてやるのだ～カニが自由になれたら、悪い運命からヒナコも逃げだせる」と考えて、カニを持ち出した。よって、エが適する。

問十　カニをおねえさんに渡したことで、カニの運命を決める者は、おねえさんへと移った。問九の解説にあるように、ミオは、カニの運命とヒナコの運命はつながっていると考えているので、おねえさんに妹の運命もゆだねたことになる。

問十一　------線部B_2の後でもミオはいろいろなことを考えて、妹を守ろうとしているので、Ｂさんの感想は本文に合わない。------線部Ｅで風がトラックのあとを追ったのは、妹の運命とつながっているカニを追いかけたのだと考えられる。よって、Ｅさんの感想は本文に合わない。

【二】

Ａさんも Ｂさんも、「マスメディアの役割」について具体例を挙げながら自分の考えを述べている。２人とも、主に２、３段落目で自分の考えを説明しているので、ここを中心にまとめる。

《2021　前期プレミアム・理Ⅲ選抜　算数　解説》

1 (1)　かっこの中の数は，一の位から千の位まで１から４までの整数が１個ずつ現れるから，

与式＝(１＋２＋３＋４)×(1000＋100＋10＋１)÷10＝10×1111÷10＝1111

(2)　分ける本数を５－４＝１(本)減らすと，分けるのに必要な鉛筆の本数が10＋４＝14(本)減ったことから，

生徒の人数は，14÷１＝14(人)，鉛筆の本数は，５×14－10＝60(本)

(3)　**【解き方１】百の位と一の位の数字を入れかえた数と元の数の差は，必ず99の倍数になる。**

例えば，Ａ＝321，Ｂ＝123とすると，Ａ－Ｂ＝321－123＝198

Ａ＝491，Ｂ＝194とすると，Ａ－Ｂ＝491－194＝297

Ａ＝951，Ｂ＝159とすると，Ａ－Ｂ＝951－159＝792

198＝99×２，297＝99×３，792＝99×８だから，Ａ－Ｂの結果は必ず(99×□)の形で表せ，□には，百の位の数字と一の位の数字の差があてはまる。Ａ－Ｂは99の倍数でかつ５の倍数になるから，□＝５である。

よって，Ａ－Ｂ＝99×５＝495

【解き方２】Ａ＝ａｂｃ(ａが百の位，ｂが十の位，ｃが一の位の３けたの数)とすると，Ｂ＝ｃｂａと表せる。Ａ－Ｂ＝ａｂｃ－ｃｂａを筆算で計算するときの方法で，一の位から順に考えていく。

一の位から計算すると，ａ＞ｃより，十の位からくり下げて，10＋ｃ－ａ＝５(５の倍数で０にはならないから)となる。これより，ａ－ｃ＝５とわかる。十の位は，一の位の計算でくり下げたことからｂより１小さいため，百の位からくり下げて，10＋ｂ－１－ｂ＝９となる。百の位は，十の位の計算でくり下げたことからａより１小さいため，(ａ－１－ｃ)を計算する。下線部からａ－ｃ＝５であることがわかっているので，ａ－１－ｃ＝５－１＝４となる。よって，Ａ－Ｂ＝495

(4)　**【解き方】同じ形をした図形の対応する辺の長さの比がａ：ｂならば，面積比は(ａ×ａ)：(ｂ×ｂ)になること。高さの等しい三角形の面積比は，底辺の長さの比に等しいことを利用する。**

正三角形ＡＢＣと正三角形ＤＣＥは同じ形で，対応する辺の長さの比が１：２だから，

面積比は(１×１)：(２×２)＝１：４になるので，正三角形ＤＣＥの面積は，10×４＝40(㎠)

角ＡＢＣ＝角ＤＣＥ＝60°と，同位角が等しいので，ＡＢとＤＣは平行になる。したがって，三角形ＡＢＣと三角形ＡＣＤは，底辺をそれぞれＡＢ，ＤＣとしたときの高さが等しいから，面積比は底辺の長さの比に等しくなる。三角形ＡＢＣと三角形ＡＣＤの面積比は，ＡＢ：ＤＣ＝１：２だから，三角形ＡＣＤの面積は，10×２＝20(㎠)である。よって，四角形ＡＢＥＤの面積は，10＋40＋20＝70(㎠)

(5)　もともとあった６面以外に，かどを切り取ったことでできた三角形の面が８個できたから，

面の数は，６＋８＝14(面)

正方形の面が６面，正三角形の面が８面あり，正方形には４本，正三角形には３本の辺がある。すべての辺は２つの図形で重なるから，辺の数は，(４×６＋３×８)÷２＝24(本)

正方形の面が６面あり，正方形には４つの頂点がある。正方形どうしは，１つの頂点を２個の正方形が共有するから，頂点の数は，４×６÷２＝12(個)

2 (1)　**【解き方】水そうを満水にする水の量を，12と24と16の最小公倍数の48とする。**

水そうを満水にする水の量を48とすると，ポンプＡは１分で48÷12＝４，ポンプＢは１分で48÷24＝２の水を排水することになる。ポンプＡとＢを同時に使うと１分で４＋２＝６の水を排水するから，水そうを空にするの

に，48÷６＝８(分)かかる。

⑵　**【解き方】⑴をふまえると，ポンプＣは１分で48÷16＝３の水を排水する。**

ポンプＡ，Ｂ，Ｃを同時に使うと，１分で４＋２＋３＝９の水を排水できるから，４分間に排水した水の量は，９×４＝36になる。ポンプＡとＢを同時に使うと１分で６の水を排水するから，ポンプＡとＢだけを使っていた時間は，(48－36)÷６＝２(分)になる。よって，全部で，４＋２＝６(分)かかる。

⑶　**【解き方】ポンプＡが16分間に排水した水は，水そうを満水にする水の量と毎分３Ｌの割合で16分間に入れた水の量の和に等しい。**

ポンプＡだけで水そうを満水にする水の量を排水するのに12分かかり，水を入れながら排水すると16分かかったから，ポンプＡは，16－12＝４(分間)に３×16＝48(Ｌ)を排水したことになる。

ポンプＡの排水能力は，１分あたり48÷４＝12(Ｌ)だから，水そうの容積は，12×12＝144(Ｌ)

⑷　**【解き方】ポンプＢの排水能力は，ポンプＡの半分だから，ポンプＢは１分間に12÷２＝６(Ｌ)排水する。**

ポンプＢが20分間に排水した水の量は，６×20＝120(Ｌ)である。排水した水の量の合計は，144＋３×20＝204(Ｌ)だから，ポンプＡで排水した水の量は，204－120＝84(Ｌ)である。よって，ポンプＡが正常に動いていた時間は，84÷12＝７(分間)

3　⑴　**【解き方】かかる時間は，曲線の長さに比例する。**

Ａ→Ｂ→Ｃの曲線の長さとＡ→Ｂ→Ｃ→Ｄの曲線の長さの比は２：３だから，点Ｐが点Ｃに到達するのは，

$36\times\frac{2}{3}=24$(秒後)

⑵　点Ｐは，Ａ→Ｂ→Ｃを進むのに24秒かかった。Ａ→Ｂ→Ｃの長さは，直径が12×２＝24(㎝)の半円の曲線部分の長さに等しく，24×3.14÷２＝12×3.14(㎝)だから，点Ｐの速さは，毎秒(12×3.14÷24)㎝＝毎秒1.57㎝

⑶　**【解き方】点Ｐの進む長さは，時間に比例し，おうぎ形の曲線部分の長さは中心角に比例する。**

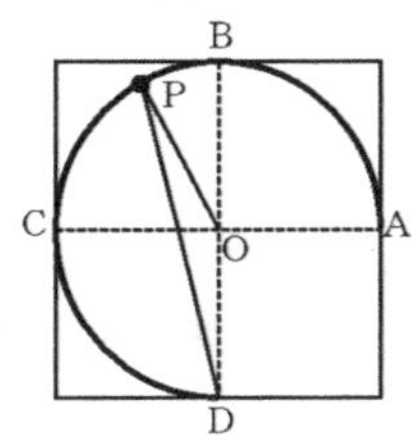

曲線Ａ→Ｐを進むのに16秒で，曲線Ａ→Ｂ→Ｃ→Ｄを進むのに36秒だから，

曲線Ａ→Ｐと曲線Ａ→Ｂ→Ｃ→Ｄの長さの比は16：36＝４：９になる。

曲線Ａ→Ｐに対する中心角と曲線Ａ→Ｂ→Ｃ→Ｄに対する中心角の比も４：９であり，

曲線Ａ→Ｂ→Ｃ→Ｄに対する中心角は90°×３＝270°だから，右図の角ＡＯＰ＝

$270°\times\frac{4}{9}=120°$である。三角形ＯＰＤは，ＯＰ＝ＯＤ，角ＰＯＤ＝270°－120°＝150°の二等辺三角形だから，

角ＢＤＰ＝(180°－150°)÷２＝15°

⑷　**【解き方】⑶の解説をふまえると，角ＱＯＲ＝$120°\times\frac{12}{16}=90°$になる。**

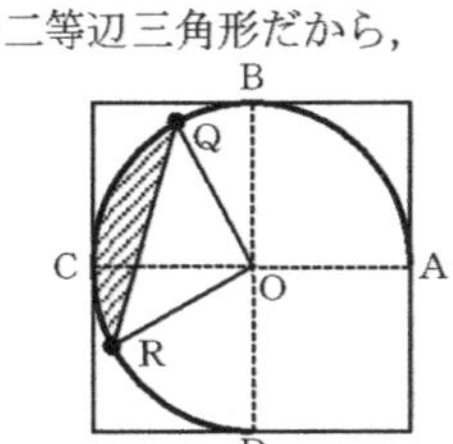

斜線部分の面積は，半径が12㎝で中心角が90°のおうぎ形の面積から，三角形ＯＱＲの面積を引いて，$12\times12\times3.14\times\frac{90°}{360°}-12\times12\div2=113.04-72=41.04$(㎠)

⑸　**【解き方】点Ｋから点Ｄまでの曲線の長さと，点Ｄから点Ｌまでの曲線の長さが等しいならば，点Ｃから点Ｋまでの曲線の長さと，点Ｌから点Ｅまでの曲線の長さも等しい。したがって，ＣＫの延長がＨで交わるなら，ＥＬの延長もＯで交わることになる。右図において，ＣＫと曲線ではさんだ斜線部分を，ＬＥと曲線ではさんだ部分に移動させて，おうぎ形ＨＥＤの面積から，三角形ＩＥＬの面積を引いて求める。**

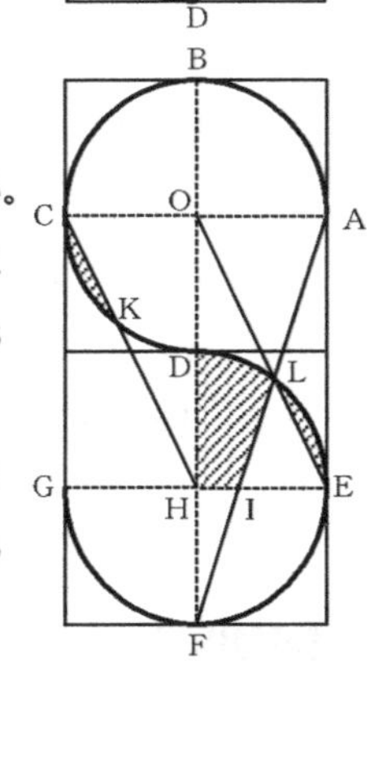

三角形ＯＦＡと三角形ＨＦＩは同じ形の三角形だから，ＨＩ：ＯＡ＝ＦＨ：ＦＯ＝１：３より，$ＨＩ=ＯＡ\times\frac{1}{3}=12\times\frac{1}{3}=4$(㎝)である。三角形ＬＩＥと三角形ＬＡＯは同じ形の

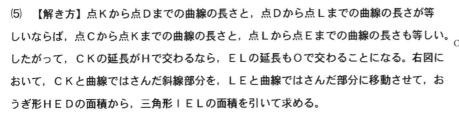

三角形で，対応する辺の長さの比は，ＩＥ：ＡＯ＝(12－４)：12＝２：３になるから，

高さの比も２：３になる。ＩＥとＡＯを底辺としたときの，２つの三角形の高さの和は

$12\times2=24$(cm)だから，三角形ＬＩＥの底辺をＩＥとしたときの高さは，$24\times\frac{2}{2+3}=9.6$(cm)になる。

よって，斜線部分の面積の和は，$12\times12\times3.14\times\frac{90^\circ}{360^\circ}-(12-4)\times9.6\div2=113.04-38.4=74.64$(cm²)

4 ⑴ **【解き方】(三角すいの体積)＝(底面積)×(高さ)÷３で求める。**

底面積は$2\times2\div2=2$(cm²)，高さは$2+2=4$(cm)だから，体積は，$2\times4\div3=\frac{8}{3}=2\frac{2}{3}$(cm³)

⑵ **【解き方】右図のように〈図２〉の残りの点に記号を入れると，**

$AB_1=AB_2=CB_1=CB_2=2$ cm，$FB_2=FB_3=4$ cmになる。

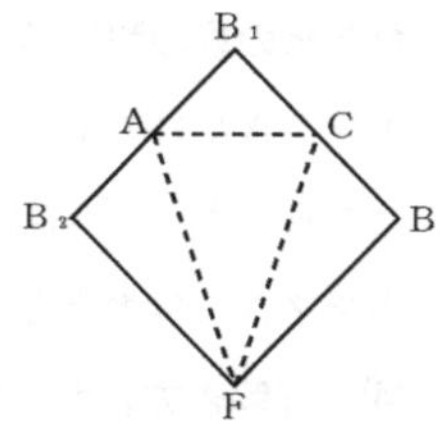

右図において，三角形AB_1Cの面積は$2\times2\div2=2$(cm²)，三角形AB_2Fと

三角形AB_3Fの面積は$2\times4\div2=4$(cm²)だから，三角形ＡＦＣの面積は，

$4\times4-2-4\times2=6$(cm²)

⑶ **【解き方】すべての面が直角に交わり，すきまや曲面がない立体の表面積は，上下前後左右の６面から見える図形の面積の和に等しい。**

この立体は，上下前後左右のどの方向から見ても，正方形が３個見えるから，表面積は，

$\{(2\times2)\times3\}\times6=72$(cm²)

⑷ **【解き方】平行な平面には平行な切り口が現れることから，３つの頂点Ａ，Ｃ，Ｆを通る平面で切断すると，切り口の図形は右図アのようになる。**

図ア

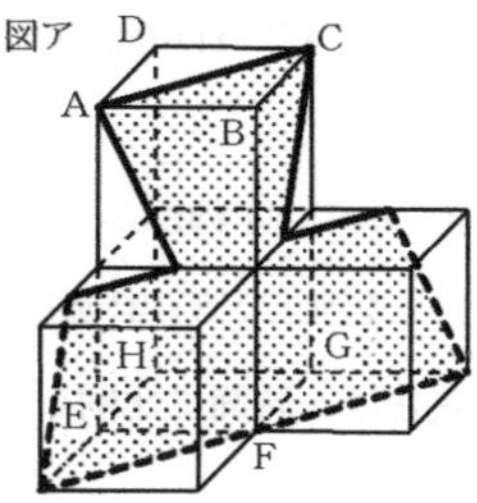

図イ

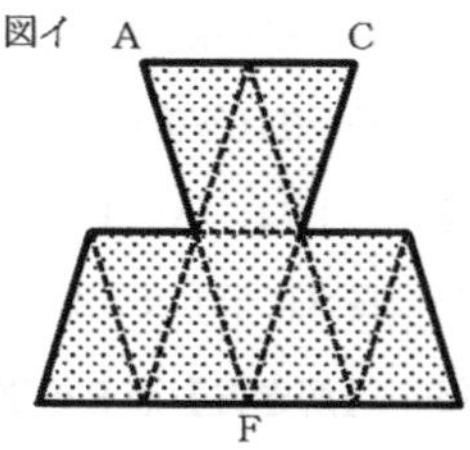

① 右図イは，切り口だけを表したものであり，図イの中に合同な二等辺三角形を10個作図することができる。この二等辺三角形４個で⑵で求めた三角形ＡＦＣの面積になるから，切り口の図形の面積は，$6\times\frac{10}{4}=15$(cm²)

② **【解き方】右図ウのように作図して，三角すいＰ－ＨＩＪの体積から，色をつけた３つの三角すいの体積を引いて求める。その際，同じ形をした立体の体積比を利用して求める。**

図ウ

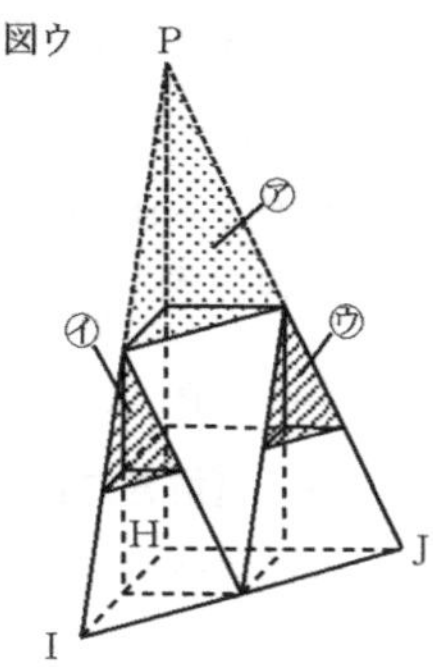

右図ウにおいて，三角すい㋐は，三角すいＦ－ＡＢＣと合同な三角すいである。

三角すいＰ－ＨＩＪは，三角すいＦ－ＡＢＣの各辺を２倍にした三角すいである。

三角すい㋑と㋒は，三角すいＦ－ＡＢＣの各辺を$\frac{1}{2}$にした三角すいである。

よって，三角すいＰ－ＨＩＪの体積は，三角すいＦ－ＡＢＣの体積の$2\times2\times2=8$(倍)，

三角すい㋑と㋒の体積は，三角すいＦ－ＡＢＣの体積の$\frac{1}{2}\times\frac{1}{2}\times\frac{1}{2}=\frac{1}{8}$(倍)だから，

求める立体の体積は，三角すいＦ－ＡＢＣの体積の$8-1-\frac{1}{8}\times2=\frac{27}{4}$(倍)になるから，$\frac{8}{3}\times\frac{27}{4}=18$(cm³)

5 ⑴ **【解き方】１けたの数は，１，３，５，７，９の５個ある。59より小さい２けたの数の十の位は１，３，５がある。**

１けたの数は５個ある。十の位が１の数も５個あり，十の位が３，５の２けたの数も５個ずつあるから，59は初めから数えて，$5+5\times3=20$(番目)

⑵① **【解き方】２けたの整数の十の位は１，３，５，７，９の５個あり，それぞれの十の位に対して一の位が**

5個ずつある。

5×5＝25(個)

② **【解き方】25個の2けたの整数の和の式の中に，1，3，5，7，9の数字は，一の位に5回ずつ，十の位に5回ずつ現れる。**

(1＋3＋5＋7＋9)×10×5＋(1＋3＋5＋7＋9)×5＝25×50＋25×5＝25×55＝1375

⑶ **【解き方】和が3で割り切れる3つの奇数の組は，異なる3つの数の組は(1，3，5)(3，5，7)(5，7，9)(1，5，9)の4組，2つの数の組は(1，1，7)(1，7，7)(3，3，9)(3，9，9)の4組，1つの数の組は，(1，1，1)～(9，9，9)の5組ある。**

(1，3，5)(3，5，7)(5，7，9)(1，5，9)を使ってできる500より大きく800より小さい数は

513，531，537，573，735，753，579，597，759，795，519，591の12個ある。

(1，1，7)(1，7，7)(3，3，9)(3，9，9)を使ってできる500より大きく800より小さい数は

711，717，771の3個ある。

(1，1，1)～(9，9，9)を使ってできる500より大きく800より小さい数は555，777の2個ある。

よって，全部で12＋3＋2＝17(個)ある。

⑷ **【解き方】1けたの数の個数，2けたの数の個数は求めたので，3けたの数と4けたの数の個数を求める。**

3けたの数は，5×5×5＝125(個)ある。

4けたの数は，125×5＝625(個)ある。

4けたの数までに5＋25＋125＋625＝780(個)ある。

5けたの数のうち，万の位が1である数は625個ある。万の位が3の数も625個あるから，万の位が3である数のうち最も大きな39999は780＋625＋625＝2030(番目)である。39999から小さい方に数えて10番目の数が2021番目だから，数えていくと，39999，39997，39995，39993，39991，39979，39977，39975，39973，39971になる。

よって，2021番目の整数は39971である。

■ ご使用にあたってのお願い・ご注意

（1）問題文等の非掲載

著作権上の都合により，問題文や図表などの一部を掲載できない場合があります。

誠に申し訳ございませんが，ご了承くださいますようお願いいたします。

（2）過去問における時事性

過去問題集は，学習指導要領の改訂や社会状況の変化，新たな発見などにより，現在とは異なる表記や解説になっている場合があります。過去問の特性上，出題当時のままで出版していますので，あらかじめご了承ください。

（3）配点

学校等から配点が公表されている場合は，記載しています。公表されていない場合は，記載していません。

独自の予想配点は，出題者の意図と異なる場合があり，お客様が学習するうえで誤った判断をしてしまう恐れがあるため記載していません。

（4）無断複製等の禁止

購入された個人のお客様が，ご家庭でご自身またはご家族の学習のためにコピーをすることは可能ですが，それ以外の目的でコピー，スキャン，転載（ブログ，ＳＮＳなどでの公開を含みます）などをすることは法律により禁止されています。学校や学習塾などで，児童生徒のためにコピーをして使用することも法律により禁止されています。

ご不明な点や，違法な疑いのある行為を確認された場合は，弊社までご連絡ください。

（5）けがに注意

この問題集は針を外して使用します。針を外すときは，けがをしないように注意してください。また，表紙カバーや問題用紙の端で手指を傷つけないように十分注意してください。

（6）正誤

制作には万全を期しておりますが，万が一誤りなどがございましたら，弊社までご連絡ください。

なお，誤りが判明した場合は，弊社ウェブサイトの「ご購入者様のページ」に掲載しておりますので，そちらもご確認ください。

■ お問い合わせ

解答例，解説，印刷，製本など，問題集発行におけるすべての責任は弊社にあります。

ご不明な点がございましたら，弊社ウェブサイトの「お問い合わせ」フォームよりご連絡ください。迅速に対応いたしますが，営業日の都合で回答に数日を要する場合があります。

ご入力いただいたメールアドレス宛に自動返信メールをお送りしています。自動返信メールが届かない場合は，「よくある質問」の「メールの問い合わせに対し返信がありません。」の項目をご確認ください。

また弊社営業日（平日）は，午前９時から午後５時まで，電話でのお問い合わせも受け付けています。

2025 春

株式会社教英出版

〒422-8054　静岡県静岡市駿河区南安倍３丁目 12-28

TEL　054-288-2131　　FAX　054-288-2133

URL　https://kyoei-syuppan.net/

MAIL siteform@kyoei-syuppan.net

教英出版 2025　30の1　清風中

神奈川県

① [県立] 相模原中等教育学校
　　　　 平塚中等教育学校
② [市立] 南高等学校附属中学校
③ [市立] 横浜サイエンスフロンティア高等学校附属中学校
④ [市立] 川崎高等学校附属中学校
✿⑤聖光学院中学校
✿⑥浅野中学校
⑦洗足学園中学校
⑧法政大学第二中学校
⑨逗子開成中学校(1次)
⑩逗子開成中学校(2・3次)
⑪神奈川大学附属中学校(第1回)
⑫神奈川大学附属中学校(第2・3回)
⑬栄光学園中学校
⑭フェリス女学院中学校

新潟県

① [県立] 村上中等教育学校
　　　　 柏崎翔洋中等教育学校
　　　　 燕中等教育学校
　　　　 津南中等教育学校
　　　　 直江津中等教育学校
　　　　 佐渡中等教育学校
② [市立] 高志中等教育学校
③新潟第一中学校
④新潟明訓中学校

石川県

① [県立] 金沢錦丘中学校
②星稜中学校

福井県

① [県立] 高志中学校

山梨県

①山梨英和中学校
②山梨学院中学校
③駿台甲府中学校

長野県

① [県立] 屋代高等学校附属中学校
　　　　 諏訪清陵高等学校附属中学校
② [市立] 長野中学校

岐阜県

①岐阜東中学校
②鶯谷中学校
③岐阜聖徳学園大学附属中学校

静岡県

① [国立] 静岡大学教育学部附属中学校(静岡・島田・浜松)
② [県立] 清水南高等学校中等部
　 [県立] 浜松西高等学校中等部
　 [市立] 沼津高等学校中等部
③不二聖心女子学院中学校
④日本大学三島中学校
⑤加藤学園暁秀中学校
⑥星陵中学校
⑦東海大学付属静岡翔洋高等学校中等部
⑧静岡サレジオ中学校
⑨静岡英和女学院中学校
⑩静岡雙葉中学校
⑪静岡聖光学院中学校
⑫静岡学園中学校
⑬静岡大成中学校
⑭城南静岡中学校
⑮静岡北中学校
⑯常葉大学附属常葉中学校
　常葉大学附属橘中学校
　常葉大学附属菊川中学校
⑰藤枝明誠中学校
⑱浜松開誠館中学校
⑲静岡県西遠女子学園中学校
⑳浜松日体中学校
㉑浜松学芸中学校

愛知県

① [国立] 愛知教育大学附属名古屋中学校
②愛知淑徳中学校
③名古屋経済大学市邨中学校
　名古屋経済大学高蔵中学校
④金城学院中学校
⑤椙山女学園中学校
⑥東海中学校
⑦南山中学校男子部
⑧南山中学校女子部
⑨聖霊中学校
⑩滝中学校
⑪名古屋中学校
⑫大成中学校
⑬愛知中学校
⑭星城中学校
⑮名古屋葵大学中学校
(名古屋女子大学中学校)
⑯愛知工業大学名電中学校
⑰海陽中等教育学校(特別給費生)
⑱海陽中等教育学校(I・II)
⑲中部大学春日丘中学校
新刊⑳名古屋国際中学校

三重県

① [国立] 三重大学教育学部附属中学校
②暁中学校
③海星中学校
④四日市メリノール学院中学校
⑤高田中学校
⑥セントヨゼフ女子学園中学校
⑦三重中学校
⑧皇學館中学校
⑨鈴鹿中等教育学校
⑩津田学園中学校

滋賀県

① [国立] 滋賀大学教育学部附属中学校
② [県立] 河瀬中学校
　　　　 守山中学校
　　　　 水口東中学校

京都府

① [国立] 京都教育大学附属桃山中学校
② [府立] 洛北高等学校附属中学校
③ [府立] 園部高等学校附属中学校
④ [府立] 福知山高等学校附属中学校
⑤ [府立] 南陽高等学校附属中学校
⑥ [市立] 西京高等学校附属中学校
⑦同志社中学校
⑧洛星中学校
⑨洛南高等学校附属中学校
⑩立命館中学校
⑪同志社国際中学校
⑫同志社女子中学校(前期日程)
⑬同志社女子中学校(後期日程)

大阪府

① [国立] 大阪教育大学附属天王寺中学校
② [国立] 大阪教育大学附属平野中学校
③ [国立] 大阪教育大学附属池田中学校

④[府立]富田林中学校
⑤[府立]咲くやこの花中学校
⑥[府立]水都国際中学校
⑦清風中学校
⑧高槻中学校（A日程）
⑨高槻中学校（B日程）
⑩明星中学校
⑪大阪女学院中学校
⑫大谷中学校
⑬四天王寺中学校
⑭帝塚山学院中学校
⑮大阪国際中学校
⑯大阪桐蔭中学校
⑰開明中学校
⑱関西大学第一中学校
⑲近畿大学附属中学校
⑳金蘭千里中学校
㉑金光八尾中学校
㉒清風南海中学校
㉓帝塚山学院泉ヶ丘中学校
㉔同志社香里中学校
㉕初芝立命館中学校
㉖関西大学中等部
㉗大阪星光学院中学校

兵庫県

①[国立]神戸大学附属中等教育学校
②[県立]兵庫県立大学附属中学校
③雲雀丘学園中学校
④関西学院中学部
⑤神戸女学院中学部
⑥甲陽学院中学校
⑦甲南中学校
⑧甲南女子中学校
⑨灘中学校
⑩親和中学校
⑪神戸海星女子学院中学校
⑫滝川中学校
⑬啓明学院中学校
⑭三田学園中学校
⑮淳心学院中学校
⑯仁川学院中学校
⑰六甲学院中学校
⑱須磨学園中学校(第1回入試)
⑲須磨学園中学校(第2回入試)
⑳須磨学園中学校(第3回入試)
㉑白陵中学校
㉒夙川中学校

奈良県

①[国立]奈良女子大学附属中等教育学校
②[国立]奈良教育大学附属中学校
③[県立]国際中学校
　　　　青翔中学校
④[市立]一条高等学校附属中学校
⑤帝塚山中学校
⑥東大寺学園中学校
⑦奈良学園中学校
⑧西大和学園中学校

和歌山県

①[県立]古佐田丘中学校
　　　　向陽中学校
　　　　桐蔭中学校
　　　　日高高等学校附属中学校
　　　　田辺中学校
②智辯学園和歌山中学校
③近畿大学附属和歌山中学校
④開智中学校

岡山県

①[県立]岡山操山中学校
②[県立]倉敷天城中学校
③[県立]岡山大安寺中等教育学校
④[県立]津山中学校
⑤岡山中学校
⑥清心中学校
⑦岡山白陵中学校
⑧金光学園中学校
⑨就実中学校
⑩岡山理科大学附属中学校
⑪山陽学園中学校

広島県

①[国立]広島大学附属中学校
②[国立]広島大学附属福山中学校
③[県立]広島中学校
④[県立]三次中学校
⑤[県立]広島叡智学園中学校
⑥[市立]広島中等教育学校
⑦[市立]福山中学校
⑧広島学院中学校
⑨広島女学院中学校
⑩修道中学校
⑪崇徳中学校
⑫比治山女子中学校
⑬福山暁の星女子中学校
⑭安田女子中学校
⑮広島なぎさ中学校
⑯広島城北中学校
⑰近畿大学附属広島中学校福山校
⑱盈進中学校
⑲如水館中学校
⑳ノートルダム清心中学校
㉑銀河学院中学校
㉒近畿大学附属広島中学校東広島校
㉓AICJ中学校
㉔広島国際学院中学校
㉕広島修道大学ひろしま協創中学校

山口県

①[県立]下関中等教育学校
　　　　高森みどり中学校
②野田学園中学校

徳島県

①[県立]富岡東中学校
　　　　川島中学校
　　　　城ノ内中等教育学校
②徳島文理中学校

香川県

①大手前丸亀中学校
②香川誠陵中学校

愛媛県

①[県立]今治東中等教育学校
　　　　松山西中等教育学校
②愛光中学校
③済美平成中等教育学校
④新田青雲中等教育学校

高知県

①[県立]安芸中学校
　　　　高知国際中学校
　　　　中村中学校

福岡県

①[国立]福岡教育大学附属中学校（福岡·小倉·久留米）
②[県立]育徳館中学校
門司学園中学校
宗像中学校
嘉穂高等学校附属中学校
輝翔館中等教育学校
③西南学院中学校
④上智福岡中学校
⑤福岡女学院中学校
⑥福岡雙葉中学校
⑦照曜館中学校
⑧筑紫女学園中学校
⑨敬愛中学校
⑩久留米大学附設中学校
⑪飯塚日新館中学校
⑫明治学園中学校
⑬小倉日新館中学校
⑭久留米信愛中学校
⑮中村学園女子中学校
⑯福岡大学附属大濠中学校
⑰筑陽学園中学校
⑱九州国際大学付属中学校
⑲博多女子中学校
⑳東福岡自彊館中学校
㉑八女学院中学校

佐賀県

①[県立]香楠中学校
致遠館中学校
唐津東中学校
武雄青陵中学校
②弘学館中学校
③東明館中学校
④佐賀清和中学校
⑤成穎中学校
⑥早稲田佐賀中学校

長崎県

①[県立]長崎東中学校
佐世保北中学校
諫早高等学校附属中学校
②青雲中学校
③長崎南山中学校
④長崎日本大学中学校
⑤海星中学校

熊本県

①[県立]玉名高等学校附属中学校
宇土中学校
八代中学校
②真和中学校
③九州学院中学校
④ルーテル学院中学校
⑤熊本信愛女学院中学校
⑥熊本マリスト学園中学校
⑦熊本学園大学付属中学校

大分県

①[県立]大分豊府中学校
②岩田中学校

宮崎県

①[県立]五ヶ瀬中等教育学校
②[県立]宮崎西高等学校附属中学校
都城泉ヶ丘高等学校附属中学校
③宮崎日本大学中学校
④日向学院中学校
⑤宮崎第一中学校

鹿児島県

①[県立]楠隼中学校
②[市立]鹿児島玉龍中学校
③鹿児島修学館中学校
④ラ・サール中学校
⑤志學館中等部

沖縄県

①[県立]与勝緑が丘中学校
開邦中学校
球陽中学校
名護高等学校附属桜中学校

もっと過去問シリーズ

北海道

北嶺中学校
7年分(算数・理科・社会)

静岡県

静岡大学教育学部附属中学校
(静岡·島田·浜松)
10年分(算数)

愛知県

愛知淑徳中学校
7年分(算数・理科・社会)
東海中学校
7年分(算数・理科・社会)
南山中学校男子部
7年分(算数・理科・社会)
南山中学校女子部
7年分(算数・理科・社会)
滝中学校
7年分(算数・理科・社会)
名古屋中学校
7年分(算数・理科・社会)

岡山県

岡山白陵中学校
7年分(算数・理科)

広島県

広島大学附属中学校
7年分(算数・理科・社会)
広島大学附属福山中学校
7年分(算数・理科・社会)
広島学院中学校
7年分(算数・理科・社会)
広島女学院中学校
7年分(算数・理科・社会)
修道中学校
7年分(算数・理科・社会)
ノートルダム清心中学校
7年分(算数・理科・社会)

愛媛県

愛光中学校
7年分(算数・理科・社会)

福岡県

福岡教育大学附属中学校
(福岡·小倉·久留米)
7年分(算数・理科・社会)
西南学院中学校
7年分(算数・理科・社会)
久留米大学附設中学校
7年分(算数・理科・社会)
福岡大学附属大濠中学校
7年分(算数・理科・社会)

佐賀県

早稲田佐賀中学校
7年分(算数・理科・社会)

長崎県

青雲中学校
7年分(算数・理科・社会)

鹿児島県

ラ·サール中学校
7年分(算数・理科・社会)

※もっと過去問シリーズは
国語の収録はありません。

教英出版
〒422-8054
静岡県静岡市駿河区南安倍3丁目12−28
TEL 054-288-2131
FAX 054-288-2133
詳しくは教英出版で検索
教英出版 検索
URL https://kyoei-syuppan.net/

令和六年度

清風中学校入学試験問題

前期試験

国語 (五〇分)

試験開始の合図があるまで、この「問題」冊子を開かず、左記の注意事項を読んでください。

【注意事項】

一、試験開始の合図で、解答用紙の所定の欄に「受験番号」、「名前」をはっきりと記入してください。

二、この「問題」冊子は、18ページあります。解答用紙は一枚です。ページが脱落している場合は手をあげて試験監督の先生に知らせてください。

三、解答は、解答用紙の指定されたところに記入してください。

四、「問い」に「字数制限」がある場合、句読点やカギかっこなどの記号は、一字として数えて、解答してください。

五、試験終了の合図で、「問題」冊子の上に解答用紙を重ねてください。

六、「問題」冊子および解答用紙は持ち帰ってはいけません。

【一】次の文章は、如月かずさの小説『給食アンサンブル2』中の「クリームシチュー」の一節です。これを読んで、後の問いに答えなさい。

（「おれ」（高城）は中学二年生で、吹奏楽部の部長である。数年前まで吹奏楽部は、県の代表に選ばれるほどの名門であったが、二年前にクラブ顧問の教師の指導が厳しすぎるという理由で、部員が大量に辞め、顧問も吹奏楽の経験のない教師に代わった。それ以降、和気あいあいとした雰囲気のクラブに変わったが、昨年のコンクールでの成績はふるわなかった。「おれ」は、そのことが悔しく、部長になって改革を進めていた。しかし、副部長の三熊は、急激な改革は思いとどまるように言い、部員たちにも「おれ」の思いは届かず、特に同学年の牧田は、「おれ」が部長を辞めなければ自分が退部すると言い、牧田ら四人が部活に来なくなった。そういう状況の中で、顧問の吉野先生から、「おれ」が部長を続けるべきか、投票で決めることにしようという提案を受けた。「おれ」は自分の味方など一人もいないと感じ、乱暴に荷物をまとめて音楽室を出て行った。）

翌朝、おれはトランペットを持たずに登校した。怒りといらだちはおさまるどころか、時間がたつにつれてますます強く激しくなっていた。

教室につくとすぐに、大久保が話しかけてきた。

「部長、昨日は、あのさ……」

おれはじろりと大久保の顔をにらみつけた。大久保がはっとしたように言葉を止める。

その反応に満足してカバンの中身を机に移しはじめると、すぐに「そういう態度ってないと思う！」と怒った声が投げつけられた。声の主は大久保とおなじ打楽器パートの小宮山だった。いつもおとなしいやつだから、そんな声も出せるのかとすこし驚いた。

「大久保くんは、高城くんのことを心配してたんだから。それに、わたしも……」

おれはふん、と鼻で笑った[a]。心配していたなんてどうせ口だけだ。信用できるわけがない。ほんとうはおれがいなくなってせいせいしていたんじゃないのか？[b]

大久保と小宮山はおれと話すのをあきらめて自分の席にもどった。まもなく三熊も教室に入ってきたが、おれが無視して教科書をにらんでいると、なにもいわずに自分の席に座った。

午前の授業が終わり、おれは給食当番の仕事で給食を取りにいった。給食室で目についた保温食缶を持ちあげ、大股で教室に帰る。

おれのいらだちは限界を越えそうになっていた。なんでもいいから思いきり殴りつけて壊してしまいたい。そんな凶暴な衝動をこらえながら保温食缶を運んでいると、となりのクラスの牧田の姿が目に入った。

牧田は給食の配膳が始まるのを待ちながら、おなじ班のやつと笑顔で話していた。憎悪をこめた眼差しで牧田をにらみつけながら、おれがとなりの教室の前を通りすぎた、そのときだった。廊下が急に滑って、おれは前のめりに倒れてしまった。

廊下に落ちた保温食缶が［Ⅰ］障りな音を立てた。落ちたはずみで蓋がはずれ、中身のクリームシチューが大量に床に広がる。その惨状を呆然と見つめ、それから足もとに視線を移すと、だれかの落としたプリントがひらひらと揺れていた。

「くそっ！」

おれはc悪態をついて保温食缶を殴りつけた。殴った拳がひどく痛んで顔をしかめる。けれど怒りはまったくおさまらなかった。もっと何度も殴りつけてやりたかった。

雑巾を手に駆けつけたクラスメイトに、おれは「触るな！」と声を荒げた。そしておびえて動きを止めた相手から雑巾を奪い取り、押し殺した声で告げる。

「おれのミスだ。おれひとりで片づける」

廊下にこぼれたクリームシチューを、おれは乱暴にぬぐいはじめた。手伝いに出てきた連中が、ひとりまたひとりと教室に帰っていった。

ほかのクラスの給食当番が、大きくおれのまわりを避けて通りすぎていった。廊下にはいつくばって掃除を続けていると、おれはひどくみじめな気分になった。くそ、どうしてこんなことになるんだ。どいつもこいつもどうしておれの邪魔ばかりするんだ。おれの邪魔をするな！

おれは再び「くそっ!」と怒鳴って、力いっぱい廊下をこすった。そのときふいに現れたべつの手が、こぼれたクリームシチューを雑巾でぬぐいだした。はっとして顔を上げると、そこにいたのは三熊だった。

「手を出すなっていってるだろ」

「出すよ。ひとりじゃ時間かかっちゃうでしょ。それに、吹奏楽部の仲間なんだからさ」

気まずそうな笑顔でそういわれて、おれは言葉をなくしてしまった。おれがぽかんとその顔を見つめていると、三熊が教室のほうを振りかえっていった。

「慎吾、この保温食缶、教室に持っていって配りはじめてくれる?」

教室から顔を出してこちらの様子をうかがっていた大久保が、「わかった!」とこたえて保温食缶を取りにきた。大久保はおれをはげますように笑いかけて、保温食缶を運んでいく。

おれが手を止めているあいだも、三熊はせっせと掃除を続けていた。そんな三熊の姿をながめているうちに、おれは無意識につぶやいていた。

「①……どうしておれは、おまえみたいになれないんだろうな」

三熊が驚いた顔でこっちを見た。おれも思いがけない自分の言葉にうろたえていた。

けれどその言葉は、嘘偽りのないおれの本心なのかもしれない。おれが三熊のように親切でやさしく、協調性のある人間だったら、いまみたいに部長の責務を放りだして、吹奏楽部を去るようなことにはなっていなかった。きっと理想的な部長として仲間たちに慕われ、目標に向かっていっしょに頑張ることができていた。

木管パートの練習風景を見て、妙に胸がざわついたのは、三熊のことがうらやましかったせいなのかもしれない。三熊のようにはなれないことがくやしかったのかもしれない。

ひそかにうらやんでいたことが恥ずかしくて、おれが廊下を見つめたままでいると、三熊が静かに口を開いた。

「ぼくだって、高城みたいにはなれないよ。ぼくには実力も、みんなを引っ張っていく力もないしさ。それに高城みたいに強くもないから、だれかとぶつかったりするのは苦手なんだ。だから高城の味方をしたくても、みんなに反発されるってわかってると、なかなか勇気が出せなくて、そのせいで高城につらい思いをさせちゃってごめん」

「おれの味方なんて無理にすることないだろ。おまえはおれの方針に反対なんだから」

視線をそらしてこたえると、すぐに三熊が「そうじゃないよ！」といいかえしてきた。

「たしかに、高城はいっきに部の改革を進めようとするから、それには反対したけど、ぼくも吹奏楽部の空気を変えて、もうちょっと真面目に練習がしたいとは思ってたんだ。夏のコンクールの結果もくやしかったし、単純にもっといい演奏ができるようになりたいから。ほかのみんなの反応が心配で、高城に協力するどころか、邪魔ばっかりしちゃってたけど……」

「おまえが、おれとおなじ気持ちだったっていうのか？」

［Ⅱ］を疑っているおれに、三熊がおずおずとうなずいてみせた。そしてまっすぐおれを見つめて言葉を続ける。

「すこしずつ、変えていこうよ。すぐには無理だと思うけど、これからはぼくもちゃんと協力するから」

三熊の眼差しから、強い意志が伝わってくるのを感じた。今朝、小宮山に言葉をかけられたときのように、鼻で笑うことはできなかった。目頭が急に熱くなって、おれはゆがんだ顔を三熊に見られないようにうつむいた。

三熊が「これでもう平気かな」といって立ちあがった。途中からほとんど三熊ひとりに掃除をさせてしまっていた。三熊のあとについて教室にもどる途中、おれはその大きな背中に、

「三熊」と声をかけた。

「悪かった。ありがとう」

三熊が目を丸くして振りかえり、おおらかな笑顔を見せた。

教室にもどると、おれの席にはすでに給食が運んであった。量が減ったのはおれのせいだから、責任を取ってクリームシチューは遠慮するつもりだったのに、その器もしっかりトレイに載っていた。器に入っているクリームシチューの量は、普段の半分もなかった。

食事が始まったあと、おれはそのクリームシチューを食べながら、小学校時代のことを思いだしていた。いやがらせでほんのわずかしかよそってもらえなかったクリームシチューは、怒りで味がわからなかった。けれどきょうのクリームシチューの味は、いつも

よりやけにあまく、そして温かく感じられた。
給食の器から顔を上げると、となりの班の三熊と目が合った。すこしずつ、変えていこうよ。三熊の声が頭の中で響いた。
おそらくおれが部長を続けることはできないだろう。それでも三熊と協力して、すこしずつ頑張ってみよう。あのときおれが感動したような素晴らしい演奏を、吹奏楽部のみんなといっしょにできるように。
はにかむ三熊にぎこちなく笑みをかえして、②おれは残りわずかなクリームシチューを大切に味わった。

放課後の音楽室には、ひさしぶりに吹奏楽部の部員が全員そろっていた。牧田たちもきているのは、吉野先生が提案した部長の信任投票がこれから行われるからだ。
「それじゃあ、いま配ったメモ用紙に、高城が部長を続けてもいいなら○を、そうじゃないなら×を書いてこの箱に入れてください。なまえは書かなくていいから。高城はなにかつけくわえたいことある?」
三熊に尋ねられて、首を横に振ろうとしたところで、おれは(注)浅見との会話を思いだした。もしも無駄だったら、あとで文句のひとつもいってやろう。おれはそう決めると、思いきって口を開いた。
「おれは、小六のときに聴いた高校の吹奏楽部のコンサートがきっかけで、吹奏楽をやりたいと思うようになった。そのとき聴いた演奏はほんとうに素晴らしくて、心の底から感動して、おれも中学に入ったら、吹奏楽部でこんな演奏がしたいって、ずっとそう考えていた」
いきなり話しはじめたおれに、部員たちはぽかんとしていた。こんなことを明かしても、やっぱり意味なんてないんじゃないか。そう疑いながらも、おれはさらに話を続けた。
「だけど、うちの吹奏楽部は練習熱心じゃなくて、去年のアンサンブルコンテストでも夏のコンクールでも、満足な演奏ができなくてくやしかった。だからなんとかしてみんなの意識を変えて、もっと真剣に練習に取り組めるように、この部を改革したかったんだ。そのせいでなごやかだった部活の空気を壊してしまって、迷惑をかけてすまなかった」
これまでおれは、部内に味方はひとりもいないと思っていた。けれど三熊は、おれとおなじ思いを抱いてくれていた。もしほかにもそういうやつがいるのなら、そいつにはおれがどうして改革を進めようとしたのか、その理由をわかってもらいたかった。

③話を終えたとき、部員の大半はまだ戸惑(とまど)ったままだった。おれが恥ずかしくなって顔を背(そむ)けると、三熊のうれしそうな声が聞こえた。

「そんな話、初耳だよ。もっと早く教えてくれたらよかったのに」

三熊のほうを見ないまま、おれは「すまん」と短くこたえた。すると三熊が「ぼくもちょっといいかな」と部員たちに向かって手を挙げて、緊張(きんちょう)気味に話しだした。

「これまでいいだせなかったけど、ほんとうはぼくも、もうちょっとしっかり練習をしたいなって思ってたんだ。いまのたのしいふんいきも好きなんだけど、もっとたくさん練習をして、いい演奏がしたいな、って。だから、ぼくはまだ、高城に部長を続けてほしいと思ってます」

思いがけない三熊の言葉におれは驚いていた。まわりとぶつかるのは苦手だといっていたのに、反感を買うのがわかっていながら、おれを支持することを表明してくれるなんて。照れくさそうな顔でこちらを向いた三熊に、おれは心の中で感謝した。

部員たちによる投票が始まった。数分後には部長でなくなっている可能性が高いのに、おれは不思議と落ちついていた。④結果がどうなろうと、おれがすべきことは変わらない。

新たな決意を胸に、おれは投票が終わるのを待った。

（如月かずさ『給食アンサンブル２』光村図書出版）

㊟ 浅見との会話 —— 浅見は「おれ」の家の近所に住む同級生。「おれ」に反発する牧田と仲が良いので、牧田を説得するように頼(たの)んだ時、吹奏楽に興味を持ったきっかけを牧田や吹奏楽部員たちに話してみてはどうかと浅見からアドバイスをされたこと。

問一　〰〰線部a～cの語句の本文中の意味として最も適切なものを、それぞれ次の中から選び、記号で答えなさい。

a「鼻で笑った」

ア　いじけて卑屈（ひくつ）に笑った　　イ　からかって意地悪く笑った

ウ　見下してあざけり笑った　　エ　そっけなく冷淡（れいたん）に笑った

b「せいせいしていた」

ア　気分が晴れていた　　イ　気が落ち着いていた

ウ　気を楽にしていた　　エ　大喜びしていた

c「悪態をついて」

ア　不服そうにつぶやいて　　イ　口ぎたなく怒鳴って

ウ　不愉快（ふゆかい）そうに舌打ちをして　　エ　力なく文句を言って

問二　空欄（くうらん）［Ⅰ］・［Ⅱ］に共通して入る漢字一字を答えなさい。

問三　――線部①「……どうしておれは、おまえみたいになれないんだろうな」とありますが、「おれ」は三熊をどのような人物だと思っていますか。**適切でない**ものを次の中から一つ選び、記号で答えなさい。

ア　仲間と上手（うま）くコミュニケーションを取ることができる人物。

イ　責任感があり、強い意志を持って人を引っ張ることができる人物。

ウ　誰（だれ）かが困っていたら文句を言わずに助けることができる人物。

エ　自分の考えを無理に押しつけず、仲間の意見を尊重できる人物。

問四　――線部②「おれは残りわずかなクリームシチューを大切に味わった」とありますが、なぜ「大切に味わった」のですか。最も適切なものを次の中から選び、記号で答えなさい。

ア　吹奏楽部のことで感情的になりクリームシチューをこぼしてしまったので、自分は遠慮するつもりだったが、自分の分もよそってあり、クラスメイトや三熊へのせめてもの償いとして味わって食べるべきだと思ったから。

イ　吹奏楽部には自分の味方はいないと思っていたが、クリームシチューの後片付けをきっかけに、三熊と真剣に語り合い、素直な気持ちで仲間と心を通じ合わせることができた喜びを、じっくりかみしめていたいと思ったから。

ウ　クリームシチューを食べながら、小学生の時に少ししかよそってもらえず怒りで味がしなかったことを思い出したが、今回はクラスメイトも量が少ないシチューを一緒に食べてくれており、ありがたいと思ったから。

エ　クリームシチューには苦い思い出があり、今回も失敗をしてみんなに迷惑をかけたが、それをきっかけに三熊たちと仲良くなれたうえ、シチューがいつもよりあまく温かいので、その味をしみじみと感じていたいと思ったから。

問五　――線部③「話を終えたとき、部員の大半はまだ戸惑ったままだった」とありますが、なぜ「戸惑った」様子だったのですか。最も適切なものを次の中から選び、記号で答えなさい。

ア　部長の権限で部員たちに傲慢な態度を取っていた高城が、まるで人が変わったように、自分たちに迷惑をかけてすまないと謝ったことに胸を打たれたから。

イ　今から投票が始まろうとしている時に、高城が脈絡もなく自分の考えを語ったので、いつものように独りよがりな態度を取っていると、あきれているから。

ウ　今まで自分たちに考えを押しつけてきた高城が、突然、これまで語らなかった素直な気持ちを謙虚な態度で打ち明けたので、高城の本心をはかりかねているから。

エ　部長と副部長という立場でありながら、これまで仲が良くなかった高城と三熊が、高城のことを三熊が肩を持つまでに親しくなっているということに驚いたから。

問六　――線部④「結果がどうなろうと、おれがすべきことは変わらない」とありますが、「おれがすべきこと」とは何ですか。最も適切なものを次の中から選び、記号で答えなさい。

ア　今まで以上に一生懸命練習に取り組んで、人に感動を与える演奏者になるという、小学生の時から抱いていた自分の夢をかなえること。

イ　みんなの気持ちを常に考える理想的な部長になって、仲間たちに慕われ、同じ目標に向かって一緒に頑張る吹奏楽部を作り上げること。

ウ　これまで以上に吹奏楽部のみんなと練習に打ち込んで、次のコンクールで結果を出し、信任投票を提案した吉野先生を見返すこと。

エ　三熊と協力し合って少しずつ吹奏楽部全員の意識を変化させ、みんなで真剣に練習に取り組んで、聞く人の心を動かす演奏をすること。

問七　本文について六人で意見を述べ合いました。本文の内容や表現について**適切でない**意見を述べているのはだれですか。次の中から**二人**選びなさい。

Aさん「この作品の題は『給食アンサンブル2』なんだけど、この場面では、給食のクリームシチューが話の展開の中で重要な役割を果たしているね。」

Bさん「前半では、高城の感情や言動が細かく描写(びょうしゃ)されていたね。後半からは、物語が三熊の視点からも語られていたから、二人の内面がそれぞれよくわかる書き方になっていたね。」

Cさん「自分のことを心配して話しかけてきた大久保をにらんだり、それを非難してきた小宮山に冷ややかな態度を取ったりしているところから、高城が吹奏楽部の部員たちになじもうとしていないことがわかるね。」

Dさん「保温食缶の中身がこぼれてしまった場面が印象的だったな。『くそっ！』や『触るな！』などと、『！』を使うことで、高城の感情の高ぶりが強調されていると感じたよ。」

Eさん「最初に高城を乱暴な人間だと印象づけたことで、信任投票の場面での高城のおだやかな語りが、以前は独りよがりな態度だった高城の、人間としての成長を感じさせるものになっているよ。」

Fさん「この経験を通して高城は強くなれたんじゃないかな。いい演奏をするには、みんなの先頭に立つ力強いリーダーが大切だと気づいただろうね。だから、彼らはこのあときっと立派な演奏ができると思うよ。」

【二】 次の文章は、東京スイミングセンター（東スイ）でオリンピック金メダリストの北島康介(きたじまこうすけ)選手らを指導した、水泳コーチの平(ひら)井伯昌(いのりまさ)氏の著書「見抜(みぬ)く力 ── 夢を叶(かな)えるコーチング」の一節です。これを読んで、後の問いに答えなさい。

日本には柔道(じゅうどう)や剣道(けんどう)のように、「道」のつくスポーツがある。

そんな柔道や剣道、空手道などでは、体を使って心を鍛(きた)えるということが、もっとも基本的で伝統的な考え方になっている。

前述した㊟小柳(こやなぎ)先生の教えで、東スイに伝統的に伝わっているものとして、

「大切なのは忍耐(にんたい)力と克己(こっき)心だ」

「条件の良いところばかりでやらせない」

といった教えがある。①<u>それが柔道や剣道の伝統的な考え方と、相通じるものがあるような</u>気がする。

その考え方を練習に取り入れて、まだ体が完全には目覚めきっていない朝五時から、条件の良くないところで練習をさせたりすることがあった。私には<u>ａトウショ</u>、何のためにそんな練習をするのか分からなかったので、大先輩(せんぱい)である㊟青木先生に、

「この練習には何の意味があるのですか？」

と<u>ｂタントウ</u>直入に訊(たず)ねたことがある。

持久力をつけるためだとか、筋力をアップさせるためだという答えが返ってくると思っていた。ところが、青木先生は、

「きついところで頑張(がんば)らせるようにしているんだ」

と言ったのである。

つまり、わざと選手を過酷(かこく)な条件下におくことによって、気持ちを鍛えると同時に、十分な環境(かんきょう)が整っていないところでも力を発揮できるようにする、ということだ。

練習には肉体的な効果と精神的な効果があるが、日本の伝統的な考え方として、その二つの効果を合体させる方法を実践(じっせん)していたのだ。

ところが西洋の場合は、その二つを別なものとして分けて考える傾向(けいこう)がある。たとえば持久力をつけるためのメニューと、タフな

精神力を鍛えるメニューとは別なものだと考えているのである。その点に関しても、

「一つのメニューに一つの要素しかないということはない」

という小柳先生の教えが伝わっている。

複数の要素が盛りこまれていないと、「練習」とは呼べないというのだ。

たとえば生理学的なことでいえば、「持久力」と「泳法」と「泳速配分」というような複数の要素が盛りこまれていなければならない。その上で、「持久力」を支える「我慢強さ」や「集中力」といった精神的な部分を鍛える要素も、ちゃんと組みこまれている。

②それが本来の意味での「練習」であり、それに対して、一つの要素しか入っていないのは、単なる「トレーニング」だというのだ。

（ １ ）、卓見だと思う。

それが日本の伝統的な考え方であり、練習法だったのだ。

小柳先生の教えは、東スイに伝わるバイブル的な存在である。（ ２ ）、何十年も前におこなわれていた練習法をそのままの形で、いまの時代におこなうことには無理がある。むしろ重要なのは、そこにcマヨったときの自分が戻れる基本がある、ということだ。

小柳先生から学び、青木先生をとおして教えられたことを、私は私なりにアレンジし、工夫しながら実践の場に活かしている。

（ ３ ）、バイブルの「小柳流・平井解釈」なのである。

今では、競泳の世界でも、高地トレーニングは珍しくなくなった。

しかし短距離、高地トレーニングで成功した選手は少なかった。③それに成功したのが北島康介だといってもいいだろう。

なぜ康介は成功できたのか。それは従来の高地トレーニングとは違う目的を持って臨んだからである。

それまでの高地トレーニングといえば、持久力を向上させることをもっぱら目的としていた。しかし私たちは、持久力をつけることよりも、スピードを増すとか、短距離選手にも通用するように対乳酸能力を高めることを目的にした。

「そんな目的で高地トレーニングをしているなんて話は聞いたことがない」

などと、最初の頃はよく言われた。④それが当時の常識であり、ある意味での固定観念だったのだ。

高地では酸素が薄いので、ふつうは一、二週間といった長い時間をかけて酸素の薄い環境に体をdテキオウさせる。そして慣れたところで、本格的な練習に入るのである。

しかしそれでは、最初の一、二週間がもったいない。そこで、酸素が薄い環境の中で、体が高地に慣れる前に、高地でだからこそできるトレーニングがあるはずだ、と考えた。それが思いっきりスピードを上げさせる練習だった。

筋肉を動かすと、体の中に乳酸がたまる。平地で泳ぐと、七五メートル～八〇メートルあたりから、徐々に乳酸がたまって、体が動かなくなる。それが高地になると、五〇メートルも泳ぐと、もう乳酸がたまってくるのだ。

だったら、あえて不利な環境の中で練習することによって、⑤デメリットをメリットに変えていけばいいのではないかと考えた。あえて体がまだ高地に慣れないうちにスピードを思いっきり出させる。すると乳酸がどんどんたまり、相当にきつい練習になる。そこを我慢して頑張らせるのである。

そうして平地に戻ると、当然酸素の濃度が高地よりも高くなるので、乳酸がたまるのが遅くなる。その分だけ間違いなくスピード・アップすることができるはずだ。

そうした効果が予想できるならば、選手にとってはきつい練習になるにしても、あえて挑戦してみようと思った。

「高地に行ったらスピードがなくなる」

「高地でウエイト・トレーニングなんかしても無意味だ」

そんなふうに言われていた。

誰かが言ったことをそのまま鵜呑みにし、誰も検証してみようとしなかったから、いつの間にかそれが常識や固定観念になってしまったのだ。

だが、実際に検証してみれば、常識と思われていたことが非常識であることに気づく。とくにトレーニング論は、実験室を出たことがなく、現場を知らない人が考えたものであることが多いのだ。

そんな常識とか固定観念を、⑥あえて突き崩す勇気も必要なのだと思う。

（平井伯昌『見抜く力―夢を叶えるコーチング』）

㊟　小柳先生――東京スイミングセンター（東スイ）のコーチ。後出の青木先生も同じく東スイのコーチ。

問一　〰線部a～dのカタカナを漢字に直しなさい。

問二　空欄（くうらん）（　１　）～（　３　）に入る語句として最も適切なものを、それぞれ次の中から選び、記号で答えなさい。

ア　とはいえ　　イ　なるほど　　ウ　たとえば　　エ　いわば

問三　――線部①「それが柔道や剣道の伝統的な考え方と、相通じるものがある」とありますが、それはどういうことですか。次の空欄 Ⅰ ～ Ⅲ に入る言葉を、それぞれ本文中から指定の字数で抜（ぬ）き出して答えなさい。

東スイに伝わる、 Ⅰ（七字） を大切にし、 Ⅱ（八字） だけで練習させないという方針が、「道」のつくスポーツの、 Ⅲ（十字） という伝統的な考え方と、共通するものがあるということ。

問四 ——線部②「それが本来の意味での『練習』であり」とありますが、それはどういうことですか。最も適切なものを次の中から選び、記号で答えなさい。

ア 生理学的な要素と精神的な要素の両方を取り入れたうえで、伝統的なやり方に則ってひたすら選手を過酷な条件下において鍛えるのが本当の練習だということ。

イ 持久力をつけるメニューと精神力を鍛えるメニューとを別なものだと考えないで、持久力を支える精神的な部分を優先して鍛えるのが本当の練習だということ。

ウ 肉体的な効果と精神的な効果とのどちらが高いかをよく見極めたうえで、一つの練習メニューの中に、より効率的な要素を複数盛りこむのが本当の練習だということ。

エ 一つの練習メニューに対して一つの要素を鍛えることにしぼるのではなく、心・技・体のさまざまな要素が盛りこまれているのが本当の練習だということ。

問五 ——線部③「それに成功したのが北島康介だ」とありますが、北島選手が「成功した」のはなぜですか。最も適切なものを次の中から選び、記号で答えなさい。

ア 従来常識としておこなわれていた無駄なトレーニングを極力省きつつ、酸素が薄い環境の中でも力を発揮してスピード・アップすることを目的にして、高地トレーニングに臨んだから。

イ 誰もが思いつかなかった驚くほど厳しいトレーニングをやりきることで、是が非でも金メダルを取るためにスピード・アップすることを目的にして、高地トレーニングに臨んだから。

ウ 高地トレーニングは持久力を向上させるものだという常識を突き崩して、体の中に乳酸がたまるのを遅らせてスピード・アップすることを目的にして、高地トレーニングに臨んだから。

エ 酸素の薄い環境で持久力を向上させるトレーニングを積むことで、従来に比べ肉体的にも精神的にも成長してスピード・アップすることを目的にして、高地トレーニングに臨んだから。

問六　――線部④「それが当時の常識であり、ある意味での固定観念だった」とありますが、「常識」や「固定観念」が生じるのはなぜだと筆者は考えていますか。本文中から三十六字で抜き出し、最初と最後の五字で答えなさい。

問七　――線部⑤「デメリットをメリットに変えていけばいい」とありますが、それはどういうことですか。次の空欄 Ⅰ ～ Ⅳ に入る言葉を、それぞれ本文中から指定の字数で抜き出して答えなさい。

高地では Ⅰ（五字） ので乳酸がたまりやすいという Ⅱ（二字） な点を逆手にとって、あえて Ⅲ（八字） 前にスピードを全力で出させるという相当にきつい練習を我慢して頑張らせることで、 Ⅳ（五字） を高めること。

問八　――線部⑥「あえて突き崩す勇気も必要なのだ」とありますが、それはなぜですか。六十字以内で説明しなさい。

【三】 次の文章を読んで、後の①〜⑩の意味にあてはまる語句を、指定した字数にしたがって本文中から抜き出しなさい。ただし、①〜⑩は、本文中に出てくる順番になっています。

お詫び
著作権上の都合により、文章は掲載しておりません。
ご不便をおかけし、誠に申し訳ございません。
教英出版

（『山陽新聞』「滴一滴」二〇二三年九月十日）

① あれこれ考えてまよう。（四字）
② きつく注意したり、罰を加えてこらしめる。（四字以上七字以内）
③ なくてはならないもの。（三字）
④ 広い地域や多くの人に行き渡ること。（二字）
⑤ 知らないうちに。いつのまにか。（四字）
⑥ 人の心に何かの感じを起こさせる景色や場面。（二字）
⑦ これまで観測して記録をとってきた中で。（四字）
⑧ 見える所から姿をかくす。（五字）
⑨ 何かをするのにちょうどよい時。（二字）
⑩ 前の時代からのこされたもの。時代おくれのもの。（二字）

（以上）

令和6年度

清風中学校入学試験問題

前期試験

算　数（50分）

試験開始の合図があるまで，この「問題」冊子を開かず，下記の注意事項を読んでください。

【注意事項】

1．試験開始の合図で，解答用紙の所定の欄に「受験番号」，「名前」をはっきりと記入してください。

2．この「問題」冊子は，5ページあります。解答用紙は1枚です。ページが脱落している場合は手をあげて試験監督の先生に知らせてください。

3．解答は，解答用紙の指定されたところに記入してください。

4．各ページの余白は下書きに使用してもかまいません。

5．試験終了の合図で，「問題」冊子の上に解答用紙を重ねてください。

6．「問題」冊子および解答用紙は持ち帰ってはいけません。

1 次の問いに答えなさい。

（1） 25×3＋25×9＋75×5＋25×13 を計算しなさい。

（2） ある水族館では，大人も子どもも休日の入場料が平日の 1 割増しになります。この水族館に大人 2 人と子ども 1 人が平日に行くと入場料の合計は 7500 円，大人 10人と子ども 4 人が休日に行くと入場料の合計は 39600 円になります。休日の大人 1 人と子ども 1 人の入場料はそれぞれいくらですか。

（3） 2024 を 7 で割ったとき，小数第 2024 位の数字を求めなさい。

（4） 右の図において，印をつけた角の大きさをすべて足すと何度になりますか。

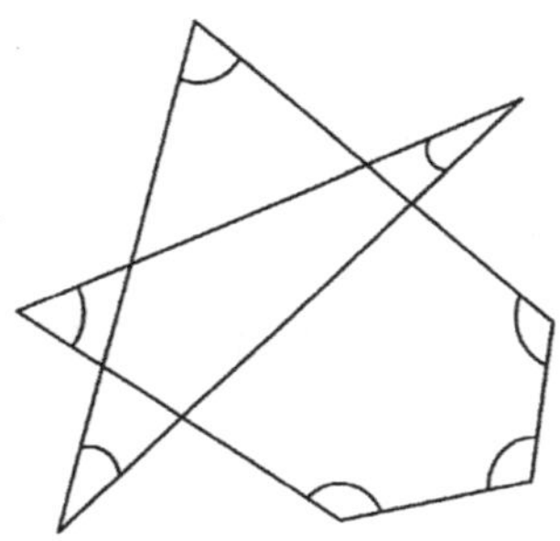

（5） 〈図 1〉は，たて 2.5 cm，横 10 cm の長方形で，この長方形 2 つを重ね合わせて〈図 2〉のような図形を作ります。〈図 2〉の図形のまわり（太線部分）の長さが 34 cm となるとき，2 つの長方形の重なり合った部分の面積を求めなさい。

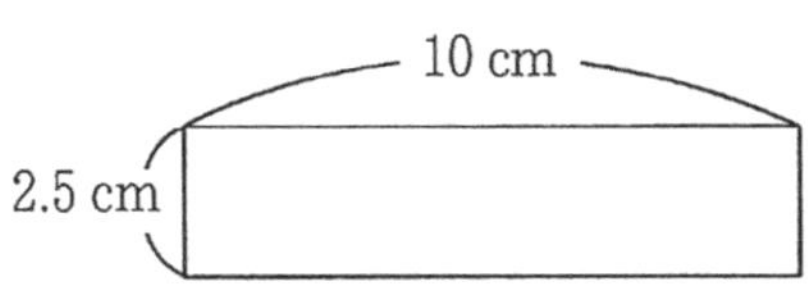

〈図 1〉

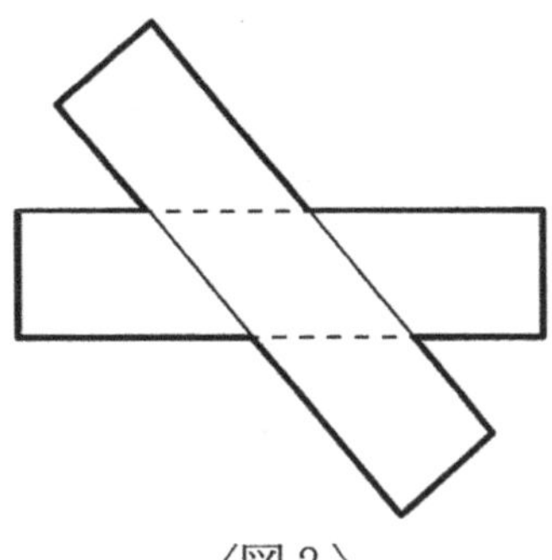

〈図 2〉

2024(R6) 清風中　前期
教英出版

2 ある作業があり，この作業をロボットA 1台で毎日6時間すると，ちょうど8日間で終わります。また，この作業をロボットA 2台とロボットB 1台で毎日6時間すると，ちょうど3日間で終わります。このとき，次の問いに答えなさい。

(1) この作業をロボットA 2台で毎日6時間すると，ちょうど何日間で終わりますか。

(2) この作業をロボットB 1台で毎日6時間すると，ちょうど何日間で終わりますか。

(3) この作業をロボットA 2台とロボットB 2台で6時間しました。次の日にロボットA 3台で残りの仕事をすると，何時間何分で終わりますか。

(4) この作業をロボットA［ア］台とロボットB［イ］台で6時間すると，全体の作業の $\frac{3}{4}$ が終わりました。次の日に，ロボットBは使わずにロボットA［ア］台で残りの作業をすると，3時間で終わりました。

［ア］，［イ］にあてはまる整数を答えなさい。

3　下の図のような，AB＝6 cm，BC＝10 cm の平行四辺形ABCDがあり，辺BC上にBE：EC＝1：4となる点Eをとり，角ABCを二等分する直線が辺ADと交わる点をFとします。また，ACがBF，BDと交わる点をそれぞれG，Hとし，AEがBF，BDと交わる点をそれぞれI，Jとします。平行四辺形ABCDの面積を50 cm²とするとき，次の問いに答えなさい。なお，分数の答えは小数になおさなくてよい。

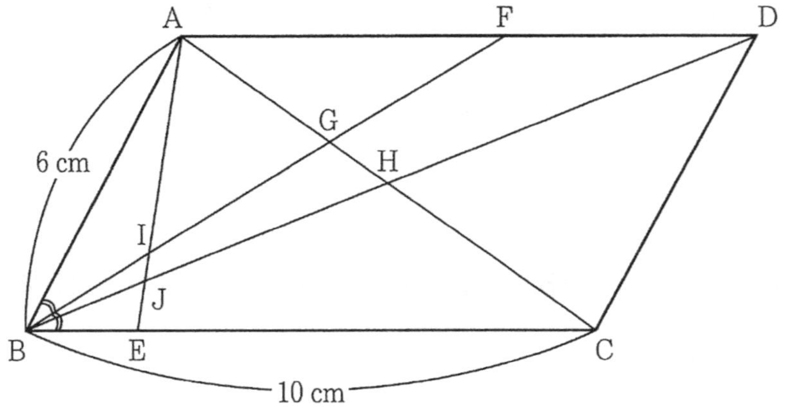

（1）　AFの長さを求めなさい。

（2）　三角形AGFの面積を求めなさい。

（3）　AI：IJを最も簡単な整数を用いて表しなさい。

（4）　四角形IJHGの面積を求めなさい。

2024(R6) 清風中　前期
教英出版

4　右の図のように，1目もりが1 cm の方眼紙上に3辺の長さが3 cm，4 cm，5 cm の直角三角形ABCと，2本の直線㋐と㋑があります。このとき，次の問いに答えなさい。ただし，円周率は3.14とします。

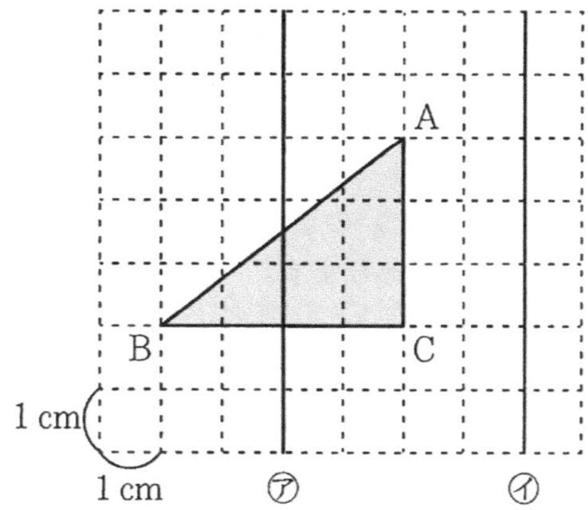

（1）直角三角形ABCを辺ACのまわりに1回転させてできる立体の体積と表面積を求めなさい。

（2）直角三角形ABCを辺ABのまわりに1回転させてできる立体の体積を求めなさい。

（3）直角三角形ABCを直線㋐のまわりに1回転させてできる立体の体積を求めなさい。

（4）直角三角形ABCを直線㋑のまわりに1回転させてできる立体の体積を求めなさい。

5　次の空欄(くうらん)ア～エにあてはまる整数を答えなさい。

（1）〈図1〉のような，たて52 cm，横78 cm の長方形の紙があります。

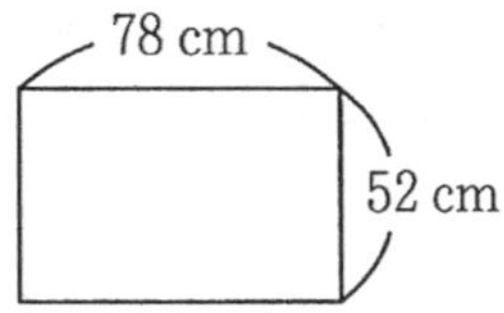

〈図1〉

① この紙を何枚か用いてすき間なく，重ならないように同じ向きに並べて正方形を作ります。できるだけ少ない枚数で正方形を作る場合，［ ア ］枚の紙が必要です。

② この紙を，余りが出ないように同じ大きさの正方形に切り分けます。できるだけ大きい正方形を作る場合，正方形の1辺の長さは［ イ ］cm になります。

（2）〈図2〉のような，たて264 cm，横198 cm の長方形から，たて132 cm，横110 cm の長方形を切り取った図形があります。

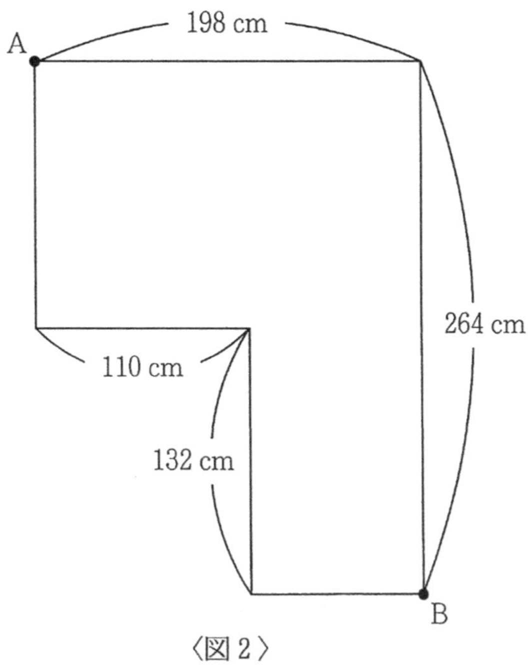

〈図2〉

① この図形の中に，同じ大きさの正方形のタイルをすき間なく，重ならないようにぴったりと敷(し)きつめます。使用するタイルの枚数をできるだけ少なくする場合，タイルの1辺の長さは［ ウ ］cm になります。

② 図の2点A，Bを結ぶ直線をひくとき，この直線は①で敷きつめたタイルを［ エ ］枚通ります。ただし，直線がタイルの頂点だけを通る場合は，そのタイルは数えないものとします。

令和6年度

清風中学校入学試験問題

前期試験

理　　科（40分）

試験開始の合図があるまで，この「問題」冊子を開かず，下記の注意事項を読んでください。

【注　意　事　項】

1．試験開始の合図で，解答用紙の所定の欄に「受験番号」，「名前」をはっきりと記入してください。

2．この「問題」冊子は，16ページあります。解答用紙は1枚です。ページが脱落している場合は手をあげて試験監督の先生に知らせてください。

3．解答は，解答用紙の指定されたところに記入してください。

4．試験終了の合図で，「問題」冊子の上に解答用紙を重ねてください。

5．「問題」冊子および解答用紙は持ち帰ってはいけません。

理 科 問 題

（ 問題番号 1 ～ 6 ）

1 次の文章を読み，下の各問いに答えなさい。

一定量の水に溶(と)ける物質の量には限りがあり，その量は水の温度によって変化します。**表**は，水の温度を変えたとき，水100ｇに溶けるだけ溶かした食塩とホウ酸の重さをそれぞれまとめたものです。

表

水の温度〔℃〕	20	40	60	80
食塩〔g〕	35.8	36	37	38
ホウ酸〔g〕	4.8	8.9	15	23.5

問１ 水溶液(すいようえき)の特ちょうとして適するものを，次の**ア**～**エ**のうちから**２つ**選び，記号で答えなさい。

ア 水溶液のこさは，時間がたつと上の部分に比べて下の部分の方が濃(こ)くなる。
イ 水溶液の重さは，水の重さと溶けている物質の重さの和になる。
ウ 水溶液はすべて無色である。
エ 水溶液はすべてすき通っている。

問２ 食塩について，次の(1)，(2)に答えなさい。

(1) 食塩の結晶(けっしょう)を顕微鏡(けんびきょう)で観察したとき，その形として適するものを，次の**ア**～**エ**のうちから１つ選び，記号で答えなさい。

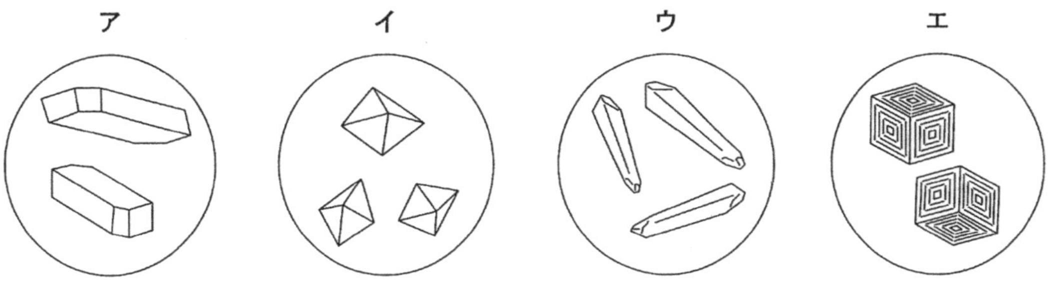

(2) 40℃の水250ｇに食塩を溶けるだけ溶かしたとき，その食塩の重さは何ｇですか。

2024(R6) 清風中 前期
教英出版

問3　ビーカーに60℃の水100gを入れて，ホウ酸を溶けるだけ溶かしました。この水溶液を20℃まで冷やすと，ホウ酸の結晶が出てきました。そのあと，**図**のような操作でホウ酸の結晶を取り出しました。次の(1)，(2)に答えなさい。

図

(1)　**図**のような操作で結晶を取り出す方法を何といいますか。

(2)　取り出したホウ酸の結晶の重さは何gですか。

問4　食塩とホウ酸を合わせて20g用意し，80℃の水100gに入れるとすべて溶けました。この水溶液を20℃まで冷やすと，ホウ酸の結晶だけが6.2g出てきました。はじめの20gに含(ふく)まれていた食塩の重さは何gですか。ただし，水に食塩とホウ酸をいっしょに溶かしても，溶ける量はそれぞれを別々に水に溶かしたときの量と同じものとします。

2　次の文章を読み，下の各問いに答えなさい。

植物が根から取り入れた水は，(i)根や茎(くき)，葉などにある水の通り道を通って運ばれ，植物のすみずみまでいきわたります。根から取り入れた水の一部は，葉や茎にある小さい穴の（　①　）から水蒸気として出ていきます。この現象を(ii)蒸散といいます。

問1　文章中の空欄(くうらん)（　①　）にあてはまる語句を答えなさい。

問2　下線部(i)について，茎にある水の通り道を調べるために，次の〔**実験1**〕を行いました。あとの(1)，(2)に答えなさい。

〔**実験1**〕

手順1　**図1**のように，ホウセンカを赤い色水に入れた。

手順2　ホウセンカの葉が赤く変色したのち茎を切り取り，切り取った茎の断面X（**図2**）と断面Y（**図3**）を観察した。

図1

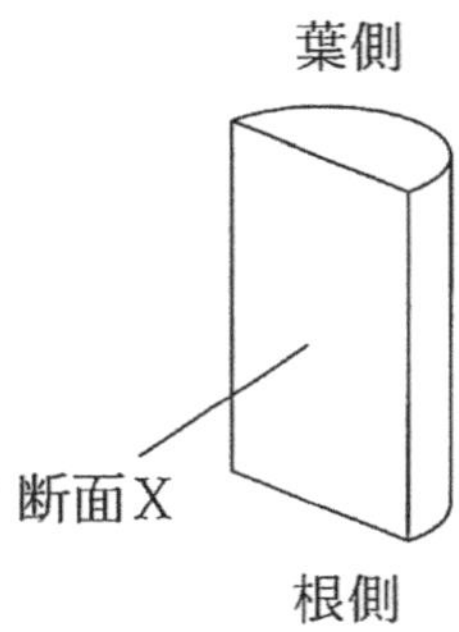

図2

図3

(1) **手順2**の断面Xと断面Yの観察結果として適するものを，次の**ア～エ**のうちから1つ選び，記号で答えなさい。ただし，赤く変色した部分を黒く塗りつぶしています。

	断面X	断面Y
ア	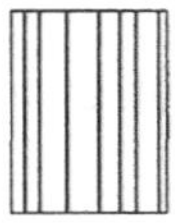	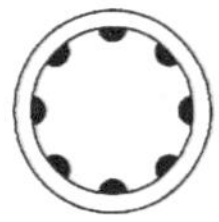
イ	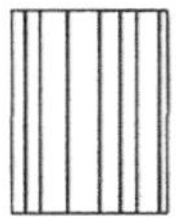	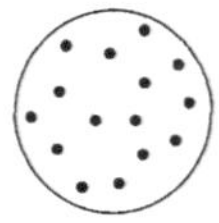
ウ	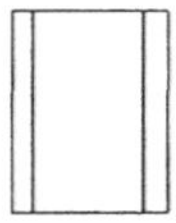	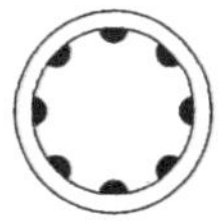
エ	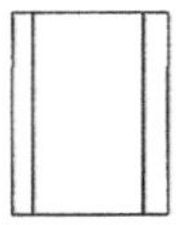	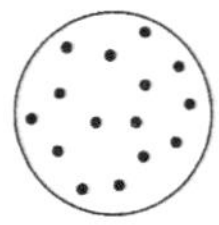

(2) 次の文章中の空欄（　②　），（　③　）にあてはまる語句の組み合わせとして適するものを，下の**ア～エ**のうちから1つ選び，記号で答えなさい。

植物は，空気中から取り入れた（　②　）と根から葉まで移動させた水を用いて，デンプンをつくることができる。このはたらきを（　③　）という。

	（　②　）	（　③　）
ア	酸素	呼吸
イ	酸素	光合成
ウ	二酸化炭素	呼吸
エ	二酸化炭素	光合成

問３　下線部(ii)について，植物の蒸散の量を調べるために，次の〔**実験２**〕を行いました。あとの(1)〜(3)に答えなさい。ただし，容器で減少した水の量と蒸散によって出ていった水の量は等しいものとします。

〔**実験２**〕

手順１　同じような大きさで，同じ枚数の葉をつけたホウセンカの枝Ａ〜Ｃを用意し，**表１**のような処理をした。

手順２　**図４**のように，ホウセンカの枝Ａ〜Ｃをそれぞれ水の入った容器に入れ，水面に少量の油を注いだ。

手順３　容器を明るく風通しのよい場所に数時間置き，それぞれの容器で減少した水の量を調べ，**表２**にまとめた。

表１

	A	B	C
処理	どこにもワセリンを塗らない。	葉の表側だけにワセリンを塗る。	葉の裏側だけにワセリンを塗る。

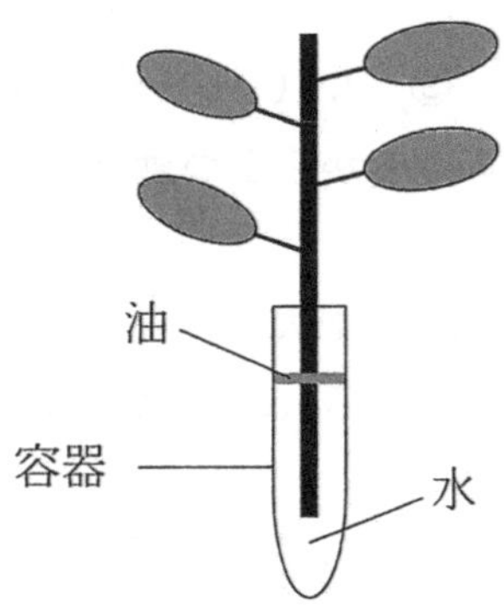

図４

表２

	A	B	C
減少した水の量〔mL〕	5.3	3.6	2.0

(1) **手順2**で，水面に油を注いだ理由として適するものを，次の**ア〜エ**のうちから1つ選び，記号で答えなさい。

ア 水の温度の上昇（じょうしょう）を防ぐため。

イ 水の温度の下降を防ぐため。

ウ 水面からの水の蒸発を防ぐため。

エ ホウセンカの栄養とするため。

(2) 〔**実験2**〕で，1つの枝の葉の裏側からの蒸散によって出ていった水の量は何mLですか。

(3) 〔**実験2**〕で，1つの枝の茎からの蒸散によって出ていった水の量は何mLですか。

3　次の文章を読み，下の各問いに答えなさい。

表は，あるチョウが卵から成虫まで成長していくときの，各成長段階でのはじめの数と死亡数をまとめたものです。卵からかえったばかりの幼虫を1令幼虫とよび，その後は1回だっ皮するごとに2令幼虫，3令幼虫，4令幼虫，5令幼虫と順によびます。5令幼虫はだっ皮をした後，さなぎを経て成虫になります。

表

成長段階	はじめの数	死亡数
卵	1012	13
1令幼虫	999	557
2令幼虫～3令幼虫	442	（　①　）
4令幼虫～5令幼虫	173	136
さなぎ	37	9
成虫	28	28

問1　こん虫として適するものを，次の**ア**～**オ**のうちから**2つ**選び，記号で答えなさい。

ア　ダンゴムシ　　**イ**　トンボ　　**ウ**　ムカデ　　**エ**　クモ　　**オ**　ハチ

問2　成長段階にさなぎがあるこん虫として適するものを，次の**ア**～**オ**のうちから**2つ**選び，記号で答えなさい。

ア　テントウムシ　　**イ**　カマキリ　　**ウ**　バッタ

エ　カブトムシ　　**オ**　セミ

問3　**表**の空欄（くうらん）（　①　）にあてはまる数値を答えなさい。

次の文章は，**表**についての清太さんと風太さんの会話です。

清太：この**表**を見ると，卵から成虫になるのは（　②　）%だね。
風太：成虫になる数はかなり少ないんだね。
清太：卵から成虫になる割合が，次の世代でもこの**表**のとおりだとしたら，このチョウの成虫は次の世代では増えるのかな，減るのかな。
風太：それは成虫のメス１匹（ぴき）がどれくらいの数の卵を産むのかによるね。

問４　文章中の空欄（　②　）にあてはまる数値を，四捨五入して小数第１位まで答えなさい。

問５　下線部について，次の文章中の空欄（　③　），（　④　）にあてはまる数値を，それぞれ整数で答えなさい。

表より，成虫になっているのは28匹なので，成虫のオスとメスの割合が１：１であるとすると，成虫のメスの数は（　③　）匹である。このチョウの成虫の数が次の世代で増えるためには卵が1012個より多く必要なので，成虫のメスは１匹あたりに少なくとも（　④　）個以上の卵を産まなければならない。

4　次の文章を読み，下の各問いに答えなさい。

流れる水のはたらきを調べるために，次のような〔**実験**〕を行いました。

〔**実験**〕 斜面（しゃめん）に砂と泥（どろ）を混ぜたものを敷（し）いた装置を作り，斜面の上部から一定量の水を流し続けた。その結果，**図1**（装置全体を見たようす），**図2**（斜面を上から見たようす）のようなみぞができた。

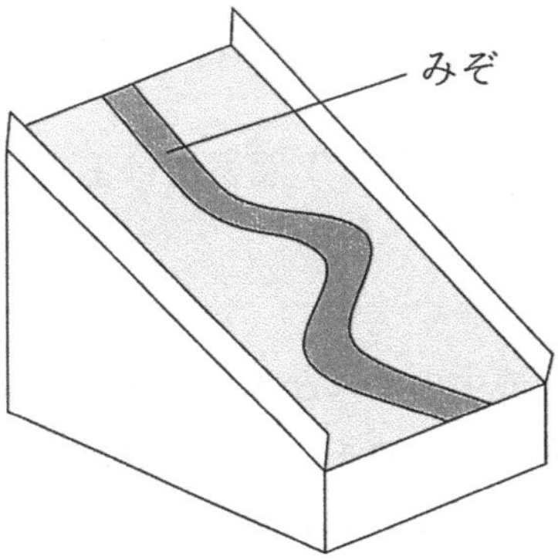

図1

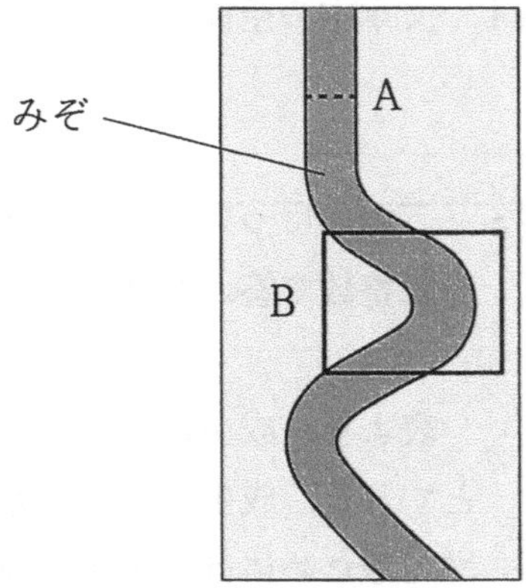

図2

問1　次の(1)，(2)に答えなさい。

(1)　流れる水が砂や泥をけずるはたらきを何といいますか。適するものを，次の**ア**～**ウ**のうちから1つ選び，記号で答えなさい。

ア　たい積　　**イ**　しん食　　**ウ**　運ぱん

(2)　(1)のけずるはたらきが大きく関係してできる地形とその地形ができる場所の組み合わせとしてもっとも適するものを，次の**ア**～**エ**のうちから選び，記号で答えなさい。

	地形	場所
ア	V字谷	川の上流
イ	V字谷	河口
ウ	扇状地（せんじょうち）	川の上流
エ	扇状地	河口

問2　**図2**のみぞの破線A上において，水面の中央部の水の速さと端の水の速さについて適するものを，次の**ア**～**ウ**のうちから1つ選び，記号で答えなさい。

ア　中央部の方が端より速く流れる。

イ　端の方が中央部より速く流れる。

ウ　中央部と端はどちらも同じ速さで流れる。

問3　水を流し続けると，**図2**のみぞの破線A上において，底のようすはどうなりますか。もっとも適するものを，次の**ア**～**エ**のうちから選び，記号で答えなさい。ただし，**ア**～**エ**の細い線（ —— ）と太い線（ —— ）は，細い線から太い線へと底のようすが変化するものとして表しています。

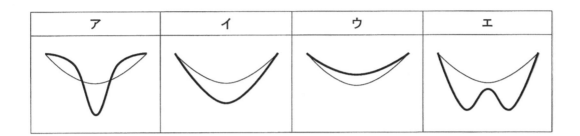

ア	**イ**	**ウ**	**エ**
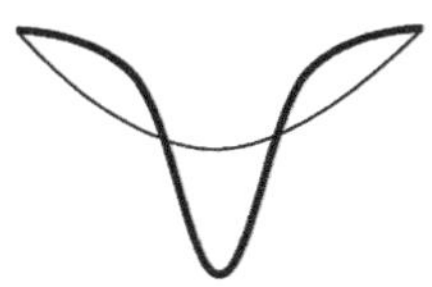			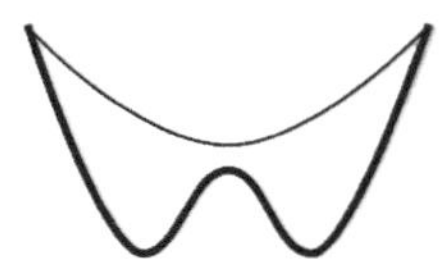

問4　**図3**のように，**図2**のBの部分に旗aと旗bを立てて水を流し続けると，水の流れによって片方の旗が倒(たお)れました。このことについて，次の文章中の空欄(くうらん)（　①　），（　②　）にあてはまる語句の組み合わせとして適するものを，下の**ア**～**エ**のうちから1つ選び，記号で答えなさい。

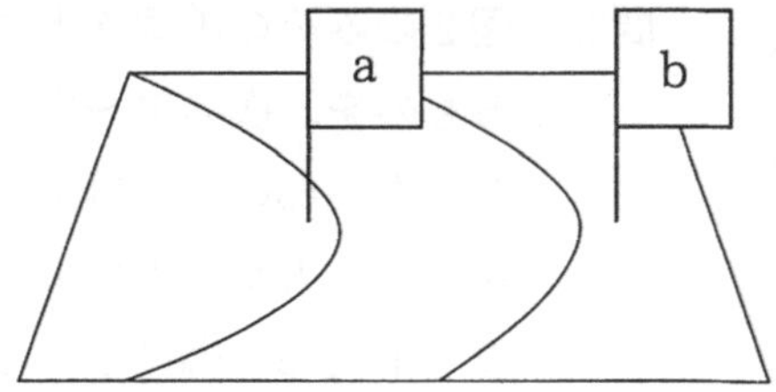

図3

水の流れは旗（　①　）側の方が（　②　）ので，砂と泥が削(けず)られて旗（　①　）が倒れた。

	（　①　）	（　②　）
ア	a	速い
イ	a	遅(おそ)い
ウ	b	速い
エ	b	遅い

問5　実際の川では，大雨のときに川から水があふれて洪水(こうずい)が起きることがあります。この洪水による被害を防ぐための取り組みとして**適さないもの**を，次の**ア**～**エ**のうちから1つ選び，記号で答えなさい。

ア　川沿いに堤防(ていぼう)をつくる。
イ　川幅(かわはば)を狭(せま)くする。
ウ　川の深さを深くする。
エ　川の近くに遊水地をつくる。

5　次の文章を読み，下の各問いに答えなさい。

図1のように，豆電球，乾電池（かんでんち）をいくつか用いて，**ア～カ**の回路をつくりました。豆電球，乾電池はそれぞれすべて同じものです。また，１つの回路に豆電球が複数ある場合，それぞれの回路ごとに，豆電球の明るさは同じものとします。

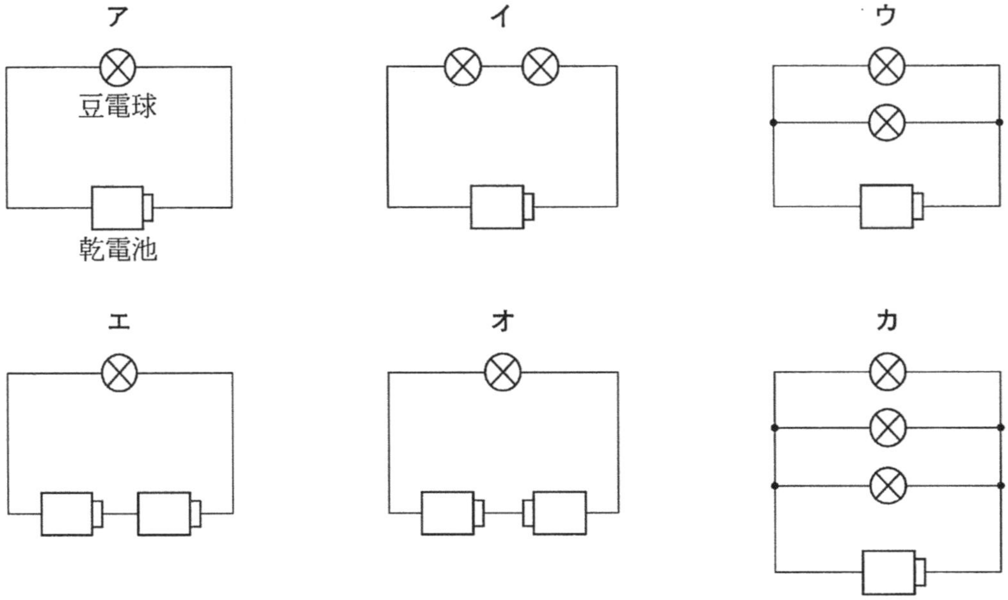

図1

問１　豆電球が光らない回路はどれですか。適するものを，**図1**の**ア～カ**のうちから１つ選び，記号で答えなさい。

問２　豆電球の光り方がもっとも暗い回路はどれですか。適するものを，**図1**の**ア～カ**のうちから１つ選び，記号で答えなさい。ただし，問１で選んだ回路は考えないものとします。

問３　豆電球の光り方がもっとも明るい回路はどれですか。適するものを，**図1**の**ア～カ**のうちから１つ選び，記号で答えなさい。

問４　**図1**の**ア**の回路の豆電球に流れる電流の大きさと同じ大きさの電流が流れる豆電球を含（ふく）む回路はどれですか。適するものを，**図1**の**イ～カ**のうちから**すべて**選び，記号で答えなさい。

次に，**図1**と同じ乾電池と同じ豆電球3つを用いて，**図2**のような回路をつくりました。3つの豆電球は，**図2**のようにX，Y，Zとします。

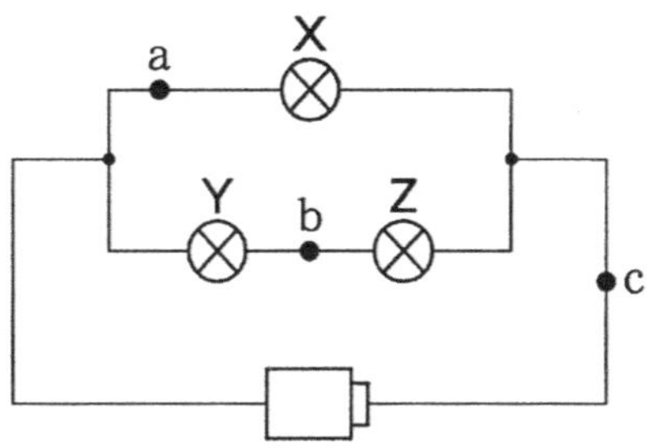

図2

問5　次の文章中の空欄（くうらん）（　①　），（　②　）にあてはまる数値をそれぞれ答えなさい。また，空欄（　③　）にあてはまる記号として適するものを，**図2**のX，Y，Zのうちから1つ選び，記号で答えなさい。

図2の点aに流れる電流の大きさを1とすると，**図2**の点bに流れる電流の大きさは（　①　）と表され，点cに流れる電流の大きさは（　②　）と表されます。また，豆電球の光り方がもっとも明るい豆電球は（　③　）になります。

6　次の文章を読み，下の各問いに答えなさい。

図1のように，弦(げん)の一端(いったん)を壁(かべ)にとりつけ，かっ車を通して弦の他端(たたん)にある重さのおもりを1個つり下げました。この弦を自由に動かすことのできる2つの留め具で固定し，2つの留め具の間の弦の中央をはじいて，弦が1秒間に振動(しんどう)する回数を調べました。**表1**は，2つの留め具を移動させることで，2つの留め具の間の弦の長さを変え，その弦の長さと弦が1秒間に振動する回数の関係をまとめたものです。

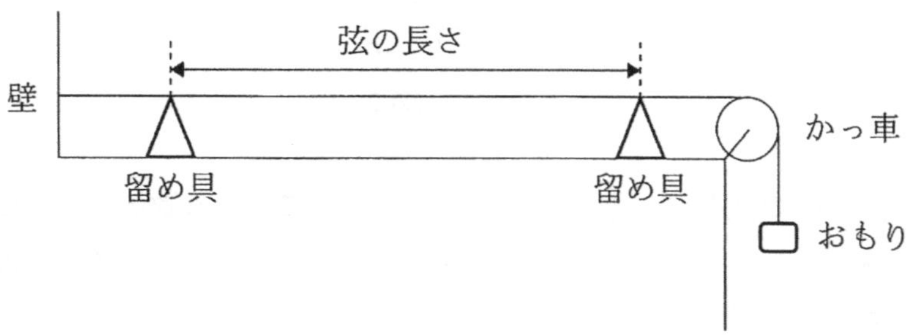

図1

表1

弦の長さ〔cm〕	60	50	40	30	20
1秒間に振動する回数〔回〕	10	12	（　①　）	20	30

問1　**表1**の空欄(くうらん)（　①　）にあてはまる数値を答えなさい。

問2　2つの留め具の間の弦の長さを10cmにしたとき，弦が1秒間に振動する回数は何回ですか。

次に，**図2**のように，**図1**で使ったおもりと同じ重さのおもりを用意して，弦につり下げるおもりの個数を変え，２つの留め具の間の弦の中央をはじいて，弦が１秒間に振動する回数を調べました。**表2**は，２つの留め具の間の弦の長さを60cmに固定したときの，おもりの個数と弦が１秒間に振動する回数の関係をまとめたものです。

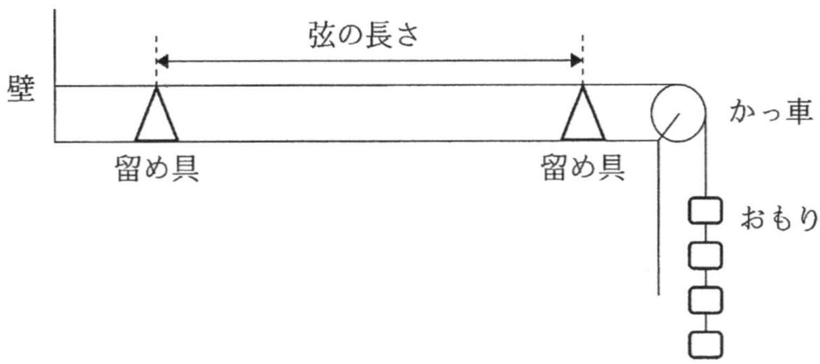

図2

表2

おもりの個数〔個〕	1	4	9	16	25
１秒間に振動する回数〔回〕	10	20	30	（ ② ）	50

問３　**表2**の空欄（ ② ）にあてはまる数値を答えなさい。

問４　弦が１秒間に振動する回数が60回になるとき，つり下げたおもりの個数は何個ですか。

問５　２つの留め具の間の弦の長さを20cmにし，つり下げたおもりの個数を４個にしたとき，弦が１秒間に振動する回数は何回ですか。

問６　２つの留め具の間の弦の長さを変え，つり下げたおもりの個数を９個にし，弦が１秒間に振動する回数が180回になるとき，２つの留め具の間の弦の長さは何cmですか。

問７　２つの留め具の間の弦の長さを15cmにし，弦が１秒間に振動する回数が240回になるとき，つり下げたおもりの個数は何個ですか。

〔以上〕

令和６年度

清風中学校入学試験問題

前期試験

社　　会（40分）

試験開始の合図があるまで，この「問題」冊子を開かず，下記の注意事項を読んでください。

【注　意　事　項】

1．試験開始の合図で，解答用紙の所定の欄に「受験番号」，「名前」をはっきりと記入してください。

2．この「問題」冊子は，13ページあります。解答用紙は１枚です。ページが脱落している場合は手をあげて試験監督の先生に知らせてください。

3．解答は，解答用紙の指定されたところに記入してください。

4．試験終了の合図で，「問題」冊子の上に解答用紙を重ねてください。

5．「問題」冊子および解答用紙は持ち帰ってはいけません。

1 日本の産業に関する次のA～Dの文章を読んで，あとの各問いに答えなさい。

A 米の栽培（さいばい）は，北陸から東北地方の①日本海側でさかんです。その理由の一つとして，（　　　）があげられます。

B ②愛媛県では，③漁業の一つである養殖（ようしょく）がさかんです。マダイの養殖では，この県で栽培がさかんな④みかんの皮がエサとして利用され，味を良くする工夫がされています。

C 1950年代以降，日本の工業は⑤太平洋ベルトと呼ばれる地域で発達しました。その理由は，原材料や製品の輸出入に便利な地域であったためです。

D 森林は，木材を生産する場であるだけでなく，人々にやすらぎを与（あた）えたり，自然災害を防ぐなどの役割をはたしています。⑥林業は，このような森林を守るためにも重要な産業といえます。

問1 文章中の空欄（くうらん）（　　　）にあてはまる文として最も適当なものを，次の**ア～エ**から一つ選び，記号で答えなさい。

ア 冬にたくさん降った雪がとけてできた水を，米づくりに利用できること
イ 水はけがよく，日あたりのよいなだらかな斜面（しゃめん）が広がっていること
ウ 冬でも気温があまり下がらず，1年に2回以上米を栽培できること
エ 1年間の降水量が少なく乾燥（かんそう）しており，稲（いね）が病気になりにくいこと

問2 下線部①に関連して，日本海に面している平野を，次の**ア～エ**から一つ選び，記号で答えなさい。

ア 関東平野　　**イ** 越後平野　　**ウ** 濃尾平野　　**エ** 筑紫平野

問3 下線部②の県について述べた文として適当なものを，次の**ア～エ**から一つ選び，記号で答えなさい。

ア 「日本最後の清流」と呼ばれる四万十川が，太平洋に流れこんでいます。
イ 毎年8月におこなわれる阿波おどりを見るため，多くの観光客が訪れます。
ウ 瀬戸大橋によって岡山県と結ばれており，多くの人や物が行き来しています。
エ 道後温泉本館は，改築などをおこない地域の人々によって守られています。

問4 下線部③に関連して，近くの海で寒流と暖流がぶつかっているところでは漁業がさかんになります。この寒流と暖流がぶつかっているところを何といいますか。**漢字2字**で答えなさい。

問5　下線部④に関連して，みかんの生産量上位3県（ただし愛媛県は除く，2021年）の組み合わせとして正しいものを，次の**ア～エ**から一つ選び，記号で答えなさい。

ア　山梨県・長野県・山形県　　　**イ**　山梨県・福島県・長野県
ウ　和歌山県・静岡県・熊本県　　**エ**　青森県・長野県・岩手県

問6　下線部⑤に関連して，次の略地図**ア～エ**の ■ で示した県のうち，化学工業製品の出荷額上位5県（2019年）を表したものとして適当なものを，**ア～エ**から一つ選び，記号で答えなさい。

ア

イ

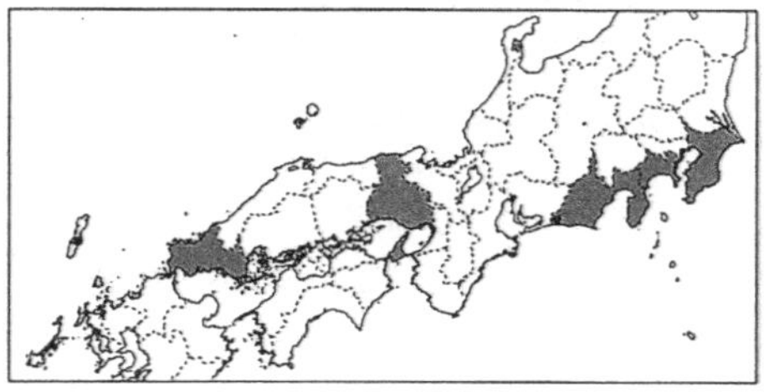

ウ

エ

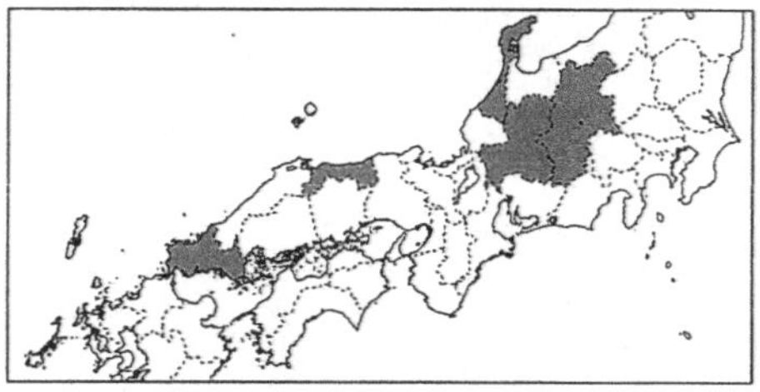

問7　下線部⑥に関連して，日本の森林や現在の日本の林業について述べた文として**適当でないもの**を，次の**ア～エ**から一つ選び，記号で答えなさい。

ア　山地が多く，降水量も多いため，森林が国土面積の約3分の2を占（し）めています。
イ　戦後の経済発展にともない多くの森林が伐採（ばっさい）され，1950年代と比べて2000年代には森林面積が大きく減少しました。
ウ　外国からの輸入木材は値段が安いため，現在では国産材よりも輸入木材の方が多く使用されています。
エ　1980年と比べると林業に従事する人の数は大きく減少しましたが，高齢（こうれい）者の割合は高くなっています。

2　サウジアラビア，アメリカ合衆国，中華人民共和国，大韓民国に関する次の各問いに答えなさい。

問１　次の**ア～エ**は，４つの国のいずれかに関係の深いものを表しています。サウジアラビアにあてはまるものを，**ア～エ**から一つ選び，記号で答えなさい。

ア

カーバ神殿

イ

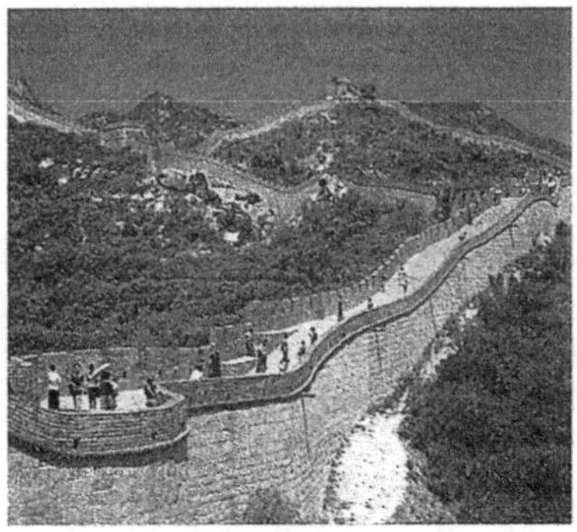

万里の長城

ウ

民族衣装を着た人々

エ

自由の女神像

問２　次の**ア～エ**は，４つの国の国旗について述べた文です。アメリカ合衆国の国旗について述べた文として適当なものを，**ア～エ**から一つ選び，記号で答えなさい。

ア　白地に陰(いん)と陽を表した２色の円と，天・地・火・水を表す印が描(えが)かれています。
イ　イスラム教の聖典コーランの一節と，正義を意味する剣(けん)が描かれています。
ウ　赤と白の横線は独立したときの州の数，星は現在の州の数を表しています。
エ　大きな星は共産党，小さな星は労働者や農民などの国民を表しています。

問3　4つの国に関する次の表から読み取れることについて述べたあとの文X・Yの正誤の組み合わせとして正しいものを，下のア～エから一つ選び，記号で答えなさい。

国名	面積	人口
サウジアラビア	221万km^2	3595万人
アメリカ合衆国	983万km^2	3億3700万人
中華人民共和国	960万km^2	14億2589万人
大韓民国	10万km^2	5183万人

統計年次は2021年度。
『データブック　オブ・ザ・ワールド2023』により作成。

X　4つの国のうち，ユーラシア大陸に位置する国々の面積をすべて合わせると，1000万km^2をこえます。
Y　4つの国のうち，人口密度が最も高いのは中華人民共和国です。

ア　X　正　Y　正　　　イ　X　正　Y　誤
ウ　X　誤　Y　正　　　エ　X　誤　Y　誤

3　次のⅠ～Ⅳの文章や資料を読んで，あとの各問いに答えなさい。

Ⅰ　約1万年前に気候が温暖化し，海面が上昇（じょうしょう）して日本列島が形成され，縄文時代がはじまりました。縄文時代の末期には，朝鮮半島から九州北部に稲作（いなさく）が伝わり，その後東北地方まで広がって，農業を基盤（きばん）とした社会へと変化していきました。3世紀後半から7世紀の①古墳がつくられた時代には，大王を中心として関東から九州にわたる地方豪族を従えた政治体制が形成されていきました。その後，日本から中国や朝鮮へ使者が送られ，②新しい国づくりのための制度や学問が取り入れられました。こうして奈良の地に中央集権国家体制を象徴（しょうちょう）する都が建設されました。

問1　下線部①について述べた文として正しいものを，次の**ア**～**エ**から一つ選び，記号で答えなさい。

ア　朝鮮半島から多くの渡来人が移り住みました。
イ　農民は稲（いね）の収穫（しゅうかく）高の3％を租として納めました。
ウ　前方後円墳は関東でつくられはじめ，各地に広がりました。
エ　大王は防人を集めて，都の防衛に力を入れました。

問2　下線部②について述べた次の文**X**・**Y**の正誤の組み合わせとして正しいものを，あとの**ア**～**エ**から一つ選び，記号で答えなさい。

X　中大兄皇子らは蘇我氏をたおし，天皇中心の政治の実現をめざしました。
Y　行基は，奈良に僧（そう）が学ぶための寺院として唐招提寺を開きました。

ア　X　正　Y　正　　**イ**　X　正　Y　誤
ウ　X　誤　Y　正　　**エ**　X　誤　Y　誤

Ⅱ　8世紀末には都が京都に移されて，③貴族が政治をおこなうようになっていきました。12世紀になると，平氏や源氏といった力のある武士が，中央の貴族の政治にかかわるようになりました。平氏が政治上大きな役割をはたすようになると，反感をもつ貴族や武士が現れました。平氏を滅（ほろ）ぼしたあと，朝廷から征夷大将軍に任命された源頼朝は，④鎌倉を拠点（きょてん）に全国の政治をおこないました。

問3　下線部③に関連して，平安時代の宮廷（きゅうてい）でおこなわれていた年中行事について述べた文として**誤っているもの**を，次の**ア〜エ**から一つ選び，記号で答えなさい。

ア　1月の行事として，七草粥（ななくさがゆ）を食べていました。
イ　2月の行事として，恵方（えほう）を向いて，巻き寿司（ずし）を食べていました。
ウ　3月の行事として，曲水（きょくすい）の宴（えん）を開いていました。
エ　5月の行事として，菖蒲（しょうぶ）をかざり，柏（かしわ）もちを食べていました。

問4　下線部④に関連して，次の図は鎌倉幕府のしくみを表したものです。京都の警備や朝廷の監視（かんし）をおこなっていた役所を，図中の**ア〜エ**から一つ選び，記号で答えなさい。

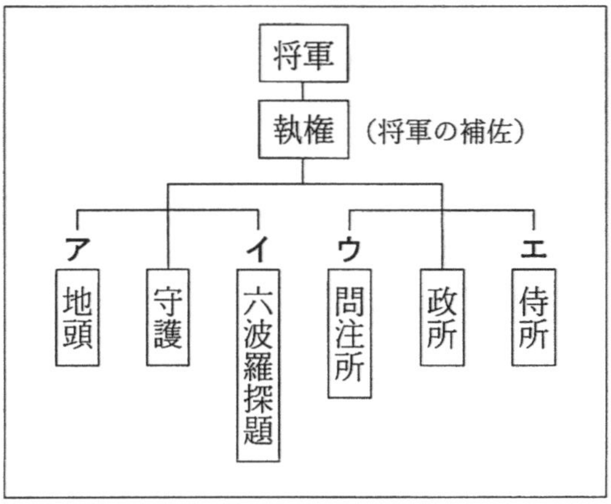

Ⅲ　次の資料は，天下統一にかかわった武将を調べたものです。

武将名	出生地	おもな戦いなど	おもな政策
織田信長	尾張	室町幕府を滅ぼす	楽市・楽座をおこなう…………**ア** 仏教勢力をおさえこむ…………**イ**
豊臣秀吉	尾張	⑤朝鮮へ出兵する	検地をおこなう……………………**ウ** 刀狩をおこなう……………………**エ**
徳川家康	三河	関ヶ原の戦いに勝利する ⑥江戸幕府を開く	朱印船貿易をおこなう…………**オ** キリスト教を禁止する…………**カ**

問5　次の文章は，上記の資料のうちいずれかの武将の政策を説明したものです。文章中の下線部の背景として考えられるものを，資料中の**ア**～**カ**から一つ選び，記号で答えなさい。

近江国（滋賀県）に日本初の本格的な天守を備えた城を築き，家臣たちをふもとの城下町に居住させました。この城下町には琵琶湖から水路が引かれ，多くの人々を呼びこむことで商工業が発展しました。

問6　下線部⑤について述べた次の文**X**・**Y**の正誤の組み合わせとして正しいものを，あとの**ア**～**エ**から一つ選び，記号で答えなさい。

X　朝鮮半島に名護屋城を築き，戦いの拠点（きょてん）にしました。
Y　日本は，２度にわたって朝鮮に大軍を送りこみました。

ア　X　正　　Y　正　　　　**イ**　X　正　　Y　誤
ウ　X　誤　　Y　正　　　　**エ**　X　誤　　Y　誤

令和六年度　国語前期試験　解答用紙

【一】

小計

問一 a b c

問二

問三

問四

問五

問六

問七 さん・さん

問一．３点×３
問二．３点
問三．４点
問四．４点
問五．４点
問六．４点
問七．４点×２

【二】

小計

問一 a b c った d

問二 1 2 3

問三 Ⅰ Ⅱ Ⅲ

問四

問五

問六 〜

問七 Ⅰ Ⅱ Ⅲ Ⅳ

問八

問一．３点×４
問二．２点×３
問三．２点×３
問四．４点
問五．４点
問六．４点
問七．２点×４
問八．10点

3

⑴７点　⑵５点　⑶４点　⑷４点

(1)	(2)	(3)	(4)
cm	cm^2	AI : IJ :	cm^2

2 3 小計

4

⑴６点×２　⑵４点　⑶４点　⑷４点

(1)		(2)	(3)	(4)
体積 cm^3	表面積 cm^2	cm^3	cm^3	cm^3

5

⑴６点×２　⑵４点×２

(1)		(2)	
①ア	②イ	①ウ	②エ

4 5 小計

問5	
③	④

2点×6（問1，問2は完答）

4

問1		問2	問3	問4	問5
(1)	(2)				

問1．2点×2
問2～5．3点×4

3・4の小計

5

問1	問2	問3	問4

問5		
①	②	③

2点×7（問4は完答）

6

問1	問2	問3	問4
	回		個

問5	問6	問7
回	cm	個

2点×7

5・6の小計

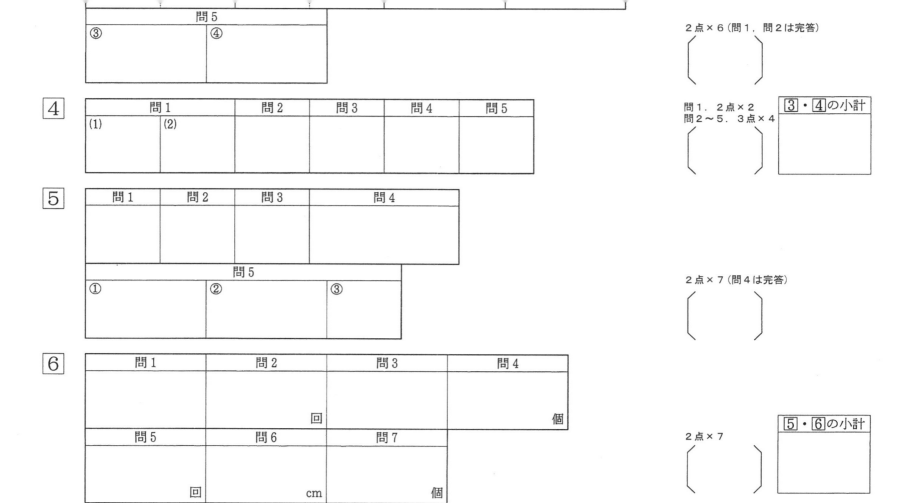

問７	問８	問９	問10

3の小計

2点×10

4

問１	問２							問３	問４	問５

問６	問７	問８	問９	問10

4の小計

受験番号				
名　　前				

令和 6 年度　社会　前期試験　解答用紙

合計	

※80点満点

３点×７

1

問 1	問 2	問 3	問 4	問 5	問 6	問 7

３点×３

2

問 1	問 2	問 3

1・2の小計

３点×10

3

問 1	問 2	問 3	問 4	問 5	問 6

【解答

受験番号				
名　　前				

令和 6 年度　理科　前期試験　解答用紙

合計	

※80点満点

1

問 1		問 2	
		(1)	(2) g

問 3		問 4
(1)	(2) g	g

2 点 × 6（問 1 は完答）

2

問 1	問 2		問 3		
	(1)	(2)	(1)	(2) mL	(3) mL

2 点 × 6

1・2の小計

3

問 1	問 2	問 3	問 4

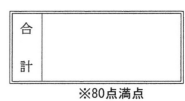

【解答

受験番号				
名　　前				

令和６年度　算数　前期試験　解答用紙

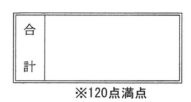

合計	

※120点満点

⑴７点　⑵３点×２　⑶７点　⑷７点　⑸７点

1

(1)	(2)		(3)	(4)	(5)
	大人 円	子ども 円		度	cm^2

1
小　計

⑴６点　⑵６点　⑶４点　⑷３点×２

2

(1)	(2)	(3)	(4)	
			ア	イ

【解答

合計

※120点満点

小計

【三】

①

②

③

④

⑤

⑥

⑦

⑧

⑨

⑩

3点×10

受験番号

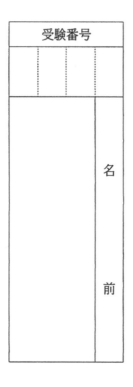

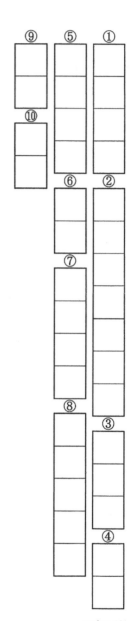

名前

問７　下線部⑥に関連して，次の図は江戸幕府によるおもな大名の配置を表した図（1664年）と，幕府領と大名領の割合を表した図です。これらの図から読み取れることを述べたあとの文ａ～ｄのうち正しいものの組み合わせを，下のア～エから一つ選び，記号で答えなさい。

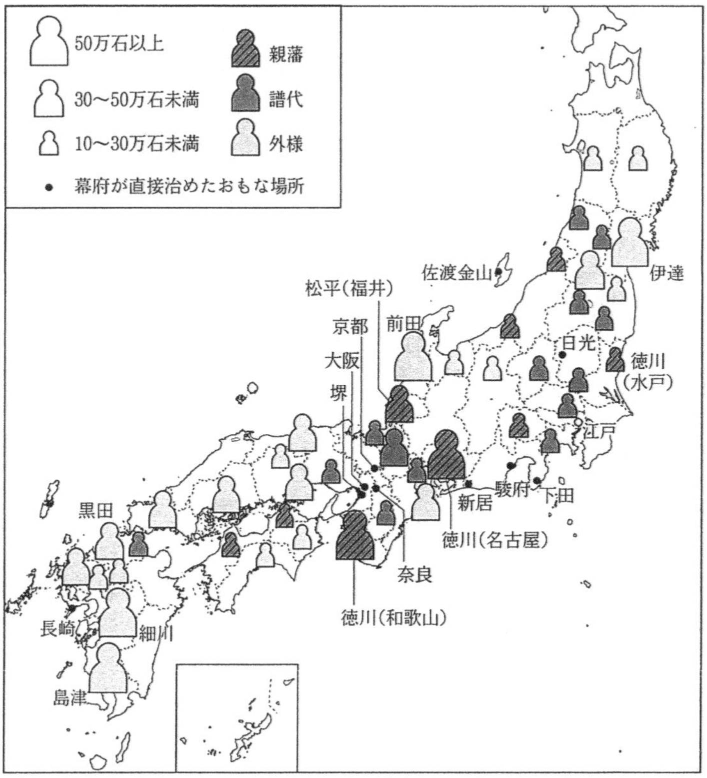

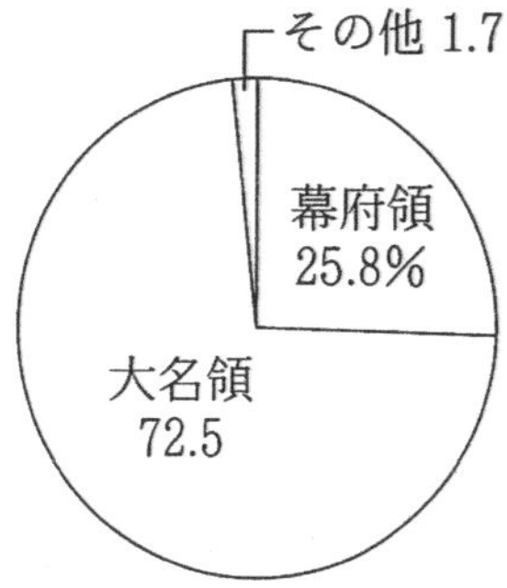

幕府領と大名領の割合

ａ　幕府は京都や堺など重要な都市を直接支配しました。
ｂ　幕府領は，大名領に比べて多くの割合を占（し）めています。
ｃ　譜代大名は，江戸や京都などの重要な場所の近くに配置されました。
ｄ　江戸幕府から，50万石以上の石高を与（あた）えられた外様大名はいませんでした。

ア　ａ・ｃ　　イ　ａ・ｄ　　ウ　ｂ・ｃ　　エ　ｂ・ｄ

Ⅳ　明治時代になると，富国強兵をスローガンに日本は欧米(おうべい)の優れた制度や⑦科学技術を取り入れ，国際社会における地位の向上をめざしました。それを実現するために外交や戦争などの方法を使って⑧対外進出をすすめていきました。1900年代に入るとロシアとの対立が深刻なものとなり，日本はロシアと戦いました。大陸への進出をめぐり争ったロシアでしたが，戦争後はかえって友好的になり，それまで友好国であったアメリカとの関係が悪化していきました。以後，アメリカとの関係は改善されることなく，1941年にはじまる⑨太平洋戦争まで悪化の一途(いっと)をたどっていくことになります。

問8　下線部⑦について，欧米の科学技術について述べた次の文**a**～**c**を，古いものから順に並べたときの順序として正しいものを，あとの**ア**～**カ**から一つ選び，記号で答えなさい。

a　ライト兄弟が動力飛行に成功しました。
b　第一次世界大戦で近代的な兵器が使用されました。
c　ペリーが黒船に乗って浦賀に来航しました。

ア　a→b→c　　**イ**　a→c→b　　**ウ**　b→a→c
エ　b→c→a　　**オ**　c→a→b　　**カ**　c→b→a

問9　下線部⑧に関連して，日本の領土の拡大について述べた文として正しいものを，次の**ア**～**エ**から一つ選び，記号で答えなさい。

ア　日清戦争の講和条約で台湾を獲得(かくとく)しました。
イ　日露戦争の講和条約で朝鮮半島を獲得しました。
ウ　日中戦争の講和条約で満州を獲得しました。
エ　第二次世界大戦の講和条約で樺太を獲得しました。

問10　下線部⑨に関連して，太平洋戦争終了(しゅうりょう)後，例年東京で全国戦没(せんぼつ)者追悼(ついとう)式典がおこなわれています。この式典がおこなわれる日として正しいものを，次の**ア**～**エ**から一つ選び，記号で答えなさい。

ア　3月10日　　**イ**　6月23日
ウ　8月6日　　**エ**　8月15日

4 次のⅠ・Ⅱの文章を読んで，あとの各問いに答えなさい。

Ⅰ　2022年に①こども家庭庁を設置する関連法案が成立し，内閣府の外局として2023年4月1日にこども家庭庁が発足しました。この機関は，②子どもの権利保障や福祉向上を実現するため，内閣府や（　A　）が担っていた事務の一元化を図ることを目的としています。

こども家庭庁が設置された背景には，深刻な③少子化や以前から続く貧困問題に加え，児童虐待(ぎゃくたい)やいじめ問題，子ども自身の低い幸福度や親の子育て負担の増加といった問題があります。また，（　B　）と呼ばれる，家族に介護(かいご)が必要な人がいるため家事や家族の世話を日常的におこなっている子どもへの支援(しえん)が求められています。

これらを解決するため，「結婚(けっこん)・出産・子育てに希望を持てる④社会の実現」や「家庭や学校などで子どもが安心して過ごせる環境(かんきょう)の整備」，「困難な状況(じょうきょう)にある子どもや家庭に継続(けいぞく)的な支援を提供し，健(すこ)やかな成長を保障」することが政府の方針であり，こども家庭庁に期待される役割です。

問1　文章中の空欄(くうらん)（　A　）にあてはまる語句として正しいものを，次の**ア～エ**から一つ選び，記号で答えなさい。

ア　厚生労働省　　**イ**　防衛省
ウ　国土交通省　　**エ**　外務省

問2　文章中の空欄（　B　）にあてはまる語句を，**カタカナ7字**で答えなさい。

問3　下線部①に関連して，法案が成立するまでの流れについて述べた次の文**X**・**Y**の正誤の組み合わせとして正しいものを，あとの**ア～エ**から一つ選び，記号で答えなさい。

X　先に衆議院で可決された法案は，次に参議院へ送られます。
Y　両院とも本会議で賛成・反対の意見を出し合い，委員会で多数決がとられます。

ア　X　正　Y　正　　**イ**　X　正　Y　誤
ウ　X　誤　Y　正　　**エ**　X　誤　Y　誤

問４　下線部②に関連して，国際連合が採択した子どもの権利条約の四つの柱について述べた文として**誤っているもの**を，次の**ア～エ**から一つ選び，記号で答えなさい。

ア　生きる権利　－　防ぐことのできる病気などで命をうばわれないこと。病気やけがをしたら治療を受けられること。
イ　育つ権利　－　教育を受けられること。考えや信じることの自由が守られ，自分らしく育つことができること。
ウ　守られる権利　－　虐待や搾取などから守られること。障がいのある子どもや少数民族の子どもなどは特別に守られること。
エ　参加する権利　－　仕事について働き，税金を納めること。政治に参加し，主権者としてその意思を政治に反映させること。

問５　下線部③に関連して，少子化が社会におよぼす影響について述べた次の文中の空欄（　C　）・（　D　）にあてはまる語句の組み合わせとして正しいものを，あとの**ア～エ**から一つ選び，記号で答えなさい。

少子化によって将来の労働力人口は（　C　）し，労働力人口一人あたりの社会保障負担は（　D　）していきます。

ア　（C）増加　　（D）増加
イ　（C）増加　　（D）減少
ウ　（C）減少　　（D）増加
エ　（C）減少　　（D）減少

問６　下線部④に関連して，次の図は2020年の日本の年齢別人口を表したものです。これについて述べた文として正しいものを，あとの**ア～エ**から一つ選び，記号で答えなさい。

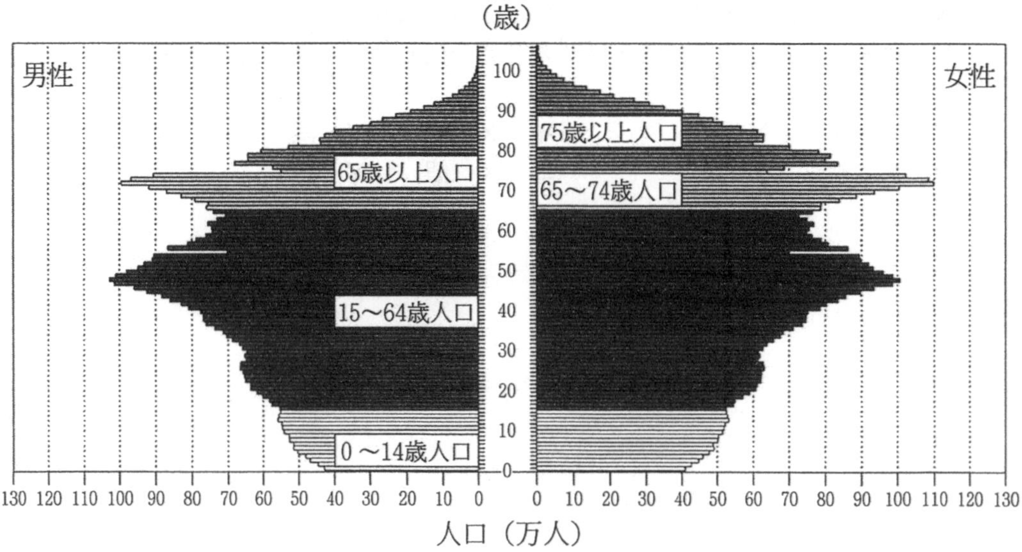

国立社会保障・人口問題研究所資料により作成。

ア　75歳以上人口は，男性よりも女性の方が多くなっています。
イ　年代別では30歳代の人口が一番多くなっています。
ウ　65～74歳人口は，男女ともにどの年齢も100万人をこえています。
エ　総人口に占める65歳以上人口の割合は50%をこえています。

Ⅱ　国の政治の方向を決めるのは，国会の重要な仕事です。国会での審議は，⑤選挙で選ばれた⑥国会議員によって進められます。国会では，法律や⑦国の予算，外国と結んだ条約の承認などを話し合って決めます。例えば，わたしたちの生活に身近な⑧国民の祝日は，「国民の祝日に関する法律」で定められています。

問7　下線部⑤について述べた次の文X・Yの正誤の組み合わせとして正しいものを，あとのア～エから一つ選び，記号で答えなさい。

X　衆議院議員選挙および参議院議員選挙の投票は，日本国憲法が定める国民の義務です。
Y　2021年の衆議院議員選挙では，20歳代の投票率が60歳代の投票率を上回りました。

ア　X　正　Y　正　　イ　X　正　Y　誤
ウ　X　誤　Y　正　　エ　X　誤　Y　誤

問8　下線部⑥に関連して，衆議院と参議院それぞれの議員定数の組み合わせとして正しいものを，次のア～エから一つ選び，記号で答えなさい。

ア　衆議院　124名　　参議院　465名
イ　衆議院　248名　　参議院　465名
ウ　衆議院　465名　　参議院　124名
エ　衆議院　465名　　参議院　248名

問９　下線部⑦に関連して，次の図は2022年度の国の予算を表しています。これについて述べた文として正しいものを，あとの**ア**～**エ**から一つ選び，記号で答えなさい。

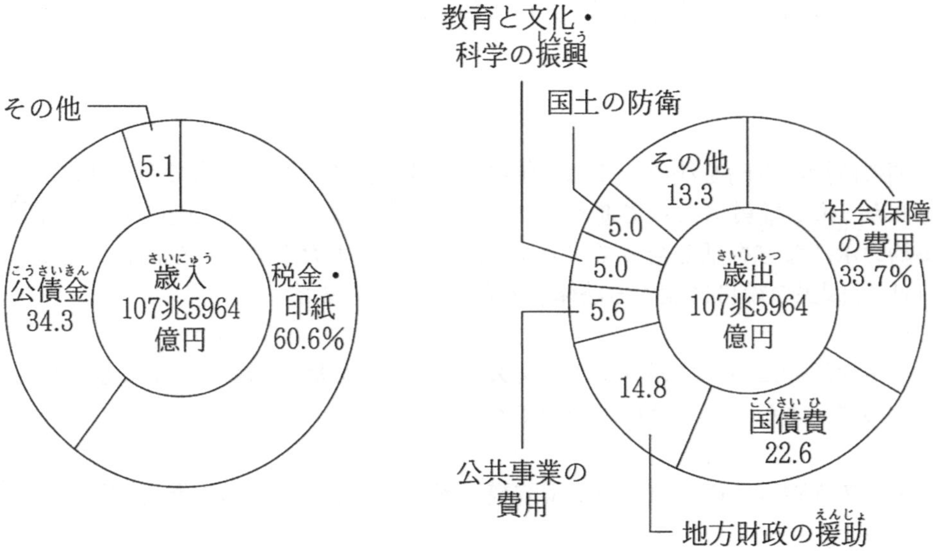

財務省資料により作成。

ア　国土の防衛のための予算は歳出の２割を占めています。
イ　地方財政の援助に使われる予算は，歳出の中で最も多くの割合を占めています。
ウ　国の予算は歳入が100兆円をこえています。
エ　公債金は，歳入のうち40兆円をこえています。

問10　下線部⑧に関連して，国民の祝日の日付と名称の組み合わせとして正しいものを，次の**ア**～**エ**から一つ選び，記号で答えなさい。

ア　２月23日－建国記念の日　　**イ**　５月３日－こどもの日
ウ　８月11日－海の日　　**エ**　11月３日－文化の日

〔以上〕

令和６年度

清 風 中 学 校 入 学 試 験 問 題

前期プレミアム・理Ⅲ選抜試験

算　　数（50分）

試験開始の合図があるまで，この「問題」冊子（さっし）を開かず，下記の注意事項を読んでください。

【注　意　事　項】

1．試験開始の合図で，解答用紙の所定の欄（らん）に「受験番号」，「名前」をはっきりと記入してください。

2．この「問題」冊子は，５ページあります。解答用紙は１枚です。ページが脱落（だつらく）している場合は手をあげて試験監督（かんとく）の先生に知らせてください。

3．解答は，解答用紙の指定されたところに記入してください。

4．各ページの余白は下書きに使用してもかまいません。

5．試験終了の合図で，「問題」冊子の上に解答用紙を重ねてください。

6．「問題」冊子および解答用紙は持ち帰ってはいけません。

1　次の問いに答えなさい。

（1）$21\div281\times37\times\left(\frac{53}{21}-\frac{80}{37}\right)$を計算しなさい。

（2）ある品物を1個100円で何個か仕入れました。しかし，そのうち50個は不良品であったため売ることができず，残りの品物を1個150円で売ると，利益は67500円でした。仕入れた品物の個数は何個ですか。

（3）13を2024個かけ合わせてできる数の一の位の数字は何ですか。

（4）右の図において，**ア**の角の大きさを求めなさい。ただし，同じ印のついた角の大きさはそれぞれ等しいものとします。

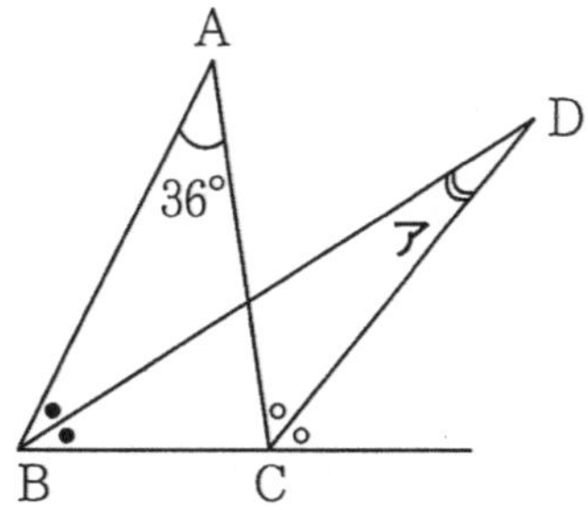

（5）右の図のように，半径が4 cmの4つの円があります。斜線(しゃせん)部分の面積を求めなさい。ただし，円周率は3.14とします。

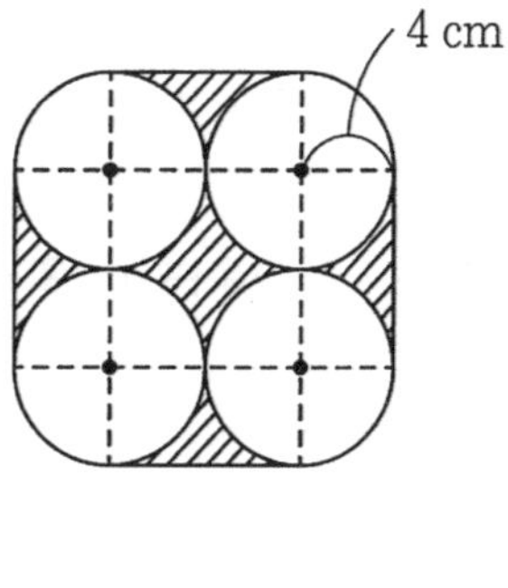

2　S中学校の1年生全員が遠足に行くことになり，一列に並んで分速60 mで歩いています。先頭の生徒の横にはリーダーの先生が付き，最後尾の生徒の横にはサブリーダーの先生が付いています。先頭の生徒とリーダーの先生がP地点を通過すると同時に，リーダーの先生はサブリーダーの先生にメモを渡すために，列の後方へ走り出し，2分20秒後に最後尾に着きました。リーダーの先生はメモを渡すとすぐに，列の後方に向かった時と同じ速さで先頭の生徒を追いかけ，最後尾からちょうど5分で先頭の生徒に追いつきました。このとき，次の問いに答えなさい。ただし，列は止まることなく同じ速さで進み続けるものとし，またメモの受け渡しにかかる時間は考えないものとします。

（1）　リーダーの先生が，サブリーダーの先生にメモを渡してから再びP地点を通過するとき，先頭の生徒はP地点から何m進んだところにいますか。

（2）　リーダーの先生が走る速さは分速何mですか。

（3）　この列の長さは何mですか。

（4）　最後尾にいるサブリーダーの先生は，リーダーの先生が先頭の生徒に追いついてから何分何秒後にP地点を通過しますか。

3　〈図１〉のように，点Ａを中心とする半径12 cm の円**ア**と，その円周上の点Ｂを中心とする半径12 cm の円**イ**があり，２つの円は２点Ｃ，Ｄで交わっています。このとき，次の問いに答えなさい。ただし，円周率は3.14，１辺の長さが12 cm の正三角形の面積を62.28 cm²とします。

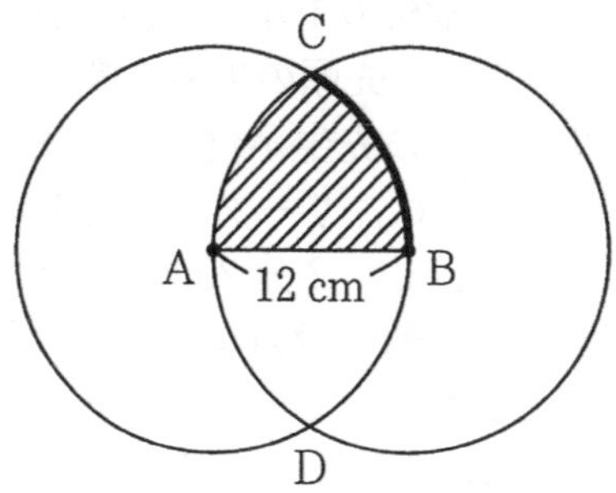

〈図１〉

（１）〈図１〉の太線部分の長さを求めなさい。

（２）〈図１〉の斜線（しゃせん）部分の面積を求めなさい。

〈図２〉は，〈図１〉において，直線ABが直線CDと交わる点をＥとし，中心が点ＥでAEを半径とする円**ウ**をかき，さらに，円**ウ**がCEと交わる点をＦとし，中心が点ＦでAFを半径とする円**エ**をかいたものです。円**エ**が円**ア**と交わる点のうちＢでない方をＧ，また円**エ**が円**イ**と交わる点のうちＡでない方をＨとします。

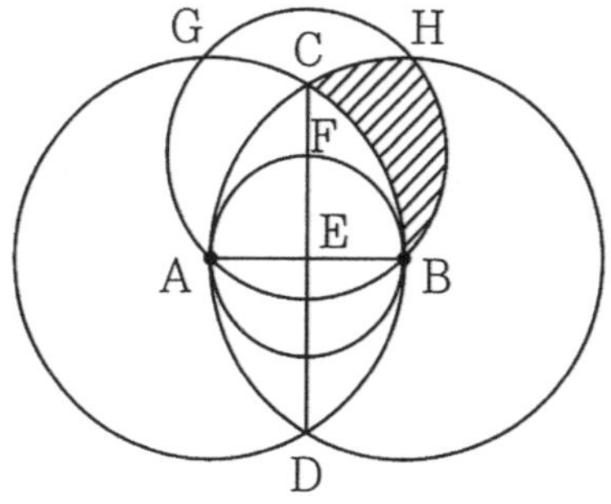

〈図２〉

（３）〈図２〉の四角形ABHGの面積を求めなさい。

（４）〈図２〉の斜線部分の面積を求めなさい。

令和六年度　国語　前期プレミアム・理Ⅲ選抜試験　解答用紙

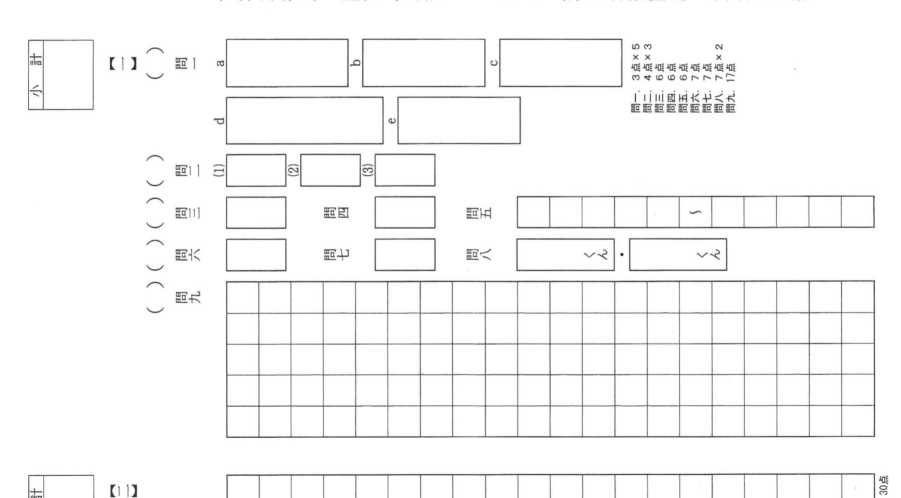

問一．3点×5
問二．4点×3
問三．6点
問四．6点
問五．6点
問六．7点
問七．7点
問八．7点×2
問九．17点

【一】

問一（　）
a
b
c
d
e

問二（　）
(1)
(2)
(3)

問三（　）

問四

問五　〜

問六（　）

問七

問八　くん・くん

問九（　）

小計

【二】

30点

計

(1)５点　(2)６点　(3)５点　(4)６点

3

(1)	(2)	(3)	(4)
cm	cm^2	cm^2	cm^2

2	3
小　計	

(1)５点　(2)５点　(3)６点×２

4

(1)	(2)	(3)	
		①	②
cm^3	cm^3	cm^2	cm^3

(1)５点　(2)６点　(3)６点　(4)６点

5

(1)	(2)	(3)	(4)
	個		

4	5
小　計	

受験番号				
名　　前				

令和６年度　算数　前期プレミアム・理Ⅲ選抜試験
解答用紙

合計	

※120点満点

1

６点×５

（１）	（２）	（３）	（４）	（５）
	個		度	cm^2

1 小　計

2

(1)５点　(2)６点　(3)６点　(4)６点

（１）	（２）	（３）	（４）

【解答

合計	

※120点満点

受験番号
名前

100

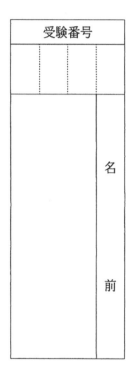

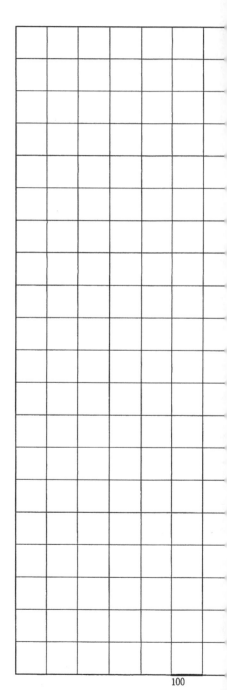

【解答

4　〈図１〉のような，立体**ア**と立体**イ**があります。立体**ア**は，底面が１辺６cmの正方形で，高さが４cmの四角すいです。立体**イ**は，立体**ア**を底面から高さ２cmのところで底面と平行な平面で切断してできる２つの立体のうち，体積が大きい方の立体です。このとき，次の問いに答えなさい。

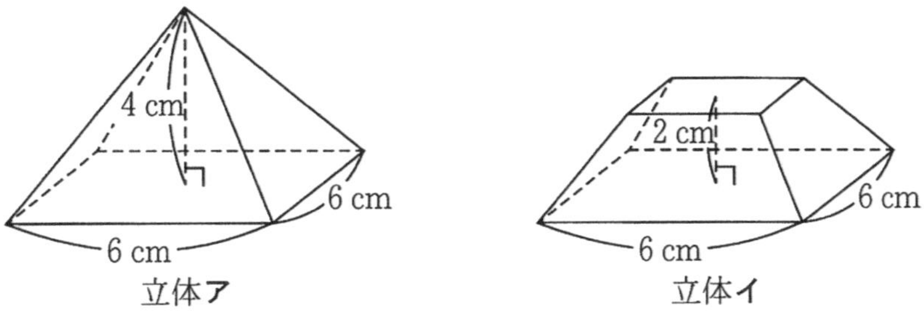

〈図１〉

（１）　立体**ア**の体積を求めなさい。

（２）　立体**イ**の体積を求めなさい。

次に，〈図２〉のように，立体**ア**と立体**イ**を１辺６cmの正方形の底面がぴったり重なるようにくっつけて立体**ウ**を作ります。この立体**ウ**を３点B，C，Iを通る平面で切断するとき，

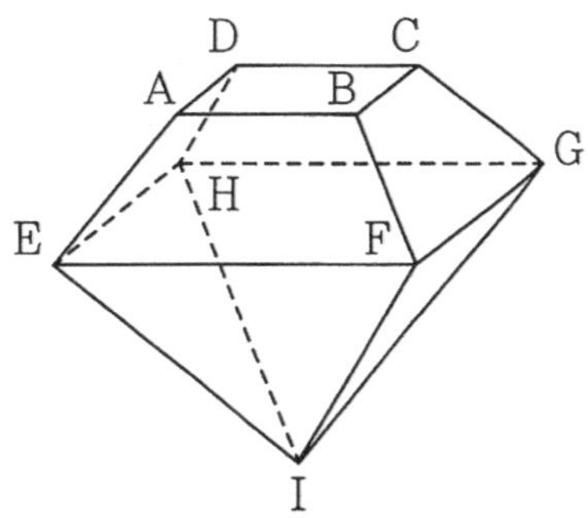

〈図２〉

（３）　①　切断面が辺EF，GHと交わる点をそれぞれP，Qとします。四角形PFGQの面積を求めなさい。

②　切断してできる２つの立体のうち，点Fを含(ふく)む方の立体の体積を求めなさい。

5　右の図のように，円周上に①から⑫までの番号が書かれた電球が並んでいます。最初にいずれか１つの電球が光り，すぐに消えます。その後は次の ルール にしたがいます。

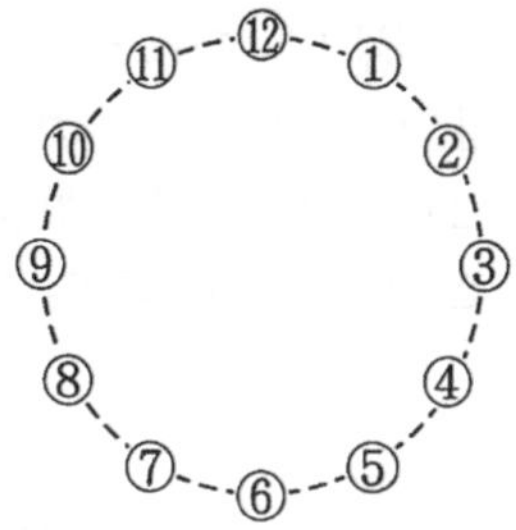

ルール　直前に光った電球から，その電球に書かれた番号の数だけ時計回りに進んだ所にある電球が光り，すぐに消える。

例えば，１回目に光った電球が⑤のとき，２回目に光るのはそこから時計回りに５だけ進んだ⑩の電球であり，３回目に光るのはそこから時計回りに10だけ進んだ⑧の電球で，これ以降も ルール にしたがいます。このとき，次の問いに答えなさい。

（１）　１回目に光った電球が⑩のとき，６回目に光る電球の番号を答えなさい。

（２）　20回目に光った電球が⑫のとき，１回目に光った電球として考えられるものはいくつありますか。

（３）　 ア 回目に④の電球が光り，１回目から ア 回目までに光った電球の番号の数をすべて足すと600になりました。アにあてはまる整数を答えなさい。ただし，同じ番号の電球が２回以上光った場合は，光った回数だけその数を足すものとします。

（４）　１回目に光った電球が⑩のとき，１回目から イ 回目までに光った電球の番号の数をすべてかけ合わせてできた数を16で次々に割っていくと，ちょうど2024回割りきることができました。イにあてはまる整数を答えなさい。ただし，同じ番号の電球が２回以上光った場合は，光った回数だけその数をかけ合わせるものとします。

令和六年度

清風中学校入学試験問題

前期プレミアム・理Ⅲ選抜試験

国　語

（五〇分）

試験開始の合図があるまで、この「問題」冊子を開かず、左記の注意事項を読んでください。

【注意事項】

一、試験開始の合図で、解答用紙の所定の欄に「受験番号」、「名前」をはっきりと記入してください。

二、この「問題」冊子は、16ページあります。解答用紙は一枚です。ページが脱落している場合は手をあげて試験監督の先生に知らせてください。

三、解答は、解答用紙の指定されたところに記入してください。

四、「問い」に「字数制限」がある場合、句読点やカギかっこなどの記号は、一字として数えて、解答してください。

五、試験終了の合図で、「問題」冊子の上に解答用紙を重ねてください。

六、「問題」冊子および解答用紙は持ち帰ってはいけません。

国語問題

（問題番号【一】・【二】）

【一】 次の文章は、真紀涼介著「勿忘草をさがして」の一節です。これを読んで、後の問いに答えなさい。

陸は、小学二年生のとき柴犬の子犬（チコ）を飼うことになった。ある日、陸が下校すると、母が大切に世話していた花壇の一つを、どういうわけか、温和で優しい祖父が踏みつけにしていた。現在、陸は高校二年生になった。祖父は四年前に亡くなり、そのころから、なぜか祖父が踏みつけていたあの花壇だけ花が育たなくなった。陸は、それが、祖父の死と何か関係があるのか、何かの呪いなのか、そして、そもそも、あの優しい祖父がなぜ花壇を踏みつけにしたのか、ずっと心にひっかかって思い悩んでいた。陸はこのことを同級生の航大（コウ）に打ち明けた。航大が知り合いの大学生の拓海に相談したところ、植物にくわしい拓海は、陸の家の庭の写真を見て、その花壇が元気のない原因がわかったと言う。その翌日、拓海と航大は、陸と喫茶店で待ち合わせ、陸にそのことを伝えることにした。

航大と陸が向かいの席に腰を下ろすと、①挨拶もそこそこに、拓海は早速本題を切り出した。
「事情はコウから聞かせてもらった。結論から言わせてもらうと、花壇の花が弱っている原因は、当然呪いなんかじゃない。君のお祖父さんが踏み荒らしていたという花壇だけが被害にあっていることには、ちゃんとした理由がある」
拓海は、陸の中の疑念を断ち切るように断言した。
陸は真剣な表情で拓海の言葉に耳を傾けている。
「花壇の花たちの元気がない原因。それは、外部からの攻撃によるものだ」
拓海の言葉に、陸が驚いて目を見張る。
「外部から？　花壇の花を弱らせている奴がいるんですか？」
「そうだ。犯人は、コウの撮った写真に写っていた」
陸が唖然として目を瞬く。
航大は携帯を取り出し、陸に写真を見せる。二階から花壇の様子を撮影したものだ。
「え、もしかして、この男の子たちですか？」

陸が空き地で虫取りをしていた男の子の頭を指差し、訊ねる。
A「違う。犯人とは言ったが、実際は人間ではないんだ」
それを聞いて、陸の表情が曇る。
「まさか、うちのチコが……」
違う、と拓海はまたも即座に否定する。
「犬でもない」
安堵の息を洩らす陸から視線を外し、拓海は画面の上部を指差した。そこにあるのは花壇ではなく、空き地一杯の黄色い花たちだ。
「犯人は、この黄色い花だ」
拓海がaヘイバンな声で告げ、陸は(1)狐につままれたような顔になる。本気なのか冗談なのか判断がつかず、どう反応すればいいのかと困惑しているようだ。
航大には、陸の気持ちがわかった。②自分も最初は信じられなかった。
拓海は③物静かな教師然とした口調で、淡々と説明する。
「この雑草の名前は、セイタカアワダチソウというんだ。秋になればそこら中で生えているから、日本に暮らしていれば誰しもが、名前は知らずともその姿を目にしたことがあるだろう。要するに、それだけ繁殖力の強い種ということだ。この空き地で繁茂し始めたのは、おそらく花壇の花たちが弱り始めたころより一、二年前というところだろう。元々は海外から持ち込まれた帰化植物で、外来生物法の要注意外来生物に指定されている」
「危険な植物なんですか？」と陸が息を呑む。
「人間に直接害を及ぼすことはない。ただ、植物には有害だ。こいつらは、根から周囲の植物の生長を抑制する化学物質を放出する」
「そんな植物があるんですか」と陸が目を丸くする。

昨日説明を受けた航大も、陸と同じように驚いた。気になったので帰宅してから自分でも調べてみると、拓海に教えてもらった通り、セイタカアワダチソウには他の植物の生長を抑制する物質を放出する特性があった。アレロパシーというらしい。しかも、ある程度繁殖すると、［　X　］のだという。植物の特性は不思議だ。

花壇の周りの雑草を抜く。それは、ガーデニングの基本だ。調べればすぐに出てくるし、拓海も早い段階で花が弱る原因のひとつとして挙げていた。気付けなかったのは、塀を挟んだ向こうのことだったからだ。航大も陸も、原因は花壇のある敷地内に潜んでいると思い込んでしまっていた。

合点がいったというように、陸が口を開く。

「もしかして、花壇の花たちだけ元気がなくて鉢植えの花が無事だったのは、それが理由ですか?」

「そうだな。鉢植えの方は、独立した土地を持っていることと同じだ。対して花壇の方は、塀に接するように枠組みされていた。一見すると区切られているようだが、塀で隔てていようと、地下は繋がっている。塀の向こうの花たちが、花壇の土壌を侵食していたんだろう」

b エタイの知れない軍勢が地下から攻め込んでくる様子を想像して、航大はぞっとした。

表情を変えずに、拓海が続ける。

「君のお母さんは、種から花を育てているんだろ」

「はい、そうです」と陸が頷く。

「俺も詳しく知っているわけではないが、セイタカアワダチソウの放出する化学物質は、主に発芽を阻害するものらしい。花壇に蒔いた種たちはどうにか芽を出せていたようだが、おそらくその時点で、かなりのエネルギーを消耗してしまうのだろう。少なくとも、花たちにとって健全な状態とは程遠いコンディションになっていたはずだ。発芽した段階で既に弱っていたから、育ちはしても、以前よりも花付きが悪くなってしまったというわけだ」

説明を終え、拓海がコーヒーを一口飲む。

陸は視線を下げて、拓海の説明を頭の中で反芻するようにゆっくりと数回頷いた。やがて顔を上げると、拓海に向かって深々と一礼する。
「本当にありがとうございました」
頭を下げたままの陸に、拓海は静かな声で告げる。
B「直播きではなく容器で育ててから植え替えるか、空き地の管理者に連絡して雑草を抜くか。原因がわかれば、対策はどうとでもできるはずだ。君からお母さんに伝えてあげてくれ」
「はい」
「よかったな」と航大は陸の背中を叩く。
「ああ。コウも、本当にありがとう」
心から安堵した様子で、陸が微笑む。
謎は解明された。これで、陸の心の負担は軽くなっただろう。そのことが、航大は嬉しかった。
「ちょっといいか」
拓海が陸の顔をじっと見る。
「はい。何でしょう？」と陸が戸惑いがちに応じる。
「花壇の花が弱っていることを呪いと疑ったのは、元々、君が子供のころに、お祖父さんが花壇を踏み荒らしていた現場を目撃してしまったからという話だったよな」
「その通りです」と陸はバツが悪そうに認める。真相が判明したので、呪いだなんて疑っていたことが恥ずかしくなったのだろう。
拓海は、そんな陸の様子など気にも留めずに続ける。
「コウから話を聞いて、君のお祖父さんが花壇を踏み荒らしていた理由もわかった。知りたいか？」
陸が驚愕し、航大も言葉を失った。④そんな話は、自分も聞かされていない。
沈黙が降りた。時間すらも陸の答えを待っているように、時の流れがゆっくりと感じられた。
陸の唇が割れ、言葉が発せられる。

C「知りたいです」
迷いのない、真っ直ぐな言葉だった。
拓海が頷き、語り始める。
「君のお祖父さんが花壇を踏み荒らしたのは、悪意があってやったわけじゃない。あれは、君とチコのためだ」
「俺と、チコの？」
「そうだ。君がその現場を目撃したときのことは、コウを通じて聞かせてもらった」
昨日、花壇の花が弱る謎を解き明かした拓海は、なぜかその後、チコについての質問を重ねた。いつから飼っているのか。普段の世話は誰がしているのか。そういったことを確認してほしいと頼んできたのだ。
その辺の事情は、アルバムで幼いころのチコの写真を見せてもらったときに聞いていたので、わざわざ陸に連絡せずとも答えることができた。
すると拓海は、「陸の祖父が花壇を踏み荒らしていたときの状況を、できるだけ詳しく聞いてきてほしい」とさらに頼んできた。それが、今日陸に対して確認したことだった。
陸はその質問を不思議がりはしたものの、嫌な顔ひとつせず、憶えている限りの当時の状況を説明してくれた。
「君は小学校から帰宅し、玄関前で庭の方から不審な物音とチコの鳴き声を耳にした。不思議に思ってこっそりと庭を覗いてみると、お祖父さんが花壇を踏み荒らしていた」
確認するように拓海が話し、陸は無言で㊟首肯した。
「つまり、当時庭にいたのはその二人ということになる。正確には、一人と一匹だな。君のお祖父さんとチコだ。妙だとは思わないか？　花壇を荒らすのに、どうして近くに犬を置いたままにする？　そういった激しい行為を目にすれば当然犬はcコウフンし、吠える。犬が吠え続ければ、不審に思った近隣の住人が窓から外を確認しようとしたりして、目撃されるリスクも高まるだろう」
「要するに」と航大が口を挟む。「普通なら、犬を家の中に入れておくなりするってことですね」
「そういうことだ。もうひとつ妙なのは、花壇を踏み荒らしていた時間帯だ。一緒に暮らしているんだから、孫の帰宅時間くらいは知っているはずだろ。それなのに、お祖父さんは孫に現場を見られてしまっている。明らかにおかしい」

確かにそうだ、と航大も不思議に思う。単に花壇を踏み荒らすことが目的なら、家に誰もいない午前中か、陸がチコの散歩に出かけてからでいい。陸の祖父は家にひとりでいる時間が長かったのだから、チャンスはいくらでもあったはずだ。

「このことから、君のお祖父さんは相当焦っていたことがわかる。何か、突発的なトラブルがあったという証拠だ」

トラブルという単語を耳にして、陸は眉をひそめた。一体何があったのか、と不安が表情に出ている。

数秒ほどの間を置いて、拓海が告げる。

⑤「実際に花壇を荒らしてしまったのはチコだ」

拓海があっさりと言い切るので、航大と陸は目を丸くした。

「どうしてわかるんですか？」と航大が訊ねる。

「客観的に状況を鑑みて、(注)蓋然性の高い話をしているだけだ。⑥飼い犬が庭の花壇を荒らしてしまうなんて、ありふれた話だろ。土を掘ったり物を噛んだりするのは、犬の本能だからな。孫が帰宅するまでチコを庭で遊ばせていたのか、あるいはチコが勝手に庭へと出てしまったのか。経緯はわからないが、どちらにせよ、お祖父さんが目を離していた隙に、チコは花壇を荒らしてしまったんだ」

無邪気な子犬が花壇の土を掘り起こす場面が頭に浮かぶ。園芸をしている人にとっては、ぞっとする光景に違いない。(2)手塩にかけて育てた花が、台無しにされたのだから。

「君の両親は、ただでさえ犬を飼うことに反対していた。それなのに、チコは君の母親の大切な花壇を荒らしてしまった。お祖父さんは血の気が引いただろうな。このことが君の母親に知られれば、チコの立場が悪くなることは確実だ。それに、目を離してしまった自分だけならまだしも、母親の怒りの矛先は、犬を飼いたいと願った孫にまで向いてしまうかもしれない」

飼い犬の粗相は飼い主の責任である、ということだろう。今回の件に関しては陸が学校に行っている間の出来事であるから、それで怒られるのは理不尽に思えなくもないが、『だから犬なんて飼いたくなかったのに』と嫌味のひとつくらいはぶつけられたかもしれない。

まるでそこに当時の場景が映っているかのように、拓海は宙を見詰めながら語る。

「お祖父さんとしては、自分の失態で孫が叱られることは避けたい。いや、もしかしたら、犬の世話ひとつまともにできないと、孫に失望されることが恐かったのかもしれない。それで、事実を隠蔽することにしたんだ。花壇にチコの足跡が残らないように地面を踏み固め、自分が誤って踏んでしまったと嘘を吐いた」

話を聞いて、航大はハッとする。花壇を踏み荒らしていたときの祖父は、恐ろしいd形相をしていたと陸は言っていた。だが、実際は違ったのではないか。陸の母親がチコに悪感情を抱かぬように、陸とチコが母親から叱られないように、必死だったのではないか。

常に笑顔を絶やすことのなかった祖父の必死な顔が、幼い陸の目には恐ろしく映ったのかもしれない。

「失態を隠そうとすることを善い事とは言い難いが、それだけ孫を大事に想っていたんだろう」

拓海が言い終えると、陸は俯いてしまった。固く目を閉じ、小刻みに肩を震わせている。

航大は心配して友人の横顔を窺う。だが、(3)すぐに杞憂であるとわかった。

D(注)堪えきれなくなったように、陸が噴き出す。

「ずりぃな、祖父ちゃん。それはずりぃよ。ちゃんと謝らないと」

陸は声を上げて笑いながら、まるでこの場に祖父がいるかのように抗議する。言葉とはeウラハラに愉快そうな様子で、何度も文句を繰り返す。

笑い続ける陸の目尻から、涙が一筋流れた。笑いすぎて涙がこぼれたのか、あるいは涙を誤魔化すために笑い続けているのか、航大にはわからない。透明な涙はあっという間に滑り落ち、頬を辿った跡すらすぐに消えてしまった。

「いい祖父ちゃんだな」

航大の言葉に、陸は胸を張って頷く。

「自慢の祖父ちゃんなんだ」

友人の眩しいくらいの笑顔に、航大は思わず目を細めた。

◇

帰り道が別の陸に別れを告げ、ファストフード店の前に航大と拓海が残った。
「それじゃあ、俺たちもぼちぼち帰りますか」
背筋を伸ばしながら、航大が言う。自分が今回の件に貢献できたという感覚はそれほどないが、無事に問題を解決できたことによる達成感はある。今日は気持ちよく眠れそうだ。
「ああ」と拓海が生返事をする。彼の視線の先には去っていく陸の背中があり、そちらに意識が向いているようだ。
「どうかしましたか?」
陸の背中が消えるまで見送ってから、拓海が口を開く。
「さっきの話、どう思った?」
航大はきょとんとして目を瞬く。
「ええと、どの話のことですか?」
「彼のお祖父さんが花壇を踏み荒らしていた真相だ。コウには、⑦あの話が真実っぽく聞こえたか?」
まさかの問いに、航大は啞然とする。
「えっ、あれって嘘なんですか?」
「嘘ではない。教えてもらった状況からして、かなり(注)正鵠を射た推測のはずだ。真実は、当たらずといえども遠からずといったところだろう。ただ、それが絶対と言い切ることもできない。あの話の確証は、どこにもないんだからな」
航大はハッとする。言われてみれば、確かにそうだ。何せ十年近く昔の話なのだ。断定口調の説明を受けて納得してしまっていたが、拓海の推測を証明できるものはなにもない。
「あのチコって犬の写真を見せてもらったとき、さっきの筋書きを思い付いたんだ。濡れ衣を着せることになるのは申し訳なく思ったが、飼い主のためになるなら許してくれるだろうと勝手に判断した」
「それで、チコくんについて詳しく知りたがっていたんですね」
「話を組み立てるには、より多くの情報が欲しかったんだ。例の一件があったときにチコが既に家にいたと聞いて、実行することにした。幸いなことに俺の推測は真実と近そうだったし、余計な脚色を加える必要はなくなった」

航大の中で、疑問が晴れた。拓海が陸と直接会って話をしたがった理由は、このためだったのだ。確証のない推測を信じてもらうためには、自分の口で語り聞かせることが必要だと判断し、そうすることで、拓海は陸を救おうとした。

結果として、拓海は見事に陸の㊟トラウマを取り払ってみせた。もう彼は庭の花壇を見るたび、あの日のことを思い出して苦しむこともないだろう。

すごいな、と航大は拓海に対して㊟憧憬の念を抱く。それから、格好いいな、とも思った。自分もいつか、こんなふうに誰かの助けになれる人間になりたい。それは遙か遠くでなびく旗のような、おぼろげな目標だ。どうすればあの旗のもとへ到達できるのか、まるでわからない。それでも自分の心は、そこを目指したいと望んでいる。胸の内にある熱が、また大きくなった気がした。

風が吹き、どこからか一枚の落ち葉が飛んできた。その葉が空中を泳ぐ様子をしばし眺め、そのまま空を見上げる。夕焼け色の空の中で、薄い月が地上を見下ろしていた。

拓海も空を仰ぎ、呟く。

「そろそろ帰るか」

「はい」

拓海と別れの言葉を交わし、航大は駐輪場へと足を向けた。

歩きながら、航大は考える。拓海の推測は、本当に当たっていたのだろうか。間違っていたとして、他にどんなことが考えられるだろう。思考を巡らせようとして、無意味だと気付く。もうずっと昔、それも、この目で見たわけでもない、聞いただけの話だ。どれだけ考えたところで、真実を知る日が訪れることはないだろう。その真相は、永遠にわからない。

ただ、E それでいいのかもしれない。陸は拓海の言葉を信じた。彼の心は、優しい祖父の姿こそが真実だと決めたのだ。

亡くなった人間が生きていられるのは、生きている人間の記憶の中だけだ。

陸の記憶の中で生きる祖父は、きっと満面に笑みを浮かべているに違いない。

彼が大好きだった、あの晴れやかな笑顔を。

（真紀涼介『勿忘草をさがして』）

㊟ 首肯した —— うなずいた。
蓋然性 —— 確からしさ。
ずりぃな —— ずるいな。
正鵠を射た —— ものごとの要点を正しくおさえた。
トラウマ —— 強いショックによって心に受ける深い傷。
憧憬の念 —— あこがれの気持ち。

問一 〰〰線部a「ヘイバン」・b「エタイ」・c「コウフン」・d「形相」・e「ウラハラ」について、カタカナは漢字に直し、漢字は読み方をひらがなで答えなさい。

問二 ━━線部(1)～(3)の本文中での意味として最も適切なものを、それぞれ次の中から選び、記号で答えなさい。

(1) 「狐につままれた」

ア 相手の言うことが信じられずにとまどった　イ 意外な出来事に何が何だかわからずぽかんとした

ウ あまりに驚きおびえて口がきけなくなった　エ 人にからかわれてばかにされた気分になった

(2) 「手塩にかけて」

ア 皆で心を一つにして協力し合って　イ 不足のないよう十分お金をかけて

ウ 数々の困難を乗り越え苦労して　エ 自分で大切にいろいろ世話をして

(3) 「すぐに杞憂であるとわかった」

ア 心配する必要のないことをあれこれ心配していたのだと、間を置かずに気付いた

イ ただちに対処しなければならないほど心配なことがらではないのだと、理解した

ウ 心配していたことがらが現実になってしまったのだと、間を置かずに気付いた

エ ただちに解決できる問題ではないから今心配しても仕方がないと、理解した

問三 ━━線部A「それを聞いて、陸の表情が曇る」とありますが、それはなぜですか。最も適切なものを次の中から選び、記号で答えなさい。

ア 大好きなチコが花壇の花を弱らせているとは夢にも思っていなかったので驚き、一瞬チコに失望したから。

イ 祖父が花壇を踏み荒らした原因が大好きなチコにあるのではないかと思い、想像しただけでも悲しくなったから。

ウ よくない事態をもたらす原因が大好きなチコだったのかもしれないと思うと、つらい気持ちになったから。

エ 大好きなチコが犯人かもしれないとうすうす思っていたものの、それが事実だと指摘されるのはいやだったから。

問四　本文の文脈と次の【資料】の内容を踏まえて、本文中の空欄［X］に入る内容として最も適切なものを後の選択肢の中から選び、記号で答えなさい。

【資料】藤井義晴「おもしろ図鑑　植物たちの生き残り大作戦」より

セイタカアワダチソウは、根から特別な成分を出して、まわりの植物の成長(注)をじゃますることが知られています。自分だけ大きく育って、地上の光をひとりじめするのです。３ｍ以上に育つこともあり、まるで雑草の王者のようでした。
ところが、最近は見かけることが少ないようです。これは、自分の根から出す成分によって、なんと自分自身にも影響が出て、何年も同じ場所で育つことが難しくなってしまっているのでしょう。
一方でその成分の影響を受けにくいススキが元気です。ススキは、秋に大量の種をまき、地下の株にたくさんの養分をたくわえたまま越冬。次の春には、そのたくわえた力で芽を出すわけ。

(注)成長――ここでは本文の「生長」と同じ意味。

ア　秋には黄色い花を咲かせて根から特殊な化学物質を放出する
イ　日光を独占して他の植物が二度と生えることができないようにする
ウ　今度は自ら分泌した化学物質で自分たちの生長を抑制してしまう
エ　その化学物質がススキの養分となってススキが芽を出すのを助ける

問五　――線部B「直播きではなく容器で育ててから植え替えるか、空き地の管理者に連絡して雑草を抜くか。原因がわかれば、対策はどうとでもできるはずだ」とありますが、「容器で育ててから植え替える」ことが「対策」として有効だとすれば、それはなぜだと考えられますか。次の空欄に入る言葉を、本文中から三十五字以内で抜き出し、最初と最後の五字で答えなさい。

［　　　　　　　］なので、先に容器で育てた植物には、花壇に植え替えても大きな害は与えないから。

問六 ―― 線部C「知りたいです」とありますが、このように言った陸の心情はどのようなものですか。最も適切なものを次の中から選び、記号で答えなさい。

ア この何年もの間、祖父が花壇を踏み荒らした理由を知りたいと願っていたので、拓海の言葉を聞いてうれしさのあまりのぼせあがってしまったが、早く知りたいという気持ちを落ち着かせてから、冷静な気持ちで返事をした。

イ 拓海の言葉に驚き、場合によっては何かつらいことを聞かされることになるかもしれないと思ってとまどったが、真相がどうであれ、それを知っておくべきだと覚悟(かくご)をし、拓海から教えてもらうことを決意した。

ウ これまで悩み続けてきた問題について答えがわかったと拓海から聞き、驚きのあまり本当のことと思えなかったが、拓海の真剣なまなざしを見て、それが本気で言ったことだと感じ、拓海を信じる気持ちになった。

エ 花壇の花が弱る原因を何かの呪いだと勘違(かんちが)いしていた自分にきまり悪さを感じており、さらに祖父が花壇を踏みつけにしたことでも自分の勘違いを指摘されるのをおそれたが、恥(はじ)をかいてでも真実を知るべきだと思い直した。

問七 ―― 線部D「ずりぃな、祖父ちゃん。それはずりぃよ。ちゃんと謝らないと」とありますが、このように言った陸の心情はどのようなものですか。最も適切なものを次の中から選び、記号で答えなさい。

ア 拓海の言ったことが本当かどうかはわからないが、優しい祖父のイメージを壊(こわ)さないためにも、あえて拓海の言葉を信じようと決め、これで今まで抱いてきた悩みから解放されたことを喜んでいる。

イ 自分の失敗をかくそうとした祖父のことを一瞬残念に感じたが、祖父がそうしたのも、チコや孫を守ろうという祖父の優しさからだと考えると、完全に許そうという気持ちになっている。

ウ 祖父はいつも優しく立派な人だと思っていたが、チコに花壇を荒らされるという失態を犯(おか)して、あわててそれをごまかそうとする滑稽(こっけい)な姿を想像すると、その人間くささをほほえましく感じている。

エ こんなに思い悩むようなことではなかったのだと安心し、正直に事情を言わなかった祖父を責めるふりをしながら、改めて祖父からの愛情をかみしめ、祖父への感謝の思いがこみ上げてきている。

問八　次の六人のうち、本文の内容や表現に関して**適切でない**意見を述べているのはだれですか。次の中から**二人**選びなさい。

Aくん「拓海の様子を表す描写として、波線部①『挨拶もそこそこに』や、波線部③『物静かな教師然とした口調で、淡々と』などとあるように、拓海は気さくで愛想のよい人物にはあまり見えないね。でも、拓海の言動の全体を見ていくと、とても理知的で、しかも思いやりのある人がらを感じ取ることができたよ。」

Bくん「理知的という点では、拓海の植物に関する知識がこの謎を解明したのもそうだね。セイタカアワダチソウのアレロパシーというはたらきが関係していたんだよね。とにかく、例の元気のない花壇の謎が、陸のお祖父さんの呪いとかじゃなくてよかった。だって大好きなお祖父さんが花壇の元気のなさの原因だったら、陸はつらかったと思うよ。」

Cくん「それから、拓海はもう一つの謎、陸のお祖父さんが花壇を踏み荒らした理由も、解き明かしたよね。何気ない会話をしながら一つ一つ慎重に陸から直接聞き出してあの推理を導き出したのは、お見事と言うしかないね。あくまでも推理なんだけど、かなり真実に近いんじゃないかと思わされたね。」

Dくん「波線部⑤『拓海があっさりと言い切る』という描写や、波線部⑥『飼い犬が庭の花壇を荒らしてしまうなんて、ありふれた話だろ』という拓海の言葉があるね。拓海がそんな話し方をしたのは、自分の推理への自信からというより、あえて断定的な話し方をすることで、陸のもやもやした思いを吹っ切れさせようという思いやりからだったんじゃないかな。」

Eくん「謎が解けた後、拓海が波線部⑦『あの話が真実っぽく聞こえたか？』と言ったときは、航大は驚いたようだね。『あの話』が真実じゃないのかもしれないと思って、きっととまどったと思うよ。でも、最終的には納得していて、尊敬する拓海が言った言葉なのだから、自分だけでも信じようと思ったのだろうね。」

Fくん「本文は、『拓海は……』、『航大は……』、『陸は……』という書き方になっているけれども、波線部②『自分も最初は信じられなかった』、波線部④『そんな話は、自分も聞かされていない』などの表現からもわかるように、航大の視点に寄り添った書き方になっているよね。特に後半の内面描写からは、航大の拓海に対する尊敬の念がよく表れているね。」

問九　――線部E「それでいい」とは、どういうことですか。百字以内で説明しなさい。

【二】　次の文章は、ＡＩ（人工知能）について、ＡさんとＢさんがそれぞれ述べた意見です。これを読んで、本文の内容を百字以上二百字以内でまとめなさい。ただし、次の形式で書くこと。

Ａさんは、……と考えている。一方、Ｂさんは、……と考えている。

Ａさん

　最近のＡＩってすごいねえ。この前、質問を入力すると答えを返してくれるＡＩを使ってみたんだけれど、これまでのネットの検索と違って、あいまいな質問でもちゃんと調べたかったことを教えてくれたよ。単語を忘れて出てこなくても、まったく知らないことについて大ざっぱに聞くことしかできなくても、調べものをすることができて便利だったなあ。こんなことができるくらい、ＡＩの技術はいま急速に発達していて、かなり複雑なことまでできるようになっているんだね。

　仕事の場面でも、ＡＩが活用され始めているらしいね。たとえば、医療の現場でレントゲンの画像から病気を診断するときや、製造業でものを作る過程で生じる不良品を見つけ出すときなどに、使われているそうだよ。ＡＩは人間と違って、体調が悪くなることもないし、動かすために必要な費用だって、従業員に支払う給料に比べればずいぶん安くつく。こうやって見ると、ＡＩはこれまで人間にしかできなかった高度な仕事をこなせるうえに、コストを節約できるという利点まであるんだ。これって、企業を経営する立場からすると、とてもありがたいことだよね。

　ＡＩの利点や活躍の様子を見ていると、ぼくたちの生活は将来、大きく変わる気がするよ。掃除や洗濯など、昔は身体を使って行っていた作業については、今ではすでにずいぶん多くの作業を機械に任せているよね。これと同じことが、頭を使う仕事についても起きることになるって気がするよ。つまり、ＡＩが人間の代わりに幅広い仕事を引き受けるようになるんじゃないかな。もちろん、ずっと先のことかもしれないけれど、そうなったらすばらしいと思わない？

Bさん

ＡＩ技術の進み方はほんとにすごいよね。今も開発が続いているっていうし、これからどれだけ進歩してできることが多くなっていくか、想像もつかないよ。人間よりも優（すぐ）れている面も色々あるね。たとえば将棋（しょうぎ）なんて、プロの棋士（きし）の人たちよりＡＩの方が強いくらいだし。

でも、だからといってＡＩにすべて任せてしまっていいのかな。だって、たとえどんなに性能が上がって、できることが増えても、ＡＩは人間になれないんだもの。

たとえば、お医者さんや学校の先生がＡＩだったとしたら、ぼくたちは先生を信頼（しんらい）することができるかな。優秀（ゆうしゅう）なＡＩなら、それなりに正しい診察（しんさつ）や指導はしてくれるとは思うよ。でもだからといって、ぼくたちがＡＩの先生を信頼するかっていうと、そうはならないんじゃないかな。だって人間の先生だったら、診察や指導だけじゃなくて、ちゃんとぼくたちと向き合ってくれると思うもの。色々雑談もしてくれたり、ときにはしかってくれたり、わざと何も言わずに見守ってくれることだってあるだろうし。ＡＩは正しい答えや適切な答えは返してくれるけど、それだけになってしまいそう。相手がＡＩではなく人間だからこそ、ぼくたちは相手を信頼したり、相手と共感し合ったりすることができるんじゃないかな。さっきの将棋の話だって、人間のプロ同士が戦うから面白（おもしろ）いっていうところもあると思うんだよね。そうだとすると、ＡＩにはできない、人間だからこそできる仕事は、必ず残ると思うんだ。

だから、ＡＩを使うときには使い方をよく考えないといけないよ。ＡＩの能力をしっかり見極（みきわ）めて、任せられることとそうでないことを見分けていくことが必要になると思うな。そうやって使っていけば、ちゃんとＡＩに向いている分野でＡＩの能力を発揮させることができるようになるし、そうでない分野では人間の強みが生かせると思うんだよね。

（オリジナル文章）

（以上）

令和五年度

清風中学校入学試験問題

前期試験

国語（五〇分）

試験開始の合図があるまで、この「問題」冊子を開かず、左記の注意事項を読んでください。

【注意事項】

一、試験開始の合図で、解答用紙の所定の欄に「受験番号」、「名前」をはっきりと記入してください。

二、この「問題」冊子は、18ページあります。解答用紙は一枚です。ページが脱落している場合は手をあげて試験監督の先生に知らせてください。

三、解答は、解答用紙の指定されたところに記入してください。

四、「問い」に「字数制限」がある場合、句読点やカギかっこなどの記号は、一字として数えて、解答してください。

五、試験終了の合図で、「問題」冊子の上に解答用紙を重ねてください。

六、「問題」冊子および解答用紙は持ち帰ってはいけません。

【一】 次の文章は、中田永一(なかたえいいち)の小説「くちびるに歌を」の一節です。「僕(ぼく)」(桑原(くわはら)サトル)は、長崎県の五島(ごとう)列島に住む「地味で存在感のない」中学三年生の男子である。「僕」には、かまぼこ工場で働く自閉症(じへいしょう)の兄、アキオがおり、「僕」は兄のおくりむかえを日課としている。これを読んで後の問いに答えなさい。

兄は毎日、決まったスケジュールを送っている。起床(きしょう)の時間も、就寝(しゅうしん)の時間も、この十年以上ずっと変わらない。食事の時間も、テレビを見る時間も決まっている。その、いつまでも変わらないくり返しの日々こそが兄を安心させるのだ。しかし、番組の改変期になると大変である。おきにいりの番組がなくなって、テレビの前でa途方(とほう)にくれたように体をゆらしつづける。なぜおきにいりの番組が放映されなくなったのかを、根気よく教えなくてはならない。兄は変化というものが苦手なのだ。

A「……話があるとやけど」

皿洗いをしている母にちかづいて僕は声をかける。

「なんね?」

「明日から、兄ちゃんのおむかえ、一日おきで休みたいっちゃけど、だめ?」

僕はbおそるおそる話を切り出した。

「はあ? なんば言いよっと?」

B水道の蛇口(じゃぐち)をきゅっとしめて母はふりかえる。炊事場(すいじば)は居間のすぐ隣(となり)にあり、視線をすこし横にむけたら、畳(たたみ)に寝転(ねころ)がっている父と、膝(ひざ)をかかえてしずかにテレビを見ている兄の姿が見える。

「朝は工場に連れて行けるけど、夕方はむかえに行けんようになるかもしれんとよ」

合唱の練習は放課後におこなわれる。だからもう、これまでとおなじ時間に兄のおむかえができなくなってしまうのだ。

「あんたが呼びに来んかったら、アキオはどうすっとね?」

母はエプロンで手をふいてこまったような顔をする。

「毎日じゃなくていいとさ……、一日おきでよかけん……」

一日おきの休みなら、合唱部をつづけられるかもしれない。
「サトルがお願いするって、めずらしかねえ。なんでね？　理由はなんね？」
「部活に入ったっさ」
「部活!?　でも、あんた、もう三年生やん」
「そうだよ」
「三年生でも部活に入らるっとね？」
「ほかにも何人か、三年生で入部した人おったよ」
「何の部活に入ったと？」
「……合唱部なんやけど」
母が何か言う前に、居間と炊事場を区切っている引き戸のあたりから声が聞こえてくる。
「なあんが合唱部か。やめれやめれ」
ビールと焼酎（しょうちゅう）で酔（よ）いつぶれているものとおもっていた父が、僕たちの会話を聞いていたらしく、丸々としたおなかをゆらしながら言った。父は五島列島の高校を出て以来、ずっと土木関係の仕事で一家をやしなっている。
「合唱ちゅうとや、なんもならんぞ。歌うひまんあったら、勉強ばせんか」
「ばってん、サトルがせっかく、やる気ば出しとるとに……」
母は父に抗議（こうぎ）する。なんと僕の応援（おうえん）をしてくれるらしい。
「サトルが今まで、こがん風（ふう）にお願いしたことあったね？　なかったやろ？　あの、何に対しても消極的で、C死んだ目ばしたようなサトルがよ？」
「僕は死んだ目な……？」
聞き返したけど、父母は僕の話を聞いていない。
「そいやわかっとる。こいつはたしかに、自分から何ばやりたいとか言うような子じゃなかった。まわりに流さるっだけの、しょうもない子やった」
「僕はしょうもない子な……？」
「ばってん、今から合唱ちゅうとや時間の無駄ばい。勉強ばせんか。そっちのほうが役にたつとたい。だいたい、サトル、おまえ、アキオば見捨てるとか？」
父は僕をにらむ。父は身長も体重も平均よりおおきかった。腕は筋肉がついて X のようである。それにくらべて僕はクラスでも最小最軽量の部類で、腕は Y のようである。
「ぼ、僕は……」
腕っ節のつよい父がこわかったのと、①兄に対する負い目とで、言葉が出なくなる。
「だいたい、なんで合唱部ばえらんだとか？　おまえが歌っとるとこ、見たことなかぞ」
特定の女子生徒に会いたいから合唱部に入った、などとは口が裂けても言えない。柏木先生目当てに入部した男子を心の中で非難しておきながら、まったくおなじことを自分もやっている。
「おまえがむかえに来んやったら、アキオはパニックばおこすかもしれんぞ。工場のおっちゃんにも迷惑かけるかもしれんとぞ」
父はその後も、やめろやめろと言い続ける。やがて時計が二十時をさすと、テレビを見終えた兄が、お風呂に入る支度をはじめた。父がそれに気を取られているすきに、僕は自分の部屋に逃げこんだ。
兄は長い訓練の末に、着るものを自分で用意することも、湯船につかったり体をあらったりすることも一人でできるようになった。しかしお風呂に入る時間だけは融通がきかない。二十時になると、だれかが入浴中だったとしても、気にせず浴室に入る。スケジュール通りにしなければ気がすまないというこだわりがつよいのだ。（　中略　）
布団に横たわって古い天井を見ながら僕はまよった。まだ今なら、入部をやめることができるはずだ。気が変わったと柏木先生に言えばいい。すこしはずかしいけど、それほど怒られないのではないか。合唱部のことをかんがえているうちに、鞄に入れっぱなしにしているCD-Rのことをおもいだした。布団から起き上がり、鞄をさぐると、それが出てくる。長谷川コトミから受け取ったものだった。

『Nコン課題曲・手紙』。白い円盤（えんばん）にマジックでそう書かれていた。

合唱部をやめるとしたら、聴（き）くひつようはないけれど、ためしにCDラジカセにセットしてみる。再生ボタンを押（お）すと、スピーカーから歌声が流れだした。

（中略……「僕」はその日の放課後のことを回想する。合唱部の練習に行くと、長谷川コトミが話しかけてきた。今日は用事があって帰らないといけないということをどう伝えるか迷っていた。）

「帰ってもだいじょうぶばい。先生には私から言っとくけん」

「うん、ごめん」

「よかよ」

胸がじんわりと温かくなるようなやさしい笑（え）みだった。中学一年生のとき、寝たふりをしている最中に聞いてしまった㊟彼女（かのじょ）のひとりごとは、もしかしたら僕の聞きまちがいだったのかもしれない。

「そうだ、桑原くん、ちょっとまっとって。そこにおってね。うごかんでよ？」

長谷川コトミはそう言うと、第二音楽室の隅（すみ）っこに置いていた自分の鞄のところに行って、なにかを取り出してもどってくる。

「はい、これ、持っていって」

彼女の手には、透明（とうめい）なうすいケースに入ったCD-Rがにぎられている。

白い円盤にマジックで『Nコン課題曲・手紙』と書いてあった。

「なん、これ？」

「私たちが練習する曲。練習に参加せんでも、くりかえし聴いとけばよかけん」

柏木先生のピアノに合わせて歌ったものを、録音して作ったCDなのだと説明をうける。

「これ、一枚しかなかと？　パソコンでコピーして、これは返したほうがよかよね？」

「桑原くん、そういうことできると？　パソコンにくわしい？」

飛びだした。

「なんでも聞いて」と返事をして、腕時計を見ると、兄のおむかえに行かなくてはいけない時間だったから、いそいで第二音楽室を

すこしうつむき加減だったせいか、彼女の目元は前髪（まえがみ）にかくれて、表情がよく見えなかった。

「じゃあ、そのうち、パソコンのことで質問するかもしれん」

長谷川コトミが顔を寄せて言った。

「ふつうだとおもうけど……」

D夜が明けて、山の稜線（りょうせん）が朝日にうかぶ。僕は布団を抜（ぬ）け出して、窓をあけた。

「よかよ、お母さんがむかえに行くけん」

台所で母が朝食の支度をしながら言った。ついさっき、まだ味噌汁（みそしる）をつくりはじめたばかりの母に僕は宣言したのだ。合唱部に入りたい、ということを。

「一日おきじゃなくてもよか。毎日、行ってこんね。アキオのおくりむかえなら、ずーっとしよったことやもん。小学生のときにくらべたら、今のアキオは、おとなしかもんよ。いろんなことば学習したけんね、パニックであばれだすことも、もうあんまりなくなったし。サトルは好きにせんね」

僕は母の苦労をしっていた。兄が小学校に入学する前は、発達障害に関する知識が世間に浸透（しんとう）していなかった。兄がみんなとおなじことをできないのは、母のしつけがなっていないからだと、当時は存命だった祖母に責められたこともあったという。

E「アキオに愛情ばそそがんやったけん、あがんなったち、ばあちゃんには言われたとよ。ひどかねえ。こがん、好きとにねえ」

母は本で自閉症のことをしらべて、それが生まれつきの脳の障害であることをしった。自分で②学習プログラムを組み、兄にひとつずつ物事をおしえた。

「おむかえにいくのも、たのしみばい。お父さんは、私が説得しとくけん、サトルは部活に行かんね」

「よかと？」

「部活にでもはいらんば、あんた、友だちできんばい。あんたが結婚するとはもうあきらめとるけどね、友だちくらいはできんといかんばい」

なんだかいろいろとひどいけど、全体的には母の気持ちがつたわってきた。

「うん、ごめん」

「③あんた、ごめんち言うとはやめんね。そういうときは、ありがとうち言うとよ」

「そうか、ありがとう」

洗面所で顔をあらってきた兄が、居間のテレビの前にすわる。朝の番組で流れる占いコーナーは、兄の心をつかんではなさない。

母がお椀に味噌汁をよそいながら僕に聞いた。

「サトル、昨日はお父さんに言われて、ちょっと迷いよったやろ？　どうして急に、気が変わったと？」

「なんでかな。わからん」

僕はそうはぐらかす。

ほんとうは、昨晩、CD-Rに収録されていた歌を聴いて、僕は決めたのだ。

「なんでやろーね。わからんけど、僕は合唱部に入るったい。みんなで歌いたかっさ」

身支度を整えて、兄といっしょに家を出た。おむかえは母が引き受けたけれど、工場まで兄を送るのは僕の担当だ。兄の姿がかまぼこ工場に消えるのを見届けて、自転車にまたがり、学校にむかってペダルをこいだ。

（中田永一「くちびるに歌を」）

㊟　彼女のひとりごと――教室でクラスの男子生徒が騒いでいるときに、天使みたいなイメージの彼女が低い声で「うぜー……、うるせー……。」などとひとりごとを言っていたのを、「僕」は思わず聞いてしまった。

問一 〰〰線部a〜cの語句の本文中の意味として最も適切なものを、それぞれ次の中から選び、記号で答えなさい。

a 「途方にくれた」

ア 困ってぼうぜんとした　イ 悲しくて何も考えられなくなった

ウ つまらなくていじけた　エ 不機嫌になっていらいらした

b 「おそるおそる」

ア じわじわと　イ ひそひそと　ウ おずおずと　エ もたもたと

c 「はぐらかす」

ア おおげさに言ってまどわせる　イ うそをついてだます

ウ わからなくなって混乱する　エ とぼけてごまかす

問二 空欄 X ・ Y に入る語句の組み合わせとして最も適切なものを次の中から選び、記号で答えなさい。

ア X＝黄金・Y＝針金　イ X＝ごぼう・Y＝大根　ウ X＝丸太・Y＝細枝　エ X＝ゾウ・Y＝ネズミ

問三　―― 線部①「兄に対する負い目」とありますが、「僕」が「兄」に感じている「負い目」とはどのようなものですか。最も適切なものを次の中から選び、記号で答えなさい。

ア　兄を見捨てる行為だと言う父の反対を押し切ってまで合唱部に入部しようとして、兄や父を裏切って迷惑をかけてしまうことを、後ろめたく感じている。

イ　自分一人では工場にも行けない兄とは違って、自分は、兄のおくりむかえを一切気にせずに、部活に入って好きなことができることに対して、引け目を感じている。

ウ　自分は、やりたいことをがまんして一生懸命に兄のおくりむかえをしているのに、当たり前のことだと思って何の気づかいもしない兄の態度を、うとましく思っている。

エ　いつも兄のおくりむかえをしていたのに、自分のやりたいことのために兄の日常を変えてしまうことは、兄に負担を強いることになるため、申し訳なく思っている。

問四　―― 線部②「学習プログラム」とありますが、「学習プログラム」を通して兄ができるようになった具体的な行動が書かれている一文を本文中から抜き出し、最初の五字で答えなさい。

問五　――線部③「あんた、ごめんち言うとはやめんね。そういうときは、ありがとうち言うとよ」とありますが、ここでの「母」の心情はどのようなものですか。最も適切なものを次の中から選び、記号で答えなさい。

ア　朝一番に入部の決意を宣言してきたサトルの勢いに圧倒（あっとう）されて、許すつもりのなかった入部を認めたことに謝罪の言葉を述べてきたので、許可を与えてくれた人に対して申し訳ない気持ちになるのではなく、恩返しをするつもりで取り組んでいってほしいと願う気持ち。

イ　今まで自分のしたいことを積極的に言わなかったサトルが、めずらしく自分の意思を示したものの、母を気づかって何か悪いことをしたみたいに謝罪の言葉を述べてきたので、後ろ向きな気持ちにならずに、前向きな気持ちになってチャレンジしてほしいと応援する気持ち。

ウ　これまで消極的な子だと思っていたサトルが自分から部活に入りたいとうったえてきた後、その意欲をくんで父を説得したにもかかわらず、今さら謝罪の言葉を述べてきたので、やはり消極的な子だとがっかりし、言葉だけでも積極的になってほしいと願う気持ち。

エ　結婚どころか友だちすらできないような子だと自分が言ったことから、サトルが期待もされていないと誤解をしてしまい、情けなさそうに謝罪の言葉を述べてきたので、少々厳しいことを言われても気を落とさずに、もっと意志を強く持ってほしいと応援する気持ち。

問六　＝＝線部A～Fについて六人で意見を述べ合いました。本文の内容や表現について、**適切でない**意見を述べているのはだれですか。次の中から**二人**選びなさい。

Aさん「二重線部Aに見られるように、この小説の会話文はほとんど方言で書かれていて、『……』もたくさん使われているね。人物の生き生きとした感じとか、話している人の息づかいや間の取り方などが自然に伝わってきたよ。」

Bさん「二重線部Bからは、家族一人一人の性格が感じとれ、この一家の日常を垣間見た気がしたよ。登場人物それぞれの内面が、作者の目から見て具体的に描かれているからね。」

Cさん「二重線部Cでは、母親がひどいたとえ方でサトルのことを話しているよね。でも、それは、サトルをけなしているんじゃなくて、彼の変化を感じ取ったうえで、今までのサトルをよくわかっていたからこそ出た言葉なんだと思うな。」

Dさん「二重線部Dからは、天気のよい清々しい朝であることが感じとれるね。それと同時に、合唱部でがんばろうという気持ちの固まったサトルの晴れ晴れとした心情が、情景として表されているようにも思ったよ。」

Eさん「二重線部Eの会話文から、サトルの母親は、過去に祖母から言われた言葉を今でも忘れられないんだなと感じたよ。母親は、サトルと部活の話をしているときにも、祖母の言葉を思い出してわざわざサトルに言うほどだからね。」

Fさん「二重線部Fには、学校へ向かうサトルの何気ない行動が描かれているんだけど、その描写がわざわざここに置かれているのは、新しいことに挑戦して前進していこうという、サトルの内面を表すためでもあるんじゃないかな。」

【二】 次の文章を読んで、後の問いに答えなさい。

同じ言葉なら、書き手と読み手が同じ内容を想像すると考えるのは幻想です。同じ言葉でも人によって感じ方はさまざまです。そのため、書き手としては、自分の選択した語の解釈の幅を計算し、読み手の目にその語がどう映るかを冷静に計算する必要があります。

私の住んでいる家のそばに両親が引っ越してきました。歩いて七～八分の距離です。子どもをaアズかってもらうのに便利であり、首都圏から離れたところに実家のある近所の親たちからは「近くていいわねえ」とうらやましがられています。

そこで、ある人に「うちのすぐそばに両親が引っ越してきまして」と話したところ、「すぐそばってどのくらい?」と聞かれ、「七～八分です」と答えたら、「遠いわねえ」と言われてしまいました。聞けば、その人は、同じ敷地のなかのbニセタイ同居なのだそうです。

（ １ ）、ある人の(注)ブログを見ていたら、「最近、事情があって、都心から横浜の奥地に引っ越してきました」と書いてあり、cシンキン感を覚えました。私は長いこと横浜の「奥地」に住んでいたことがあるからです。横浜市の南西のはずれにある泉区というところで、以前は区のシンボルマークが「トムトム」という豚でした。高座豚という豚の産地で、相鉄線の駅を降りると、その臭いが漂ってきました。区内の道路を散歩中に、牛に追いかけられて怖い思いをしたこともありました。九〇年代の話です。

（ ２ ）、その人のブログを見ると、横浜の「奥地」というのは青葉区の青葉台だったのです。青葉台は、（ ３ ）横浜の中心部である横浜駅やみなとみらい地区からは離れていますが、都心へのアクセスもよいおしゃれな住宅街です。私にとってはだんじて横浜の「奥地」ではありません。以前よほど交通至便なところにお住まいだったのでしょうが、私はその人とはお近づきになれそうもないと思いました。dフンパツして食べた一五〇〇円のランチが「安い」と言われたときの驚きに近く、住んでいる世界が違うと感じられたからです。

①<u>書き手と読み手の感性の開き</u>は土地の問題にかぎりません。私の教え子に中高一貫校の国語の先生がいるのですが、その先生から、「古典は生徒にとって外国語学習なんですよ」と聞いたことがあります。なぜかというと、古典を訳すときに、生徒は一様に

「現代語に訳す」ではなく、「日本語に訳す」と言うのだそうです。「現代語」ではなく「日本語」という語を選んで言うところに、生徒たちにとって、古典はもはや日本語ではなく外国語なのだという意識が表れているわけです。

ここからしばらくは、野球を例に話を進めます。

以前、WBCという野球の世界大会の開催期間中に、調子の上がらなかった田中将大投手の処遇について、日本のマスコミが「中継ぎ降格」と報じたことがありました。②それにたいして嚙みついたのが上原浩治投手でした。

上原投手は(注)ツイッター上で、「先発の調子が悪いから、中継ぎに降格?? 降格って何やねん(注)(-_-#) 中継ぎをバカにするなよ。野球を知らない奴が、記事を書くなって思うのは俺だけ??」と思わず感情を爆発させました。

野球では、最初に投げる先発(スターター)が試合を作り、中継ぎ(セットアッパー)が試合をつなぎ、抑え(クローザー)が試合を締めくくります。先発と抑えはスポットライトの当たる花形であるのにたいし、中継ぎは重要な役割を担っているにもかかわらず、地味な日陰者として見られがちでした。

上原投手の批判は、中継ぎが正当に評価されていない日本国内のスポーツ・メディアの現状に向けられたものだったわけです。あらためて考えてみますと、野球についてはそうした見方がはびこっているようにも思えます。たとえば、「外野」です。

「外野」というのは、打者から離れた守備位置で、打力の低い草野球では、あまりボールが飛んできません。そのため、低く見られやすく、野球以外の文脈でも比喩的に、「当事者でない人」という意味を指します。「外野の意見に耳を貸すな」「外野の雑音に惑わされるな」「外野は黙っていろ」となるわけです。

「外野」は「内野」と同様、立派な守備位置なのに、低く見られてしまうわけで、それは「外野」に誇りを持つ人にとってがまんできないことでしょう。

人によって語の意味が変わるということは、読み手にとってよい語感の語を選べば、それだけ書き手の思いが伝わることになります。野球の名監督として知られた野村克也氏は著書『野村ノート』(小学館文庫)のなかでこう書いています。

もっとも最近の若い選手はこの「［ア］を張る」というのを嫌がる。なんかずるいことをするような錯覚に陥るのだろう。何も悪いことはないし、［イ］を張る＝賭けなのだが、子供のときから野球一筋できた選手というのは、純粋で一途な性格の子が多く、正々堂々の［ウ］がかっこいいと思い込んで野球をしてきただけに、なかなか受け入れてくれない。

そこで私は、「［エ］を張れ」ではなく、「［オ］してみろ」ということにした。そうすると「［カ］？　よし、やってみようじゃないか」と乗り気になる。

③もう一つ、野球の例です。甲子園の高校野球で四強進出を果たした早稲田実業の和泉実監督が、中心選手である清宮幸太郎を評した言葉に続き、記者（中村計氏）が記します。

監督の和泉実が言う。

「彼は抑えられたら、次の打席、必ずそのボールをねらって行くんですよ」

清宮にとっては「四強進出」ではなく「四強止まり」。仕留められなかった残りの二勝は、次の機会でねらいに行く。

（「甲子園の風」『Ｎｕｍｂｅｒ　Ｗｅｂ』二〇一五年八月十九日）

甲子園で四強に残るということは、全国のベスト四ですので快挙ですが、それでも清宮選手は満足しないわけです。目標はあくまで、深紅の大優勝旗なのでしょう。④「四強止まり」は前向きな語彙選択です。

（石黒圭「語彙力を鍛える――量と質を高めるトレーニング」光文社新書）

㊟　ブログ――ウェブサイトの一種。日記公開や意見交流に使う。

ツイッター――百四十文字以内のメッセージでのコミュニケーションを基本とするインターネット上のサービス。

（'_'#）――もともとツイッター上では横書きで書かれた顔文字。むっとした表情などを表す。

問一　～～～線部a～dのカタカナを漢字に直しなさい。

問二　空欄（くうらん）（　1　）～（　3　）に入る語句として最も適切なものを、それぞれ次の中から選び、記号で答えなさい。

ア　また　　イ　たしかに　　ウ　たとえば　　エ　しかし

問三　――線部①「書き手と読み手の感性の開き」とありますが、それはどういうことですか。次の空欄［Ⅰ］～［Ⅲ］に入る言葉を、それぞれ本文中から指定の字数で抜（ぬ）き出して答えなさい。

同じ言葉であっても［Ⅰ（十三字）］であり、書き手の［Ⅱ（十字）］と、読み手の目に［Ⅲ（九字）］ということとの間に差があるということ。

問四　――線部②「それにたいして噛みついた」とありますが、それはどういうことですか。最も適切なものを次の中から選び、記号で答えなさい。

ア　先発と抑えばかりにスポットライトが当たるのに対して、中継ぎこそが高い評価を得るべきだと、日本のマスコミに強くうったえたということ。

イ　先発の調子が悪ければ中継ぎがそれをカバーするという、野球の良さを知らない記者は勉強不足だと、日本のマスコミを責め立てたということ。

ウ　野球を知らない記者が書いた中継ぎ降格という記事を見て不快に思い、記者の悪意にいきどおりを表し、日本のマスコミを挑発（ちょうはつ）したということ。

エ　中継ぎ降格という報道に対して不満に思い、重要な役割を担う中継ぎを軽視する日本のマスコミに怒りを表明し、厳しく批判したということ。

問五　空欄［ア］〜［カ］には、「ヤマ」か「勝負」かのどちらかが入る。ア〜カのうち「勝負」が入るものを**すべて**選び、記号で答えなさい。

問六　――線部③「もう一つ、野球の例です」とありますが、二つの「野球の例」を通して筆者が言おうとしていることは、どういうことですか。その内容が書かれている一文を本文中から抜き出し、最初の五字で答えなさい。

問七　――線部④「『四強止まり』は前向きな語彙選択です」とありますが、そう言えるのはなぜですか。五十字以内で答えなさい。

【三】の問題は、次のページにあります。

【三】 次の文章を読んで、後の①〜⑩の意味にあてはまる語句を、指定した字数にしたがって本文中から抜き出しなさい。ただし、①〜⑩は、本文中に出てくる順番になっています。

明治期の作家、樋口一葉は図書館を愛用していた。東京・上野の東京図書館に足しげく通い、日記に「読むほどに長き日もはや夕暮れになりぬるべし」とつづっている。貧しさに苦しんだ生活の中でも時間を忘れ、書を読みふける姿が浮かぶ。

その東京図書館の流れをくむ国立国会図書館が、インターネットによる新たなサービスを始めた。一葉のように図書館に足を運ばなくても、蔵書のうちデジタル化した約152万点について、個人のパソコンなどで閲覧ができるようにした。

1968（昭和43）年までに入庫した、絶版となり入手しにくい図書などが対象だ。従来は外部からネットで閲覧できるのは著作権の問題がない資料が中心だった。

漫画や商業雑誌は対象から外れたものの、ジャンルは膨大だ。鉄道、音楽、自治体の沿革など関心がある分野の本を探して読める。子どものころ読んだ本に出会えるかもしれない。

国会図書館は蔵書のデジタル化を進めている。来年には書名や目次だけでなく、本文の記述内容からもかなりの図書が検索可能になる。関心がある題材を個人で調べる際、便利な助っ人となろう。

今回のサービスは、新型コロナウイルス禍で図書館利用が制約されがちなことから、実現した。今後、対象をどこまで広げるかは議論があるかもしれない。それでも、図書館の利便性をできるだけ高めていく方向は歓迎だ。ちなみに、一葉の日記を載せた「樋口一葉全集」（41〜42年、新世社）も、ネット閲覧が可能である。

（『毎日新聞』「余録」二〇二二年五月二八日）

①　たびたび。ひんぱんに。（四字）
②　言葉を連ねて、文章や詩歌（しいか）を作っている。（六字）
③　同じような要素・性質を受けつぐ。（五字）
④　書物や書類などの内容を調べながら読むこと。（二字）
⑤　以前から今まで。（二字）
⑥　きわめてたくさんあるさま。（二字）
⑦　物事の移り変わり。今日までの歴史。（二字）
⑧　ある条件や枠（わく）をもうけて、自由な活動をおさえつけること。（二字）
⑨　目的を果たすのにどのくらい都合がよいかという程度。（三字）
⑩　ついでに言うと。（四字）

（以　上）

2023(R5) 清風中　前期
K教英出版

令和五年度

清風中学校入学試験問題

前期プレミアム・理Ⅲ選抜試験

国　語（五〇分）

試験開始の合図があるまで、この「問題」冊子を開かず、左記の注意事項を読んでください。

【注　意　事　項】

一、試験開始の合図で、解答用紙の所定の欄に「受験番号」、「名前」をはっきりと記入してください。

二、この「問題」冊子は、20ページあります。解答用紙は一枚です。ページが脱落している場合は手をあげて試験監督の先生に知らせてください。

三、解答は、解答用紙の指定されたところに記入してください。

四、「問い」に「字数制限」がある場合、句読点やカギかっこなどの記号は、一字として数えて、解答してください。

五、試験終了の合図で、「問題」冊子の上に解答用紙を重ねてください。

六、「問題」冊子および解答用紙は持ち帰ってはいけません。

2023(R5) 清風中　前期プレミアム・理Ⅲ
教英出版

国語問題

（問題番号【一】・【二】）

【一】 次の文章は、髙柳克弘の小説「そらのことばが降ってくる――保健室の俳句会」の一節です。中学二年生のソラは、一年生のとき、同級生の臣野からいやなあだ名で呼ばれるといういじめがきっかけで、教室に入らずに保健室に登校している。ソラ、ハセオ、ユミ（榎本）の三人は、保健室の北村先生とともに、放課後に「ヒマワリ句会」という、俳句を詠み合う会を開いていた。十一月のある日、放課後に、いつものように句会を開いていたところ、臣野がたまたま間違えて入ってきた。ソラを見つけた臣野がソラに声をかけると、ソラはたちまち顔色を悪くし、臣野が出て行った後、体調がよくないと言ってすぐに帰ってしまった。ソラは次の「ヒマワリ句会」に姿を見せなかった。気になったユミが、何か事情があるのか、ハセオにたずねたところ、一年のときにソラと臣野の間にあったことを初めて知らされる。ユミは、臣野が来たときに黙って見ていたハセオを責め、「役立たず！」と言って非難した。これを読んで、後の問いに答えなさい。

ヒマワリ句会は、その後一度も開かれないまま、冬休みがはじまった。

正確にいえば、ソラは、二学期の終業式の日に一度だけ保健室に来ていた。

その日はちょうど、十二月二十五日のクリスマスにあたる。同級生たちの中には、終業式が終わったあと、めいめいの家でパーティーを開く人もいるだろう。だが、ソラにとっては、パーティーどころではない。

保健室はいつもよりもひっそりとした雰囲気で、少し薄暗くさえ感じた。うすぐもりの天気のせいだろうか。それとも、窓の外にいつも見えていた花が、今日は見えないせいだろうか。花壇も、冬の間は、ただの黒い土の広がりに戻ってしまう。

静けさの中で、ソラは、この間あったことを、北村先生に正直に打ち明けた。

「僕もう自分の中では、乗り越えたと思っていたんです。保健室に通うようになって、俳句を通して友だちもできたから……でも、やっぱりだめでした」

ソラの話を、北村先生はいつもの穏やかな表情で聞いていた。

「傷ついていた榎本さんに、僕はこう言ったんです。どうしても合わない人はいるから、近づかないほうがいいって。化学反応が起きないようにすればいいって。でも、いまから思うと、自分でもできていないのに、ずいぶんえらそうなことを言ってしまって、恥ずかしいんです」
「榎本さんは、えらそうだなんて思ってないよ。そういう子じゃないって、ソラくんもわかるでしょう？」
北村先生の言葉に、ソラの表情は少しだけやわらいだ。でもまた、すぐにけわしい顔にもどる。
「私ね」しばらくの沈黙（ちんもく）のあと、北村先生は話し出した。
「子どものころ、へんなくせがあってね。今日あったことを、プラスとマイナスに分けて、ノートに書き出してたの。ためになることはプラス、ならないことはマイナスっていうふうに決めてたのね。早起きしたのはプラス、定規をなくしたのはマイナス、道の空き缶（かん）を拾って捨てたことは、世の中のためになるから、割増しでプラス、とかね。それで、寝（ね）る前、枕（まくら）にノートを広げて計算するの。一日のプラスとマイナスを差し引きして、プラスになったら、自分をほめて、マイナスだったら、もっとがんばらなきゃって励（はげ）まして、それから寝るの。かわいいでしょ？」
ふふふと笑う北村先生に、
「先生らしいですね」
とソラもほほをゆるませる。
「でもね、①<u>ある出来事を境に、やめちゃった。</u>その日にね、マリーゴールドの種を買ってもらって、庭の花壇に蒔（ま）いておいたの。私、マリーゴールドが大好きだったから、とても楽しみにしていた。でも次の日、ものすごい大雨が降って、種がぜんぶ流れちゃったの。もう芽が出ないことも悲しかったけど、種をむだにしてしまったと思って、わんわん泣いたのを覚えてるわ。それからね、ノートをやめちゃったの。だって、私はその前日に、マリーゴールドの種を植えたことを、プラス10で計算してたの。でも、私が植えなかったら種は流されなかったと思うと、それってマイナス10ってことになるじゃない？　さかのぼって、きのうの数字を消しゴムで消しちゃうのも、おかしな話だしね」
北村先生はふっと、窓の外に目をやった。その何もない空間が、先生の目には、マリーゴールドの記憶（きおく）と重なるのだろうと、ソラは思った。
「先生はね、ソラくんがいう化学反応って話、間違いじゃないと思うの。でもね、実際は世界ってもっと複雑で、一つ一つの物質も、理科室の棚に並んでいるみたいに、かたまってガラス瓶の底にあるんじゃない。目に見えないほど小さいままに、風の中を飛んだり、水の中を漂ったりしているんじゃないかな。それで、たまたま触れ合って反応したり、しなかったりしている。偶然そうなったってことも多くて、その偶然には、きっとaイトがない。起こった出来事を、プラスにするとかマイナスにするとかは、人の心が決めるんじゃないかな」

そこまで言って、北村先生は机のいちばん下のひきだしを開けた。取り出したものを、緑色の机の上に置く。

(注)歳時記と、(注)句帳にしているノート。このあいだ、あわてて帰って、ソラが忘れていったものだ。

「あのころに、俳句を知っていればよかったなって、思うわ。②俳句って、マイナスをプラスにする力があると思うの」

「でも、そんな前向きな句は、いま書けそうにないです」

ソラがぽつりとつぶやくと、北村先生は首を振った。

「前向きな句を書かなくたっていいのよ。私が言うプラスの効果っていうのはね、いやな経験も、作品にできるっていうこと。五七五の言葉でまとめると、なんだかそれが、自分じゃなくて、誰かの言葉みたいになるじゃない？　そうすると、自分だけの思いじゃないってわかる。だれかと共有することもできる。それだけで、気持ちが楽になると思うの。そうね——、いま、話してて思いついたんだけど、こんな句はどう？」

そう言って、指揮をとるみたいに北村先生は指をクルクルまわしながら、

③花の種流れながれて(注)ベニスまで

と読みあげた。

「私、学生のころから、(注)『ベニスに死す』って映画が大好きなのね。花の種がずーっと遠くの海に出て、ビョルン・アンドレセンが歩いていたあの港町まで行って、そこで咲いてくれたらなあなんて、空想したの」

ソラはもうちょっとで「ナイス秀句ですね！」と口に出そうとしたが、直前に恥ずかしさでやめた。「いい句ですね」と落ちつい

た口調で言って、
「ベニスって、僕は行ったことないですけど、たしかイタリアの街ですよね。ありえないことだけど、日本からイタリアまで海を越えて種が流れていくって、非現実的にまとめたのがよかったと思います。視界が一気に開けた感じがして。――あっ、でも悲しい思い出だったのに、いいだなんて言っちゃって、すみません」
ソラは[b]ムチュウで話してから、最後にハッと口をつぐんだ。僕はいつからこんなふうにべらべらしゃべるようになったんだろう？
ハセオの影響かな？
「そう、ソラくんらしくなってきたね。そんなふうに、あなたにしか紡げない言葉って、あるはずよ。先生は、また、ソラくんの俳句が見たいな」
ソラは、うなずいた。
また、句を作りたい。
その思いは、けっして消えていないことを、確信したのだ。
いましか書けない句。自分にしか書けない句。
それができそうな気がしてきたのだ。
「これ、ありがとうございました」ソラは、クローバーの机から、歳時記とノートを取って、胸に抱きかかえた。そして、北村先生の目をまっすぐに見て、言った。
④「大会の応募用紙、もらえますか？」
ハセオは、ユミに言われた、
「役立たず」
の一語が、ずっと頭から離れなかった。
父からも、同じことを言われ続けていたからだ。

会社の重役で忙しかった父のかわりに、よく遊びに連れていってくれた正秀おじさんは、俳句のCセンモン家だった。おじさんのように自由に生きたくて、自分も俳句を始めたけれど、収入の安定しないおじさんのことを、父はいつも悪く言っていた。そして、ハセオが俳句を好きな気持ちも、認めてくれようとはしなかった。

「人生の時間は少ない、無駄なことをしている時間はない」

父の口癖だった。父は絵が好きで、日曜日の午前中九時から十一時は絵を描く時間と決めて、熱心に取り組んでいたけれど、それはあくまで、A仕事の英気を養うためで、父によれば「無駄な時間」ではない。

文学や芸術を否定するわけじゃないんだ、と父はよく言っていた。ただそれは、あくまで本当の人生を豊かにするためにあるのであって、本当の人生とは、社会のためになるような仕事をすることにある。それが、父の哲学だった。

「正秀は、人生の意義というものが、ぜんぜんわかっていない」と、そのたびに、おじさんを否定した。おじさんは、俳句に熱中しすぎて、大学を出ても定職につかず、結婚もしないで、いまは大学の非常勤講師でかろうじて生計を立てている。それも、ここ数年は文学部が減らされている傾向で、危ういらしい。ハセオはときどき、父の目を盗んで、電車で一時間の道のりをこっそりおじさんに会いにいって、俳句の話をする。最近は大学の新しい職を探すので、忙しそうだ。大学ごとに、履歴書の書き方が違うんだよな、と無精ひげをかきながら、ぼやいていた。

テストの結果は、必ず父に提出することが義務付けられていて、そのたびに、説教を食らうのが通例になっていた。正秀おじさんのことは、たびたび説教の中で、〝悪い例〟の代表としてあがった。正秀のやっていることなど、なんの役にも立たない、遊びにすぎない、と。

「おまえには、正秀のような、自分の都合でまわりの人を心配させるだけの人間になってほしくない」

そう言われるたびに、ハセオは、勉強から遠ざかり、俳句のほうに近づいていった。

ヒマワリ句会のことも、父には言っていなかった。どんどん正秀みたいになっていくじゃないか、と言われるのがB関の山だったからだ。

父から長年、大好きなおじさんや俳句を否定され続けたせいで、人から何を言われようと動じない性格になっていた。だけれど、同じ俳句好きな仲間のユミに言われたことは、ハセオの中で、打ち消すのがむずかしかった。

ユミは、弓道部(きゅうどうぶ)で主将をつとめている。責任感もあって、どんな人ともすぐに打ち解けられる。ちゃんと社会でもやっていけるに違いない。

おれには、俳句しかない。

俳句はたしかに、誰かのために、役に立つというものではない。こういうとき、励ましの一句を、ソラに送る？　そんなの、ばかばかしい。

でも、自分は俳句が好きだ。この道を、きわめたい。

高校を卒業したら、大学に行こうとは思っている。行くなら文学部に行きたいけれど、父が許すかが、わからない。正秀おじさんの㊟主宰(しゅさい)する俳句結社に入って、事務やd ヘンシュウを手伝うことは、すでにひそかに始めていた。

「主宰の俺(おれ)だって、それで食べていけるわけじゃない。厳しい道だぞ」と何度も説得されたけれど、俳句を、自分の生涯(しょうがい)を懸(か)ける表現にすることは、決めていた。

まずは、新春俳句大会に出す句を、磨(みが)きあげないと……

じつは、冬休みの間、ソラとは、欠かさず、携帯(けいたい)を通して句のやりとりを続けていた。終業式の終わったクリスマスの夜に、突然(とつぜん)、ソラのほうから俳句を見てほしいといって、送ってきたのだ。

あいたくないあいつにだけは聖夜でも

はじめは、驚(おどろ)いた。こんなむきだしの感情を詠むのは、これまでのソラらしくなかったからだ。

ハセオは、ひとさし指であごを擦(こす)りながらしばらく考えこんだあと、手早くぱぱぱっと、ダックスフントの絵文字を四回打ち込(こ)む。最近では、これが「駄ッ句スフント！」の意味になっていて、数を重ねれば重ねるほど、〝㊟駄句度(だくど)〟が高いというルールだ。

――クリスマスのうきうきした気分と落差があるのはいいけど、上五中七の感情表現がナマのまま。

この段になると、ハセオのほうも、いつものように「ナイス秀句！」と「駄ッ句スフント！」の返信だけでは、いられない。もっと詳しく、アドバイスするようにした。正秀おじさんから教えられたものをできるだけソラにも伝えたい。

次々に、ソラは俳句を送ってくるようになった。朝早くから、夜遅くまで。ハセオは、ごはんをかきこんでいようが、風呂に入っていようが、できるだけすぐに返信するようにした。

ソラの俳句は、間違いなく、変わっていた。いじめの記憶を、テーマにするようになったのだ。

それまでのヒマワリ句会では、その場で題を出す席題で、季語を中心に作っていた。季語がテーマだったのだ。それが、季語とは別のテーマを持つようになった。

言葉に傷ついたこと。相手を憎んでしまったこと。忘れられると思っていたけれど、そう簡単にはいかないこと。

そうした思いを、むきだしにした句が送られてきた。

ただしハセオは、作品については、容赦しなかった。

ハセオにとっては、水仙の花を詠むことも、いじめを詠むことも、平等だった。いじめの句だから、同情的に評価しようという気は、みじんもない。「ナイス秀句！」になるか「駄ッ句スフント！」になるかは、題材がちゃんと詠みこなされているかどうか。その一点にかかっている。

　　孤独でもいいってひかりオリオン座

除夜の鐘が聞こえる中、送られてきた句。

ハセオは、ダックスフントの絵文字を、二回押した。

――［ I ］。この感じ！

家族で初詣に行く車の中で届いたのは、次の句。

冬銀河守ってくれる銀の籠

ハセオは、ダックスフントを三回押す。「ちっ」と舌打ちをしたので、いっしょに後部座席に乗っていた姉に、Cけげんな顔で見られた。

——［　Ⅱ　］。一歩後退。

そんなふうに、ダックスフントの数が増えたり減ったりしながら。

確実に、ソラの句はよくなっていった。

感情を伝えるのに、どう表現を工夫するか。

だんだん、自分なりの方法を、つかんでいっている。

正月料理に飽きたという姉のために牛すじカレーを煮こんでいる時には、次の句が送られてきた。

⑤雨の中マフラーはアスファルトを這う

その日は、まさしく雨が降っていた。実際に見た風景なのか、雨に触発されたイマジネーションなのか。

これには、ダックスフントの絵文字は、一個。

——雨の道路に落ちたマフラーに、悲しみがぎゅっと詰まってる。いい調子！

同じ日の夕方、母のオーディオ部屋で(注)マーラーを聞いていたときに、届いた一句。

手袋のかたっぽ雨のアスファルト

やっぱり、一個。

――すごく客観的になった。［　Ⅲ　］。でも、それだけじゃ弱い。もっと感情を。

これには、ソラも困ってしまったようだ。メッセージを送った直後に、電話がかかってきた。ハセオは、音楽を止めて、電話に出る。ｅボウオン室にいたのは、家族に会話を聞かれないから、ちょうどよかった。

「感情を出すなっていったり、出せっていったり、どういうことだよ」

久しぶりに聞くソラの声は、意外に元気そうだ。

「感情は、スパイスみたいなもんだ。入れすぎるとくどくなるけど、ぜんぜん入っていないと、味気ない」

「ハセオってさ、意外に料理好きなの？」

「なんで？」

「ナマじゃだめとか、スパイスとかさ。たとえが、料理男子みたい」

「あはは、じゃあ今度おれのスペシャルメニューを食べさせてやるよ」

そんなことをしゃべって電話を切って以降、ソラは、冬の季語である「手袋」に狙（ねら）いを定めたようだった。

手袋が片方引っかかってる木

落ちている手袋またぐ人の足

かたっぽの手袋蝶（ちょう）の刺繍（ししゅう）ある

次から次へと送られてくる、手袋俳句。そのひとつひとつに、ダックスフントの絵文字を返しながら、ハセオはもどかしかった。

あと一歩なのだ。

完璧（かんぺき）な音楽や小説が存在しないように、完璧な俳句なんて、ない。でも、俳句は完成すると、ハセオは信じている。もうそれで、言葉を動かしようのない瞬間（しゅんかん）が、必ずやってくる。ホームランを打った感覚や、クレーンゲームでお目当ての人形が落ちた瞬間と、似ている。

ソラの俳句は、それに少しずつだけれど、近づいている気がした。

（髙柳克弘「そらのことばが降ってくる――保健室の俳句会」）

㊟ 歳時記 ―― 俳句の季語を集めて分類・整理し、解説や例句を載(の)せた書物。
句帳 ―― 作った俳句などを書きとめるノート。
ベニス ―― イタリア北東部にある港湾(こうわん)都市。「水の都」とも呼ばれる。
『ベニスに死す』 ―― ベニスを舞台(ぶたい)にしたイタリア映画（ルキノ・ビスコンティ監督(かんとく)）。後に出てくる「ビョルン・アンドレセン」は、登場人物の美少年役で出演した映画俳優。
主宰 ―― 団体や結社などを、中心となって運営すること。またその人。
駄句 ―― つまらない俳句。へたな俳句。
マーラー ―― オーストリアの作曲家、指揮者（一八六〇～一九一一年）。

問一 〰〰線部a「イト」・b「ムチュウ」・c「センモン」・d「ヘンシュウ」・e「ボウオン」のカタカナを漢字に直しなさい。

問二 ══線部A～Cの語句の本文中の意味として最も適切なものを、それぞれ次の中から選び、記号で答えなさい。

A 「仕事の英気を養う」

ア 困難な仕事にたえるための忍耐力(にんたい)をつちかう
イ 膨大(ぼうだい)な仕事を効率的になすための方法を考える
ウ 新しい仕事をするためのひらめきやヒントを得る
エ 日々の仕事に取り組むための気力や元気をたくわえる

B 「関の山」

ア どうしてもたえられないほどにいやなこと
イ 一体どうなるのか、だれにも見当のつかないこと
ウ せいぜいその程度の結果にしかならないこと
エ 最悪の場合、そうなってもしかたがないこと

C 「けげんな顔」

ア 相手の言動に対して腹立たしく思っている表情
イ 不思議でわけがわからないという表情
ウ かくすことのできないほど不快に思っている表情
エ 予想外のことにおどろきあきれたという表情

問三 ――線部①「ある出来事を境に、やめちゃった」とありますが、それはなぜですか。最も適切なものを次の中から選び、記号で答えなさい。

ア 人の経験というものは、必ずしも単純にプラスとマイナスに区別できるようなものではないと痛感したから。
イ せっかくプラスの出来事として書いたものを、後でマイナスに書き換(か)えるのが、とてもくやしく感じたから。
ウ いくらプラスの点数を書いても、結局のところ、マイナスと差し引きされるので、書く意味がないとわかったから。
エ プラスの点数をかせぐためにマリーゴールドの種を植えたばっかりに、悲劇的な結末を迎(むか)えたことがつらかったから。

問四　――線部②「俳句って、マイナスをプラスにする力がある」とありますが、それはどういうことですか。その説明として最も適切なものを次の中から選び、記号で答えなさい。

ア　どんなに悲しくてつらいことに直面しても、それを俳句に詠んで、他の人々に見てもらって賞賛を受けることで、いやな経験を忘れて新たな気持ちで人生を歩んでいくことができるようになるということ。

イ　悲しいことやつらいことを五七五の言葉としてまとめると、それが一つの俳句の作品となるので、自分の作品ができたという達成感と充実感(じゅうじつ)によって、自分だけの楽しみを心豊かに味わうことができるということ。

ウ　どんなに悲しくてつらいことがあっても、自分をはげまし、勇気づけるような前向きな言葉を用いて俳句の作品を作れば、自然と心も勇気づけられて元気になり、楽な気持ちになってくるということ。

エ　悲しいことやつらいことを俳句のリズムに乗せて言葉として表現すると、自分ひとりで心の中に抱(かか)えていた思いが、だれかと分かち合えるものとなり、それによって心が解放されることにもなるということ。

問五　――線部③「花の種流れながれてベニスまで」とありますが、この北村先生の俳句に詠まれた情景や思いについて、「プラス」、「マイナス」という言葉を用いて百字以内で説明しなさい。

問六　――線部④「大会の応募用紙、もらえますか?」とありますが、ソラがそのように言ったのはなぜですか。最も適切なものを次の中から選び、記号で答えなさい。

ア　北村先生との会話を通じて、自分のなやんでいることがいかに小さなものであったかを自覚し、北村先生の俳句のように、海外に目を向けることのすばらしさに気づき、自分も視野の広い俳句を作りたいと思ったから。

イ　北村先生との会話を通じて、自分の不安が徐々にやわらいでいき、自分のために親身になって相談に乗ってくれる北村先生に感謝し、美しい俳句を作って大会で賞をとることで、北村先生に恩返しをしようと思ったから。

ウ　北村先生との会話を通じて、自分のマイナスの感情を必ずしも否定的にとらえる必要はなく、そこから出発することで自分独自の表現を見出し、自分らしい俳句を作ることもできるのではないかと思えてきたから。

エ　北村先生との会話を通じて、自分がべらべらと話せるようになっていることに気づき、北村先生からも「ソラくんらしくなってきた」と言われたことで自信がつき、俳句も上手に作れそうに思えてきたから。

問七　ハセオの父と正秀おじさんの人物像として適切なものを次の中から**二つ**選び、記号で答えなさい。

ア　父は、自分が得意とする絵画の方が俳句よりも芸術的であると考えており、その点で正秀おじさんを批判的に見ており、負けずぎらいの性格の人物である。

イ　父は、自分では芸術の価値を認めているつもりだが、あくまでも実生活を豊かにするための補助的なものだと考えており、実益を重視する人物である。

ウ　父は、正秀おじさんのことを悪く言ってはいるものの、俳句で身を立てた点については一目置いており、公平な視点を持った人物である。

エ　父は、息子（むすこ）のヒマワリ句会への参加を苦々しく見て、俳句にのめり込んで人生を棒に振ることをおそれており、心配性（しょう）な性格の人物である。

オ　正秀おじさんは、ハセオが俳句に関心を抱いていることがうれしいので、熱心に教えてやるような、物事に熱中しやすい性格の人物である。

カ　正秀おじさんは、俳句に熱中するあまり、人生の意義が理解できず、定職にもつかず、結婚もしようとしない、社会にうまく合わせられない人物である。

キ　正秀おじさんは、芸術家の生活の厳しさを知っているだけに、ハセオが俳句の世界に人生をかけようとしていることを心配しており、思いやりのある人物である。

ク　父も正秀おじさんも、たがいのことを批判はしつつ、自分にできないことをできる相手のことをひそかに敬っており、実は二人とも兄弟思いの人物である。

問八　空欄（くうらん）［Ⅰ］～［Ⅲ］に入る言葉として最も適切なものを、それぞれ次の中から選び、記号で答えなさい。

ア　感情、おさえがきいている

イ　ナマの感情が、ちょっと調理されてきた

ウ　比喩（ひゆ）を凝（こ）りすぎて、ひとりよがりになってる

エ　感情と比喩のさじ加減が最高だ

問九　――線部⑤「雨の中マフラーはアスファルトを這う」について、次の(1)、(2)の問いに答えなさい。

(1)　この俳句の季語を答えなさい。

(2)　この俳句と同じ季節を詠んだ俳句を次の中から一つ選び、記号で答えなさい。なお、次の俳句はいずれも明治の俳人である正岡子規（まさおかしき）の作品です。

ア　五月雨（さみだれ）や上野の山も見あきたり

イ　柿（かき）くへ（え）ば鐘が鳴るなり法隆寺（ほうりゅうじ）

ウ　雪残る頂（いただき）ひとつ国境（くにざかい）

エ　いくたびも雪の深さを尋（たず）ねけり

問十　本文について、先生のもとで四人の生徒が意見を述べ合いました。以下を読んで、後の(1)〜(4)の問いに答えなさい。

清くん「ソラに対するハセオのアドバイスのしかたがおもしろいなと思ったよ。ソラも指摘しているように、［　(1)　］に関係する言葉を使って比喩を言っているところが多かったね。でも、どうして、俳句のどこをどんな言葉に直せばいいか、もっと具体的に言わなかったのかなあ。『励ましの一句を、ソラに送る？　そんなの、ばかばかしい』という部分を読んだときも、もっとソラに親切にしたらいいのにと感じたよ。」

風太くん「確かに、『そんなの、ばかばかしい』という言葉だけ見るとハセオが薄情なやつに見えるけど、そこには、励ましの一句を詠まないかわりに、俳句を通じた真剣なやりとりを大事にしたんじゃないかな。［　(2)　］という考えがあったんだと思うよ。だから、」

学くん「なるほど。そんなふうに、俳句を通じてソラと向き合おうとするハセオの姿勢や考え方は、『［　(3)　］』という一文とその直後の段落に書かれていたね。あくまでも俳句を通じた真剣なやりとりの中で、ソラが自分の表現を見つけることが今のソラには必要だと考えていたんじゃないかな。」

園子さん「そうね。そういう自分の表現を見つける瞬間のことを、ハセオは『［　(4)　］』と呼んでいるわね。ハセオはそういう時がきっとくると信じているから、ソラとねばり強く何度もやりとりを続けたのじゃないかしら。」

清くん「あ、そうか。だから、ハセオは、どこをどんな言葉に変えたらいいか、具体的に言わなかったのか。ソラが自分の表現を見つけて、そこから自分の気持ちと向き合うことで、次の一歩につながっていく、そんなふうにハセオは考えていたのかもなあ。なんだかハセオはソラの師匠みたいだね。」

先生「実はね、江戸時代の俳人、松尾芭蕉は、自分の呼び名を仮名で書くとき、昔の書き方で『はせを』って書いたの。その芭蕉の弟子に河合曽良って人がいたのよ。作者の髙柳さんは、ハセオとソラの二人を芭蕉と曽良に重ね合わせたのでしょうね。」

清・風太・学・園子「へえ、そうだったんだ！」

(1) 空欄 (1) に入る言葉を本文中から二字で抜き出して答えなさい。

(2) 空欄 (2) に入る言葉として最も適切なものを次の中から選び、記号で答えなさい。

ア ソラを励まそうという気持ちを表面的な言葉で俳句の形にして送ったとしても、ソラの心に力を与えることはできない

イ 俳句大会に出る以上は、ソラもライバルであることに変わりなく、励ますことでソラに賞をとられるわけにはいかない

ウ 臣野が来たときに何の役にも立たなかった自分がソラを励ましても、ソラのつらい心をさらに傷つけてしまうだけだ

エ 俳句でソラを励ませば、「厳しい道」の俳句の世界にソラを巻き込むことになり、ますますつらい目にあわせかねない

(3) 空欄 (3) に入る一文を本文中から探し、最初の五字を抜き出して答えなさい。

(4) 空欄 (4) に入る言葉を本文中から十三字で抜き出して答えなさい。

【二】の問題は、次のページにあります。

【二】 次の文章は、「情報技術と現代社会」について、AさんとBさんがそれぞれ述べた意見です。これを読んで、本文の内容を百字以上二百字以内でまとめなさい。ただし、次の形式で書くこと。

Aさんは、……と考えている。一方、Bさんは、……と考えている。

Aさん

この前、おじさんの家に遊びに行ったら、スピーカーに話しかけて家電の操作をしていたんだ。リモコンに全然触(さわ)らず、しゃべるだけで電気をつけたり消したりして、エアコンの設定やテレビの録画予約なんかもしていたよ。スマートホームって言うらしいんだけど、すごいよね。便利そうだし、楽しそうだし、うらやましかったな。うちでもスマートスピーカーを買って、スマートホームにしてくれたらいいのに。

IoT(アイオーティー)っていう言葉を知ってる?「モノのインターネット」っていう意味で、今まではインターネットと関係なかったいろいろなものもインターネットに接続されるようになることを言うんだって。たとえば自動車だと、自動運転とか遠隔操作による駐車(ちゅうしゃ)とかができるようになるって言うし、家の電化製品だったら、家の外からの操作とか、時間や天気や予定に合わせて勝手に電化製品のスイッチが入るようにしたりとかができるようになるんだって。すごいよね、何だか未来の家みたい。

こういう情報技術(IT)がもっと進んでいけば、スマートホームやIoTだけでなくて、もっと便利な生活がだれでも送れるようになると思うんだ。たとえば料理とか洗濯(せんたく)とかみたいな家のことは、お父さんお母さんやぼくたちが何もしなくても勝手にやってくれるようになるかもしれない。それにお父さんやお母さんの仕事だって、しなくていいこともっと増えると思うんだよね。そんな世の中が実現するように、社会のIT化がどんどん進んでいったらいいなあ。

Bさん

生活が便利になるのはいいことだよね。けれどもぼくは、ちょっと怖(こわ)いなと思っているところもあるんだ。うちにもスマートスピーカーがあるんだけど、全然関係ない話を家族としているときにも反応することがあるんだよね。これって、ぼくたちの会話を全部チェックしているってことでしょう。もしスピーカーを悪用しようとする人がいたら、ぼくたちが何を話していたか、全部分かってしまうことになるんじゃないかな。「プライバシー」や「セキュリティ」のことを考えると、スマートスピーカーを気楽に使っていても大丈夫(だいじょうぶ)なのかなって思うよ。スマートスピーカーに限らないけど、ぼくたちはついつい便利さばかりを見てしまう気がするんだ。でも、それをありがたがってばかりいたら、その裏側にある危険性を見落としてしまうんじゃないかな。ＩＴ化はぼくたちの生活をとっても便利にしてくれるけれど、だからこそ使っていく中でいろいろな危険も大きくなると思うんだ。

それに、スマートホームやＩｏＴを使えない人のことも考えないといけないと思うんだ。うちのおばあちゃんはパソコンやスマートフォンの使い方が覚えられないって言って全然使っていないけど、そういうお年寄りの人って多いんじゃないかな。便利さだけに気を取られてむやみにＩＴ化を進めてしまったら、情報技術を使える人と使えない人の格差が広がって、一部の人が孤立(こりつ)してしまうようなことが起こってしまうかもしれないよ。

こうやっていろいろ考えてみると、ＩＴ化を進めるのはもう少し慎重(しんちょう)になった方がいい気がするなあ。いいこともいっぱいあるのも確かだけど、よくないことだってやっぱりあるんだからさ。

（オリジナル文章）

（以　上）

理 科 問 題

（ 問題番号 1 ～ 6 ）

1 次の文章を読み，下の各問いに答えなさい。

気体A～Dは，酸素，水素，アンモニア，塩化水素のどれかです。この気体A～Dを用いて，〔**実験1**〕，〔**実験2**〕を行いました。

〔**実験1**〕 気体A～Dをそれぞれ別々の容器に入れ，水に緑色のBTB溶液(ようえき)を少量加えた液体をそれらの容器にそれぞれ入れてふりまぜた。気体Aの入った容器の液体は黄色に，気体Bの入った容器の液体は青色になった。気体C，Dの入った容器の液体はどちらも緑色のままであった。

〔**実験2**〕 気体C，Dにそれぞれ火のついたせんこうを近づけると，気体Cではせんこうが炎(ほのお)を上げて激しく燃え，気体Dでは気体がポンと音をたてて燃えた。

気体C，Dについて，固体Xに水溶液(すいようえき)Pを加えると気体Cが発生し，固体Yに水溶液Qを加えると気体Dが発生することがわかりました。そこで，〔**実験3**〕，〔**実験4**〕を行いました。ただし，気体の体積はすべて同じ条件ではかるものとします。

〔**実験3**〕 0.5gの固体Xに，あるこさの水溶液Pの体積を変えて加え，発生した気体Cをすべて集めて体積をはかった。その結果を**表1**にまとめた。

表1

水溶液Pの体積〔cm^3〕	0	10	20	30	40	50
気体Cの体積〔cm^3〕	0	50	100	150	200	250

〔**実験4**〕 0.5gの固体Xに，水溶液Pのこさを変えた水溶液P_1，P_2，P_3，P_4をそれぞれ20cm^3ずつ加え，発生した気体Cをすべて集めて体積をはかった。その結果を**表2**にまとめた。

表2

こさを変えた水溶液P	P_1	P_2	P_3	P_4
気体Cの体積〔cm^3〕	100	125	150	200

問1　気体A，Bとして適するものを，次の**ア**～**エ**のうちからそれぞれ1つずつ選び，記号で答えなさい。

ア　酸素　　**イ**　水素　　**ウ**　アンモニア　　**エ**　塩化水素

問2　気体C，Dについて，次の(1)，(2)に答えなさい。

(1)　固体Xと水溶液P，固体Yと水溶液Qの組み合わせとして適するものを，次の**ア**～**エ**のうちからそれぞれ1つずつ選び，記号で答えなさい。

ア　石灰石とうすい塩酸
イ　鉄とうすい塩酸
ウ　二酸化マンガンとうすい過酸化水素水
エ　鉄とうすい水酸化ナトリウム水溶液

(2)　気体Cを集める方法としてもっとも適するものを，次の**ア**～**ウ**のうちから選び，記号で答えなさい。

ア　　**イ**　　**ウ**

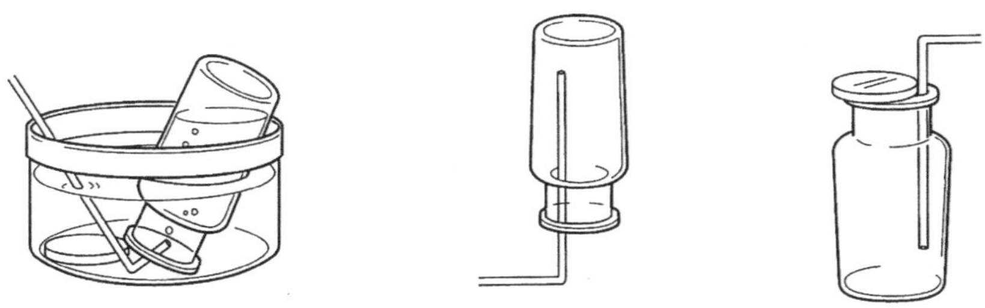

問3　〔**実験3**〕について，0.5gの固体Xに，水溶液Pを加えて気体Cを125cm^3発生させるためには，水溶液Pは少なくとも何cm^3必要ですか。

問4　〔**実験4**〕について，0.5gの固体Xに，10cm^3の水溶液P_1と10cm^3の水溶液P_4とを混ぜ合わせた20cm^3の水溶液を加えました。このとき発生する気体Cは何cm^3ですか。

2 次の文章を読み，下の各問いに答えなさい。

次の会話文は，お母さんのおなかの中にいる赤ちゃんについて，先生と生徒の会話です。

先生：ヒトは受精卵から成長していきます。
生徒：(i)メダカも受精卵から成長すると習いました。メダカは，受精卵ができてから，水温25℃で飼育すると約（　X　）日でふ化します。ヒトは，受精卵ができてからどれくらいの期間でうまれますか。
先生：個人差はありますが，約38週間でうまれます。赤ちゃんはうまれるまで，お母さんのおなかにある（　Y　）の中で育ちます。（　Y　）の中の赤ちゃんは，へそのおを通じて養分とともに酸素もお母さんからもらいます。
生徒：養分も酸素もお母さんからもらっているのですね。
先生：そうです。このとき，(ii)（　Y　）の中に赤ちゃんがいる間は，お母さんのからだの血液の量も増えていきます。

問1　会話文中の空欄（くうらん）（　X　）にあてはまる数値としてもっとも適するものを，次の**ア**～**オ**のうちから選び，記号で答えなさい。

ア　3　　**イ**　10　　**ウ**　30　　**エ**　60　　**オ**　100

問2　会話文中の空欄（　Y　）にあてはまる語句を答えなさい。

問3　下線部(i)について，メダカの受精卵ができるまでのようすとして適するものを，次の**ア**～**エ**のうちから1つ選び，記号で答えなさい。

ア　メスの体内にオスが精子を入れる。
イ　メスはやわらかい砂の中に卵をうみ，オスは砂にもぐって卵に精子をかける。
ウ　メスにオスが近づき，メスが卵をうむときに体をすり合わせるようにして精子をかける。
エ　メスはうんだ卵をえらに入れ，オスはメスのえらに精子をかける。

問4　次の**ア**～**エ**は，お母さんのおなかの中にいる赤ちゃんにみられる特ちょうです。この中でもっとも早くあらわれる特ちょうとして適するものを，次の**ア**～**エ**のうちから1つ選び，記号で答えなさい。

ア　体を回転させて活発に動くようになる。
イ　目や耳ができてくる。
ウ　かみの毛やつめがはっきりとしてくる。
エ　心臓が動き始める。

問５　ヒトの誕生について**適さないもの**を，次の**ア**～**エ**のうちから１つ選び，記号で答えなさい。

ア　卵と精子が結びつくことを受精という。

イ　へそのおと赤ちゃんは，たいばんによってつながっている。

ウ　羊水には，赤ちゃんを外からのしょうげきから守るはたらきがある。

エ　へそは，へそのおがとれたあとである。

問６　下線部(ii)について，ある女性はおなかの中に受精卵ができる前は，体重が50kgで，血液の重さは体重の８％でした。また，おなかの中に受精卵ができ，赤ちゃんがうまれる直前になると，その女性の体重は受精卵ができる前の1.3倍になり，血液の重さはその体重の９％になりました。赤ちゃんがうまれる直前の女性の血液の重さは，受精卵ができる前に比べて何倍になりましたか。四捨五入して小数第１位まで答えなさい。

3　次の文章を読み，下の各問いに答えなさい。

次の会話文は，先生と生徒の会話です。

生徒：(i)お米を噛(か)んでいると，だんだんと甘(あま)く感じます。なぜですか。
先生：それは，お米にふくまれるデンプンが口の中でだ液と混ざることで，糖に分解されるからです。
生徒：分かりました。糖になることで甘く感じるのですね。
先生：また，お米をよく噛んで食べることは(ii)消化や吸収にも良いです。

問1　下線部(i)について，お米はイネの実から作られます。イネの特ちょうの組み合わせとして適するものを，下の**ア**～**カ**のうちから1つ選び，記号で答えなさい。

a　子葉は一枚である。
b　葉の表面の様子は網目(あみめ)状である。
c　呼吸によって二酸化炭素を出す。
d　光合成によって二酸化炭素を出す。

ア　aとb　　**イ**　aとc　　**ウ**　aとd
エ　bとc　　**オ**　bとd　　**カ**　cとd

問２　下線部(ii)について，ヒトのからだのつくりを表した**図**をもとに，下の(1)〜(3)に答えなさい。

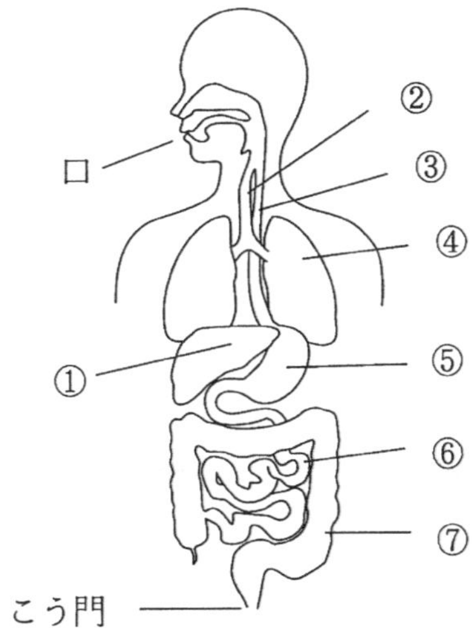

①〜⑦：ヒトのからだのつくり

図

(1)　**図**の①〜⑦のなかで，食べ物の通り道となるつくりの組み合わせとして適するものを，次の**ア**〜**オ**のうちから１つ選び，記号で答えなさい。

ア　①・③・④・⑥　　**イ**　②・④・⑤・⑥　　**ウ**　②・⑤・⑥・⑦
エ　③・④・⑤・⑦　　**オ**　③・⑤・⑥・⑦

(2)　**図**の①〜⑦のなかで，分解された食べ物の養分を，水とともに血液中に吸収するつくりとして適するものを，次の**ア**〜**キ**のうちから１つ選び，記号で答えなさい。

ア　①　　**イ**　②　　**ウ**　③　　**エ**　④　　**オ**　⑤
カ　⑥　　**キ**　⑦

(3)　**図**の①〜⑦のなかに，養分を一時的に蓄(たくわ)えるつくりがあります。そのつくりを何といいますか。

デンプンの分解に興味を持った生徒は，「だ液は高温の熱によって，デンプンを分解するはたらきを失う」ことを知り，これを確かめるために，次のような実験方法のメモを作り，先生に見てもらいました。

実験方法のメモ

〔**実験１**〕

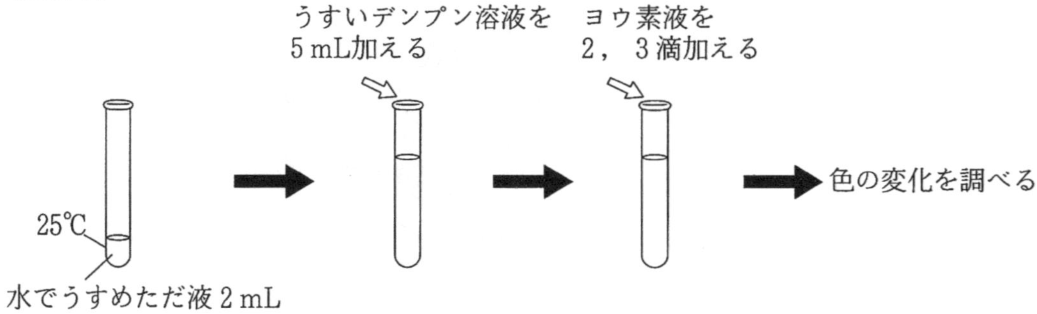

〔**実験２**〕

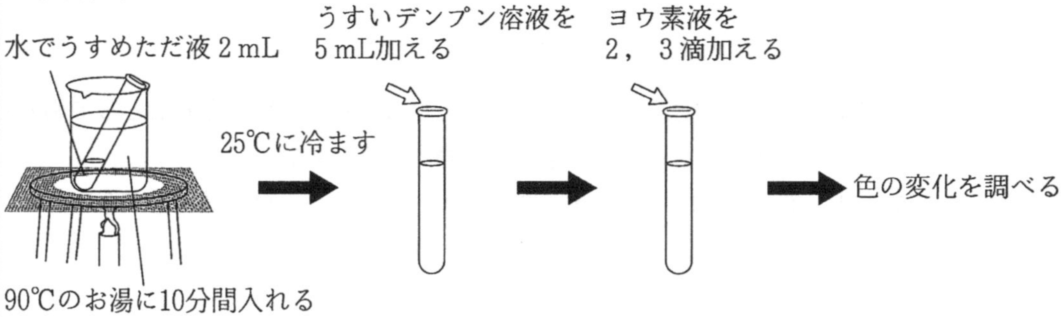

このメモを見た先生は，〔**実験１**〕と〔**実験２**〕の両方で，(iii)<u>うすいデンプン溶液(ようえき)を 5 mL加えたあとに十分な時間をおく</u>ように指示しました。

問3　下線部(iii)について，次の文章中の空欄（　A　），（　B　）にあてはまる語句の組み合わせとして適するものを，下の**ア**〜**エ**のうちから1つ選び，記号で答えなさい。

うすいデンプン溶液を5mL入れたあとに十分な時間をおかないまま実験を進めると，**〔実験1〕**と**〔実験2〕**の両方の試験管で，溶液の色が青紫色に（　A　）可能性がある。一方，うすいデンプン溶液を5mL入れたあとに十分な時間をおけば，（　B　）の試験管のみで，溶液の色が青紫色に変化すると考えられ，**〔実験1〕**と**〔実験2〕**の結果を比較することができる。

	A	B
ア	変化する	**〔実験1〕**
イ	変化する	**〔実験2〕**
ウ	変化しない	**〔実験1〕**
エ	変化しない	**〔実験2〕**

4　次の文章を読み，下の各問いに答えなさい。

天気は一定ではなく，時間とともに移り変わっていきます。

問1　昔から「夕焼けの次の日は晴れ」と言われています。このことについて，次の文章中の空欄(くうらん)（　①　），（　②　）にあてはまる方角として適するものを，下の**ア〜エ**のうちからそれぞれ1つずつ選び，記号で答えなさい。

夕焼けが見えるとき，太陽の沈(しず)む（　①　）の空は，晴れていることが多く，天気は（　①　）から（　②　）に移り変わるので，夕焼けの次の日は晴れになることが予測できます。

ア 東　　**イ** 西　　**ウ** 南　　**エ** 北

問2　大阪での太陽の動きと影(かげ)の動きとの関係について，次の文章中の空欄（　③　），（　④　）にあてはまる語句の組み合わせとして適するものを，下の**ア〜エ**のうちから1つ選び，記号で答えなさい。

地面に垂直にたてた棒の影は，太陽の動きにあわせて，できる方向や長さが変わります。一日の中で太陽がもっとも高くなる頃(ころ)，影のできる方向は棒の（　③　）側で，その長さはもっとも（　④　）なります。

	③	④
ア	北	長く
イ	北	短く
ウ	南	長く
エ	南	短く

問３　**図**は，ある晴れた日のある地点Ａでの，気温，地面の温度と観察開始からの時間との関係を表したものです。下の(1)～(4)に答えなさい。ただし，太い線（━━）が気温，細い線（――）が地面の温度を表しています。

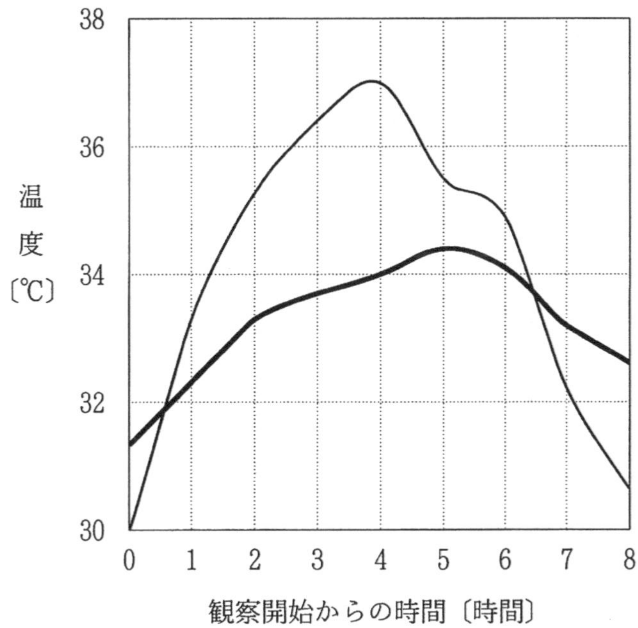

図

(1)　温度計を使った気温と地面の温度のはかり方として**適さないもの**を，次の**ア**～**エ**のうちから１つ選び，記号で答えなさい。

ア　温度計で温度をはかるときは，目線を温度計と直角にしてはかる。

イ　気温は，温度計に直射日光が当たらないようにしてはかる。

ウ　気温は，地上から1.2m～1.5mの高さではかる。

エ　地面の温度は，温度計を地面の上に置いてはかる。

(2)　観察を開始した時刻は，午前何時ですか。適するものを，次の**ア**～**エ**のうちから１つ選び，記号で答えなさい。

ア　５時　　**イ**　７時　　**ウ**　９時　　**エ**　11時

(3) 気温と地面の温度がこの日の最高点に達するまでの観察開始からの時間は，それぞれ異なっています。その理由としてもっとも適するものを，次の**ア**～**エ**のうちから選び，記号で答えなさい。

ア 空気が太陽の光で温められ，温められた空気が地面を温めるから。

イ 地面が太陽の光で温められ，温められた地面が空気を温めるから。

ウ 太陽の光で温められた空気は上昇(じょうしょう)し，冷たい空気と入(い)れ替(か)わるから。

エ 太陽の光で温められた空気は下降し，冷たい空気と入れ替わるから。

(4) 地点Aでは観察した次の日は，１日中くもりでした。この日の地点Aの同じ時間帯での気温と観察開始からの時間との関係を，**図**に破線（----）で描(か)き入れました。描き入れた図として適するものを，次の**ア**～**エ**のうちから１つ選び，記号で答えなさい。

ア

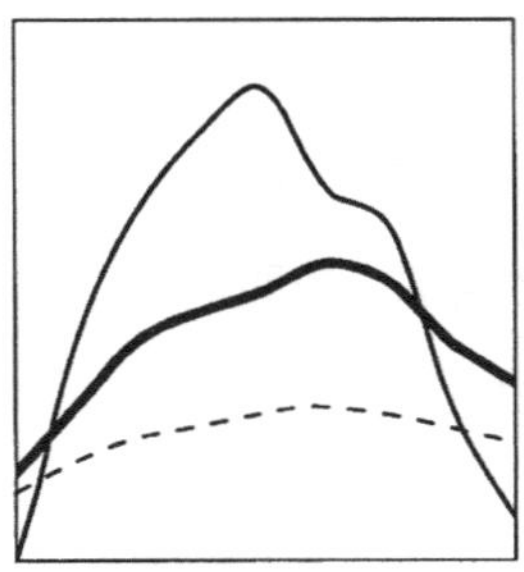

イ

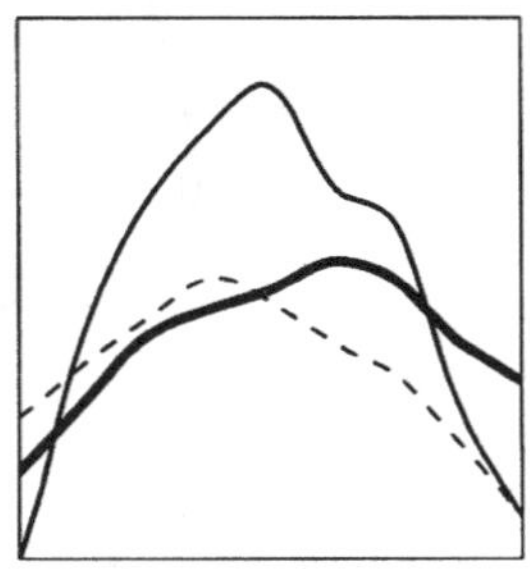

ウ

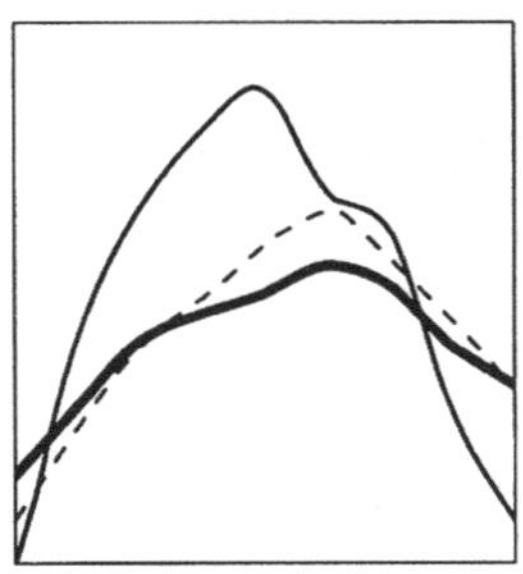

エ

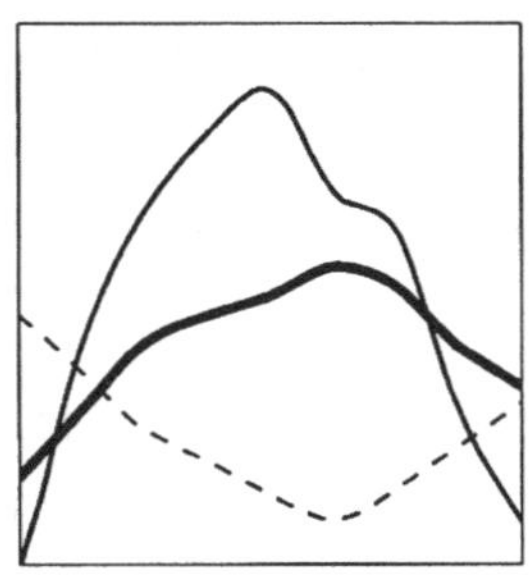

5　次の文章を読み，下の各問いに答えなさい。

体積と重さがそれぞれ異なる物体A～Jを用意し，この物体A～Jの体積〔cm^3〕と重さ〔g〕との関係を図にまとめました。

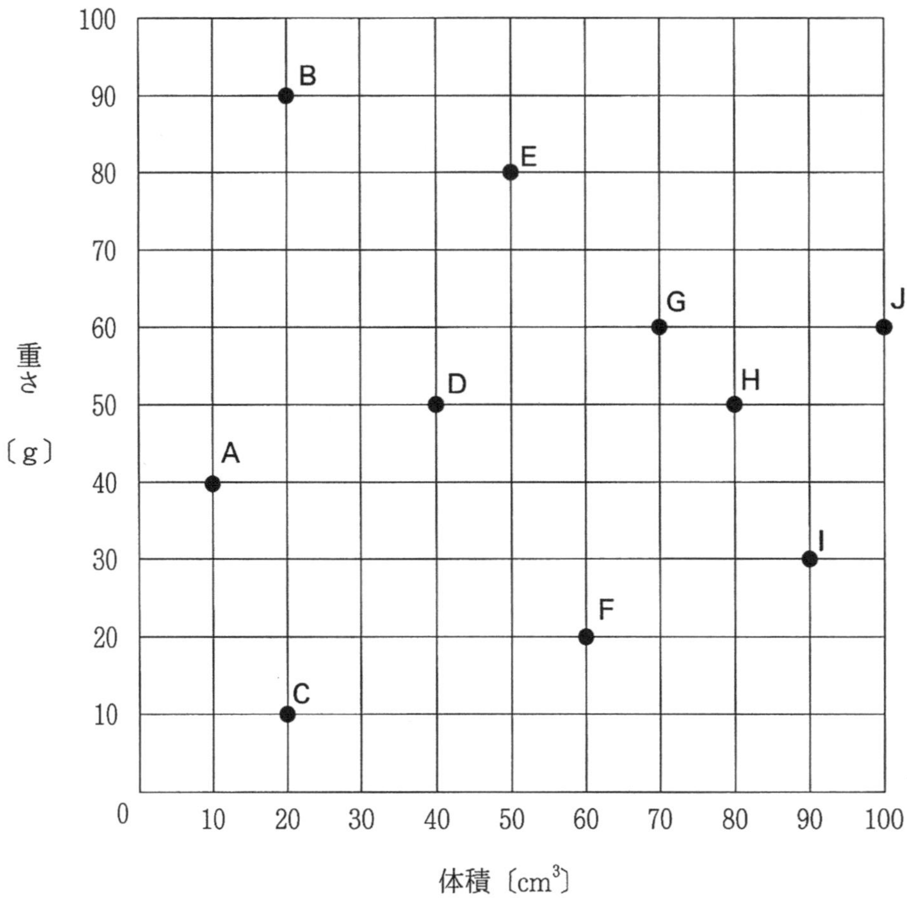

図

問1　物体Aについて，体積1cm^3あたりの重さは何gですか。

問2　物体Fについて，重さ10gあたりの体積は何cm^3ですか。

問3　物体A～Jのなかで，体積1cm^3あたりの重さが同じ物体が2つあります。その物体は，どれとどれですか。適するものを，A～Jのうちから**2つ**選び，記号で答えなさい。

問4　物体A～Jのなかで，同じ重さに対する体積を比較したとき，その体積がもっとも小さいものはどれですか。適するものを，A～Jのうちから1つ選び，記号で答えなさい。

次に，この物体A～Jを水と液体Xにそれぞれ入れて，その浮き沈みを調べました。水と液体Xの体積1 cm³あたりの重さは，それぞれ1 g，0.7 gです。ただし，物体A～Jは，水や液体Xに溶けないものとします。

問5　体積と重さとの関係を表す図において，水に浮く範囲を斜線で表したグラフとして適するものを，次のア～エのうちから1つ選び，記号で答えなさい。ただし，横軸は体積〔cm³〕，縦軸は重さ〔g〕を表しているものとします。

ア

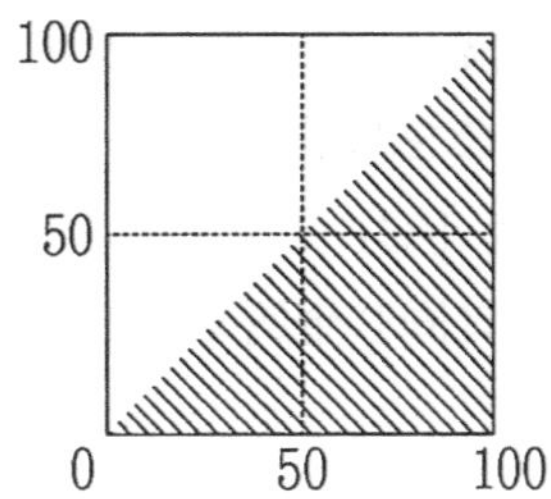

イ

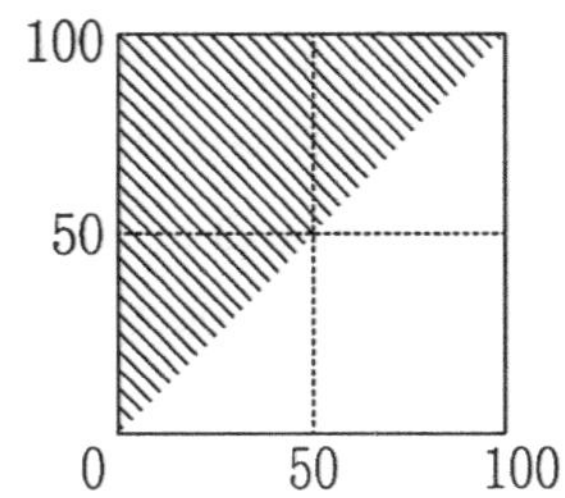

ウ

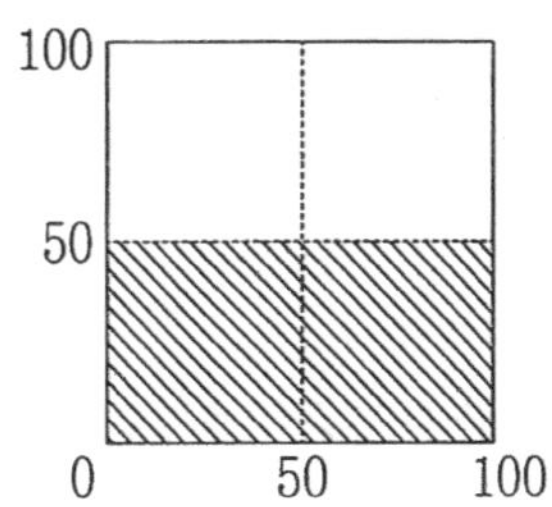

エ

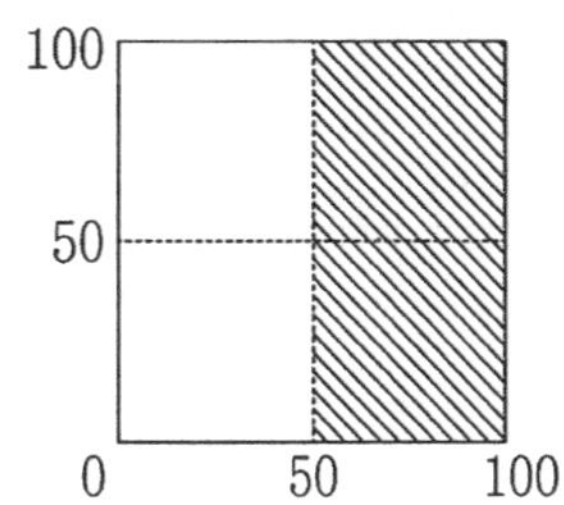

問6　物体A～Jのなかで，液体Xに沈み，水に浮く物体はどれですか。適するものを，A～Jのうちから1つ選び，記号で答えなさい。

6　次の文章を読み，下の各問いに答えなさい。

次の会話文は，電車内での清太さんと風太さんの会話です。

清太：電車に乗っていると，「ガタン，ゴトン」と振動（しんどう）するね。
風太：電車のレールのつなぎ目にはすき間があるので，そこを通過するときに振動するんだよ。
清太：何のためにすき間を作っているの。
風太：太陽の熱によってレールが伸（の）びたときに，レールどうしが接触（せっしょく）しないようにするためだよ。
清太：レールどうしが接触したらどうなるの。
風太：レールどうしが互（たが）いに押（お）し合（あ）って，レールが曲がってしまうことがあるんだよ。

会話文について，熱によるレールの伸びを調べるために，太さが同じで0℃のときの長さが10m，20m，30mの3本のレールA，B，Cを準備し，レールA，B，Cをそれぞれ0℃から加熱しました。このときのレールの温度〔℃〕とレールの伸び〔cm〕との関係を**表1**にまとめました。ただし，レールA，B，Cは同じ金属aでできています。

表1

	0℃	10℃	20℃	30℃	40℃
レールAの伸び〔cm〕	0	0.12	0.24	（　①　）	0.48
レールBの伸び〔cm〕	0	0.24	0.48	0.72	0.96
レールCの伸び〔cm〕	0	0.36	0.72	1.08	1.44

問1　**表1**の空欄（くうらん）（　①　）にあてはまる数値を答えなさい。

問2　レールBを0℃から100℃に加熱したとき，レールの伸びは何cmですか。

問3　レールCを50℃から70℃に加熱したとき，レールの伸びは何cmですか。

レールA，B，Cと太さが同じで，0℃のときの長さが40m，50mの2本のレールD，Eをさらに準備し，レールD，Eをそれぞれ0℃から加熱しました。このレールD，Eについても，レールの温度〔℃〕とレールの伸び〔cm〕との関係を調べました。ただし，レールD，EはレールA，B，Cと同じ金属aでできています。

問4　レールDを0℃から20℃に加熱したとき，レールの伸びは何cmですか。

問5　レールEを50℃から80℃に加熱したとき，レールの伸びは何cmですか。

問6　レールA，B，C，D，Eのうち，0℃から100℃に加熱したとき，レールの伸びが3cm以上になるレールは何本ありますか。

金属aとは異なる金属bでできた，レールAと太さが同じで0℃のときの長さが10mのレールFを準備し，レールFを0℃から加熱しました。このときのレールの温度〔℃〕とレールの伸び〔cm〕との関係を**表2**にまとめました。

表2

	0℃	10℃	20℃	30℃	40℃
レールFの伸び〔cm〕	0	0.06	0.12	0.18	0.24

問7　0℃のときのレールAとレールFとを貼り合わせて，**図**のような物体を作りました。この物体を加熱したとき，この物体の形状としてもっとも適するものを，下の**ア**～**エ**のうちから選び，記号で答えなさい。

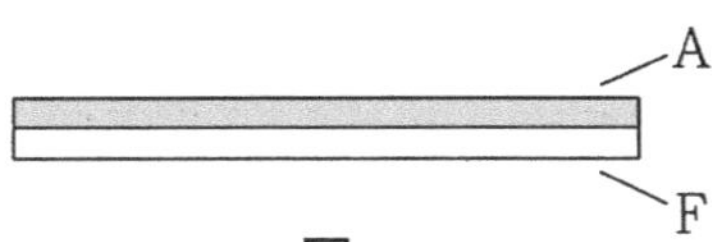

図

ア　　**イ**　　**ウ**　　**エ**

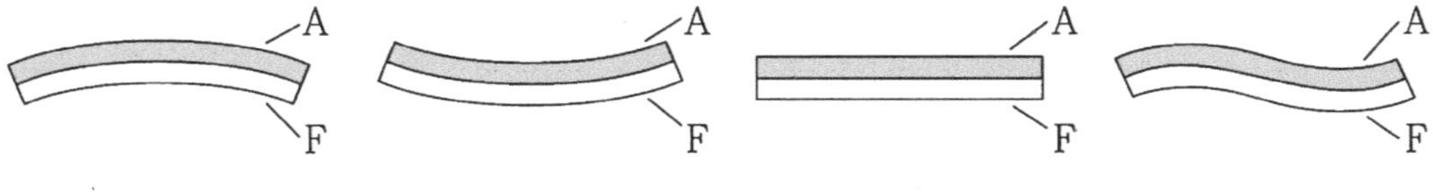

〔以上〕

令和5年度

清 風 中 学 校 入 学 試 験 問 題

前期プレミアム・理Ⅲ選抜試験

算　　数（50分）

試験開始の合図があるまで，この「問題」冊子を開かず，下記の注意事項を読んでください。

【注　意　事　項】

1．試験開始の合図で，解答用紙の所定の欄に「受験番号」，「名前」をはっきりと記入してください。

2．この「問題」冊子は，5ページあります。解答用紙は1枚です。ページが脱落している場合は手をあげて試験監督の先生に知らせてください。

3．解答は，解答用紙の指定されたところに記入してください。

4．各ページの余白は下書きに使用してもかまいません。

5．試験終了の合図で，「問題」冊子の上に解答用紙を重ねてください。

6．「問題」冊子および解答用紙は持ち帰ってはいけません。

1 次の問いに答えなさい。

（1） $\square$ にあてはまる数を求めなさい。

$$\left(\square-\frac{2}{3}\right)\times 7-0.125=\frac{11}{24}$$

（2） 兄は弟の４倍の金額を持っていましたが，兄が弟に1900円渡したので，弟の持っている金額は兄の５倍になりました。弟の持っている金額は何円になりましたか。

（3） 大中小のさいころが１個ずつあります。この３個のさいころをふったとき，出た目の数の和が12となるような目の出方は何通りありますか。

（4） 右の図のような直方体で，長方形ABCD，AEFB，AEHDの面積がそれぞれ $108cm^2$，$99cm^2$，$132cm^2$ のとき，３つの辺AB，AD，AEの長さをそれぞれ求めなさい。

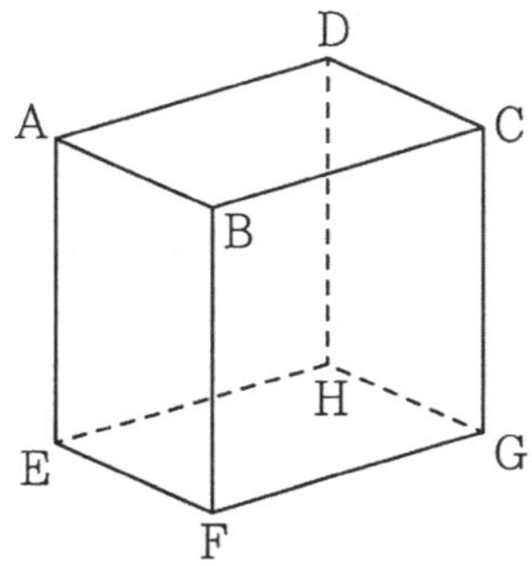

（5） 右の図のように，AC＝10cm の直角三角形ABCを，点Ｃを中心に頂点Ａが直線BC上にくるように時計回りに回転させました。円周率を3.14として，辺ABが通過した部分（斜線部分）の面積を求めなさい。

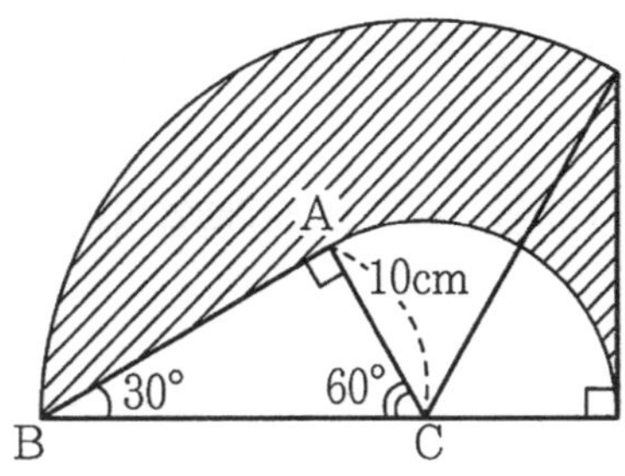

2　あるテレビゲームがあり，キャラクターⓂは斜面（しゃめん）の下の点Aから斜面の上の点Bまで10cmの道のりを一定の速さで進んで行きます。邪魔（じゃま）するものがなければ，Ⓜは点Aを出発してからちょうど20秒後に点Bに到着（とうちゃく）します。ところが敵キャラクターⓀが点Bに現れ，Ⓜが点Aを出発してから2秒後に，Ⓚが点Bから丸い岩を転がし始めました。Ⓚは4秒ごとに次々と新しい岩を転がし，それぞれの岩は毎秒1cmの速さで斜面に沿って転がり，点Aを通過していきます。Ⓜはジャンプして岩を避（さ）けますが，そのために1秒を必要とし，ジャンプ後はジャンプ前と同じ位置に着地して，すぐにもとの速さで進んでいきます。キャラクターや岩の大きさは考えないものとして，次の問いに答えなさい。

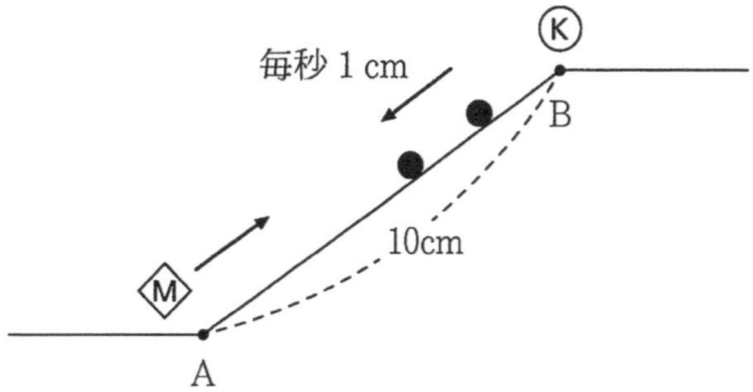

（1）Ⓜが進む速さは毎秒何cmですか。

（2）Ⓜが初めて岩と出会うのは，点Aを出発してから何秒後ですか。また，それは点Aから何cmの地点ですか。

（3）Ⓜは点Bに到着するまでに何回岩を避けなければなりませんか。ただし，到着と同時に転がり始める岩があるときは，避ける必要がないものとします。

Ⓜは3番目の岩を避けることができずに，岩と一体になって毎秒1cmの速さで点Aまで転がりました。しかし，点Aに戻（もど）ると同時に再び点Bへ向かって斜面を上り始めました。Ⓜが岩を避けながら2点A，Bの中間点に来たときに，Ⓚはちょうど最後の岩を転がしてどこかへ去って行き，その後Ⓜは岩を避けながら点Bに到着しました。

（4）Ⓜが最初に点Aを出発してから，点Bに到着するまでに何秒かかりましたか。

3　下の図のような平行四辺形ABCDがあり，AE：ED＝２：１，BF：FC＝２：３となるように，点Ｅ，Ｆをそれぞれ AD，BC上にとります。

AFとBEの交わる点をＧとし，DGおよびその延長がAB，EFと交わる点をそれぞれＰ，Ｑとします。平行四辺形ABCDの面積が $180cm^2$ であるとき，次の問いに答えなさい。

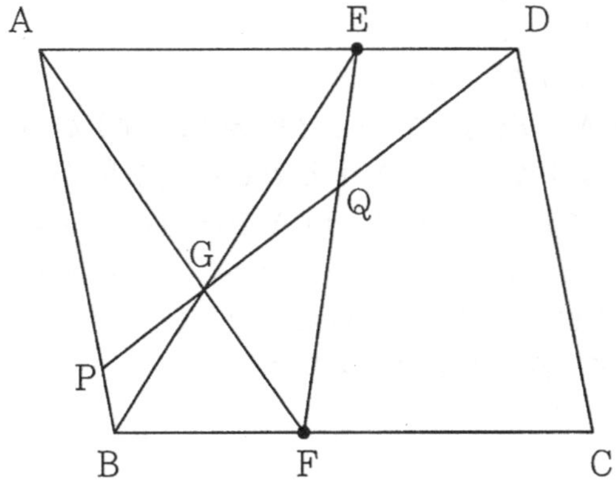

（１）　三角形EBFの面積を求めなさい。

（２）　AG：GFをもっとも簡単な整数を用いて表しなさい。

（３）　AP：PBをもっとも簡単な整数を用いて表しなさい。

（４）　三角形APGの面積を求めなさい。

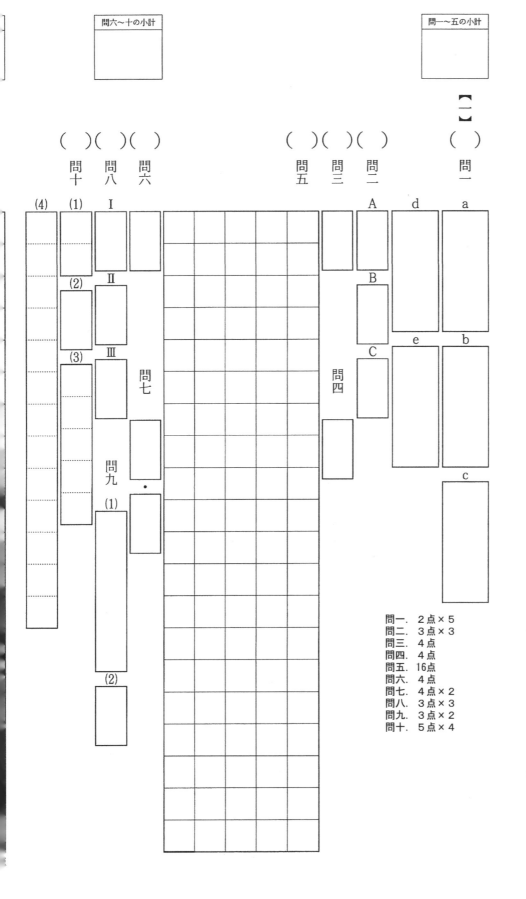

令和五年度　国語　前期プレミアム・理Ⅲ選抜試験　解答用紙

【二】

問一～五の小計

問一（　）
a
b
c
d
e

問二（　）
A
B
C

問三（　）

問四

問五（　）

問六（　）

問七
・

問八（　）
Ⅰ
Ⅱ
Ⅲ

問九
(1)
(2)

問十（　）
(1)
(2)
(3)
(4)

問六～十の小計

問一．２点×５
問二．３点×３
問三．４点
問四．４点
問五．16点
問六．４点
問七．４点×２
問八．３点×３
問九．３点×２
問十．５点×４

cm	秒後	cm	回	秒

3　5点×4

(1)	(2)	(3)	(4)
cm²	AG : GF :	AP : PB :	cm²

2 3 小計

4　(1)5点　(2)5点　(3)6点×2

(1)	(2)	(3)	
		①	②
cm³	cm³	cm²	cm³

5　(1)5点　(2)6点　(3)6点×2

(1)	(2)	(3)	
		①	②
回	回		通り

4 5 小計

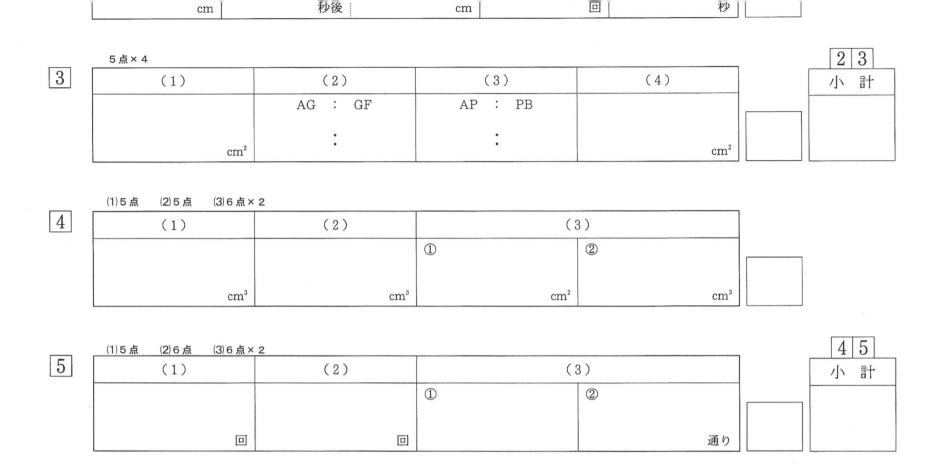

cm	秒後	cm	回	秒	

5点×4

3

(1)	(2)	(3)	(4)
cm²	AG ： GF ：	AP ： PB ：	cm²

2 3
小 計

(1)5点　(2)5点　(3)6点×2

4

(1)	(2)	(3)	
		①	②
cm³	cm³	cm²	cm³

(1)5点　(2)6点　(3)6点×2

5

(1)	(2)	(3)	
		①	②
回	回		通り

4 5
小 計

受験番号				
名　　前				

令和５年度　算数　前期プレミアム・理Ⅲ選抜試験
解答用紙

合計	

※120点満点

⑴６点　⑵６点　⑶６点　⑷２点×３　⑸６点

1

(1)	(2)	(3)	(4)			(5)
			AB	AD	AE	
	円	通り	cm	cm	cm	cm^2

1 小計

５点×５

【解答

2

(1)	(2)	(3)	(4)

合計	

※120点満点

受験番号			
名前			

100

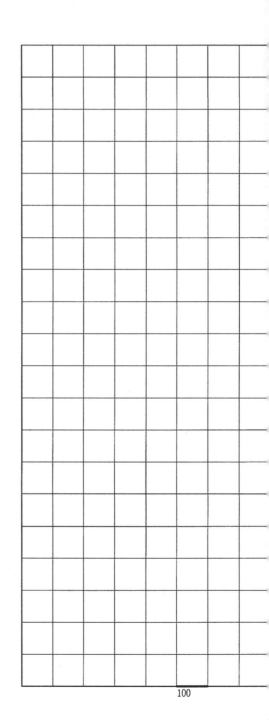

4　下の図のように，立体Ａは，底面が点Ｏを中心とする半径２cmの円で，高さが６cmの円すいです。また，立体Ｂは，立体Ａを底面から３cmのところで底面と平行な平面で切断し，２つの立体に分けたときの体積が大きい方の立体です。円周率を3.14として，次の問いに答えなさい。

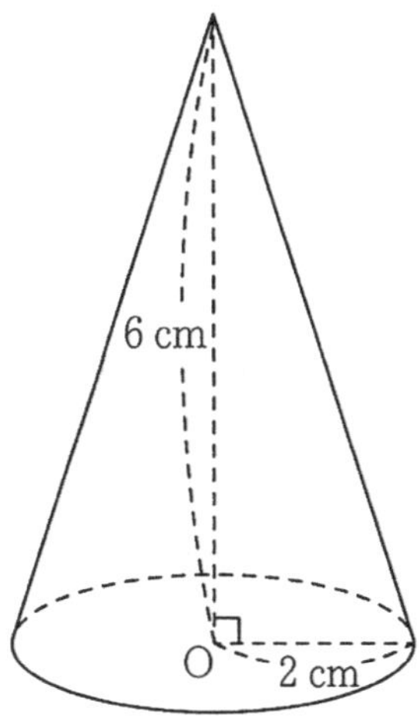

立体Ａ

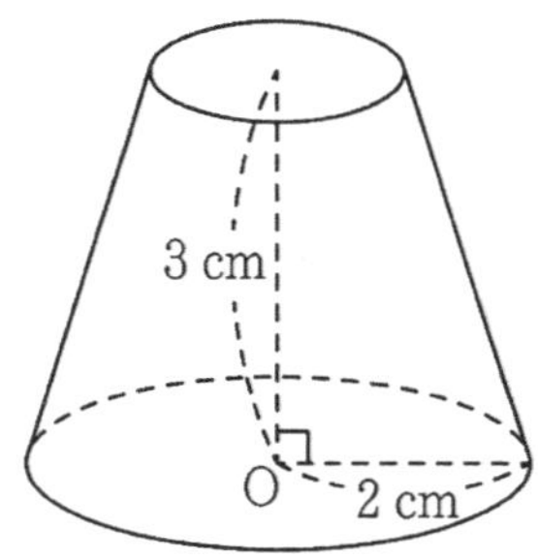

立体Ｂ

（１）　立体Ａの体積を求めなさい。

（２）　立体Ｂの体積を求めなさい。

（３）〈図１〉のように平らな机の上に半径３cmの円がかかれています。この円周上にＯがくるように立体Ｂを机の上におきます。この状態でＯを円周に沿って１周動かして立体Ｂを移動させるとき，

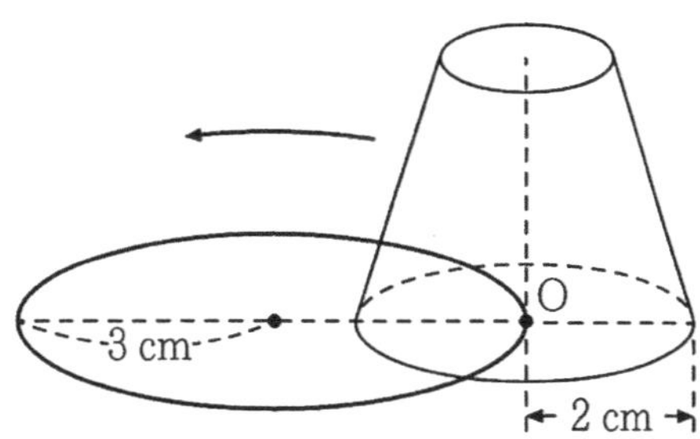

〈図１〉

①　半径２cmの底面が通過する部分の面積を求めなさい。

②　立体Ｂが通過する部分の体積を求めなさい。

5　x，y，zの電球とA，B，Cのボタンがあり，各ボタンを押すごとに，それにつながっている電球が「消灯→赤→黄→消灯→赤→黄→……」と変化します。右の表は，どのボタンを押すとどの電球が変化するかを表しており，変化するものを○，変化しないものを×で示しています。このとき，次の問いに答えなさい。

電球＼ボタン	A	B	C
x	○	○	○
y	○	○	×
z	○	×	○

(1)　すべての電球が消灯している状態からＢＡＣＢＡＣ……の順にボタンを押していくと，右の表のように各電球は変化します。このとき，初めてすべての電球が同時に消灯するのは，何回ボタンを押したときですか。

電球＼ボタン	B	A	C	B	A	C	……
x	赤	黄	消	赤	黄	消	……
y	赤	黄	黄	消	赤	赤	……
z	消	赤	黄	黄	消	赤	……

(2)　すべての電球が消灯している状態からＢＡＢＡＢＡ……の順にボタンを100回押しました。この間に，すべての電球が消灯している状態は何回ありましたか。ただし，最初の状態は回数に含めないこととします。

(3)　毎回Ａ，Ｂ，Ｃのボタンから１つを選び，そのボタンを押すという作業を繰り返し行います。すべての電球が消灯している状態からこの作業を200回行った後に電球を見ると，３つの電球のうち１つだけが点灯し，残りの２つは消灯していました。ＢとＣを押した回数が同じであるとき，

①　点灯している電球はx，y，zのうちどれですか。

②　Ａを押した回数は，何通り考えられますか。

令和５年度

清 風 中 学 校 入 学 試 験 問 題

前期試験

社　　会（40分）

試験開始の合図があるまで，この「問題」冊子（さっし）を開かず，下記の注意事項を読んでください。

【注　意　事　項】

1．試験開始の合図で，解答用紙の所定の欄（らん）に「受験番号」，「名前」をはっきりと記入してください。

2．この「問題」冊子は，14ページあります。解答用紙は１枚です。ページが脱落（だつらく）している場合は手をあげて試験監督（かんとく）の先生に知らせてください。

3．解答は，解答用紙の指定されたところに記入してください。

4．試験終了の合図で，「問題」冊子の上に解答用紙を重ねてください。

5．「問題」冊子および解答用紙は持ち帰ってはいけません。

1　次の略地図を見て，あとの問1～問6に答えなさい。

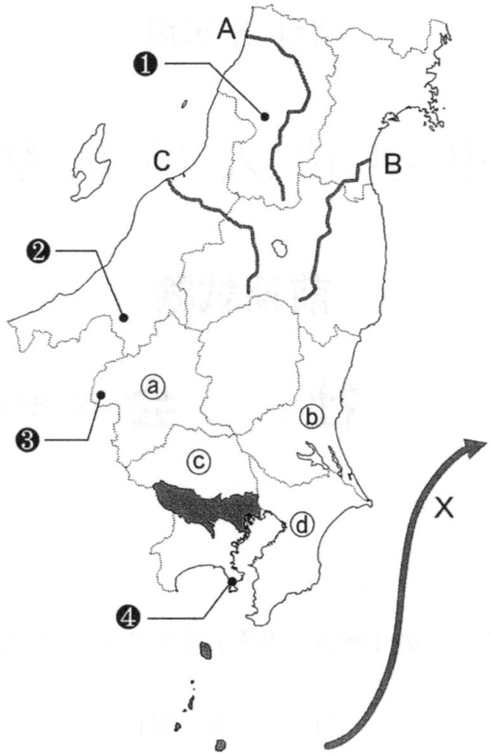

問1　略地図中の河川A～Cの名称(めいしょう)の組み合わせとして正しいものを，次のア～カから一つ選び，記号で答えなさい。

	ア	イ	ウ	エ	オ	カ
A	阿賀野川	阿賀野川	最上川	最上川	阿武隈川	阿武隈川
B	最上川	阿武隈川	阿賀野川	阿武隈川	阿賀野川	最上川
C	阿武隈川	最上川	阿武隈川	阿賀野川	最上川	阿賀野川

問2　略地図中の海流Xの名称として適当なものを，次のア～エから一つ選び，記号で答えなさい。

ア　千島海流　　イ　日本海流　　ウ　対馬海流　　エ　リマン海流

問３　略地図中のⓐ～ⓓの県のうち，キャベツの収穫量が日本で最も多い県（2020年）を，次の**ア**～**エ**から一つ選び，記号で答えなさい。

ア　ⓐ県　　　**イ**　ⓑ県　　　**ウ**　ⓒ県　　　**エ**　ⓓ県

問４　次の**ア**～**エ**の図は，略地図中の❶～❹のいずれかの地点の月別平均気温と降水量を表したものです。略地図中の❹の地点にあてはまるものを，**ア**～**エ**から一つ選び，記号で答えなさい。

ア

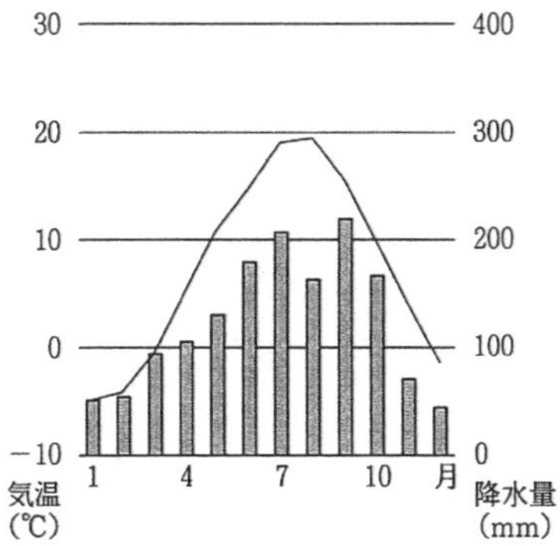

イ

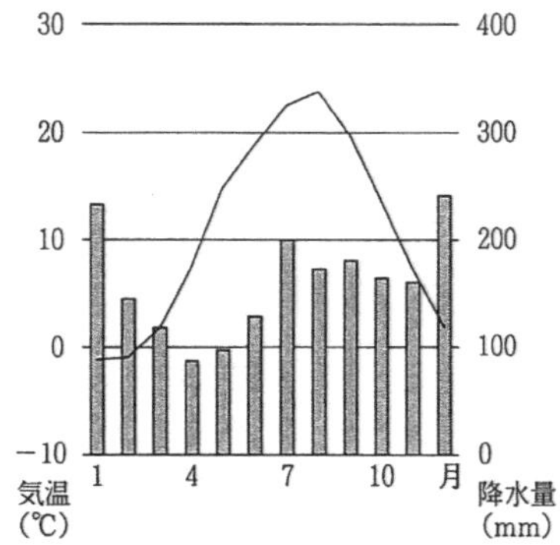

ウ

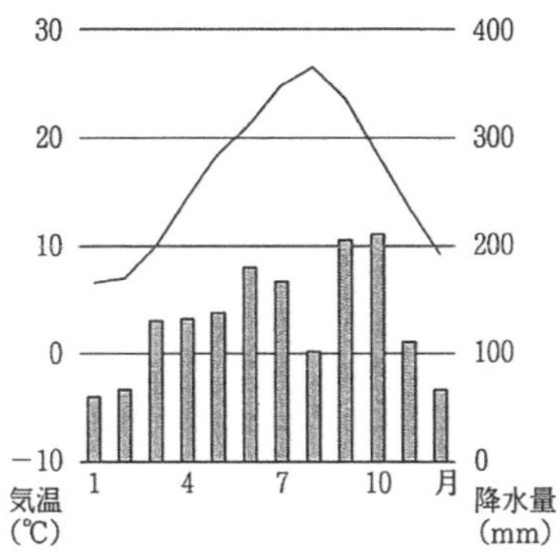

エ

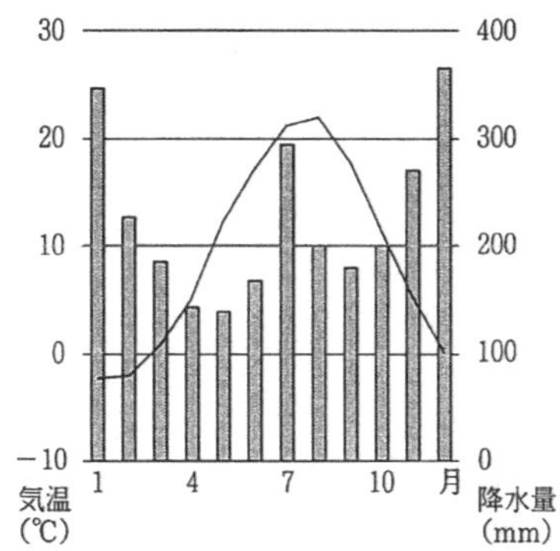

問５　略地図中の■で表された東京都で発生した災害について述べた文として適当なものを，次の**ア～エ**から一つ選び，記号で答えなさい。

ア　1983年に三宅島で火山が噴火し，流れ出た溶岩により被害が出ました。
イ　2004年に発生した中越地震で，多くの建物が倒壊しました。
ウ　2011年に発生した津波で，沿岸にある原子力発電所が被害を受けました。
エ　2015年に利根川につながる鬼怒川がはんらんし，多くの家屋が浸水しました。

問６　次の**A～C**の図は，京浜工業地帯（東京都・神奈川県），京葉工業地域（千葉県），関東内陸工業地域（栃木県・群馬県・埼玉県）のいずれかの工業生産額とその内訳を表したものです。**A～C**の名称の組み合わせとして正しいものを，あとの**ア～カ**から一つ選び，記号で答えなさい。

	機械	金属	化学	食料品	繊維	その他
A　計30兆6128億円	45.1%	11.5	10.3	15.5	0.6	17.0
B　計25兆8514億円	48.9%	8.1	18.3	10.9	0.5	13.3
C　計12兆6688億円	12.7%	20.4	41.3	14.6	0.2	10.8

統計年次は2016年。
経済センサス活動調査により作成。

	ア	イ	ウ	エ	オ	カ
京浜工業地帯	A	A	B	B	C	C
京葉工業地域	B	C	A	C	A	B
関東内陸工業地域	C	B	C	A	B	A

2　次の先生と生徒の会話文を読んで，あとの問１～問４に答えなさい。

先　生：「スーパーマーケットのちらしを見て，みなさんが普段(ふだん)食べているものについて気づいたことはありますか。」

生徒Ａ：「私たちがよく食べる①水産物は，日本産のものだけでなく外国産のものも多くあります。」

生徒Ｂ：「果物や野菜も，外国産のものが見られます。」

先　生：「②日本は，さまざまな食料を輸入していることがわかりますね。このことは環境(かんきょう)にも大きな影響(えいきょう)を与(あた)えているといえます。なぜだかわかりますか。」

生徒Ｂ：「食料を船などで輸入するときに，たくさんの燃料を使うからでしょうか。」

先　生：「そうです。③運ぶ食料の重さや運ぶ距離(きょり)が増えると使う燃料も増え，環境への影響が大きくなります。」

生徒Ａ：「他にも食料の輸入がもたらす影響を考えてみたいと思います。」

問１　下線部①に関連して，水産物の安定した生産を続けるための取り組みについて述べた文として**適当でないもの**を，次の**ア**～**エ**から一つ選び，記号で答えなさい。

ア　自国の水産資源を守るために，海岸から200海里の範囲(はんい)の海で，他国の漁船がとる魚の種類や量を制限するようにしています。

イ　海の自然環境のことを考えながら生産された水産物には「海のエコラベル」がつけられ，消費者が持続可能な漁業を支援(しえん)するのに役立っています。

ウ　卵から稚魚(ちぎょ)になるまでの時期に人が手をかけ，その後，自然の海や川に稚魚を放流し，成長したものをとる養殖(ようしょく)漁業の研究が進められています。

エ　上流に豊かな森林がある川の水は栄養を多く含(ふく)み，その川が流れ込(こ)む海では水産物がよく育つため，上流の森林で植樹がおこなわれることがあります。

問２　下線部②に関連して，次の図はおもな食品における日本の輸入量の変化を表したもので，図中の**ア〜エ**は米，牛乳・乳製品，大豆，肉のいずれかです。米にあてはまるものを，**ア〜エ**から一つ選び，記号で答えなさい。

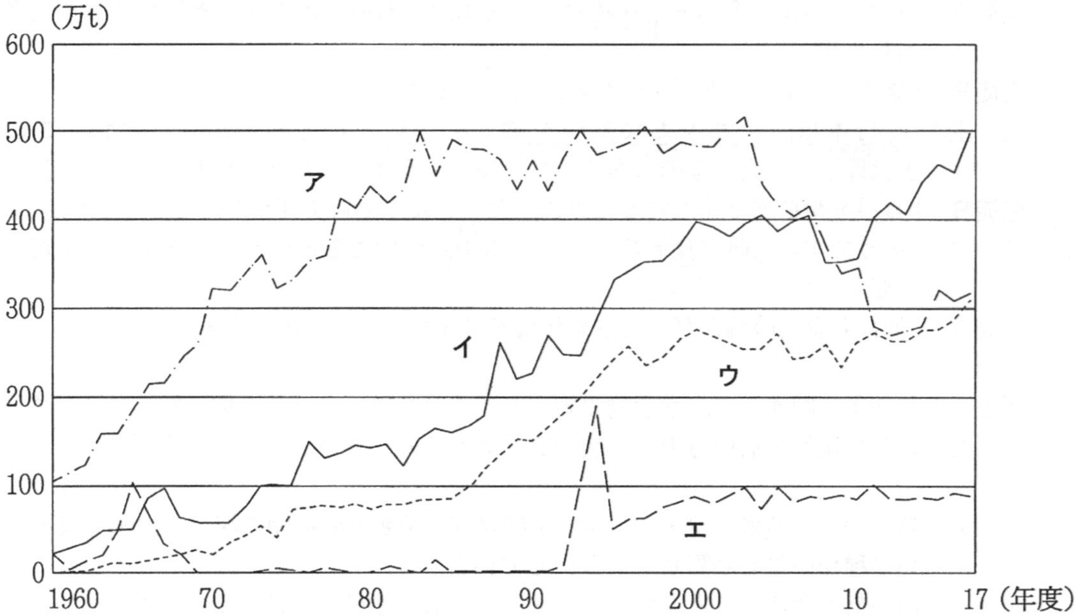

食料需給表により作成。

問３　下線部③に関連して，「食料の重さ×輸送距離」で求められる，食料輸入が環境に与える影響の大きさを表す指標を，解答欄に合うように，**カタカナ５字**で答えなさい。

問４　食料の輸出入について述べた文として**適当でないもの**を，次の**ア〜エ**から一つ選び，記号で答えなさい。

ア　広い農地で農産物を大量に生産し，安い価格で輸出している国があります。
イ　日本の農産物の中で品質の高いものは海外でも評価され，輸出されています。
ウ　日本に輸入されるすべての農産物には，生産地と生産者の情報が表示されています。
エ　日本では，いろいろな農産物の輸入により食生活が多様化し豊かになりました。

3　次のⅠ～Ⅴの文章を読んで，あとの問１～問10に答えなさい。

Ⅰ　現代の私たちが過去の人々の暮らしを知るには，二つの方法があります。
ひとつは「モノ」に注目する方法です。青森県の（　A　）では，今から約5000年前の人々が暮らしていたあとが見つかっています。このような遺跡(いせき)を調べることで，大昔の人々の暮らしの様子がわかるようになります。
もうひとつは，「文字で書かれた記録」に注目する方法です。①8世紀のはじめからつくられた『風土記』には，当時の人々の様子や，地方の自然などについて書かれています。
この二つの方法を組み合わせることで，より深く過去の人々の暮らしを知ることができます。

問１　文章中の空欄(くうらん)（　A　）に入る遺跡名**X**・**Y**と，その遺跡の出土品からわかる当時の暮らしの様子を説明した文**a**・**b**との組み合わせとして正しいものを，あとの**ア**～**エ**から一つ選び，記号で答えなさい。

〈遺跡名〉
X　登呂遺跡
Y　三内丸山遺跡

〈説明文〉
a　この地域からは産出されない黒曜石が出土していることから，遠方との交流があったと考えられています。
b　この場所は，くにの王が住んだ集落のあとで，矢じりや剣が出土していることから，戦いがあったと考えられています。

ア　X・a　　**イ**　X・b　　**ウ**　Y・a　　**エ**　Y・b

問２　下線部①に関連して，『風土記』がつくられはじめた時代について述べた文として正しいものを，次の**ア**～**エ**から一つ選び，記号で答えなさい。

ア　農民は竪穴住居で暮らし，多くの税を納めていました。
イ　都の安全を守るため，武芸を専門とする武士があらわれました。
ウ　貴族の生活の様子や風景を題材として，大和絵が描(えが)かれました。
エ　紙や筆のつくり方が大陸から日本に伝わりました。

Ⅱ　鎌倉時代の②武士は，先祖代々の領地や将軍から与(あた)えられた領地を支配しました。武士たちは自分たちの屋敷(やしき)を建てて，新たに土地を開発し，農業にもたずさわりました。室町時代になると，都市に住む武士たちを中心に，こっけいな踊りをする猿楽が流行するなど，それまでの③貴族文化の影響(えいきょう)を受けながら，新しい文化が生まれました。一方，村では田楽や盆踊りがさかんになりました。

問3　下線部②に関連して，12～13世紀の武士について述べた次の文**a**～**d**の正しいものの組み合わせを，あとの**ア**～**エ**から一つ選び，記号で答えなさい。

a　平清盛は厳島神社の神を平氏の守り神としてまつりました。
b　源義経は壇ノ浦の戦いで平氏と戦って敗れました。
c　北条政子の訴(うった)えを聞いた御家人たちは，団結して朝廷の軍を破りました。
d　竹崎季長は元との戦いでの手がらを天皇に訴え，領地を与えられました。

ア　a・c　　**イ**　a・d　　**ウ**　b・c　　**エ**　b・d

問4　下線部③に関連して，中国から伝わった水墨画の技術を，この頃(ころ)発展させた人物を，**漢字**で答えなさい。

Ⅲ　16世紀後半，足利氏が織田信長によって京都から追い出され，室町幕府はたおれました。その後，信長は水運などの交通が便利な安土に城を築き，[B]ようにしたので，この地は城下町として栄えました。
信長に仕えて有力な武将になった豊臣秀吉は，信長の死後，わずか8年で天下統一をなしとげました。
秀吉の死後，④徳川家康が開いた江戸幕府では，身分の違(ちが)いをもとに支配がおこなわれました。身分は親から子へ代々受けつがれ，人々は身分に応じた行動を求められるようになりました。また，女性の地位を[C]。

令和五年度　国語前期試験　解答用紙

【一】

小計

問一（　）　a　b　c

問二

問三（　）

問四

問五

問六　さん・さん

問一．３点×３
問二．３点
問三．６点
問四．６点
問五．６点
問六．６点×２

【二】

小計

問一（　）　a かって　b　c　d

問二（　）　1　2　3

問三（　）　Ⅰ　Ⅱ　Ⅲ

問四（　）

問五

問六

問七（　）

問一．３点×４
問二．３点×３
問三．３点×３
問四．６点
問五．６点
問六．６点
問七．10点

回転	回転	分	倍	倍	

(1)ＢＥ…３点　ＥＰ…４点　(2)４点　(3)４点×２　(4)４点

3

(1)		(2)	(3)		(4)
BE cm	EP cm	cm^2	DR cm	DQ cm	cm^2

2	3
小　計	

５点×５

4

(1)			(2)	
① cm^2	② cm^2	③ cm	① cm^3	② cm

５点×４

5

(1)		(2)	(3)
① 個	② 個		個

4	5
小　計	

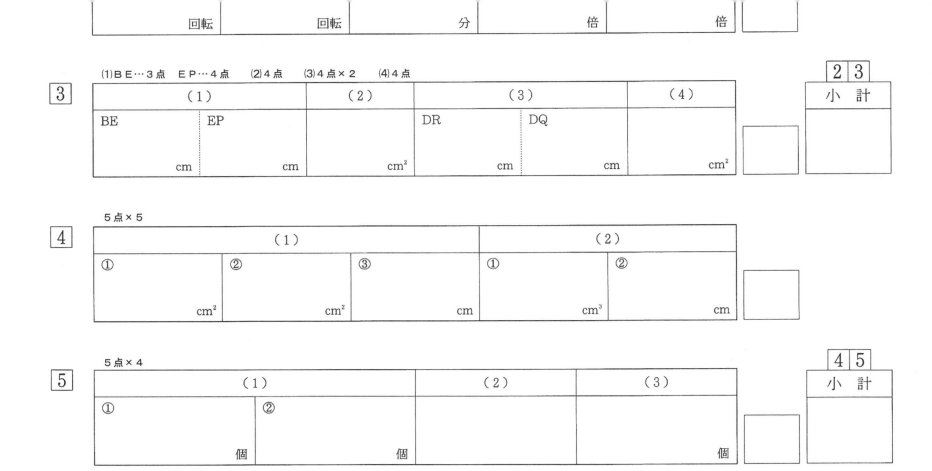

3

問1	問2			問3
	(1)	(2)	(3)	

2点×5

4

問1		問2	問3			
①	②		(1)	(2)	(3)	(4)

問1，3．3点×5
(問1は完答)
問2．2点

3・4の小計

5

問1	問2	問3		問4
g	cm^3			

問5	問6

2点×6

6

問1	問2	問3	問4
	cm	cm	cm

問5	問6	問7
cm	本	

2点×7

5・6の小計

問7	問8	問9	問10

3の小計

4

２点×４

問1	問2	問3	問4

5

２点×６

問1						問2		問3		問4
						(1)	(2)	(1)	(2)	

4・5の小計

受験番号				
名　　前				

令和５年度　社会　前期試験　解答用紙

合計	

※80点満点

３点×６

1

問１	問２	問３	問４	問５	問６

３点×４

2

問１	問２	問３						問４
		フード・						

1・2の小計

３点×10

3

問１	問２	問３	問４	問５	問６

【解答

受験番号				
名　　前				

令和 5 年度　理科　前期試験　解答用紙

合計	

※80点満点

1

問 1		問 2			問 3
A	B	(1)X と P	Y と Q	(2)	cm^3

問 4
cm^3

問 1 〜 3．2 点 × 6
問 4．3 点

（　　　）

2

問 1	問 2	問 3	問 4	問 5

問 6

2 点 × 6

1・2の小計

【解答

受験番号				
名　　前				

令和5年度　算数　前期試験　解答用紙

合計	

※120点満点

6点×5

1

(1)	(2)	(3)	(4)	(5)
	点			cm^2

1

小　計

【解答

(1)4点　(2)4点　(3)5点　(4)4点　(5)5点

合計

※120点満点

小計

⑤

⑥

⑦

⑧

⑨

⑩

2点

受験番号			

	名前

【解答

問5　文章中の空欄［B］・［C］にあてはまる文a～dの正しいものの組み合わせを，あとのア～エから一つ選び，記号で答えなさい。

［B］
a　百姓が持つ刀や鉄砲などの武器を取り上げ，農業に専念させる
b　商人や職人がだれでも自由に商工業ができる

［C］
c　男性と対等にあつかうように変わっていきました
d　男性よりも低くあつかう考え方が強くなりました

ア　a・c　　イ　a・d　　ウ　b・c　　エ　b・d

問6　下線部④の人物について述べた文として正しいものを，次のア～エから一つ選び，記号で答えなさい。

ア　日光東照宮を大規模に建て直しました。
イ　大名はかってに結婚（けっこん）してはならないというきまりを定めました。
ウ　大名の力をおさえることをねらって参勤交代の制度をつくりました。
エ　日本人の海外渡航（とこう）や帰国を禁止しました。

Ⅳ　⑤19世紀後半の日本では，江戸の町は東京と改められ，人々の暮らしも大きく様子が変わりました。新たに成立した明治政府は，さまざまな改革を進めましたが，こうした改革に不満を持つ人々も少なくはありませんでした。その後，国民の意見を取りいれた政治をおこなうべきであるという主張が強まると，1889年には大日本帝国憲法が制定されました。そして，その翌年には，⑥第１回の総選挙がおこなわれ，国会が開かれました。

問7　下線部⑤について述べた文として**誤っているもの**を，次のア～エから一つ選び，記号で答えなさい。

ア　牛なべやカレーライスなどの新しい食べ物が，人々の生活にひろがりました。
イ　学校制度の改革が進み，就学率が上がっていきました。
ウ　岩倉具視らを中心とする使節団が，アメリカやヨーロッパに派遣（はけん）されました。
エ　政府に不満を持つ軍人たちが，二・二六事件をおこしました。

問8　下線部⑥について述べた次の文**X**・**Y**の正誤の組み合わせとして正しいものを，あとの**ア**～**エ**から一つ選び，記号で答えなさい。

X　満20歳以上の成年男性に，選挙権が認められました。
Y　国会は貴族院と衆議院からなり，衆議院議員は国民の選挙で選ばれました。

ア　**X**　正　**Y**　正　　**イ**　**X**　正　**Y**　誤
ウ　**X**　誤　**Y**　正　　**エ**　**X**　誤　**Y**　誤

V　1941年，日本がイギリスやアメリカを攻撃したことをきっかけとして，⑦太平洋戦争がはじまりました。日本は東南アジアや太平洋各地へと占領地域を広げ，占領した場所で食料や資源を取り立て，住民を戦争に協力させたため，激しい抵抗を受けました。当初，この戦争は日本が優位に戦っていましたが，アメリカ軍の反撃がはじまると，戦局が一変し，日本は追い込まれていきました。

1945年8月，日本はついに連合国軍に降伏しました。⑧戦争に敗れた日本は，アメリカを中心とする連合国軍に占領され，その管理のもと民主化を進めていきました。

問9　下線部⑦に関連して，この戦争中の日本の社会について述べた文として正しいものを，次の**ア**～**エ**から一つ選び，記号で答えなさい。

ア　戦争初期から女性や子ども関係なく人々は戦場にかり出されました。
イ　生活必需品の配給がおこなわれ，人々は苦しい生活を送りました。
ウ　「やみ市」といわれる市場に，多くの人々が集まりました。
エ　不景気を背景に「満蒙は日本の生命線」という考え方がうまれました。

問10　下線部⑧に関連して，戦後まもなくおこなわれた改革について説明した文として**誤っているもの**を，次の**ア**～**エ**から一つ選び，記号で答えなさい。

ア　日本軍は解散させられ，その役割はそのまま自衛隊に引きつがれました。
イ　小学校6年間，中学校3年間の義務教育がはじまりました。
ウ　政党は戦時中解散していましたが，再び結成されるようになりました。
エ　農地改革がおこなわれ，多くの農民が自分の農地を持つようになりました。

4　次の文章を読んで，あとの問1～問4に答えなさい。

よりよい世界をつくるため，2015年に①国際連合では17の目標が決められました。それらを②SDGsといい，目標1は「貧困をなくそう」というものです。貧困の原因としては，戦争や紛争（ふんそう），きびしい③自然災害などが考えられます。このような問題に対し，世界では改善に向けた取り組みがおこなわれています。例えば，ドイツにあるAfrican Angel（アフリカンエンジェル）という団体はアフリカの子どもたちを支援（しえん）する活動をおこなっています。日本も④国際協力機構の事業の一つとして青年海外協力隊を派遣（はけん）するなどして，海外の貧困地域を支援しています。

問1　下線部①について述べた文として正しいものを，次の**ア**～**エ**から一つ選び，記号で答えなさい。

ア　本部はアメリカの首都であるワシントンにおかれています。
イ　2022年現在の加盟国は，100か国です。
ウ　韓国との国交が正常化したのちに，日本も加盟することができました。
エ　近年，国連分担金の割合は日本よりも中国の方が大きくなっています。

問２　下線部②に関連して，次の表は日本とフィンランドにおけるSDGsの各目標の達成度を比べたものです。この表から読み取れることについて述べたあとの文**X**・**Y**の正誤の組み合わせとして正しいものを，下の**ア**～**エ**から一つ選び，記号で答えなさい。

○ 達成済み　△ 課題がある　× 大きな課題がある　×× 非常に大きな課題がある

SDGsの各目標	日本	フィンランド
1　貧困をなくそう	△	○
2　飢餓（きが）をゼロに	×	×
3　すべての人に健康と福祉（ふくし）を	△	×
4　質の高い教育をみんなに	○	○
5　ジェンダー平等を実現しよう	××	△
6　安全な水とトイレを世界中に	△	△
7　エネルギーをみんなにそしてクリーンに	×	○
8　働きがいも経済成長も	△	△
9　産業と技術革新の基盤（きばん）をつくろう	○	△
10　人や国の不平等をなくそう	×	△
11　住み続けられるまちづくりを	△	△
12　つくる責任つかう責任	××	×
13　気候変動に具体的な対策を	××	××
14　海の豊かさを守ろう	××	×
15　陸の豊かさも守ろう	××	×
16　平和と公正をすべての人に	○	△
17　パートナーシップで目標を達成しよう	××	×

Sustainable Development Report 2022により作成。

X　「達成済み」の数は両国とも同じですが，「非常に大きな課題がある」の数は日本の方が多いです。

Y　フィンランドの「課題がある」とされた項目（こうもく）のうち，日本が「達成済み」とされているのは，「1　貧困をなくそう」と「7　エネルギーをみんなにそしてクリーンに」です。

ア　X　正　Y　正　　　**イ**　X　正　Y　誤
ウ　X　誤　Y　正　　　**エ**　X　誤　Y　誤

問３　下線部③に関連して，日本で災害が発生したときの政治の働きについて述べた次の文Ｘ・Ｙの正誤の組み合わせとして正しいものを，あとの**ア〜エ**から一つ選び，記号で答えなさい。

Ｘ　災害救助法にもとづいて，国が食料や生活物資などの支援をおこないます。
Ｙ　被災（ひさい）した市町村は，最初に被害の報告を国におこないます。

ア　Ｘ　正　Ｙ　正　　**イ**　Ｘ　正　Ｙ　誤
ウ　Ｘ　誤　Ｙ　正　　**エ**　Ｘ　誤　Ｙ　誤

問４　下線部④の略称（りゃくしょう）として適当なものを，次の**ア〜エ**から一つ選び，記号で答えなさい。

ア　JICA　　**イ**　AMDA　　**ウ**　RCEP　　**エ**　QUAD

5　次の文章を読んで，あとの問１～問４に答えなさい。

戦後の日本では①GHQの指導のもと，非軍事化・民主化をめざして改革が進められました。憲法も改正され，平和主義・国民主権・基本的人権の尊重を三原則とする②日本国憲法がつくられました。1951年には，日本はアメリカなど48か国とのあいだで条約に調印し，翌年，独立国として主権を回復しました。また，戦後の経済復興も進み，1950年代半ばからは③高度経済成長をむかえました。1964年には東京でオリンピック大会が，その後④障がいのある人を対象とした競技大会が開かれました。これらは，日本の発展を世界に示す，国家的なイベントとなりました。

問１　下線部①に関連して，終戦直後，連合国軍最高司令官として日本の改革を主導した人物を，**カタカナ６字**で答えなさい。

問２　下線部②に関連して，次の各問いに答えなさい。

(1) 日本国憲法について述べた文として正しいものを，次の**ア～エ**から一つ選び，記号で答えなさい。

ア　天皇は，政治についての権限を持ち，日本の国や国民のまとまりの象徴（しょうちょう）であるとされています。
イ　外国との争いごとを武力で解決することは禁止されていますが，そのための戦力を持つことは認められています。
ウ　内閣は，国会で選ばれた内閣総理大臣と国務大臣が，その中心になります。
エ　働く権利や，団結する権利は，国民の権利として定められています。

(2) 日本国憲法において，日本国民には納税の義務が定められています。日本の税について述べた文として最も適当なものを，次の**ア～エ**から一つ選び，記号で答えなさい。

ア　税金は，国や都道府県に納めますが，市町村には納めません。
イ　税金は，図書館のような多くの人々が必要とするものにも使われます。
ウ　2020年における国の収入第１位は法人税です。
エ　2022年現在，テイクアウトする食料品にかかる消費税率は５％です。

問3　下線部③に関連して，次の各問いに答えなさい。

(1)　この時期のできごとを説明した文として**誤っているもの**を，次の**ア**～**エ**から一つ選び，記号で答えなさい。

ア　新幹線・高速道路が整備されていきました。
イ　重化学コンビナートがつくられ，港が整備されていきました。
ウ　冷蔵庫・洗濯機（せんたくき）・クーラーが「三種の神器」といわれました。
エ　中学校を卒業した若者が，都会の工場に集団で就職しました。

(2)　この時期の日本経済について述べた次の文**X**・**Y**の正誤の組み合わせとして正しいものを，あとの**ア**～**エ**から一つ選び，記号で答えなさい。

X　戦後すぐGHQによって独占（どくせん）的な企業（きぎょう）がつくられた結果，高度経済成長が実現しました。
Y　高度経済成長は，土地の価格が本来の価値よりも急激に高くなるバブル経済の崩壊（ほうかい）がおもな原因で，終わりを迎えました。

ア	**X**	正	**Y**	正	**イ**	**X**	正	**Y**	誤
ウ	**X**	誤	**Y**	正	**エ**	**X**	誤	**Y**	誤

問4　下線部④に関連して，障がいのある人との関わりについて述べた文として**誤っているもの**を，次の**ア**～**エ**から一つ選び，記号で答えなさい。

ア　バリアフリー法は，障がいを理由に差別することを禁止し，すべての国民がともに生きる社会の実現をめざしています。
イ　ユニバーサルデザインとは，すべての人が利用しやすいよう都市や生活環境（かんきょう）をデザインする考え方のことです。
ウ　障がいのある人を支えるための国の仕事は，厚生労働省などが担当します。
エ　バリアフリー化を進めるにあたっては，高齢者・障がいのある人の意見を反映させることが大切です。

〔以上〕

令和５年度

清 風 中 学 校 入 学 試 験 問 題

前期試験

算　　数（50分）

試験開始の合図があるまで，この「問題」冊子を開かず，下記の注意事項を読んでください。

【注　意　事　項】

1．試験開始の合図で，解答用紙の所定の欄に「受験番号」，「名前」をはっきりと記入してください。

2．この「問題」冊子は，５ページあります。解答用紙は１枚です。ページが脱落している場合は手をあげて試験監督の先生に知らせてください。

3．解答は，解答用紙の指定されたところに記入してください。

4．各ページの余白は下書きに使用してもかまいません。

5．試験終了の合図で，「問題」冊子の上に解答用紙を重ねてください。

6．「問題」冊子および解答用紙は持ち帰ってはいけません。

1　次の問いに答えなさい。

（1）　2023×14−2×26−12×2023＋33×2 を計算しなさい。

（2）　75人の生徒で算数のテストを実施(じっし)したところ，点数の上位 10人の平均点は 96点で，残り 65人の平均点は 72点でした。このとき，75人の平均点を求めなさい。

（3）　$\frac{5}{7}$ を小数で表すと，0.71428571……となります。この小数の，小数第 2023 位の数字を求めなさい。

（4）　5 で割ると 1 余り，6 で割ると 2 余る整数のうち，300 にもっとも近い整数を求めなさい。

（5）　右の図は，1 辺の長さが 8 cm の正方形と，直径が 8 cm の半円を合わせた図形です。円周率を 3.14 として，斜線(しゃせん)部分の面積を求めなさい。

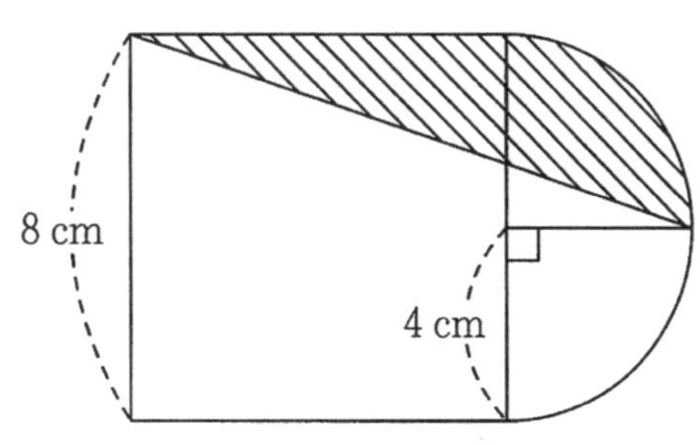

2023(R5) 清風中　前期
教英出版

2　３つの歯車Ａ，Ｂ，Ｃは，歯車Ａと歯車Ｂがかみ合い，歯車Ｂと歯車Ｃがかみ合っています。歯車Ａの歯数が15，歯車Ｂの歯数が60，歯車Ｃの歯数が35のとき，次の問いに答えなさい。なお，分数の答えは小数になおさなくてよい。

（１）歯車Ａを20回転させたとき，歯車Ｂは何回転しますか。

（２）歯車Ａを140回転させたとき，歯車Ｃは何回転しますか。

（３）歯車Ｂが１分間に100回転するとき，歯車Ｃが1200回転するには何分かかりますか。

（４）１分間あたりの回転数を一定にして歯車Ａを動かすとき，歯車Ｃの１分間あたりの回転数は歯車Ａの何倍になりますか。

（５）（４）の状態から，歯車Ａを歯数が18の歯車Ｄに交換（こうかん）し，歯車Ｃの１分間あたりの回転数が，歯車を交換する前の1.08倍になるように動かしました。このとき，歯車Ｄの１分間あたりの回転数を歯車Ａの何倍にしましたか。

3　下の図のように，たてが3 cm，横が4 cmの長方形ABCDがあり，対角線BDの長さは5 cmになっています。この長方形ABCDと同じ形，同じ大きさの長方形EFGDを，対角線BD上に辺EDが重なるようにおきました。辺BCと辺EFが交わる点をP，辺BCと対角線FDが交わる点をQとし，点Qから対角線BDに垂直な直線を引いて交わった点をRとします。このとき，次の問いに答えなさい。

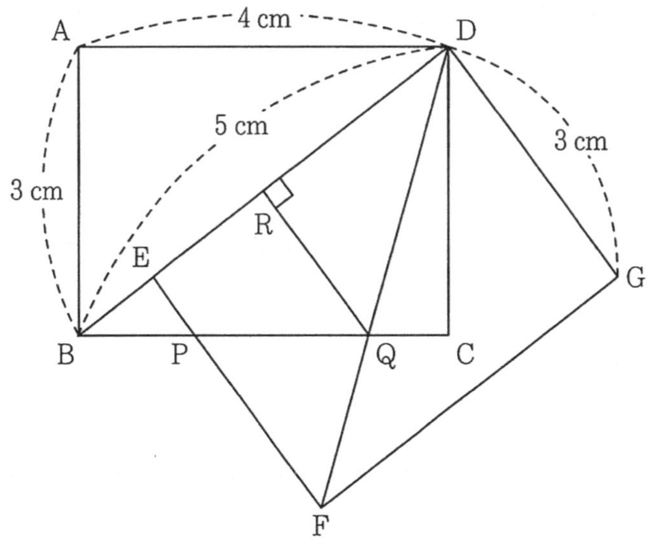

（1） BEおよびEPの長さを求めなさい。

（2） 長方形ABCDと長方形EFGDが重なる部分の面積を求めなさい。

（3） DRおよびDQの長さを求めなさい。

（4） 三角形DQCの面積を求めなさい。

4　次の問いに答えなさい。

（1） 右の図のような円すいがあり，ABは底面の直径でAB＝4 cm，OA＝12cm です。円周率を 3.14 として，次の問いに答えなさい。

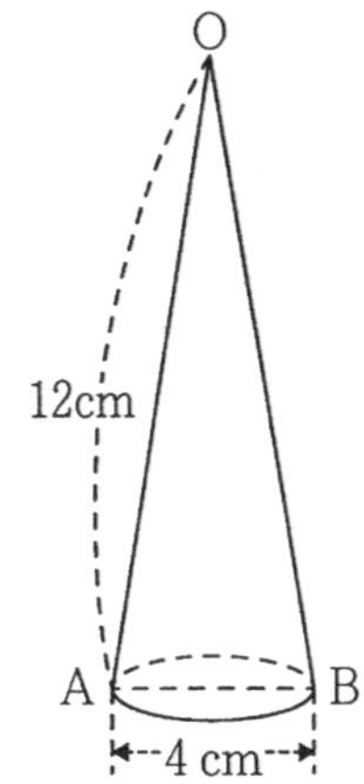

① この円すいの底面積を求めなさい。

② この円すいの表面積を求めなさい。

③ 〈図1〉のように，円すいの側面に沿ってひもをかけ，Aでとめます。このひもの長さがもっとも短くなるとき，その長さを求めなさい。

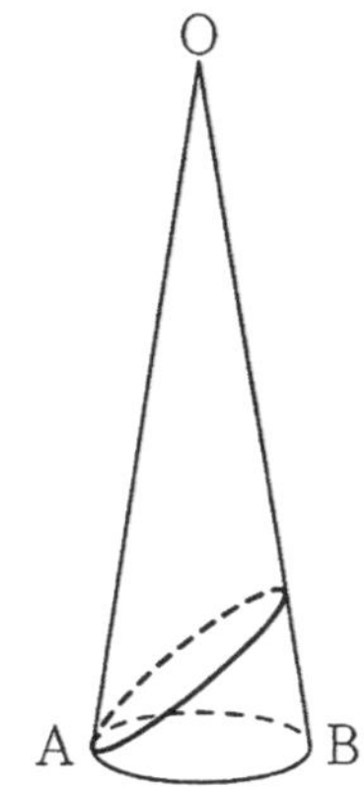

〈図1〉

（2） 〈図2〉のように，1辺の長さが 12cm の正方形ABCDの紙があります。この紙を，頂点A，B，Dが重なるように太線部で折り曲げて立体を作ります。

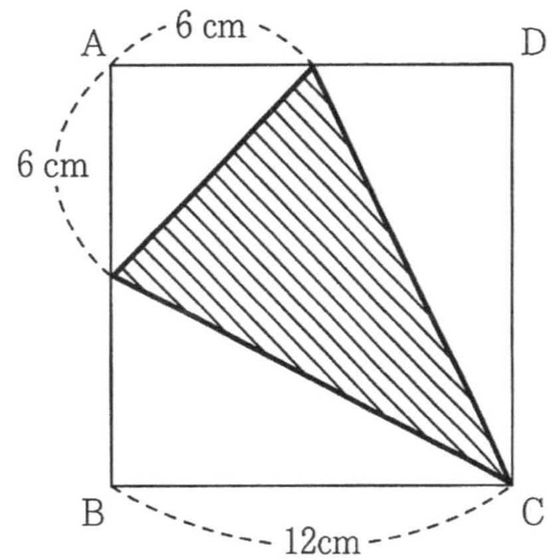

〈図2〉

① この立体の体積を求めなさい。

② 斜線（しゃせん）部分を底面と考えたときの立体の高さを求めなさい。

5　0，1，2，3，4，5 のカードが1枚ずつ合計6枚あるとき，次の問いに答えなさい。

（1） この中から異なる数字の2枚のカードを選び，それらを並べて2桁(けた)の整数を作ります。

① 整数は何個できますか。

② 偶(ぐう)数は何個できますか。

（2） この中から異なる数字の3枚のカードを選び，それらを並べて3桁の整数を作ります。このとき，作ることのできる整数のうち，小さい方から数えて66番目の整数を求めなさい。

（3） 0 を除く5枚のカードの中から分母，分子に2枚ずつのカードを使って，$\frac{13}{24}$ のような分数を作ります。このとき，1より小さい分数は何個できますか。

令和５年度

清 風 中 学 校 入 学 試 験 問 題

前期試験

理　　科（40分）

試験開始の合図があるまで，この「問題」冊子(さっし)を開かず，下記の注意事項を読んでください。

【注　意　事　項】

1．試験開始の合図で，解答用紙の所定の欄(らん)に「受験番号」，「名前」をはっきりと記入してください。

2．この「問題」冊子は，16ページあります。解答用紙は１枚です。ページが脱落(だつらく)している場合は手をあげて試験監督(かんとく)の先生に知らせてください。

3．解答は，解答用紙の指定されたところに記入してください。

4．試験終了の合図で，「問題」冊子の上に解答用紙を重ねてください。

5．「問題」冊子および解答用紙は持ち帰ってはいけません。

令和四年度

清風中学校入学試験問題

前期試験

国語（五〇分）

試験開始の合図があるまで、この「問題」冊子を開かず、左記の注意事項を読んでください。

【注意事項】

一、試験開始の合図で、解答用紙の所定の欄に「受験番号」、「名前」をはっきりと記入してください。

二、この「問題」冊子は、16ページあります。解答用紙は一枚です。ページが脱落している場合は手をあげて試験監督の先生に知らせてください。

三、解答は、解答用紙の指定されたところに記入してください。

四、「問い」に「字数制限」がある場合、句読点やカギかっこなどの記号は、一字として数えて、解答してください。

五、試験終了の合図で、「問題」冊子の上に解答用紙を重ねてください。

六、「問題」冊子および解答用紙は持ち帰ってはいけません。

教英出版

令和四年度

清風中学校入学試験問題

前期試験

国語（五〇分）

国語問題

（問題番号【一】～【三】）

【一】次の文章を読んで、後の問いに答えなさい。

村に住む女の子の「わたし」（桑島満希）は小学五年生。冬に野見山行人という男の子が都会から〈山村留学生〉としてやってきた。五年生は「わたし」と野見山くんの二人だけで、野見山くんはすぐに周囲に溶け込んだのだが、「わたし」は野見山くんと仲良くなることを避けていた。冬のある日の下校中、雪の積もった中、田んぼに入ろうとする野見山くんを「わたし」は引き止めた。話を聞くと、登校中に雪玉を投げたら、いっしょに手袋も飛んでいったということだった。

「ねえ、手袋は春になったらきっと出てくるから、今はあきらめなよ。これ貸してあげる。」
つけていた赤い手袋をわたしが外して差し出すと、野見山くんはぎょっとして、首をぶんぶん横に振った。
「わたしは平気。ほかにも持ってるから。」
遠慮しないで、と押しつける。
だけど、この反応って、赤い色が好きじゃないって意味なのかも。迷惑だったかなあと後悔し始めたころ、野見山くんはaやけに真剣な面持ちで手袋をさっと受け取り、片方だけ着けていた黒いのを外してポケットにしまうと、わたしの赤いのをきゅっきゅっと両手にはめた。サイズはぴったりだった。
「桑島さんは、ずっと……僕のこと、避けてたよね。」
感触をたしかめるように十本の指を動かしながら、そうつぶやいた。責める調子ではなく、bあくまで確認だというように。
ああ、とっくにバレてたんだ。
面と向かって言われてしまっても意外だとは思わなくて、そりゃそうだよねって、納得する気持ちのほうが大きかった。
「それもごめん。でも、嫌いってわけじゃないよ。よそから来る子が苦手なだけ。」
嘘なんかついてもしょうがないと感じたから、素直に話した。むしろわたしはこの機会を待っていたのかもしれなかった。
もやもやしたままでいる過去のこと、わたしにとっては大事なそのことを、聞いてくれる誰かをずっと探していた気がした。
「野見山くんは知らないだろうけど……四年生のとき、ひとり、東京から留学生が来てたんだ。城崎イズミちゃんっていう子。」

カラフルな花の刺繍が入ったデニムスカートがよく似合い、日に焼けた肌と明るい色のカールした髪が特徴的な、かわいくて活発な女の子。

十歳になる年の春、イズミちゃんは転入してきて、わたしの唯一の同級生となった。

「みぃつきちゃーん！　いるー？」

「はーあーいー。イズミちゃん、もう宿題終わったの？」

「遊びたいから急いで終わらしたよ！　ね、きょうは何しよっか。」

彼女の登場は、①それまでの日常をまるっきり違うものにしてくれた。

なにせ小学校入学以来はじめて同級生を得たわけで、天から降ってきたこのプレゼントにわたしはC有頂天になった。

お気に入りの文房具を交換したり、川遊びに出かけたり、連休にうちでお泊まり会をしたり。とにかくわたしはイズミちゃんにべったりくっつき、離れようとしなかった。身長体重がほぼ同じだったから「まるで双子みたいだなあ。」と大人たちからしょっちゅう言われ、そのたびふたりでぱっと顔を見合わせ、跳びあがってはしゃいだ。

つないだ手を振り回して通学路を歩きながら、イズミちゃんが来てくれてよかった、満希ちゃんがいてくれてよかったと口々に言うのが日課のようになっていて、「一生親友ね！」とわたしたちは何度も誓い合った。

イズミちゃんはどんなときも明るくて、目を一本の線になっちゃうくらいきゅっと細めて笑う。学校行事の話し合いのときには、手をあげて自分の意見をはっきり言い、しかもおもしろいアイディアをつぎつぎに思いつくので、周りのみんなの気分を盛りあげてくれる。

ルールの多い寮生活にもすぐ慣れたようだったし、「『たくましくなってきなさい。』ってお父さんとお母さんに言われたから。」と、週末に催される山歩き会や乗馬合宿、近隣町村合同のブラスバンドの練習にも必ず参加していた。まるで山村留学のパンフレットに書かれている紹介文そのままに、順調に〈豊かな自然の中でのびのびと成長〉していた。

はずだったのに。

夏休み明けの始業式の朝、イズミちゃんは登校してこなかった。

教室の窓側半分の四年生エリアには、机がひとつだけぽつんと置かれていた。その意味がわからなくて、わたしは通学かばんをしょったまま、席の横に立って朝の会が始まるのを待った。
やがて当時の担任の吉敷先生が現れ、わたしの姿を見ると、手で「座って。」と合図をした。
そして眼鏡をかけて学級名簿を開きながら、先生は肩でため息をついた。
「きょうから二学期が始まりますが、残念なお知らせをしなくてはいけません。イズミは前の学校に戻ることになりました。……東京での暮らしが恋しくなってしまったみたいなの。山村留学を決めたのはイズミ自身だけど、おうちの方の強い希望もあったようだから、期待をかけられすぎて無理しちゃってたのかもしれないね。あとで、みんなで手紙を書いて送りましょうね。」

……うわあ。

うわあ、うわあ、うわあ。

目の前がぼやけてきて、それ以外のことばはとっさに浮かんでこなかった。吉敷先生がまだ何かしゃべっていたけど、その声はわたしの耳をふわふわ通り抜け、背筋がすうっと冷たくなっていくのを感じた。
イズミちゃんはこの村での生活が嫌だったんだ。学校でも寮でも慣れたふりをしてがんばっていただけで、本当はつらくてたまらなかったんだ。
そんな場所にずっといさせるのはかわいそうだし、もとの街に帰れたならよかったじゃない。頭ではなんとかそう判断できた。
だけど同時に、心がぎゃんぎゃんわめいていた。
イズミちゃんにとってわたしは親友なんかじゃなかった。今までに立てた誓いはぜんぶ嘘。ほかの大事な何かとくらべたときに、②簡単に捨てていっちゃえる程度のもの。きっと離れたらわたしのことなんかすぐに忘れてしまう。
十歳の世界がひっくり返った出来事だった。

イズミちゃんはわたしに何もメッセージを残さず、わたしもイズミちゃんに手紙を書くことはついになかった。四年一組は生徒一名に戻ったけど、八名もいる三年一組との複式学級だから教室はいつも賑やかで、でも気持ちはどこか冷えたままだった。

この一件からわたしは学んだ。

よそからやってくる子とは、あんまり親しくならないほうがいい。ずっといっしょにいられるなんて思っちゃいけない。そんな勘違いをしたら最後、つらい目にあうのは自分だから。

あくまで〈お客さん〉なんだ。

だからもちろん、翌年現れた野見山行人と友達になりたいとは思わなかった。

……もうこりごり。勘弁してほしい。

どうせかぎられた時間しかここにいないのなら、これ以上かき乱さないで。

③こわいよ。

イズミちゃんとのことをどれだけ正確に話せたかはわからない。

わたしは思い浮かんだ順に物事をしゃべりがちだから、口は感情のままに動いて、話はこんがらがって、ずいぶんわかりにくかっただろうと思う。でも野見山くんは遮らずに黙って［Ⅰ］を傾けてくれた。

そしてわたしがひと通り話し終え、はあっと息を吐いたのを見計らって、口を開いた。

「僕は帰らないよ。これからずっとここにいる。」

あまりにきっぱりした言い方だったから、一瞬、そうなんだとうなずいてしまいそうになった。だけどすぐに、それはありえないと気づく。

「『ずっと』？　……だって、二年までってきまりでしょ。」

④「戻る学校がある場合はね。」

優しく諭すような大人びた口調だった。その落ち着きはらった表情に、なぜか心がざわめきだした。

茶色い瞳がわたしを映してまたたいている。
「だけど僕は、東京の私立をやめてここに来たから。再入学は難しいし、したくない。だから来年も再来年も、その先も、寮で暮らしながら村の学校に通わせてもらう。どこにも行くつもりないよ。」
野見山くんはそう言い、わたしがゆっくり事情を呑みこむのを待っていた。
わたしはぼんやり相手の顔を見ていた。告げられた内容は筋道が通っているとわかるのに、何かがひっかかり、すっと受け止められずにいる。
どういうことだろう、前の学校をやめてきたなんて。有名なところって話だったけど、もうそこに通う気はまったくないわけ？
そうまでして山村留学を選んだってこと？
来年も、再来年も、この村でいっしょに暮らす……？
そのとき突然わかった。わかってしまった。
野見山くんが今言ったのは、自分には帰りたい場所がないって話なんだって。戻ろうと思うところなんか、どこにもないんだって。
それってさみしいよ。つらくないの。反射的に思う。
だけど同時に、わたしがそんなふうに感じるのは、まして同情なんかするのは、完全に間違っている気がした。
「……でも僕がいると、桑島さんは嫌だよね。ごめんね。」
かぼそい声で申し訳なさそうに野見山くんは言い足した。
わたしはまだぽかんとしていて、それからはっとして、慌てて首を横に振った。左右の頬に髪が当たり、ちょっと痛いくらいの勢いで。
「いたいなら、好きなだけいればいいよ！」
やたら力強く叫んでしまい、遠くの山のほうまでわあんと響いた。集まっていた鳥たちが驚いて羽ばたく音が聞こえた。
野見山くんも大声に気圧されたようにびくっと［Ⅱ］をすくませた。
ぱちぱちとまばたきをする。こくっと［Ⅲ］を呑む。

そしてわたしに言われたことを、間違いのないようしっかり吟味(ぎんみ)するみたいにしばらく黙ったあとで、
「ええと、じゃあ、……そうする。ここにいられたら、うれしい。」
そう言ってへらりと笑った。
その笑い方もいいな、もっとそういう顔してくれたらいいのにな。
口には出さずに、こっそり思った。
これ借りるねと言いたげに、野見山くんが手袋をした両手をわたしの顔の前に掲(かか)げたから、わたしも両手をあげた。
ぶわっと雲みたいな息を吐きながら、⑤ぽん、と宙で四つの手のひらを打ち合わせた。

（眞島(ましま)めいり「みつきの雪」）

問一　～～線部a～cの語句の本文中の意味として最も適切なものを、それぞれ次の中から選び、記号で答えなさい。

a「やけに」
ア　おのずと　イ　きっぱりと　ウ　やたらと　エ　つくづくと

b「あくまで」
ア　そもそも　イ　ただただ　ウ　しぶしぶ　エ　いよいよ

c「有頂天になった」
ア　これまで以上に感謝した　イ　これ以上ないくらい自慢(じまん)した
ウ　これまで以上につけあがった　エ　これ以上ないくらいうれしくなった

問二　空欄(くうらん)［Ⅰ］～［Ⅲ］に入る語句として最も適切なものを、それぞれ次の中から選び、記号で答えなさい。

ア　肩　イ　目　ウ　鼻　エ　耳　オ　涙(なみだ)　カ　息

問三 ――線部①「それまでの日常をまるっきり違うものにしてくれた」とありますが、それはどういうことですか。最も適切なものを次の中から選び、記号で答えなさい。

ア イズミちゃんが転入してきたことで、今まで一人で不自由だった「わたし」の日常が、二人で好きなだけ遊べる自由な日々に変わったということ。

イ イズミちゃんが転入してきたことで、今まで同級生がいなかった「わたし」の日常が、親友とともに過ごす充実(じゅうじつ)した日々に変わったということ。

ウ イズミちゃんが転入してきたことで、今まで人前では消極的だった「わたし」の日常が、堂々と意見を言える積極的な日々に変わったということ。

エ イズミちゃんが転入してきたことで、今までもやもやした過去に悩(なや)んでいた「わたし」の日常が、活発に人と関わる日々に変わったということ。

問四 ――線部②「十歳の世界がひっくり返った」とありますが、それはどういうことですか。最も適切なものを次の中から選び、記号で答えなさい。

ア 楽しく留学生活を送っていたイズミちゃんが、お父さんとお母さんの強い希望で東京に連れもどされて、二人の仲が引きさかれ、「わたし」が人を信じられなくなってしまったということ。

イ まだ「わたし」とイズミちゃんは親友ではなかったのに、「わたし」が勝手な勘違いをしたばかりに、気づかないうちにイズミちゃんをひどく傷つけてしまっていたということ。

ウ 「わたし」はイズミちゃんとの関係を一番大切に思っていたが、イズミちゃんは親友であるふりをしていただけだったと気づき、信じていたものが何もかもくずれてしまったということ。

エ 「わたし」はイズミちゃんと一生友達でいるつもりだったが、イズミちゃんが「わたし」のことを本気で友達だとは思っていないことがわかり、にくしみがわいたということ。

問五 ――線部③「こわいよ」とありますが、「わたし」はどのようなことを「こわい」と思っているのですか。四十字以内で説明しなさい。

問六 ――線部④「優しく諭すような大人びた口調だった」とありますが、ここでの「野見山くん」の態度はどのようなものですか。最も適切なものを次の中から選び、記号で答えなさい。

ア イズミちゃんのことを伝えた「わたし」の気持ちを受け止め、自分のことも理解してもらおうと誠実に向き合う態度。
イ 自分を避けていた「わたし」と親しく話せる機会がきたことを喜びつつも、あえて冷静にふるまおうとする態度。
ウ 「わたし」を落ち着かせるためにうそをついたことを見ぬかれないように、ものごしやわらかに接しようとする態度。
エ 心の傷を負ったきっかけを話す弱気な「わたし」を、ゆっくりとした話し方でなだめて機嫌(きげん)をとろうとする態度。

問七 ――線部⑤「ぽん、と宙で四つの手のひらを打ち合わせた」とありますが、ここでの「わたし」の気持ちはどのようなものですか。最も適切なものを次の中から選び、記号で答えなさい。

ア 「わたし」が野見山くんを避けていて、まともに話をしていなかったのに、親しくすることにはずかしさを感じ、照れくささをまぎらわそうとする気持ち。
イ 「わたし」と仲良くなれたことを喜んで手を合わせたいのに、それをためらっている野見山くんを勇気づけようと、元気よくふるまってはげまそうとする気持ち。
ウ 野見山くんと仲良くなっても、結局別れることになるのではないかと不安だったが、野見山くんの笑顔(えがお)を信じて、どこにも行かないでほしいと切実に願う気持ち。
エ これまで避けていた野見山くんとお互(たが)いのことを話し合えたことで、「わたし」のかかえていた不安がぬぐわれ、心が通じ合えたことをうれしく思う気持ち。

【二】 次の文章を読んで、後の問いに答えなさい。

勝つか負けるか。1位になるか2位に甘んじるか。競技スポーツに限らず、競争はヒトのあらゆる場面に顔を出す。アイルランドのビール会社が<u>カタテマ</u>(a)に始めた『ギネスブック』は世界記録の代名詞になってしまったが、どんな分野や領域でも新記録を打ち立てるための競い合い（場合によっては熾烈な争い）が繰り広げられる。「記録は塗り替えられるためにある」ということば通り、①<u>世界記録の更新の歴史を見ると、ヒトが全体として「進歩」し続けているような錯覚さえ覚える。</u>心理学的に言えば、その陰には、ヒトの「競争心」のようなものを仮定できる。

スポーツとは、ひとことで言うなら、身体を使う遊びに、このような競技の要素が色濃く加わったものだ。身体を動かすだけで競い合わなければ、スポーツとは言えないし、言わない（英語のsportの意味はそうだ）。単なる筋トレはスポーツとは言わず、逆に、チェスや将棋、囲碁がスポーツに分類されることがあるのは、後者が競技だからだ。そこでは、駒が動いて、盤上で熱い闘いが繰り広げられる。

ここで、スポーツで要求される身体の動きについて考えてみよう。走る、跳ぶ、泳ぐ、投げる、射る、蹴る、的に命中させる、追ったり逃げたりする、などなど。それらの動作は、狩猟で必要とされる動きだ。槍をできるだけ遠くまで投げ、獲物に命中させることは、自分たちが生きる上で必要不可欠の、そして価値ある能力だったに違いない。速く走り、岩や小川を飛び越える能力も、獲物を追うためには不可欠だったろう（**コラム**も参照）。

一方、グループで行うスポーツ、（ 1 ）、サッカー、ラグビー、バスケットボール、ホッケー、バレーボール、野球などでは、メンバー間の動きの連携も重要になる。なにかを投げ、打ち、蹴り、それを争奪する。競技の形態は違いこそすれ、そこで試されているのはチームプレイだ。狩りはグループで連携を組んで行うことが多いから、それらはまさしく狩りのシミュレーションでもある。

スポーツと狩猟の関係は、英語のgameということばにも表われている。gameは、もとは「狩猟での獲物」を意味していた。その後それは、「試合」、「競技」や「勝負」、そして「遊び」の意味ももつようになった。このように、［ X ］という三者は、歴史的に緊密につながっている。

そして、とりわけ子どもはスポーツをすることに熱中する。なぜスポーツは子どもの生活の重要な部分を占めるのだろうか？　それは、まえに述べたように、遊びと同様、それがおとなになるためのトレーニングだからだ。子どもは、スポーツを通して仲間と競い合うなかで、狩猟の能力やスキルとチームワークを、駆け引きや予測のスキルを、そして次に述べるようにルールを守るということも身につけてゆく。

もちろん、前にも述べたように、現在、私たちのほとんどは、狩猟生活をしているわけではない。（　２　）、私たちの身体には長い狩猟時代に身についた性質が宿っている。狩猟の時のように身体を動かすのが快く感じられ、そのような動きをしたいという強い欲求がある。②スポーツは、それを実現する制度化されたひとつの方法なのである。古代オリンピックがアテネの都市生活者から始まったように、スポーツは、狩猟採集生活をしなくなった人々が、余暇の時間を使ってそれと似たことをするためのひとつの仕組みなのだろう。

そして、スポーツは自分がすることにとどまらない。人がしているのを見ることもよくする。これは、実際に目のまえで繰り広げられる競技や試合ばかりではない。雑音だらけのラジオの実況中継にさえも、自分もそのグラウンドやピッチやリングに立っているかのように感じることができる。応援団や熱狂的なサポーターなら、試合の場面場面で一喜一憂し、チームや選手に感情移入し、負けて涙し、勝っては天にも昇った心地になる。

第三部で述べるように、相手の身に自分をおけるというのは、ほかの動物には見られない、ヒトのｂトクヒツすべき特徴である。スポーツｃカンセンはそのｄテンケイ的な例だ。（まえのところでは、テレビの定番の番組として旅番組、グルメ番組、ネイチャー番組を挙げたが、ここでそれらにスポーツ番組が加わる！）

③なぜ、オリンピックやワールドカップでは、世界中から個々のスポーツの勇者たちが集って闘いを繰り広げるのだろう？　そしてなぜスポーツの勝者は讃えられるのだろうか？　ほとんどの人は、こんなことなど考えてみたこともないかもしれない。（　３　）、ヒトにとっては、そうするのが自明であって、なぜという疑問を思い浮かべる隙などないからだ。

かつて、狩猟で大きな獲物をしとめた者は大いに讃えられ、それによって本人もまわりの人間も、狩りで能力を発揮することに動機づけられた（いまも狩猟採集社会で暮らす人々はそうだ）。ほとんど意識していないが、私たちは、狩りで用いる身体能力やスキルに価値をおき、それらに秀でた者に感嘆するような性質を受け継いでいる。私たちが現在行っているスポーツは、そしてそれに付与される価値は、私たちの祖先の長きにわたった狩猟生活の名残であり、現代の生活のなかにあっても依然として重要な位置を占めている。

コラム　**走る――スピード狂**

第一部でも述べたように、走ることはきついけれど、快感も与えてくれる。身体が風を切り、まわりの光景が速く流れてゆくのを見るのは、言い知れぬ喜びだ。速く走ることはスポーツにおける最重要の要件だが、これは狩猟についても言える。速く走ることができれば、獲物にすぐ追いつくこともできただろうし、先回りもすぐできただろう。ほかの猛獣から襲われそうになった時にも、その能力は大いに役立ったはずだ。

この［　Y　］の関係は現在も続いている。しかし、現代にあっては、自分の足は、自転車、バイク、自動車、船や飛行機が代わってくれる。車を飛ばすと、そのスピード感は、興奮を呼び起こし、気分は高揚する。私たちはスピードに酔いしれる。しかし、それには危険がともなう。猛スピードで車を走らせ、誤ってなにかに激突してしまったなら、足で走って転倒するのとは比較にならないほどのダメージがくる。場合によっては、命を落としてしまうかもしれない。

そうした危険を冒してまで、速く走りたがるのはなぜなのか。なぜヒトはスピード狂なのか。その答えは、速く走るということがかつては大きな価値や快感をともなうものであり、それが現在にも引き継がれているからなのだろう。

（鈴木光太郎「ヒトの心はどう進化したのか――狩猟採集生活が生んだもの」ちくま新書）

問一　〰〰線部a〜dのカタカナを漢字に直しなさい。

問二　空欄（くうらん）（　１　）〜（　３　）に入る語句として最も適切なものを、それぞれ次の中から選び、記号で答えなさい。

ア　たとえば　　イ　というのは　　ウ　あるいは　　エ　しかし

問三　――線部①「世界記録の更新の歴史を見ると、ヒトが全体として『進歩』し続けているような錯覚さえ覚える」とありますが、ここで筆者が「錯覚」と述べているのはなぜですか。最も適切なものを次の中から選び、記号で答えなさい。

ア　世界記録は日々更新されていくものだから、今、人間の全体が「進歩」したと思っていることも、もっと「進歩」しているはずの未来の人間から見れば「進歩」とは言えないから。

イ　人間があらゆる意味において「進歩」しているのは間違（まちが）いのないことであるが、だからといって、それがそのまま世界記録を塗り替えることにつながるわけではないから。

ウ　様々な分野で世界記録が次々と塗り替えられてきたが、それは各分野の限られた人間によってなされたことであり、すべての人間があらゆる面で「進歩」し続けてきたわけではないから。

エ　世界記録の歴史を正確に見てみると、記録がなかなか更新されないままになっている分野もあるので、すべての分野において人間が「進歩」し続けてきたとは言えないから。

問四　論の展開から考えて、空欄 X ・ Y に入る言葉として最も適切なものを、それぞれ次の中から選び、記号で答えなさい。

X…ア　狩猟と遊びとスポーツ　　イ　gameと狩猟と遊び　　ウ　狩猟と獲物と試合　　エ　gameと試合とスポーツ

Y…ア　スピード感と危険　　イ　スピード感と快感　　ウ　狩猟と快感　　エ　快感と危険

問五　――線部②「スポーツは、それを実現する制度化されたひとつの方法なのである」とありますが、それはどういうことですか。最も適切なものを次の中から選び、記号で答えなさい。

ア　スポーツは、人間が狩猟時代に身につけた性質を発揮するための活動のひとつとして、様々な分野に分かれ、より複雑化しているということ。

イ　スポーツは、人間が身体を動かしたいという欲求を満たすための活動のひとつとして、われわれの生活を全面的に支えるものとなっているということ。

ウ　スポーツは、人間が狩猟時代に身につけた性質を発揮するための活動のひとつとして、多くの人々を強制的に参加させる力を持っているということ。

エ　スポーツは、人間が身体を動かしたいという欲求を満たすための活動のひとつとして、試合という形式で一定のルールに従って行われるということ。

問六　――線部③「なぜ、オリンピックやワールドカップでは、世界中から個々のスポーツの勇者たちが集って闘いを繰り広げるのだろう？　そしてなぜスポーツの勝者は讃えられるのだろうか？」とありますが、この問いに対して筆者はどのように答えていますか。次の空欄［Ⅰ］・［Ⅱ］に入る言葉を、それぞれ本文中から指定の字数でぬき出し、最初と最後の五字で答えなさい。

スポーツやその価値は、［Ⅰ（二十一字）］であり、私たちは、自分で気づかないうちに、［Ⅱ（四十七字）］から。

問七　コラムは、本文に対してどのような働きをしていますか。その説明として最も適切なものを次の中から選び、記号で答えなさい。

ア　スポーツで要求される身体の動きのうち、「速く走る」という動きに焦点を当て、現代においては、その能力が他の能力以上に重要な価値を持ちつつあることを、分かりやすく強調する働きをしている。

イ　スポーツで要求される身体の動きのうち、「速く走る」という動きに焦点を当て、より具体的なイメージを読者に与えながら、本文全体の主張につながるよう、分かりやすく伝える働きをしている。

ウ　スポーツで要求される身体の動きのうち、「速く走る」という動きに焦点を当て、命に関わる危険を冒してまで速く走りたがる現代人に注意を促し、本文の内容を補足する働きをしている。

エ　スポーツで要求される身体の動きのうち、「速く走る」という動きに焦点を当て、本文で述べてきたのとは異なった観点から新たな論を展開することで、本文の内容を修正する働きをしている。

【三】 次の文章を読んで、後の①～⑩の意味にあてはまる語句を、指定した字数にしたがって本文中からぬき出しなさい。
（ただし、①～⑩は、本文中に出てくる順番になっています。）

「アダム以来最も孤独」と評されたのは、１９６９年に人類初の月面着陸に成功したアポロ１１号の宇宙飛行士、マイケル・コリンズさんだ。月を周回する司令船からアームストロング船長とオルドリン飛行士が月に降り立つのを支援した。司令船が月の裏側に回ると、交信が完全に遮断された。コリンズさんは「反対側には３０億人（当時の地球の人口）プラス２人、こちら側は１人プラス神のみぞ知るという状態だった」と振り返っている。

コリンズさんが９０歳で死去した。月に一歩をしるす栄誉は得られず「忘れられた飛行士」とも呼ばれた。だが、本人は「他の２人と同様に必要な存在だ。完全に満足している」と語っていた。バイデン米大統領は訃報に「偉業に向けた協力の必要性を気づかせてくれた」とたたえた。

飛行士退任後、ワシントンのスミソニアン航空宇宙博物館館長として世界最大級の施設をオープンさせた。アポロ計画関連の展示も多く、今も宇宙に憧れる子どもたちに人気がある。

コリンズさんによれば、宇宙から見た地球は「小さく、光沢があり、穏やかで青白く、はかない」そうだ。晩年は地球環境の悪化を心配し「指導者たちが宇宙から地球を見れば、考え方が根本的に変わるはずだ」と指摘していた。

宇宙航空研究開発機構（ＪＡＸＡ）は今秋にも１３年ぶりに日本人宇宙飛行士を募集する。米国との協力で月面着陸の機会もあるというから夢がある。若い世代がコリンズさんらに続く偉業に加わることに期待する。

（『毎日新聞』「余録」令和三年五月一日）

① 力を貸してささえ助けること。（二字）
② 無線通信で情報を取りかわすこと。（二字）
③ ほこりにできるほどすばらしいと、人々から認められた評価。（二字）
④ すぐれていて立派な仕事。（二字）
⑤ 目的に向かって力を合わせて努力すること。（二字）
⑥ すぐれたこととして心からほめた。（四字）
⑦ 数多くの物を並べて一般（いっぱん）に公開すること。（二字）
⑧ もろくてかよわい。（四字）
⑨ 年老いて一生の終わりに近い時期。（二字）
⑩ あることが実現するだろうとあてにし、まちうけること。（二字）

（以上）

令和４年度

清 風 中 学 校 入 学 試 験 問 題

前期試験

算　　数（50分）

試験開始の合図があるまで，この「問題」冊子(さっし)を開かず，下記の注意事項を読んでください。

【注　意　事　項】

1．試験開始の合図で，解答用紙の所定の欄(らん)に「受験番号」，「名前」をはっきりと記入してください。

2．この「問題」冊子は，５ページあります。解答用紙は１枚です。ページが脱落(だつらく)している場合は手をあげて試験監督(かんとく)の先生に知らせてください。

3．解答は，解答用紙の指定されたところに記入してください。

4．各ページの余白は下書きに使用してもかまいません。

5．試験終了の合図で，「問題」冊子の上に解答用紙を重ねてください。

6．「問題」冊子および解答用紙は持ち帰ってはいけません。

1 次の問いに答えなさい。

（1） 3×6.02÷8＋2×9.03÷8－4×3.01÷8 を計算しなさい。

（2） A組20人，B組30人の計50人でテストをしたところ，50人全体の平均点は70点，A組の平均点は61点でした。B組の平均点を答えなさい。

（3） 次の数の列は，ある規則にしたがって並んでいます。□の中に入る数を答えなさい。

5，6，11，17，28，□，73，118，…

（4） 右の図のような道があり，AからBまで最短経路で進みます。このうち，C，Dの両方を通る進み方は何通りありますか。

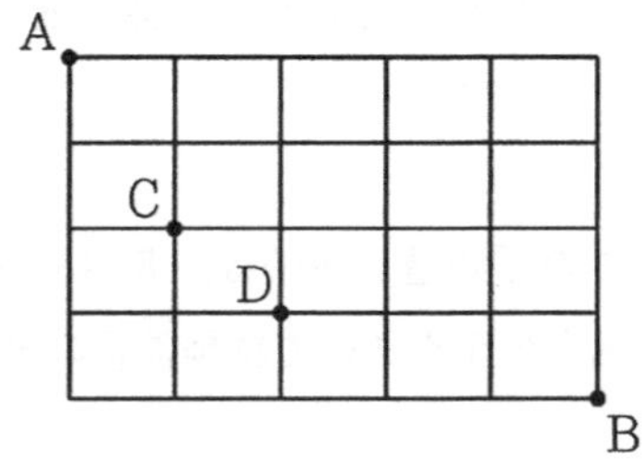

（5） 右の図のように，1辺の長さが8 cmの正方形ABCDの中に，半径が8 cmの円の一部分と，半径が4 cmの半円をかき，BとDを結びました。斜線（しゃせん）部分の面積を求めなさい。ただし，円周率は3.14とします。

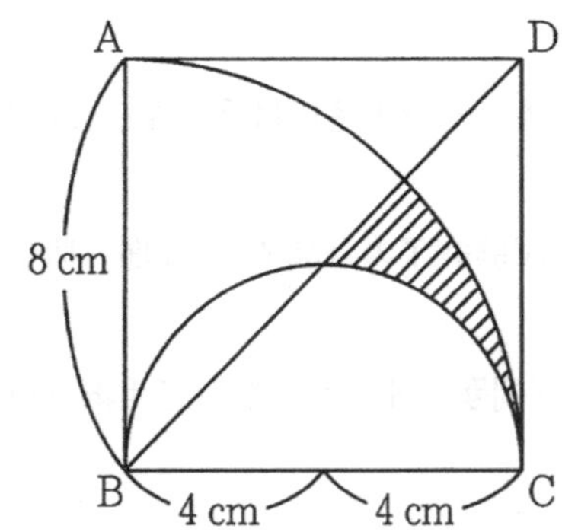

2　1周300mの池の周りを，A君，B君，C君の3人がそれぞれ一定の速さで走ります。スタート地点からA君とB君が同時に同じ方向へ走り出すと，A君が1周してスタート地点に戻(もど)ってきたとき，B君はA君の12m後ろを走っていました。また，スタート地点からB君とC君が同時に同じ方向へ走り出すと，B君が1周してスタート地点に戻ってきたとき，C君はB君の25m後ろを走っていました。ただし，3人が走る速さは，速い順にA君，B君，C君であるとします。このとき，次の問いに答えなさい。

（1）　A君とB君が同じ時間に走る距離(きょり)の比およびB君とC君が同じ時間に走る距離の比を，それぞれもっとも簡単な整数で答えなさい。

（2）　スタート地点からA君とC君が同時に同じ方向へ走り出しました。

①　A君が1周してスタート地点に戻ってきたとき，C君はA君の何m後ろを走っていますか。

②　A君がC君を初めて追い抜(ぬ)くのは，A君が走り出してから何周目を走っている間ですか。

（3）　スタート地点からA君とB君が同時に同じ方向へ走り出しました。A君が10周走り終わってから48秒後に，B君も10周走り終わりました。

①　B君の走る速さは毎秒何mですか。

②　A君が10周するのにかかった時間は何分何秒ですか。

3 図のような長方形ABCDがあります。点Bから対角線ACに垂直な直線を引き，AC，ADと交わる点をそれぞれE，Fとします。AB＝30cm，BC＝40cm，AC＝50cmのとき，次の問いに答えなさい。

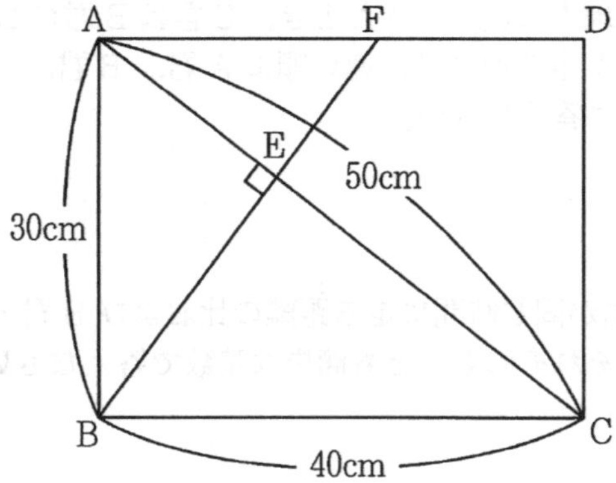

（1） AEの長さを求め，AE：ECをもっとも簡単な整数で答えなさい。

（2） 三角形ACFの面積を求めなさい。

（3） 四角形ECDFの面積を求めなさい。

（4） 三角形FEDの面積は，三角形ACDの面積の何倍ですか。

4　右の図のような，たて2cm，横12cm，高さ16cmの直方体から，直方体ABCD－EFGHと直方体PQRS－TUVWを取り除いた形のふたのない容器が平らな机の上にあります。最初，この容器を面FTWGが下になるように置くとき，次の問いに答えなさい。ただし，容器の厚みは考えないものとします。なお，必要であれば3辺の長さが3cm，4cm，5cmの三角形は直角三角形であることを用いてかまいません。

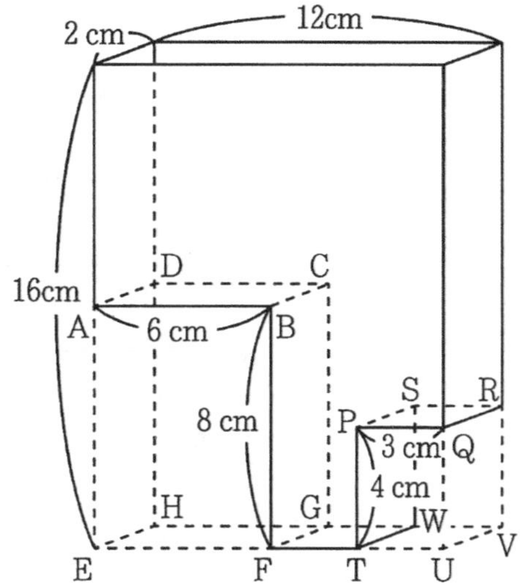

（1）この容器の上から$24cm^3$の水を入れるとき，水面の高さは机から何cmになりますか。

（2）水をこの容器がいっぱいになるまで入れます。

①　この容器に入る水の体積を求めなさい。

②　この容器を，ADとFGが机の上につくように静かに傾(かたむ)けたとき，容器の中に残っている水の体積を求めなさい。

（3）（2）の状態の容器を，再び面FTWGが下になる状態に戻(もど)すと，水面の高さは机から何cmになりますか。

（4）（3）の状態の容器を，TWとQRが机の上につくように静かに傾けたとき，水面の高さは机から何cmになりますか。

5

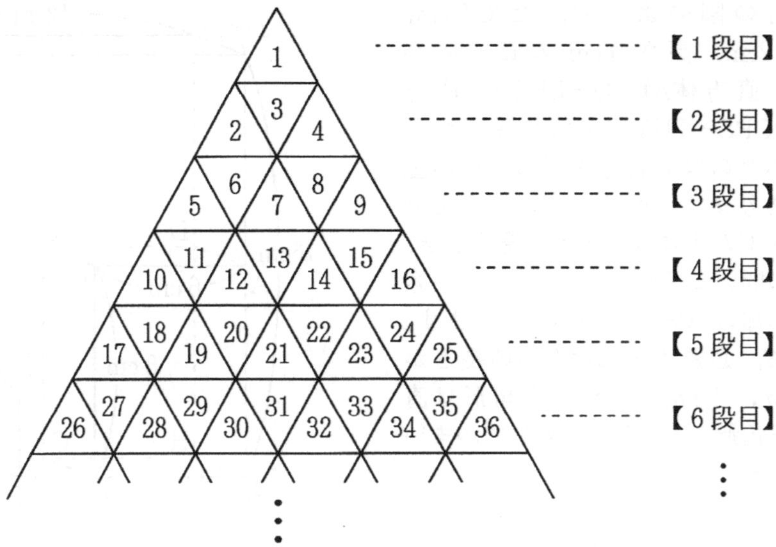

上の図のように，三角形の中に1から順番に数を並べます。
例えば，上から3段目には左から順に5， 6， 7， 8， 9の5個の数があります。

（1） 上から8段目には何個の数がありますか。

（2） 上から12段目の左から19番目にある数を答えなさい。

（3） 2022は，上から何段目の左から何番目にありますか。

（4） ある段の1番左にある数と1番右にある数の差が2022となりました。その段は上から何段目ですか。

2022(R4) 清風中　前期
K 教英出版

令和４年度

清 風 中 学 校 入 学 試 験 問 題

前期試験

理　　科（40分）

試験開始の合図があるまで，この「問題」冊子を開かず，下記の注意事項を読んでください。

【注 意 事 項】

1．試験開始の合図で，解答用紙の所定の欄に「受験番号」，「名前」をはっきりと記入してください。

2．この「問題」冊子は，16ページあります。解答用紙は１枚です。ページが脱落している場合は手をあげて試験監督の先生に知らせてください。

3．解答は，解答用紙の指定されたところに記入してください。

4．試験終了の合図で，「問題」冊子の上に解答用紙を重ねてください。

5．「問題」冊子および解答用紙は持ち帰ってはいけません。

理 科 問 題

（ 問題番号 1 ～ 6 ）

1 次の文章を読み，下の各問いに答えなさい。

水溶液(すいようえき)A～Eは，水酸化ナトリウム水溶液，塩酸，食塩水，炭酸水，アンモニア水のどれかです。この水溶液A～Eを用いて，〔**実験1**〕～〔**実験3**〕を行いました。

〔**実験1**〕 水溶液A～Eのにおいをかぐと，水溶液B，Dはつんとしたにおいがした。

〔**実験2**〕 水溶液A～Eを，**図**のようなピペットを用いて試験管にとり，それぞれに少量のBTB溶液(ようえき)を加えて水溶液の色を確認した。その結果を**表1**にまとめた。

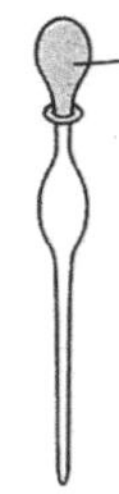

図

表1

水溶液	A	B	C	D	E
色	黄色	黄色	青色	青色	緑色

〔**実験3**〕 ある固体を水溶液Bに加えると，気体が発生した。この気体を石灰水に通すと，石灰水が白くにごった。

問1 水溶液を使う実験を安全に行う方法として**適さないもの**を，次の**ア～エ**のうちから1つ選び，記号で答えなさい。

ア 実験室をかん気する。
イ 水溶液のにおいは鼻を近づけて直接かぐ。
ウ 保護めがねをつける。
エ 水溶液が皮ふにつかないようにする。

問2 ピペットのあつかい方として**適さないもの**を，次の**ア～エ**のうちから1つ選び，記号で答えなさい。

ア ゴム球を軽くおしつぶしてから，ピペットの先を水溶液の中に入れる。
イ ゴム球に水溶液が入らないようにする。
ウ 異なる水溶液でもピペットは洗わずに使ってもよい。
エ ピペットの先が容器の底に強く当たらないようにする。

問3　水溶液A～Eのうち，炭酸水はどれですか。適するものを，次の**ア～オ**のうちから1つ選び，記号で答えなさい。

ア　水溶液A　　**イ**　水溶液B　　**ウ**　水溶液C
エ　水溶液D　　**オ**　水溶液E

問4　〔**実験2**〕の水溶液C，Dのように，BTB溶液を加えると青色になる水溶液として適するものを，次の**ア～エ**のうちから1つ選び，記号で答えなさい。

ア　レモン汁(じる)　　**イ**　砂糖水　　**ウ**　食酢(しょくす)　　**エ**　せっけん水

問5　〔**実験3**〕で用いた固体として適するものを，次の**ア～エ**のうちから1つ選び，記号で答えなさい。

ア　二酸化マンガン　　**イ**　銅　　**ウ**　アルミニウム　　**エ**　石灰石

問6　〔**実験3**〕で用いた固体の重さを変え，50cm^{3}の水溶液Bにそれぞれ加えて，発生した気体の体積を測定しました。**表2**は，その結果をまとめたものです。ただし，気体の体積は，同じ条件で測定したものとします。

表2

固体の重さ〔g〕	0.1	0.2	0.3	0.4	0.5
発生した気体の体積〔cm^3〕	25	（　X　）	75	75	75

(1)　**表2**の空欄(くうらん)（　X　）にあてはまる数値を答えなさい。

(2)　100cm^{3}の水溶液Bに0.4gの固体を加えると，発生する気体は何cm^{3}ですか。

2　次の文章を読み，下の各問いに答えなさい。

図1は，ヒトの頭部付近の断面の模式図です。口や鼻の奥(おく)をのどといい，のどには空気や食べ物の通り道があります。のどを通った空気や食べ物は，AやBの管を通って，肺や胃に運ばれます。このとき，食べ物が誤って鼻の奥や肺に入ることを防ぐために，①，②の部分には食べ物が通らないようにするしくみがあります。

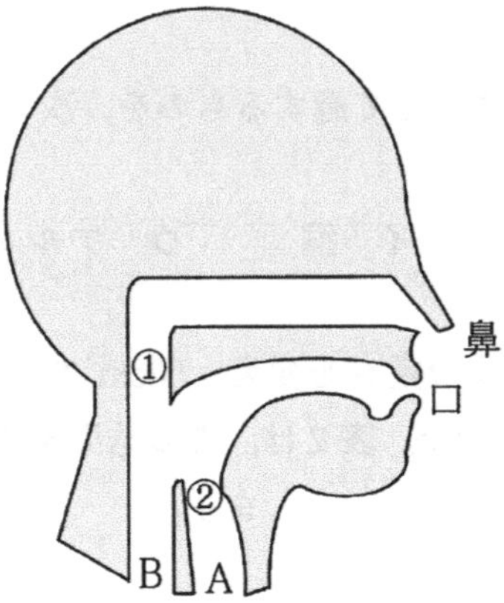

図1

問1　A，Bは何ですか。それぞれ**漢字2字**で答えなさい。

問２　肺について，次の文章を読み，下の(1)，(2)に答えなさい。

図２のように，肺にはＣのような小さなふくろがあり，酸素と二酸化炭素の交換(こうかん)をしています。また，**図２**のＰとＱはＣにつながる血管を表し，矢印はＰとＱを流れる血液の向きを表しています。

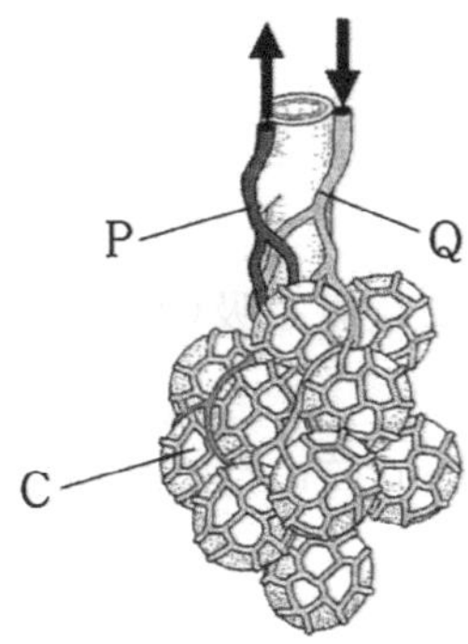

図２

(1)　Ｃは何ですか。

(2)　ＰとＱを流れる血液をくらべたときの説明として適するものを，次の**ア**～**エ**のうちから１つ選び，記号で答えなさい。

ア　Ｐの方が酸素を多く含(ふく)む血液が流れ，Ｑの方が二酸化炭素を多く含む血液が流れる。

イ　Ｐの方が二酸化炭素を多く含む血液が流れ，Ｑの方が酸素を多く含む血液が流れる。

ウ　Ｐの方が酸素も二酸化炭素も多く含む血液が流れる。

エ　Ｑの方が酸素も二酸化炭素も多く含む血液が流れる。

人が吸う空気とはき出す息について，水蒸気の量や温度の違い(ちが)を調べるために，**図3**のような装置を2つ用いて，〔**実験1**〕，〔**実験2**〕を行いました。ただし，装置の容器のふたには管が2本ついており，その2本の管のみで気体の出入りは行われます。また，容器の周りには氷があります。

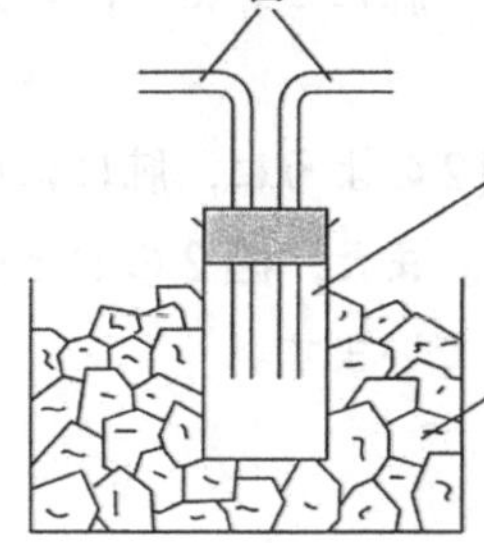

図3

〔**実験1**〕 口から管の片方を通じて空気を吸い，鼻から息をはき出すことを，15分間続けた。

〔**実験2**〕 鼻から空気を吸い，口から管の片方を通じて息をはき出すことを，15分間続けた。

〔**結果1**〕 〔**実験1**〕よりも〔**実験2**〕の方が，容器に水が多くたまった。

〔**結果2**〕 〔**実験1**〕よりも〔**実験2**〕の方が，氷が多くとけた。

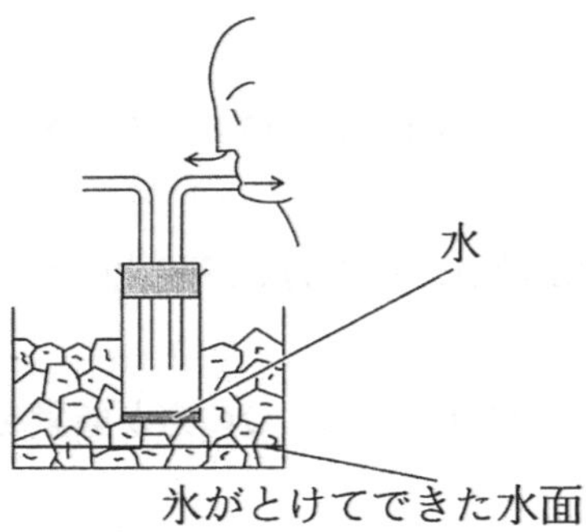

結果1

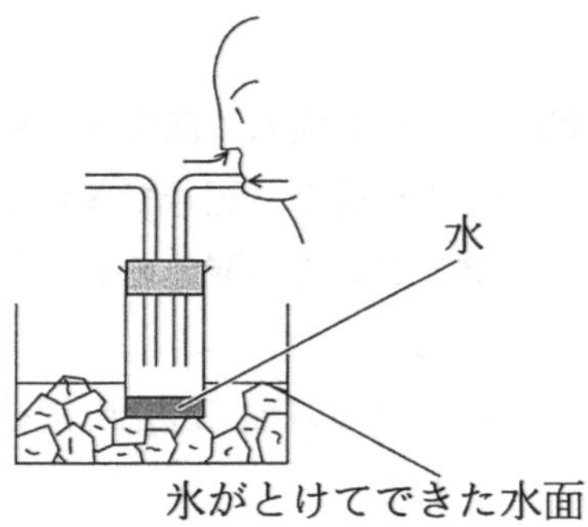

結果2

問3 〔**結果1**〕，〔**結果2**〕から考えられることとして適するものを，次の**ア～カ**のうちから**2つ**選び，記号で答えなさい。ただし，〔**実験1**〕，〔**実験2**〕は，ともに同じ人が行い，それぞれの実験で吸った空気の体積の合計は等しく，また，はき出した息の体積の合計も等しいものとします。

ア はき出した息に含まれる水蒸気の量は，吸った空気よりも多い。

イ はき出した息に含まれる水蒸気の量は，吸った空気よりも少ない。

ウ はき出した息に含まれる水蒸気の量は，吸った空気と同じである。

エ はき出した息の温度は，吸った空気よりも高い。

オ はき出した息の温度は，吸った空気よりも低い。

カ はき出した息の温度は，吸った空気と同じである。

3　次の文章を読み，下の各問いに答えなさい。

日本は世界の中でも地震(じしん)や火山のふん火が多く，たびたび大きな被害(ひがい)を受けてきました。また，近年では，大雨による洪水(こうずい)などの被害も増加しています。そこで，被害を少しでも減少させるために，さまざまな取り組みが行われており，テレビなどでも身近にできる取り組みが紹介(しょうかい)されています。私たちは，普段(ふだん)から防災に対する意識を高め，いざというときのために備えなければなりません。

問1　地震について，次の文章中の空欄(くうらん)（　①　）にあてはまる数値を答えなさい。

1995年の兵庫県南部地震のあと，日本では震度(しんど)0～震度7のうち，震度5と震度6についてはそれぞれ「弱」と「強」の2階級に分けられたので，震度は（　①　）階級で表されるようになりました。

問2　地震の規模の大きさを数値で表したものを何といいますか。

問3　地震によって起こることがある現象として**適さないもの**を，次の**ア**～**エ**のうちから1つ選び，記号で答えなさい。

ア　高潮が生じる。
イ　地割れやがけ崩(くず)れが生じる。
ウ　地面がもり上がる。
エ　土地の液状化が起こる。

問4　地震での被害を減らすために行うこととして**適さないもの**を，次の**ア**～**エ**のうちから1つ選び，記号で答えなさい。

ア　定期的に避難(ひなん)訓練を行い，正しい避難経路を確認する。
イ　家具を倒(たお)れないようにし，家具の向きや配置を工夫する。
ウ　地震が起こったとき，屋内ではまず机などの下にもぐって頭を守る。
エ　地震が起こったとき，ガラス窓のそばにいく。

問5　火山について適するものを，次の**ア**～**エ**のうちから1つ選び，記号で答えなさい。

ア　現在の日本には，ふん火する可能性のある火山はない。
イ　火山灰が降り積もった土地では，農作物を育てることができない。
ウ　火山活動によって，山や島ができることがある。
エ　火山の地下の熱は，原子力発電に利用されている。

問６　災害の被害を減らすために，川の氾濫（はんらん）や火山のふん火によって予想される災害の範囲（はんい）などを示したものを何といいますか。**カタカナ７字**で答えなさい。

4 次の文章を読み，下の各問いに答えなさい。

湿度(しつど)は空気がどれくらい湿(しめ)っているのかの湿(しめ)り気(け)の度合いを百分率〔%〕で表したものです。この湿度や気温は，百葉箱に入っている乾湿計(かんしつけい)を用いて調べることができます。乾湿計は，**図1**のように乾球(かんきゅう)温度計と湿球(しっきゅう)温度計の2つの温度計からできていて，湿球温度計には水で湿らせたガーゼがまかれています。

この2つの温度計が示す温度の差と乾球温度計が示す温度の関係によって，その空気の湿度が定まります。**表**は，それらの関係の一部を示したものです。例えば，2つの温度計が示す温度の差が2℃，乾球温度計が示す温度が23℃のとき，**表**より湿度は83%とわかります。

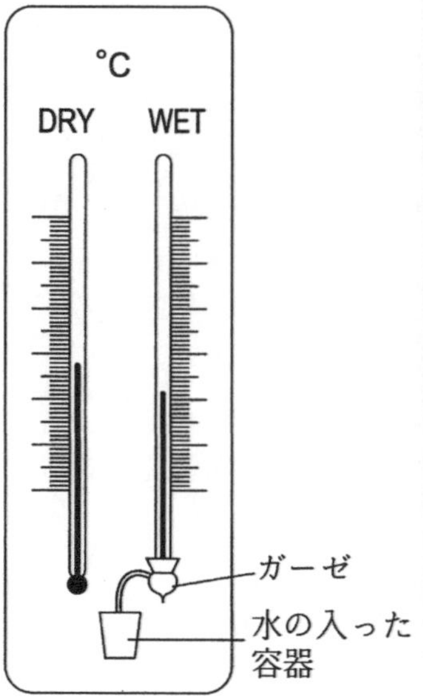

図1

表

		乾球温度計と湿球温度計が示す温度の差〔℃〕					
		0	1	2	3	4	5
乾球温度計が示す温度〔℃〕	25	100%	92%	84%	76%	68%	61%
	24	100%	91%	83%	75%	68%	60%
	23	100%	91%	83%	75%	67%	59%
	22	100%	91%	82%	74%	66%	58%
	21	100%	91%	82%	73%	65%	57%
	20	100%	91%	81%	73%	64%	56%

問1 百葉箱の説明として**適さないもの**を，次の**ア**～**エ**のうちから1つ選び，記号で答えなさい。

ア 風通しのよい作りである。
イ 扉(とびら)の向きは北向きである。
ウ 箱の中に日光が直接当たらないつくりである。
エ 地面からの高さは0.6～1.0m程度である。

問2　乾球温度計と湿球温度計の示す温度がそれぞれ21℃と18℃のとき，次の(1)，(2)に答えなさい。

(1)　気温は何℃ですか。

(2)　湿度は何％ですか。

図2は，ある日の気温と湿度の時刻による変化を記録したものです。ただし，**図2**の実線（——）と破線（----）は，それぞれ気温と湿度のどちらかを表しています。また，15時とは，午後3時を24時間制で表したものです。

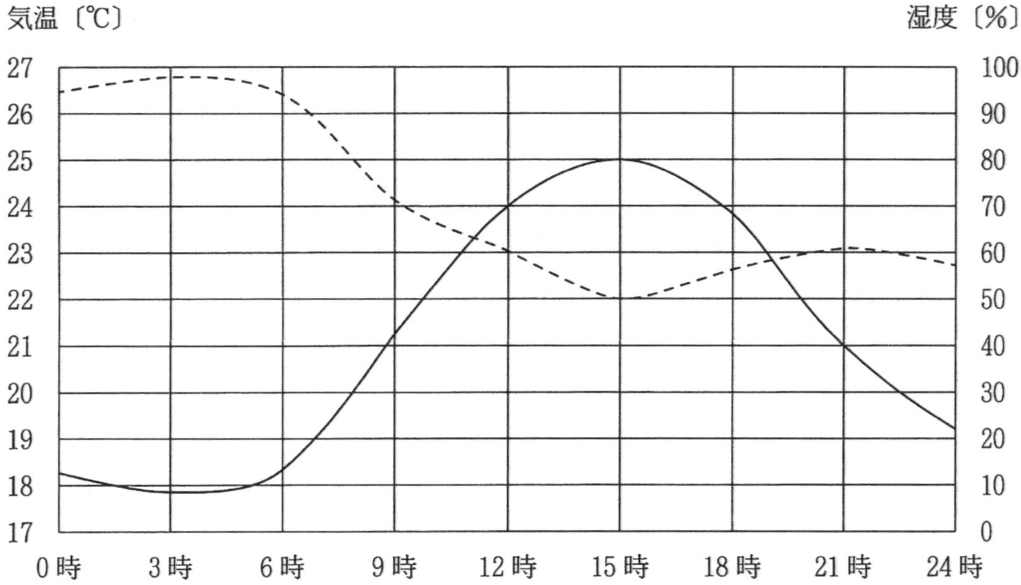

図2

問3　9時から15時までの天気としてもっとも適するものを，次の**ア**～**エ**のうちから選び，記号で答えなさい。

ア　雨　　**イ**　くもり　　**ウ**　晴れ　　**エ**　雪

問4　12時に湿球温度計が示す温度は何℃ですか。

5 次の文章を読み，下の各問いに答えなさい。

長さ200cmの棒の左端(ひだりはし)を天井(てんじょう)から糸でつるし，棒の右端(みぎはし)にばねばかりを取り付けました。ただし，棒や糸の重さは考えないものとします。

図1のように，重さ80ｇのおもりを棒の中央につるし，棒を水平につり合わせました。

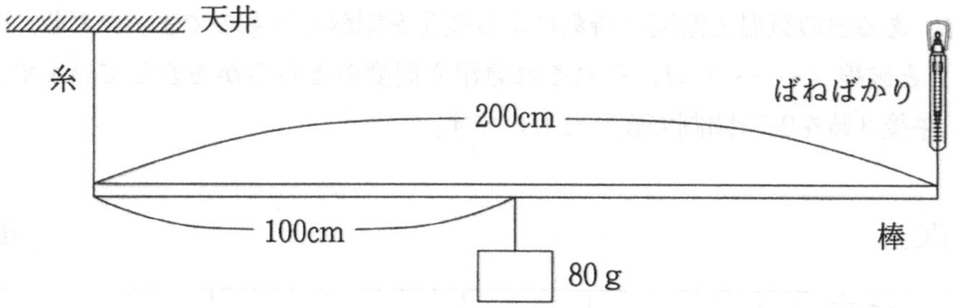

図1

問１　ばねばかりの示す値は何ｇですか。

図2のように，重さ80ｇのおもりを棒の左端から50cmの位置につるし，棒を水平につり合わせました。

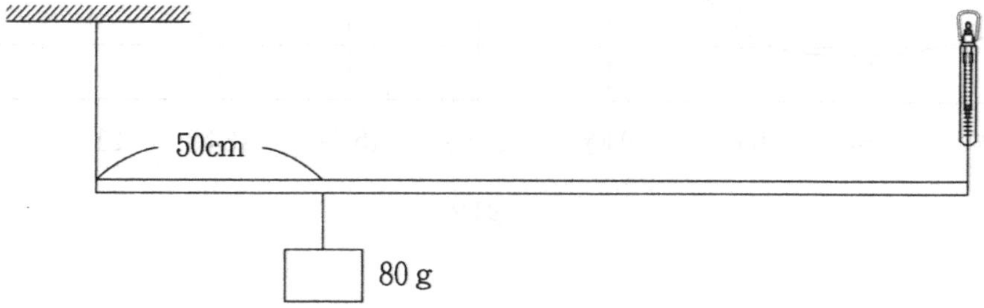

図2

問２　ばねばかりの示す値は何ｇですか。

図3のように，重さ100ｇのおもりを棒の左端から60cmの位置に，重さ80ｇのおもりを棒の左端から150cmの位置につるし，棒を水平につり合わせました。

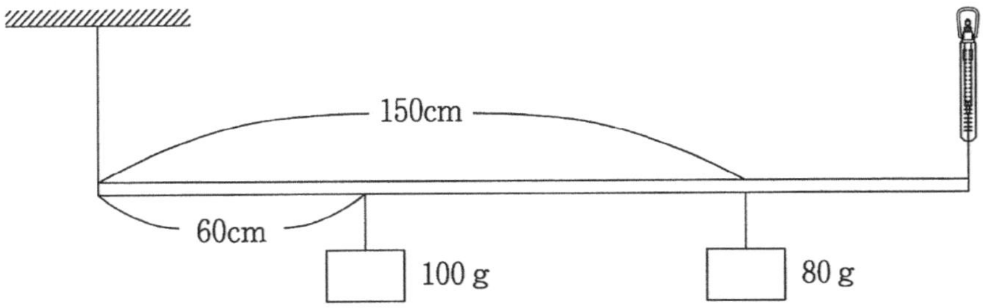

図3

問3　ばねばかりの示す値は何ｇですか。

図4のように，重さ100ｇのおもりをある位置につるし，棒を水平につり合わせたところ，ばねばかりの示す値は65ｇになりました。

図4

問4　おもりをつるした位置は棒の左端から何cmですか。

図5のように，重さのわからないおもりを棒の中央付近につるし，棒を水平につり合わせました。棒を水平につり合わせたまま，おもりを棒の左端に向けて少しずつ動かしたところ，棒の左端から40cmの位置にきたときに，棒の左端に取り付けていた糸が切れました。ただし，この糸に直接おもりをつるした場合，おもりの重さが360ｇより大きくなると，糸は切れてしまいます。

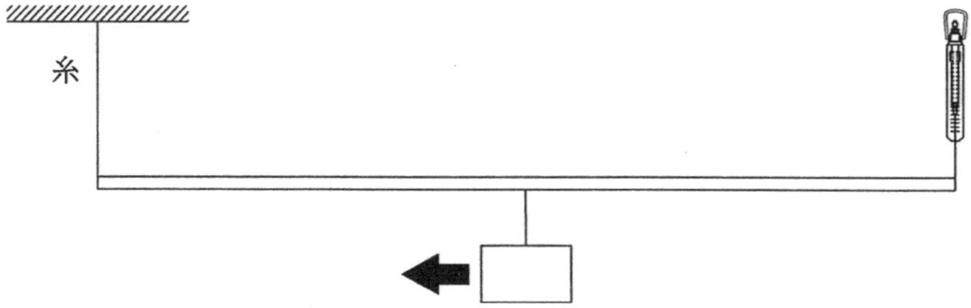

図5

問5　次の(1)，(2)に答えなさい。

(1)　糸が切れるとき，ばねばかりの示す値は何ｇですか。

(2)　おもりの重さは何ｇですか。

6　次の文章を読み，下の各問いに答えなさい。

鉄しんのまわりに導線を巻いてつくったコイルを用いて，**〔実験1〕**，**〔実験2〕**を行いました。

〔実験1〕 **図**のように，コイル，電池，スイッチを使って，回路をつくった。はじめ，スイッチを入れる前にコイルの左横に方位磁針を置くと，方位磁針のN極は北を向いた。

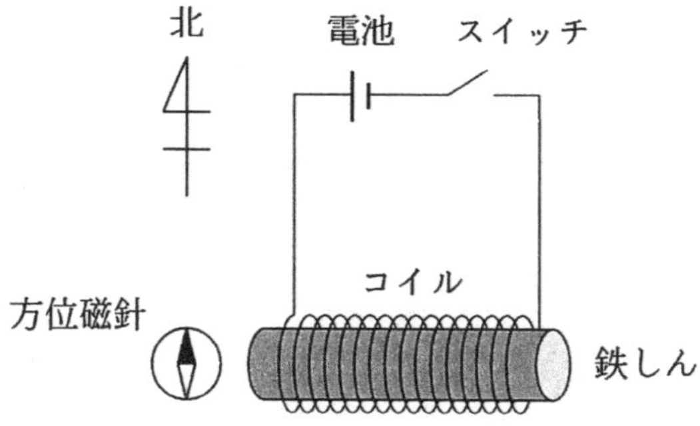

図

次に，スイッチを閉じて回路に電流を流すと，コイルの左横に置いていた方位磁針のN極は東を向いた。

問1　スイッチを閉じた回路について，次の(1)〜(3)に答えなさい。

(1)　コイルの右横に方位磁針を置いた場合，方位磁針のようすとして適するものを，次の**ア**〜**エ**のうちから1つ選び，記号で答えなさい。

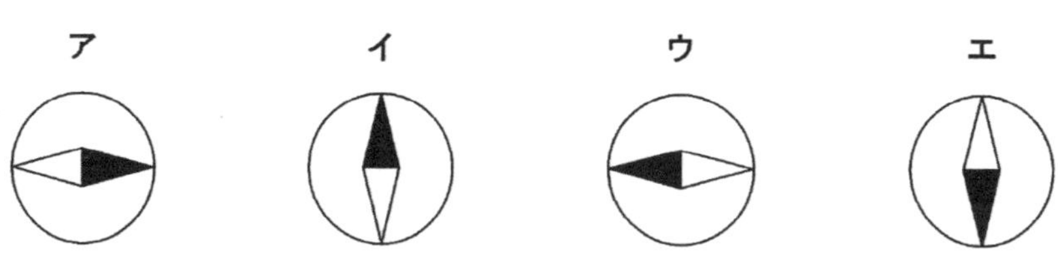

(2)　**図**の電池の＋極と－極を反対にした場合，コイルの左横に置いていた方位磁針のようすとして適するものを，次の**ア**〜**エ**のうちから1つ選び，記号で答えなさい。

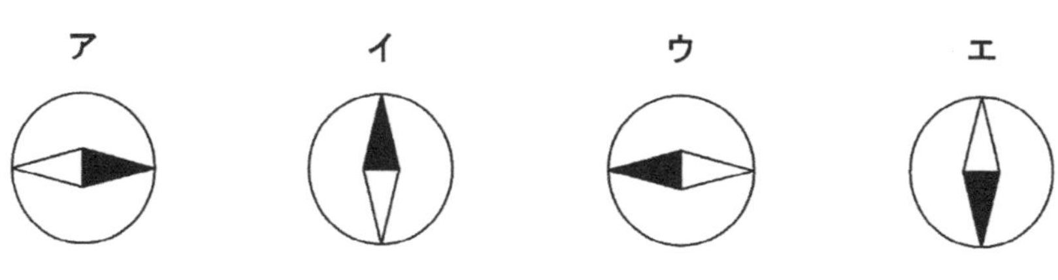

(3) コイルの左横に置いていた方位磁針を，さらに左側へコイルから遠ざけていく場合，方位磁針のN極のようすとして適するものを，次の**ア**～**エ**のうちから1つ選び，記号で答えなさい。

ア　コイルから遠ざけるにつれて，東から南の方に向きを変える。

イ　コイルから遠ざけるにつれて，東から北の方に向きを変える。

ウ　コイルから十分に遠ざけても，東を向く。

エ　コイルから十分に遠ざけると，西を向く。

〔**実験 2**〕 電池1つをつないだコイルでクリップを持ち上げると，コイルの鉄しんの片側で4個までクリップが持ち上がった。次に，電池2つを直列つなぎにしたものをつないだコイルでクリップを持ち上げると，コイルの鉄しんの片側で8個までクリップが持ち上がった。ただし，電池はすべて同じものであった。

問2　電池の数を変えずに，コイルの鉄しんの片側で持ち上がるクリップの数を増やす方法として適するものを，次の**ア**～**エ**のうちから1つ選び，記号で答えなさい。

ア　コイルの巻き数を増やす。

イ　コイルの巻き数を減らす。

ウ　コイルの鉄しんを取り除く。

エ　コイルの鉄しんをガラス棒に変える。

問3　次のA，B，Cのように，コイルにつなぐ電池の組み合わせを変えると，コイルの鉄しんの片側でそれぞれ何個までクリップが持ち上がりますか。ただし，電池はすべて〔**実験 2**〕と同じものとします。

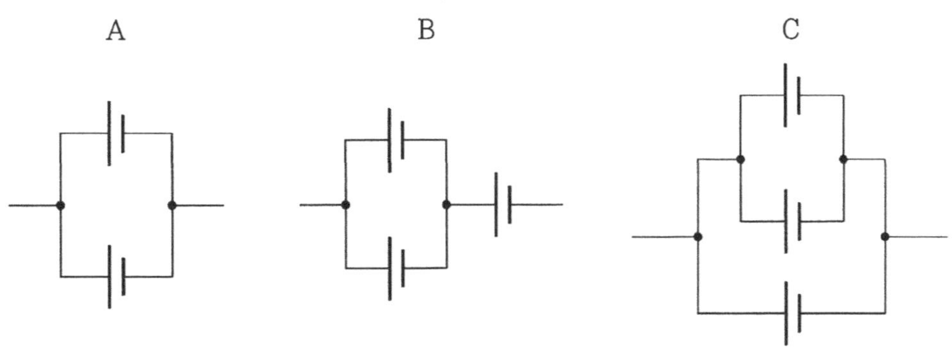

〔以上〕

令和４年度

清 風 中 学 校 入 学 試 験 問 題

前期試験

社　　会（40分）

試験開始の合図があるまで，この「問題」冊子（さっし）を開かず，下記の注意事項を読んでください。

【注　意　事　項】

1．試験開始の合図で，解答用紙の所定の欄（らん）に「受験番号」，「名前」をはっきりと記入してください。

2．この「問題」冊子は，13ページあります。解答用紙は１枚です。ページが脱落（だつらく）している場合は手をあげて試験監督（かんとく）の先生に知らせてください。

3．解答は，解答用紙の指定されたところに記入してください。

4．試験終了の合図で，「問題」冊子の上に解答用紙を重ねてください。

5．「問題」冊子および解答用紙は持ち帰ってはいけません。

1 次の略地図を見て，あとの問1～問6に答えなさい。

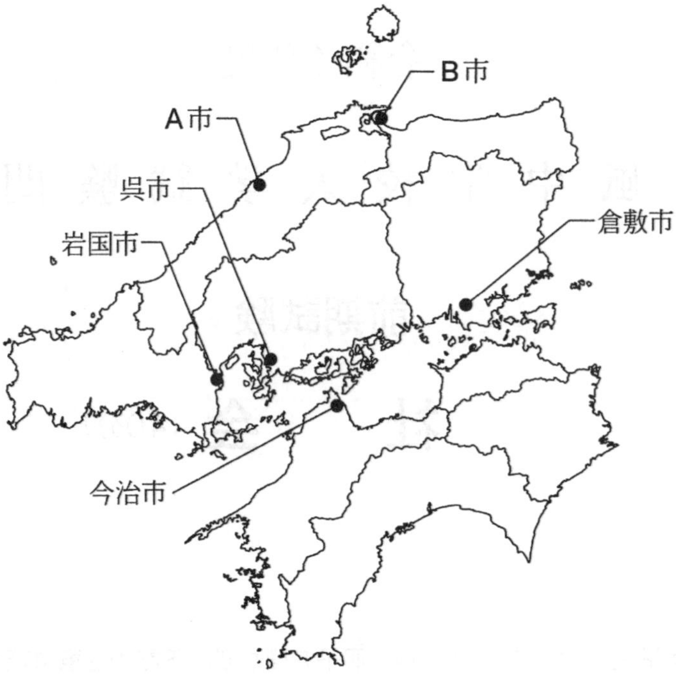

問1　中国・四国地方の面積は，国土面積の約13.4%を占めています。中国・四国地方の面積として最も適当なものを，次の**ア**～**エ**から一つ選び，記号で答えなさい。

ア　33,125km^2　　**イ**　50,726km^2　　**ウ**　66,948km^2　　**エ**　83,424km^2

問2　略地図中の地域の気候について述べた次の文**X**・**Y**の正誤の組み合わせとして正しいものを，あとの**ア**～**エ**から一つ選び，記号で答えなさい。

X　冬は南東から吹く季節風の影響により太平洋側で雪や雨が多く降り，夏は北西から吹く季節風の影響により日本海側で雨が多く降ります。
Y　瀬戸内は，中国山地や四国山地によって季節風がさえぎられるため，年間の降水量は少ないです。

ア　X　正　Y　正　　**イ**　X　正　Y　誤
ウ　X　誤　Y　正　　**エ**　X　誤　Y　誤

問3　略地図中のA市には，2007年に世界文化遺産に登録された鉱山の遺跡（いせき）があります。かつてこの鉱山で採掘（さいくつ）されていた資源として最も適当なものを，次のア～エから一つ選び，記号で答えなさい。

ア　鉄鉱石　　**イ**　石炭　　**ウ**　金　　**エ**　銀

問4　略地図中のB市について述べた文として最も適当なものを，次のア～エから一つ選び，記号で答えなさい。

ア　漁獲量（ぎょかく）において日本有数の漁港があります。
イ　鳥取県にある都市で県庁所在地になっています。
ウ　大阪と福岡を結ぶ山陽新幹線が通っています。
エ　細長くのびた地形が有名な天橋立があります。

問5　略地図中の岩国市・呉市・倉敷市・今治市の産業について述べた文として最も適当なものを，次のア～エから一つ選び，記号で答えなさい。

ア　岩国市では，水産物の缶（かん）づめの生産がさかんです。
イ　呉市では，化学繊維（せんい）の学生服やジーンズの生産がさかんです。
ウ　倉敷市では，パルプから作られる紙類の生産がさかんです。
エ　今治市では，タオルなどの綿製品の生産がさかんです。

問6　次の図は，中国・四国地方のある農畜産物の産出額を表しています。この農畜産物にあてはまるものを，あとの**ア〜エ**から一つ選び，記号で答えなさい。

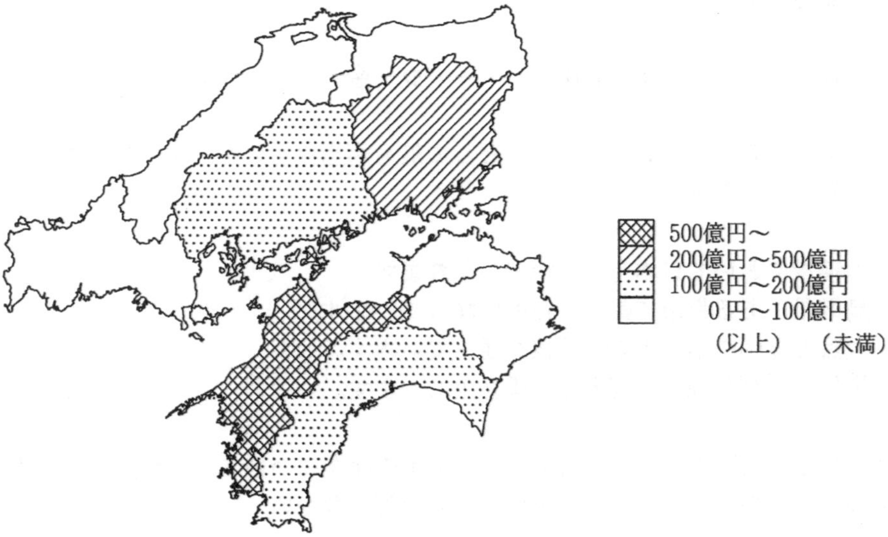

統計年次は2019年。
『データブック　オブ・ザ・ワールド2021』により作成。

ア　米　　**イ**　野菜　　**ウ**　果実　　**エ**　牛肉

2　次の文章を読んで，あとの問1〜問4に答えなさい。

2020年7月1日より，全国でプラスチック製買い物袋の有料化がはじまりました。有料化した理由は，海洋プラスチックごみ問題や地球温暖化を解決していくためです。プラスチックのおもな原料となる（　　　）は原油からつくられます。原油は，わたしたちの暮らしに欠かせないエネルギー資源です。日本は，国内で使う原油のほとんどを，①中東の国々から②輸入しています。輸入された原油は製油所に送られ，さまざまな石油製品に加工され利用されています。また，原油は燃料としても大量に利用されていますが，環境への影響だけでなく，③資源の枯渇も心配されています。

問1　文章中の（　　　）にあてはまる語句を，次の**ア〜エ**から一つ選び，記号で答えなさい。

ア　ナフサ　　**イ**　ペレット　　**ウ**　コークス　　**エ**　エコスラグ

問２　下線部①に関連して，この地域の多くの国で使用されている言語を，解答欄に合うように，**カタカナ４字**で答えなさい。

問３　下線部②に関連して，次の**Ｘ〜Ｚ**の図は，日本のおもな輸入相手国であるオーストラリア・アメリカ・中国からの輸入品とその割合を表したものです。**Ｘ〜Ｚ**と国名の組み合わせとして正しいものを，あとの**ア〜カ**から一つ選び，記号で答えなさい。

Ｘ

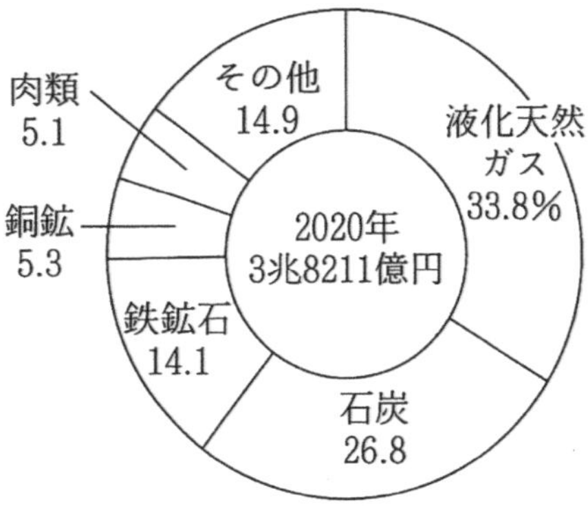

Ｙ

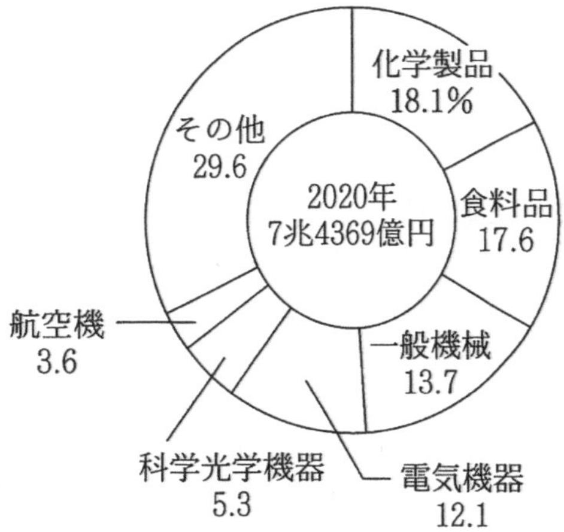

Ｚ

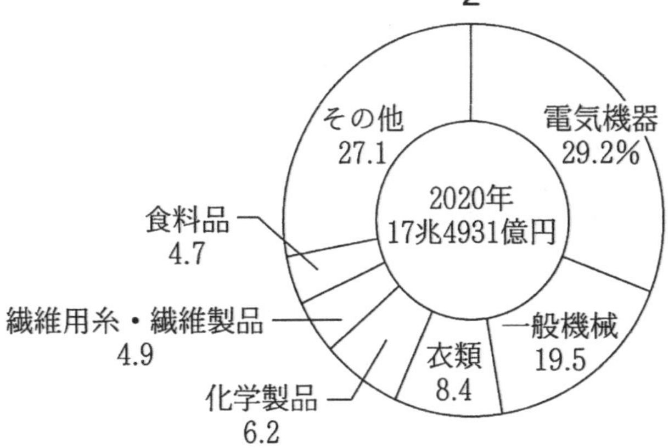

財務省貿易統計により作成。

	ア	イ	ウ	エ	オ	カ
Ｘ	オーストラリア	オーストラリア	アメリカ	アメリカ	中国	中国
Ｙ	アメリカ	中国	オーストラリア	中国	オーストラリア	アメリカ
Ｚ	中国	アメリカ	中国	オーストラリア	アメリカ	オーストラリア

問４　下線部③に関連して，石油とは異なり資源が枯渇することなく利用できる再生可能エネルギーとして**適当でないもの**を，次の**ア〜エ**から一つ選び，記号で答えなさい。

ア　水力　　　**イ**　天然ガス　　　**ウ**　太陽光　　　**エ**　風力

3　次のⅠ～Ⅳの文章や資料を読んで，あとの問１～問10に答えなさい。

Ⅰ　今から約2500年前に，中国や朝鮮半島から移り住んだ人々によって，日本列島に①米づくりの技術が伝えられました。米づくりが広がったことで，その頃の人々の生活が大きく変わっていったことが，さまざまな遺跡の発掘から明らかになってきました。安定して食料が得られるようになり，②むらには人々をまとめる首長が現れ，それぞれ小さなくにをつくり，王と呼ばれるようになりました。３～７世紀頃に各地で勢力を広げた王は，小山のように大きな③古墳と呼ばれる墓をつくらせました。

問１　下線部①に関連して，この時期のできごとについて述べた文として最も適当なものを，次の**ア**～**エ**から一つ選び，記号で答えなさい。

ア　仏教が伝えられました。
イ　二毛作がおこなわれました。
ウ　鉄器や青銅器が伝えられました。
エ　漢字からかな文字がつくられました。

問２　下線部②に関連して述べた次の文**X**・**Y**の正誤の組み合わせとして正しいものを，あとの**ア**～**エ**から一つ選び，記号で答えなさい。

X　女性の王が登場したことが，中国の古い歴史書に記されています。
Y　中国の皇帝におくり物をした王は，そのお返しに倭王の称号を授かりました。

ア　X　正　Y　正　　**イ**　X　正　Y　誤
ウ　X　誤　Y　正　　**エ**　X　誤　Y　誤

問３　下線部③について述べた文として正しいものを，次の**ア**～**エ**から一つ選び，記号で答えなさい。

ア　古墳の表面には草木が植えられました。
イ　江田船山古墳と藤ノ木古墳から，同じ大王名が刻まれた刀剣が出土しました。
ウ　前方後円墳は，九州から北海道まで広い範囲に広がっています。
エ　巨大な前方後円墳は大和（奈良県）や河内（大阪府）に数多く見られます。

Ⅱ　わが国では，８世紀の初めには，中国（唐）にならった律令と呼ばれる法律がつくられ，新しい政治のしくみが定まりました。平城京に遷都（せんと）したのち，聖武天皇の頃には，日本に正式な仏教を広めるために中国から④鑑真という優れた僧（そう）が招かれました。794年，都が平安京に移されると，朝廷の政治を一部の有力な⑤貴族が動かすようになりました。その後，朝廷や貴族に仕えるなどして大きな力をつける武士が登場しました。14世紀中頃，鎌倉幕府がたおれると，足利氏が京都に⑥室町幕府を開きました。

問４　下線部④が仏教以外に広めたものとして正しいものを，次の**ア**～**エ**から一つ選び，記号で答えなさい。

ア　養蚕の技術　　**イ**　薬草の知識　　**ウ**　水墨画　　**エ**　狂言

問５　下線部⑤に関連して，次の歌を詠（よ）んだ人物を，**漢字４字**で答えなさい。

この世をば　我が世とぞ思う　望月（もちづき）の　欠けたることも　なしと思えば

問６　下線部⑥の時期におこったできごとについて述べた次の文**a**～**c**を，古いものから順に並べたときの順序として正しいものを，あとの**ア**～**カ**から一つ選び，記号で答えなさい。

a　足利義満が金閣を建てました。
b　桶狭間の戦いがおこりました。
c　応仁の乱がおこりました。

ア　a→b→c　　**イ**　a→c→b　　**ウ**　b→a→c
エ　b→c→a　　**オ**　c→a→b　　**カ**　c→b→a

Ⅲ

資料A

問7　資料Aに関連して述べた文章として最も適当なものを，次の**ア**～**エ**から一つ選び，記号で答えなさい。

ア　長崎に人工の島がつくられ，オランダと貿易をおこないました。この島へは，限られた役人や商人だけが出入りを許されました。

イ　対馬には何度も朝鮮通信使が訪れ，交流がはかられました。朝鮮から対馬に生糸や木綿などが輸入され，対馬から朝鮮へは銀や銅などが輸出されました。

ウ　全国の大名が大阪においた蔵屋敷で，年貢米や特産物が売られました。大阪は西回り航路で日本海の各地と結ばれて発展しました。

エ　隅田川(すみだがわ)にかかる両国橋の周辺は，江戸で一番にぎやかなさかり場でした。川沿いには，たくさんの茶屋や見世物の小屋が立ち並びました。

Ⅳ　生徒たちが，明治から昭和にかけて，どのように国や社会のしくみが変わっていったのかを発言しました。

生徒A：明治時代には，日本を豊かで強い国にするため，⑦富国強兵という政策がおこなわれました。ヨーロッパから学んだことをいろいろと取り入れて，工業をさかんにしたり，徴兵制を定めたりしました。

生徒B：日本が欧米(おうべい)諸国と肩(かた)を並べるように大日本帝国憲法をつくり，天皇中心の強い国づくりをめざしました。

生徒C：⑧大正時代になると民主主義への意識が高まりました。

生徒D：1920年代以降，日本の景気が悪化すると，一部の軍人や政治家などが，⑨中国に日本の勢力を伸(の)ばすことにより景気を回復しようと考えました。

令和四年度　国語前期試験　解答用紙

【一】

小計

問一（　）
a
b
c

問二
Ⅰ
Ⅱ
Ⅲ

問三（　）

問四

問五（　）

問六（　）

問七

問一．３点×３
問二．３点×３
問三．５点
問四．５点
問五．10点
問六．５点
問七．５点

【二】

小計

問一（　）
a
b
c
d

問二（　）
1
2
3

問三（　）

問四
X
Y

問五

問六（　）
Ⅰ　〜
Ⅱ　〜

問一．３点×４
問二．３点×３
問三．４点
問四．４点×２
問五．４点
問六．５点×２
問七．５点

:	:	m	周目	m	分　　秒

(1)4点×2　(2)4点　(3)4点　(4)5点

3

(1)		(2)	(3)	(4)
AE　　cm	AE ： EC ：	cm^2	cm^2	倍

2 3 小計

(1)5点　(2)①5点　②4点　(3)4点　(4)4点

4

(1)	(2)		(3)	(4)
cm	①　　cm^3	②　　cm^3	cm	cm

(1)6点　(2)6点　(3)6点　(4)5点

5

(1)	(2)	(3)	(4)
個		段目　　番目	段目

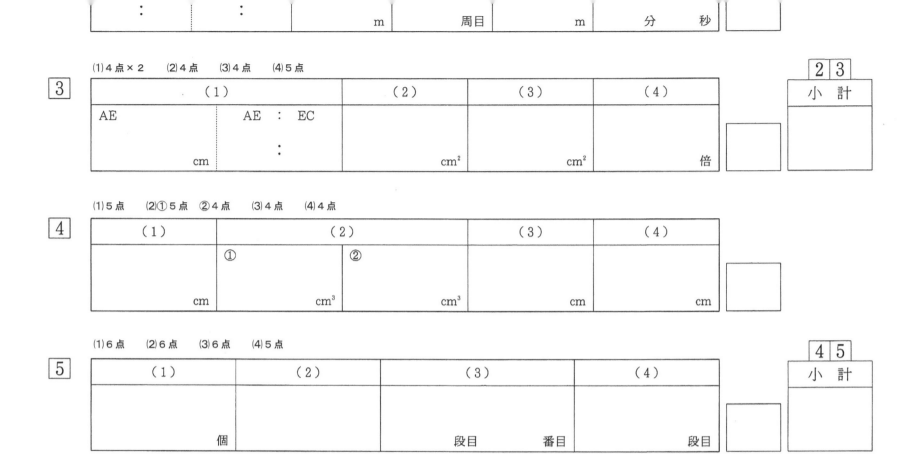

4 5 小計

3

問1	問2	問3	問4	問5

問6

問1～問5．２点×５
問６．３点

4

問1	問2		問3	問4
	(1) ℃	(2) %		℃

２点×５

3・4の小計

5

問1	問2	問3	問4
g	g	g	cm

問5	
(1) g	(2) g

２点×６

6

問1			問2	問3		
(1)	(2)	(3)		A 個	B 個	C 個

２点×７

5・6の小計

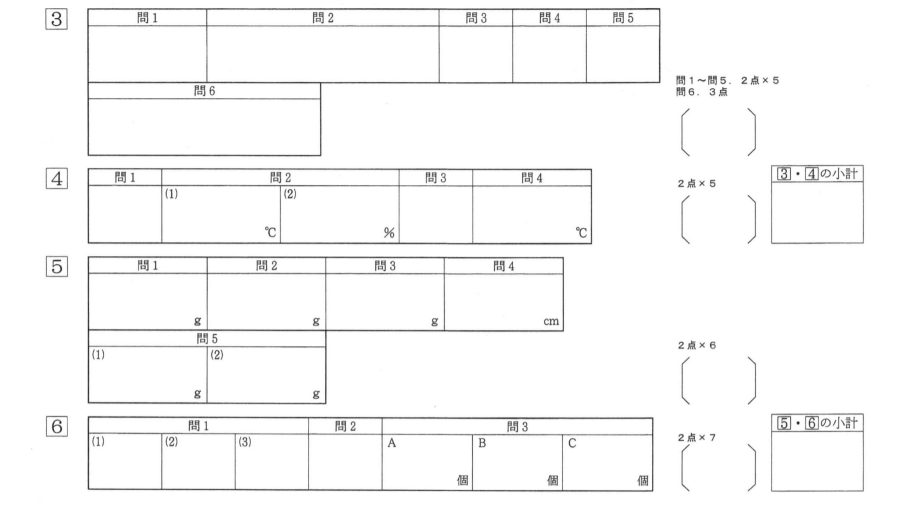

3点×10

問6	問7	問8	問9	問10

3の小計

4

問1	問2					問3	問4	問5	問6
					病				

2点×10

5

問1	問2	問3	問4

4・5の小計

受験番号				
名　　前				

令和４年度　社会　前期試験　解答用紙

合計	

※80点満点

1

問１	問２	問３	問４	問５	問６

2

問１	問２				問３	問４
				語		

３点×10

1・2の小計

【解答

3

問１	問２	問３	問４	問５

受験番号				
名　　前				

令和４年度　理科　前期試験　解答用紙

合計	

※80点満点

1

問１	問２	問３	問４	問５

問６	
(1)	(2) cm³

問１～問５．２点×５
問６．３点×２

2

問１		問２	
A	B	(1)	(2)

問３

問１～問２．３点×４
問３．完答３点

1・2の小計

【解答

受験番号				
名　　前				

令和４年度　算数　前期試験　解答用紙

合計	

※120点満点

６点×５

1

(1)	(2)	(3)	(4)	(5)
	点	通り		cm²

1 小　計

【解答

４点×６

【三】

小計

①
②
③
④
⑤
⑥
⑦
⑧
⑨
⑩

２点×10

合計

※120点満点

受験番号

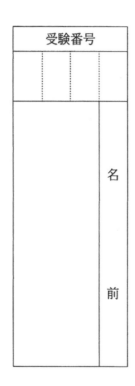

名前

問８　下線部⑦に関連した資料として最も適当なものを，次の**ア**～**エ**から一つ選び，記号で答えなさい。

ア

イ

ウ

エ

問９　下線部⑧について述べた文として正しいものを，次の**ア**～**エ**から一つ選び，記号で答えなさい。

ア　ラジオ放送がはじまりました。
イ　電話が開通しました。
ウ　郵便制度がはじまりました。
エ　太陽暦（れき）が取り入れられました。

問10　下線部⑨について述べた次の文**a**～**c**を，古いものから順に並べたときの順序として正しいものを，あとの**ア**～**カ**から一つ選び，記号で答えなさい。

a　日本軍は，占領（せんりょう）した南京で捕虜（ほりょ）にした兵士をはじめ，多くの人々の生命を奪（うば）いました。
b　北京の近くで日本軍と中国軍との衝突（しょうとつ）がおこり，これをきっかけに日本と中国との戦争がはじまりました。
c　満州にいた日本軍は，南満州鉄道の線路を爆破（ばくは）し，これを中国軍のしわざだとして攻撃（こうげき）をはじめました。

ア　a→b→c　　**イ**　a→c→b　　**ウ**　b→a→c
エ　b→c→a　　**オ**　c→a→b　　**カ**　c→b→a

4　次の資料は「子どもの権利条約」の前文・条文の一部を抜粋（ばっすい）・要約したものです。この資料を読んで，あとの問１～問６に答えなさい。

（前　文）子どもは，①社会のなかで，一人の人間として認められ，平和，尊敬，自由，平等，連帯の精神のもとで育てられなければなりません。

（第２条）すべての子どもは，みな平等にこの条約にある権利をもっています。子どもは，国のちがいや，男か女か，心や身体に障がいがあるかないか，どのような言葉を使うか，どのような宗教を信じているか，どのような意見をもっているか，お金持ちであるかないか，親がどのような人であるか，などによって②差別されません。

（第４条）国は，この条約に書かれた権利を守るために，必要な法律を作ったり③政策を実行したりしなければなりません。

（第６条）この条約を結ぶ国々は，子どもはみんな，④人間らしく生きる権利をもっていることを認めます。

（第12条）子どもは，自分に関係のあることについて，⑤自由に自分の意見を表す権利をもっており，これは子どもの発達に応じて，十分考えられなければなりません。

（第26条）子どもは，⑥生活していくのに十分なお金がないときには，国からお金の支給などを受ける権利をもっています。

（日本ユニセフ協会抄訳（しょうやく）より一部改）

問１　下線部①に関連して，家族や子どもを取りまく環境（かんきょう）について，次の３つの図から読み取れることとして正しいものを，あとの**ア**～**エ**から一つ選び，記号で答えなさい。

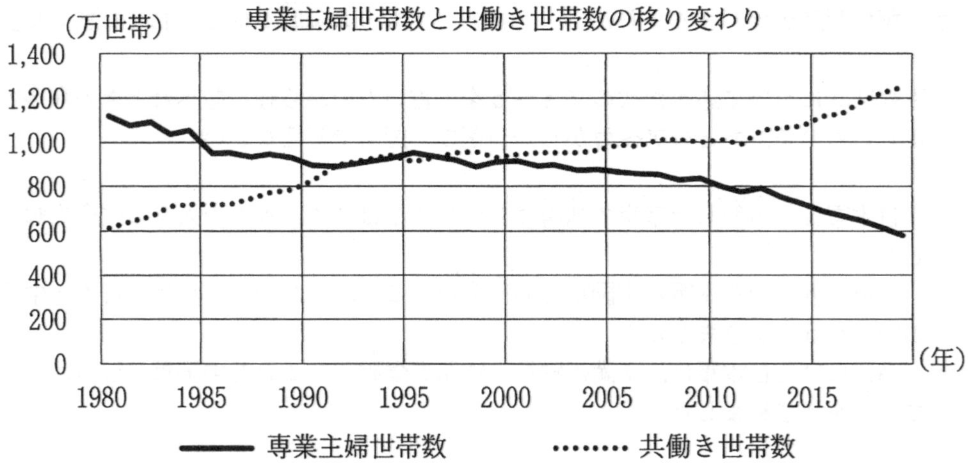

2020年度『厚生労働白書』により作成。

核家族の世帯数

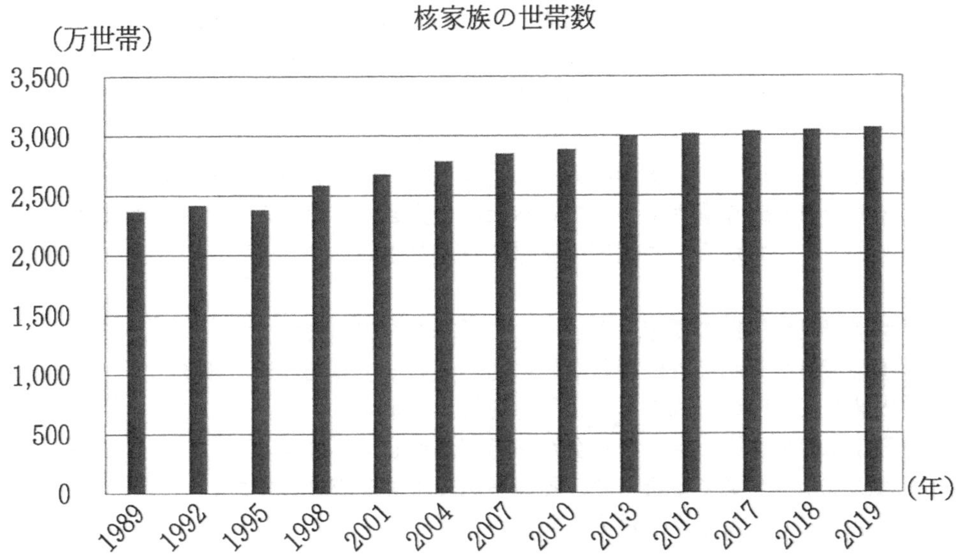

2019年度厚生労働省「国民生活基礎調査の概況」により作成。

学童保育のクラブ数及び利用できなかった学童保育の待機児童数

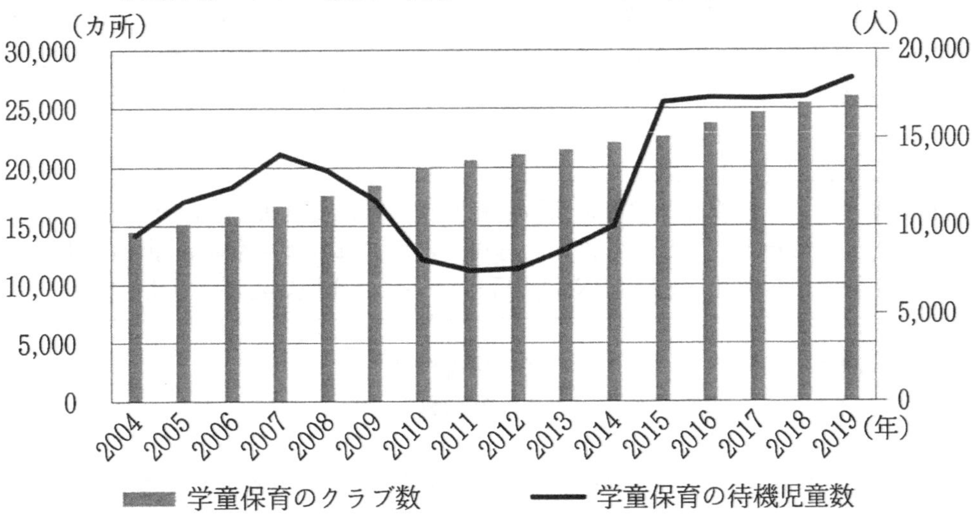

2020年度厚生労働省資料により作成。

ア　共働き世帯数が専業主婦世帯数をはじめて上回ったのは2000年以降です。
イ　阪神淡路大震災が発生した年の核家族の世帯数は2,500万世帯をこえています。
ウ　専業主婦世帯数が減少傾向であるのに対し，共働き世帯数が増加傾向にあることから，女性の社会進出が進んでいると考えられます。
エ　学童保育のクラブ数の増加とともに学童保育の待機児童数は全体的に減少しています。

問2　下線部②に関連して，かつて日本では，ある病気にかかると法律によって隔離(かくり)をしいられ，それは1996年に法律が廃止(はいし)されるまで続きました。この病気を何といいますか。解答欄(らん)に合うように，**カタカナ4字**で答えなさい。

問3　下線部③に関連して，国の政策を実行する時には必ず予算を作成する必要があります。国の予算の成立過程について述べた次の文**a**～**f**の組み合わせとして正しいものを，あとの**ア**～**カ**から一つ選び，記号で答えなさい。

a　都道府県が住民の要望にもとづいて予算を作成します。
b　国会議員がそれぞれの議員活動にもとづいて予算を作成します。
c　内閣が各省庁の計画をもとに予算を提出します。
d　衆議院の予算委員会・公聴(こうちょう)会から審議(しんぎ)がはじまります。
e　参議院の本会議で審議され，賛成多数で予算が成立します。
f　国会で成立した予算を最高裁判所が承認します。

ア　a・d・e　　**イ**　b・d・f　　**ウ**　c・e・f
エ　a・d・f　　**オ**　b・e・f　　**カ**　c・d・e

問4　下線部④に関連して，産業の発達や国際化・情報化の進展など社会の変化にともなって，基本的人権の内容はより広くとらえられるようになり，「新しい人権」として認められるようになりました。次の文と関わりが深い「新しい人権」を，あとの**ア**～**エ**から一つ選び，記号で答えなさい。

清風太郎さんは，家族と冬休みに大阪の祖父母の家に行きました。その時に撮(と)った写真をSNS上に載(の)せようとしましたが，写真には祖父母の家や家族の顔など個人情報がたくさんあることを思い出し，SNS上で発信することを思いとどまりました。

ア　知る権利　　**イ**　環境(かんきょう)権
ウ　プライバシーの権利　　**エ**　参政権

問5　下線部⑤に関連して，この権利に関わりの深い基本的人権として最も適当なものを，次の**ア**～**エ**から一つ選び，記号で答えなさい。

ア　経済活動の自由　　**イ**　言論や集会の自由
ウ　思想や学問の自由　　**エ**　居住・移転，職業を選ぶ自由

問6　下線部⑥に関連して，社会保障の取り組みをおこなう省庁として最も適当なものを，次の**ア**～**エ**から一つ選び，記号で答えなさい。

ア　総務省　　**イ**　厚生労働省　　**ウ**　宮内庁　　**エ**　消費者庁

5 次の略年表について，あとの問1～問4に答えなさい。

年代	できごと
1989年	ベルリンの壁崩壊（かべほうかい）
	↕ ア
1993年	①ヨーロッパ連合（EU）の成立
	↕ イ
2001年	アメリカ同時多発テロがおこる
2003年	イラク戦争がおこる
	↕ ウ
2011年	東日本大震災（しんさい）の発生
	↕ エ
2016年	法律の改正により②選挙権が拡大
2019年	③天皇の即位により元号が令和となる

問1　ソヴィエト社会主義共和国連邦（れんぽう）（ソ連）が解体された時期として正しいものを，略年表中の**ア**～**エ**から一つ選び，記号で答えなさい。

問2　下線部①について述べた次の文**X**・**Y**の正誤の組み合わせとして正しいものを，あとの**ア**～**エ**から一つ選び，記号で答えなさい。

X　EUでは単一通貨ドルを導入しました。
Y　2020年，EUからフランスが離脱（りだつ）しました。

ア　X　正　Y　正　　**イ**　X　正　Y　誤
ウ　X　誤　Y　正　　**エ**　X　誤　Y　誤

問３　下線部②について，次の図は，国政選挙における選挙権の拡大の推移を表したものです。図中の矢印←→の期間の選挙の有権者として正しいものを，あとの**ア〜エ**から一つ選び，記号で答えなさい。

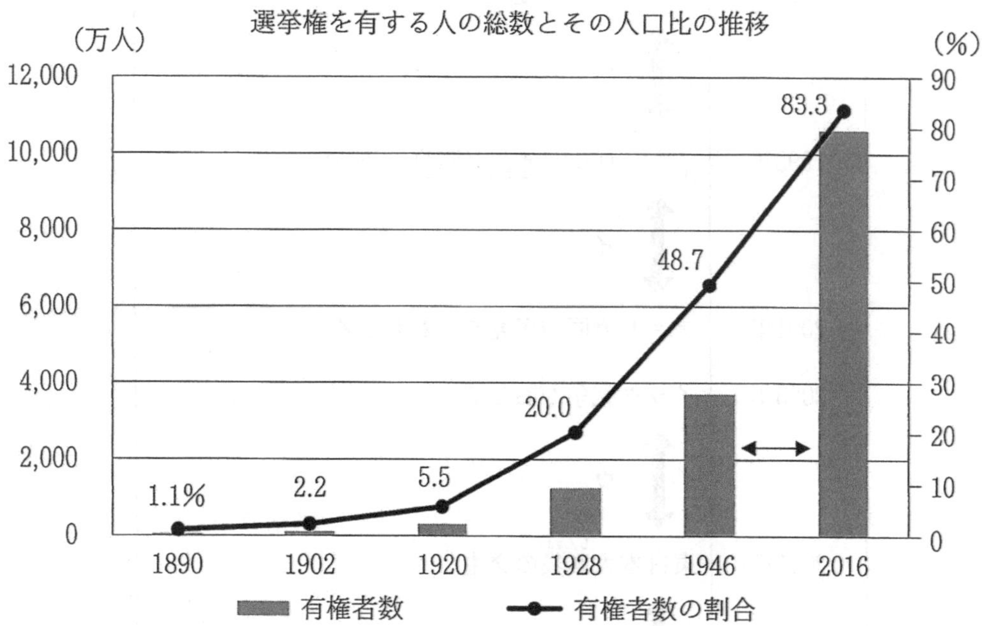

2016年総務省統計局資料により作成。

ア　満18歳以上のすべての国民
イ　満20歳以上のすべての国民
ウ　満25歳以上の男性の国民
エ　一定の金額以上の税金を納めた満25歳以上の男性の国民

問４　下線部③に関連して，天皇の国事行為として**適当でないもの**を，次の**ア〜エ**から一つ選び，記号で答えなさい。

ア　憲法改正，法律，条約などの公布
イ　国会の召集
ウ　参議院の解散
エ　衆議院議員総選挙をおこなうことを国民に知らせること

〔以上〕

令和4年度

清風中学校入学試験問題

前期プレミアム・理Ⅲ選抜試験

算　数（50分）

試験開始の合図があるまで，この「問題」冊子を開かず，下記の注意事項を読んでください。

【注 意 事 項】

1．試験開始の合図で，解答用紙の所定の欄に「受験番号」，「名前」をはっきりと記入してください。

2．この「問題」冊子は，5ページあります。解答用紙は1枚です。ページが脱落している場合は手をあげて試験監督の先生に知らせてください。

3．解答は，解答用紙の指定されたところに記入してください。

4．各ページの余白は下書きに使用してもかまいません。

5．試験終了の合図で，「問題」冊子の上に解答用紙を重ねてください。

6．「問題」冊子および解答用紙は持ち帰ってはいけません。

1 次の問いに答えなさい。

（1） $\left\{\frac{11}{19}\times\left(1\frac{1}{4}+\frac{1}{3}\right)-0.75\right\}\div\left(\frac{1}{2}-\frac{1}{6}\right)$ を計算しなさい。

（2） ある整数を 29 でわって，小数第 2 位を四捨五入すると 5.5 になりました。このような整数をすべて答えなさい。

（3） 次のように，奇数（きすう）を並べた数の列があります。

1，1，3，1，3，5，1，3，5，7，1，3，5，7，9，1，3，5，7，9，11，……

この列の左から 60番目の数を答えなさい。

（4） 3 でわると 2 あまり，5 でわると 4 あまり，7 でわると 6 あまる 4 けたの整数の中で，最小のものを答えなさい。

（5） 右の図のように，正三角形ABCの紙を頂点 A が辺BC上にくるように折り曲げました。
BA＝ 8 cm，AC＝ 2 cm，DA＝ 7 cm のとき，EC の長さを分数で答えなさい。

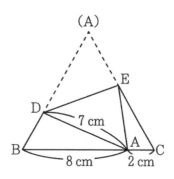

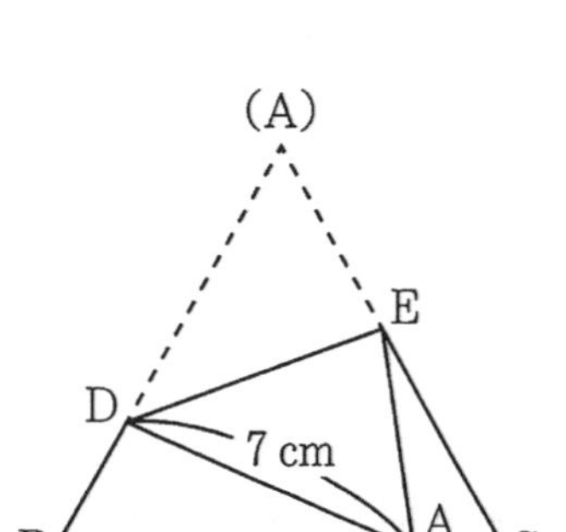

2　ある美術館の入場料金は，平日，休日ともに大人料金は子ども料金の1.5倍であり，平日の子ども料金は600円です。休日に大人と子どもを合わせて10人が入場したところ9600円かかり，大人の入場料金の合計と子どもの入場料金の合計が同じ金額でした。このとき，次の問いに答えなさい。

（1）　平日に大人4人と子ども11人が入場したとき，入場料金の合計はいくらですか。

（2）　休日の子ども料金はいくらですか。

（3）　合計人数が30人以上の団体は，休日の場合だけ大人も子どもも1人につき100円の割引が受けられます。

①　31人の団体Aは，休日と平日で入場料金の合計金額に5300円の差が出ました。団体Aの大人の人数は何人ですか。

②　団体Bは30人未満のため割引はなく，休日と平日で入場料金の合計金額に7300円の差が出ました。このうち，大人と子どもの人数がともに奇数（きすう）となるような，団体Bの大人の人数は2通り考えられます。この人数を答えなさい。

3　面積が 36cm² の正三角形から，一辺の長さが $\frac{1}{3}$ 倍の正三角形を除いた図形１を6個組み合わせて，図形２を作りました。このとき，次の問いに答えなさい。

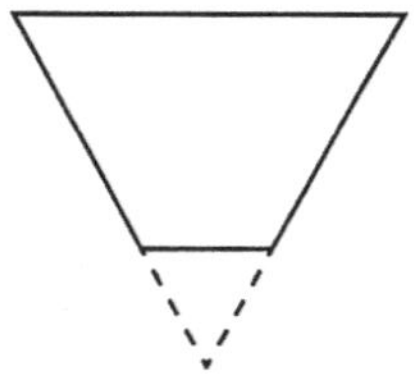

図形１

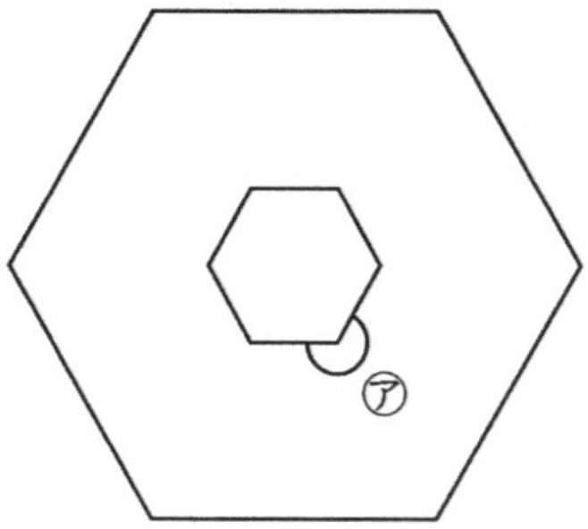

図形２

（１）　図形２で，㋐の角の大きさを求めなさい。

（２）　図形２の面積を求めなさい。

（３）　ある長方形の上に図形２を重ねると右の図のようになりました。斜線(しゃせん)部分の面積の和を求めなさい。

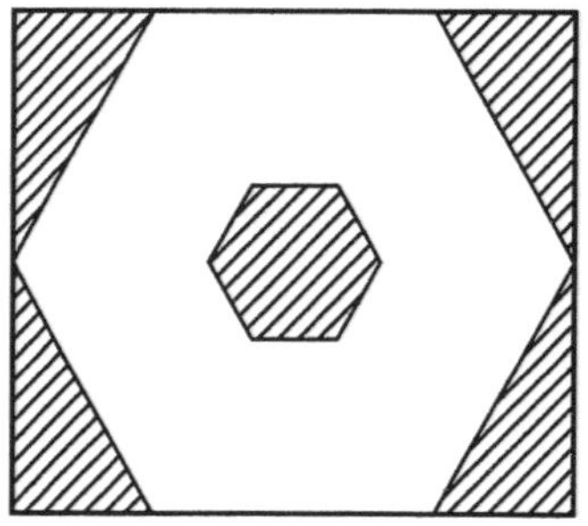

（４）　ある平行四辺形の上に図形２を重ねると右の図のようになり，AB，BC，DE，EFの長さはすべて等しくなりました。斜線部分の面積の和を求めなさい。

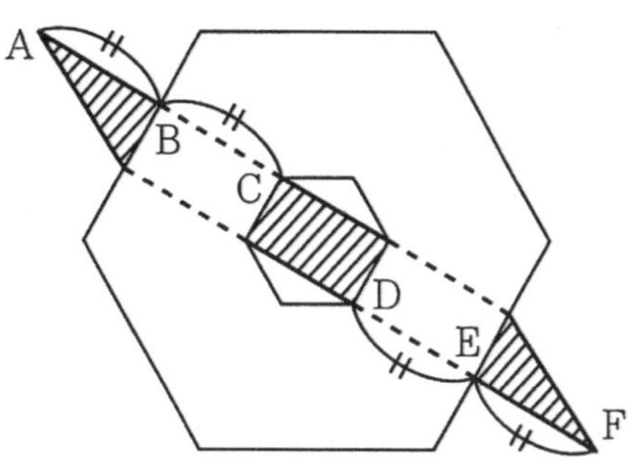

令和四年度　国語　前期プレミアム・理Ⅲ選抜試験　解答用紙

問一〜七の小計

【一】

（　）問一
a
b
c
d

（　）問二
(1)
(2)
(3)
(4)

（　）問三

問四

問五

問六

問七

（　）問八

問八〜十一の小計

（　）問九

問十

問十一
さん
さん

問一．３点×４
問二．３点×４
問三．５点
問四．５点
問五．５点
問六．５点
問七．５点
問八．17点
問九．６点
問十．６点
問十一．６点×２

【二】

十

30点

3

(1)５点　(2)５点　(3)６点　(4)６点

(1)	(2)	(3)	(4)
度	cm^2	cm^2	cm^2

2 3

小計

4

５点×５

(1)	(2)	(3)		(4)
cm^3	cm^3	①	② cm^3	cm^3

5

５点×４

(1)	(2)	(3)	(4)
点	通り	通り	通り

4 5

小計

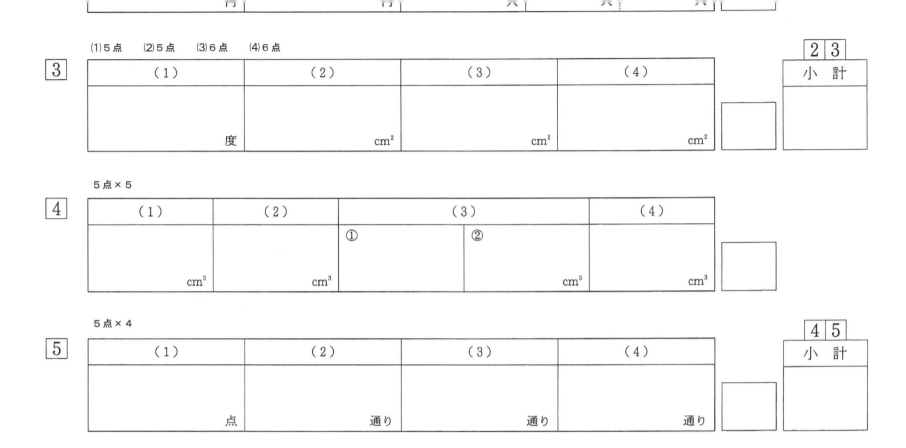

受験番号				
名　　前				

令和４年度　算数　前期プレミアム・理Ⅲ選抜試験
解答用紙

合計	

※120点満点

6点×5

1

(1)	(2)	(3)	(4)	(5)
				cm

1 小計

(1)5点　(2)5点　(3)①5点　②4点×2

2

(1)	(2)	(3)

【解答

合計

※120点満点

受験番号
名前

100

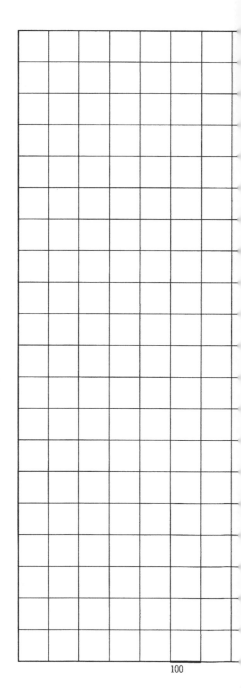

【解答

4　下の図のような1辺の長さが6 cmの立方体があります。点Iは辺ABを延長してBから3 cmのところにあり，点Jは辺ADを延長してDから3 cmのところにあり，点Kは辺AEを延長してEから3 cmのところにあります。このとき，次の問いに答えなさい。

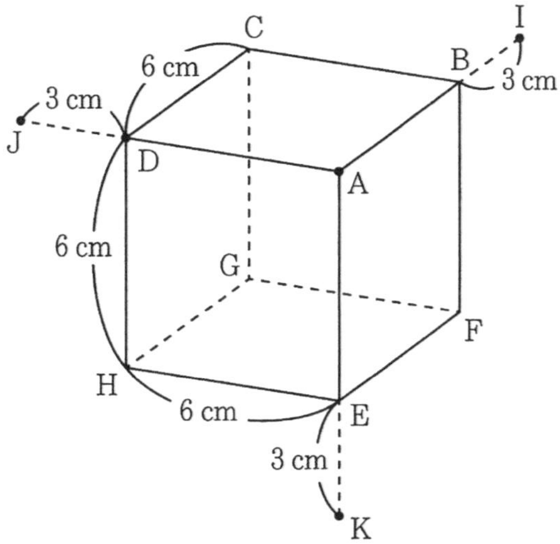

（1）この立方体を3点B，D，Eを通る平面で切断するとき，点Aを含む立体の体積を求めなさい。

（2）この立方体を3点B，D，Kを通る平面で切断するとき，点Aを含む立体の体積を求めなさい。

（3）この立方体を3点B，J，Kを通る平面で切断します。

① 切り口の図形は，三角形，四角形，五角形，六角形のうちどれになりますか。

② 点Aを含む立体の体積を求めなさい。

（4）DIとBJの交点をLとします。この立方体を3点B，J，Kを通る平面で切断し，さらに3点D，K，Lを通る平面で切断するとき，点Aを含む立体の体積を求めなさい。

5 　１個のさいころをふって，１の目が出たら１点，２，４，６の目が出たら２点，３，５の目が出たら３点の得点をつけるとき，次の問いに答えなさい。

（１）さいころを３回ふって出た目の和が10になりました。このとき，考えられる得点の合計のうちで最大となるものを求めなさい。

（２）さいころを２回ふって得点の合計が４点になるような目の出方は，全部で何通りありますか。

（３）さいころを３回ふって得点の合計が６点になるような目の出方は，全部で何通りありますか。

（４）さいころを４回ふって得点の合計が８点になるような目の出方は，全部で何通りありますか。

令和四年度
清風中学校入学試験問題
前期プレミアム・理Ⅲ選抜試験
国語（五〇分）

試験開始の合図があるまで、この「問題」冊子（さっし）を開かず、左記の注意事項を読んでください。

【注意事項】

一、試験開始の合図で、解答用紙の所定の欄（らん）に「受験番号」、「名前」をはっきりと記入してください。
二、この「問題」冊子は、16ページあります。解答用紙は一枚です。ページが脱落（だつらく）している場合は手をあげて試験監督（かんとく）の先生に知らせてください。
三、解答は、解答用紙の指定されたところに記入してください。
四、「問い」に「字数制限」がある場合、句読点やカギかっこなどの記号は、一字として数えて、解答してください。
五、試験終了の合図で、「問題」冊子の上に解答用紙を重ねてください。
六、「問題」冊子および解答用紙は持ち帰ってはいけません。

国語問題

（問題番号【一】・【二】）

2022(R4) 清風中　前期プレミアム・理Ⅲ
K 教英出版

【一】 次の文章を読んで、後の問いに答えなさい。

時夫は、マンションの駐車場(ちゅうしゃじょう)にとめてある赤い車のかげにしゃがみこんで、じっと息をつめていた。うすぐらい駐車場にたかたかと足音がひびき、aシンゾウが、いたいほどドキドキする。

「ゆたかみーつけっ。真理子みーつけっ」

ひろしがさけび、みんないっせいに走りだした。駐車場をとびだすと空気がうす青く、もう夕方がはじまっている。わーっという歓声(かんせい)があがり、ひろしがカンをけって、今度はゆたかが鬼(おに)になる。

カポーン。あちこちへこんだあきカンが、まのぬけた音をたててもう一度けられ、鬼をのこしてみんなかけだした。時夫は、T字路まで走って思い出したように立ちどまり、くるっとうしろをふりむいた。

①「やっぱり」

やっぱり、だった。青屋根のたてものの窓から、きょうもおばあさんが見ている。青屋根のたてものは、そこからへい一つへだてたキャベツ畑のむこうにあった。

「オレ、ぬける」

ぽつんと言って、時夫はへいによじのぼると、ひょいととびおりた。ほこっと土のにおいがする。

「おい。どこ行くんだ。養老院だぞ」

背中ごしにゆたかの声がした。その青屋根には、ボケてしまった老人がたくさんいるので、子供たちはこわがってちかよらないのだ。若い女の人の血をすって生きているおばあさんがいるとか、子供の肉でつくったハンバーグが大好物のおじいさんがいるとか、いろんなうわさがあった。

この養老院では週に一度、老人たちに看護婦さんが何人かつきそって、散歩に行くことになっていた。時夫とおばあさんが出会ったのも、そんな散歩の時だった。もう一ヵ月ほど前になるだろうか。川ぞいの道でお父さんとキャッチボールをしている時夫を、おばあさんは土手からながめていた。

「行くぞ、時夫」
お父さんがそう言った時、(1)やおら立ち上がったおばあさんはとつぜん、大きな声でこう言ったのだ。
「あんた、トキオ、いうんか。わたしはトキ、いうんじゃよ」
びっくりするほどしっかりした足どりで、つかつかとちかづいてきたおばあさんは背がひくく、日にやけて、やせていた。
「友達に、なってくれるかの」
おばあさんは破顔一笑、そう言った。
それから毎日、おばあさんは窓から時夫を見つめていたのだ。あそびに来てほしいのかもしれない、時夫は何度もそう思ったが、その勇気はなかった。キャベツ畑のむこうの青屋根といえば、子供たちにとって、おばけ屋敷もおんなじだったのだ。
けれども、もう決心した。時夫はぐっと胸をはり、キャベツ畑のまん中の細い小道を、どんどん歩いていく。
「もどってこいよ。鬼ばばあがいるぞ」
「ハンバーグにされちゃうから」
みんなの声が、うしろからきこえていた。
小さな玄関を入り、病院のような待ち合い室をぬけると階段があり、窓を目印にいくと、おばあさんの部屋はすぐにわかった。色あせた畳の上に冷蔵庫とテレビがおいてある。時夫は帽子をとっておじぎをした。
「待っとったよ。これはルームメイトのゆりこさんに、げんさんに、ひさしさん。これは私の友達のトキオ」
おばあさんはじゅんぐりに紹介し、冷蔵庫からジュースをだしてくれた。おばあさんが〝ルームメイト〟という言葉を使ったのがなんとなくおかしくて、②<u>時夫は心の中でくすっと笑い</u>、緊張が、するっとほどけた。
「毎日毎日、カンけりしとったなあ」
おばあさんが言って、
「トキさんはまた、それを毎日毎日、見とったなあ」
ひさしさんが言った。ひさしさんは白髪頭を短く刈った、色白のおじいさんだ。

「見ていると、私もいっしょに遊んでいるような気がしおってね」
おばあさんははずかしそうに笑うのだった。
ゆりこさんと呼ばれたおばあさんは長い髪を左がわでおさげに編んで、白い浴衣（b）を着ていた。部屋のすみの赤い座布団の上にすわって、（2）一心にお手玉をしている。時夫のシセン（c）に気がつくと、しずかに、ふわっと笑った。小さな、白い、（3）あどけない顔だった。
「アイスクリームがあるからおあがり。あんたのために買うといたに」
おばあさんが言った。紙のカップに入ったバニラアイスはかちかちにかたまって、冷蔵庫のにおいがついていた。ずいぶん前から買ってあったんだな。時夫はそう思いながら、さっきから窓のそばでたばこをすっている、げんさんというおじいさんの横顔をちらりと見た。むっつりして、少しこわい横顔だった。
「テレビ、みようか。そろそろ大乃国がでるころだな」
ひさしさんが言った。
「大乃国？　だめだめ、すもうは舛田山だよ」
「おっ、しぶ好みだな」
おすもう好きのひさしさんと、やっぱりおすもう好きの時夫とはすっかり意気投合し、ハンバーグだなんてうそばっかり、と、③時夫は心の中でつぶやいた。
その日以来毎日、学校から帰ると時夫は養老院に遊びにいった。おばあさんがどっさり持っているおはじきや昔のお金、古い写真や思い出話は、冷蔵庫でひえているアイスクリームやバナナよりももっと魅力的だった。
ある日、おばあさんが時夫を散歩にさそった。
「ホームの庭は、きょうちくとうがさかりだからね」
ほんとうに、ぽってりと紅いきょうちくとうの花が、夏の日ざしの中で眠たそうに咲いていた。セミがうるさく鳴いている。
「たまには気をきかせなくちゃね」

時夫がきょとんとしていると、おばあさんはいかにも重大な秘密のように、
「ゆりこさんとげんさんよ」
と言った。時夫はまじめな顔で、
「へぇ」
とこたえたが、なんだかふしぎな感じだった。おじいさんとおばあさんでも恋(こい)をしたりするなんて、時夫には思ってもみないことだったのだ。
その夜、晩ごはんを食べながら、お母さんが言った。
「あんまり食べないのね」
「きょうはおばあちゃんのところで、スイカ食べたからね」
「こまったわねぇ」
④お母さんは小さくためいきをついた。
「ごめん。これから気をつけるよ。夕方になったら、すすめられても食べない」
「食べものだけのことじゃないのよ」
「じゃ、なあに」
時夫がきくと、お母さんはお父さんの顔をみた。
「とにかく、養老院にばかり遊びにいくのはよしなさい」
それまでテレビで野球をみていたお父さんが言った。
「どうして」
「どうしてもだ」
友達になったのに行っちゃいけないなんてことあるもんか。時夫はふくれっつらをして、⑤エビフライにかじりついた。
夏休みも半分がすぎたころ、時夫がいつものようにおばあさんの部屋にあそびにいくと、階段の上にげんさんが立っていた。白い

ランニングシャツから、やけた腕をごつごつとだして、やっぱりたばこをすっている。
「もう、トキさんのところに行くのはやめた方がいい」
時夫は腹が立った。お父さんならまだしも、げんさんにそんなことを言われるすじあいはない。
「どいて下さい」
まっすぐおばあさんの部屋に歩いていく時夫のうしろ姿を、げんさんは階段の上に立ったまままみつめていた。
ドアをあけると、おばあさんは窓のそばにすわっていて、時夫をみても知らん顔だった。
「こんにちは」
時夫があいさつすると、おばあさんはふかぶかと頭をさげた。
「おとといから、急にボケちゃったんですよ」
ひさしさんがあっさりと言い、おばあさんはぼんやりと、窓の外をみていた。時夫が半信半疑のまま立っていると、とつぜん、おばあさんがかん高くさけんだ。
「トキオッ。トキオじゃないか」
おどろいている時夫にしがみついたおばあさんは、ものすごいぎょうそうで髪をふり乱していた。
「やっとみつけたよ、トキオ。もうにがすもんか。ここから出しとくれよぉ、トキオ。死んでもいっしょだよね。友達だもんね」
ほそくてしわだらけの腕の、いったいどこにこんな力があったのか、げんさんが入ってきておばあさんをおさえてくれたあとも、時夫はしばらく動けなかった。背中がつめたくて、ひざに力が入らないのだ。部屋の奥では、ゆりこさんがお手玉をしていた。ひさしさんはおすもうをみている。
やっぱり鬼ばばあだ。みんな鬼ばばあと鬼じじいだ。
⑥「ちきしょう」
時夫は、そうさけぶが早いか駆けだしていた。こわくて、くやしくて、涙がとまらないのだ。目のすみで、きょうちくとうの花がゆれていた。

（中略……　時夫は友達とカンけりをして遊ぶ、いつもの生活にもどり、やがて秋がおとずれる。そんなある日、おばあさんは別の部屋にうつされたと聞いて、再び、おばあさんのことが気になる時夫であった。）

次の日も、その次の日も、時夫の頭のすみに、おばあさんのことはひっかかったままだった。ボケると、部屋をうつされちゃうんだろうか。今度も、ルームメイトがいるんだろうか。ボケたら一人部屋になるのかもしれない。あばれるから、ろうやみたいな部屋かもしれない。時夫の胸にろうやの中にぽつんと一人ですわっているおばあさんの姿が、うかんできた。ぞっとして、頭をふり、いやな考えをおいだそうとした。

「いくぞーっ」

でこぼこのカンをめがけてゆたかが走ってくる。あ、オレ、鬼だったっけ。ゆたかがカンをけり、時夫はそれをひろうと目をつぶって十かぞえた。みんながかくれにいく足音がする。

「……七、八、九、十っ」

ぱっと目をあけると、秋の日がさしたキャベツ畑がへいごしに見え、その向うの青屋根の、はじっこの窓におばあさんの顔がのぞいていた。おばあさんの目は、ぼぉっと、無表情に、時夫をみつめている。

「オレ、ぬけるっ。ごめんっ」

かくれているみんなに聞こえるように思いきり大きな声でそう言うと、時夫はへいをよじのぼった。

夢中で走ったので、青屋根についた時には息がきれて、肩（かた）もおなかも、はあはあ波うっていた。階段をのぼり、はじっこのドアをノックすると、細い声がはい、とこたえた。そこはちゃんとした畳の、テレビも冷蔵庫もある部屋だった。病院のようなベッドが二つおいてあって、おばあさんはベッドの上にぺたんとすわって外をみているのだった。もう一つのベッドには誰（だれ）かが寝（ね）ていた。ふとんを頭までかぶっているので、時夫には、それがおじいさんなのかおばあさんなのかもわからなかった。

「こんにちは」

時夫が礼儀（れいぎ）ただしくおじぎをすると、おばあさんもおじぎをした。時夫のことは、まるで覚えていないようだった。ずいぶん小さくなったみたいな気がする。時夫とおばあさんはむきあったまま、黙っておたがいの顔をみつめていた。とつぜん、おばあさんがにたっと笑った。顔全体がふにゃっとくずれるような、奇妙な笑い方だった。

「バナナ、食べるかい」

「うん」

「冷蔵庫からだしておあがり」

「うん」

「わたしはトキ、いうんよ」

「うん」

「あんたは？」

「時夫」

　おばあさんはきょとんと、目をまるくした。

「ふうん。あんた、トキオ、いうんか」

「うん」

「わたしはトキ、いうんよ」

「うん」

　時夫は、何度も〝うん〟をくりかえした。そのたびに、おばあさんはうれしそうににたっと笑うのだった。

　学校から帰ると、⑦時夫はまた毎日、おばあさんのところに遊びにいくようになった。けれどもいつも、ほんの十五分だった。十五分するとおばあさんは疲れて、ことんと眠ってしまうのだ。それで時夫は、おばあさんのところに行ったあと、みんなと、好きなだけカンけりができた。カンけりをしながらふっと青屋根をみると、昼寝からさめたおばあさんの顔が、窓からのぞいていたりした。おばあさんは時夫をながめていることもあったが、もっとずっと遠くをながめていることもあった。

　時夫が遊びにいくと、おばあさんは時夫を覚えていることもあったし、覚えていないこともあった。覚えていない日はもう一度、

「わたしはトキ、いうんよ。あんたは?」

からやりなおさなくてはならなかった。十二月の、最初の月曜日がそうだった。おばあさんは時夫にみかんをむいてくれながら、

「おんなじ名前だな」

と言って笑った。十五分たっても、おばあさんはその日眠らなかった。目をぱちぱちさせながら、笑ったりしゃべったりしている。三十分たっても眠らない。昔のことをうれしそうにしゃべるだけでなく、時夫のことや学校のことも、(4)しきりにききたがった。時夫が、ゆたかやひろしのことを話すと、おばあさんは夢みるような口調で、

「会ってみたいなあ」

と言った。それでつい、

「今度つれてくるよ」

と言ってしまった時夫は、言ったあとで後悔(こうかい)した。それでも、dコウフンした調子で、

「ほんとか」

とたたみかけてくるおばあさんの顔をみれば、

「うん」

とこたえるほかなかった。

時夫が言いかけると、おばあさんはさびしそうな顔をした。子どものような顔だった。

「それじゃ、僕(ぼく)……」

「もう、帰るんか」

「うん、また来る」

おばあさんは心細そうに笑って、待っとるよ、と言った。

冬休みはあっという間にやってきた。クリスマスがきて、お正月がきて、時夫は家族旅行に行った。そうして、一月もなかばになってようやく、一ヵ月ぶりにおばあさんの部屋をたずねると、おばあさんはもういなかった。

「ちっとも苦しまれませんでしたよ」
看護婦さんが言い、時夫は頭がぐらぐらした。
待っとるよ、
と言ったおばあさんの顔が目にうかんで、呼吸がはやくなる。
階段をかけおりて、庭をぬけ、目のはじをかすめたのは冬枯(ふゆが)れたきょうちくとうだった。つめたい風がふいていた。待ってるって言ったくせに。待ってるって言ったくせに。時夫はへいをとびこえて、マンションまでいっきに走ると、⑧駐車場の車のかげにしゃがみこんで泣いた。
一ヵ月たって、二ヵ月たって、三ヵ月たって、春がきた。時夫は五年生になった。
「今度は私が鬼よ。時夫くんは最初のカンけって」
真理子が言う。
「とばすぞ」
時夫は助走して、でこぼこのカンをけった。おばあさんのことは、もうめったに思い出さなくなっていた。それでも時々、こんなふうにカンけりをしていると、ふと青屋根をみあげていたりするのだった。
青屋根の窓におばあさんの姿はなく、きょうちくとうが、そろそろ芽ぶきはじめていた。
（江國香織(えくにかおり)「鬼ばばあ」〔『つめたいよるに』新潮文庫刊より〕）

問一 ═══線部a「シンゾウ」・b「浴衣」・c「シセン」・d「コウフン」について、漢字は読み方をひらがなで答え、カタカナは漢字に直しなさい。

問二 〰〰線部(1)～(4)の本文中の意味として最も適切なものをそれぞれ次の中から選び、記号で答えなさい。

(1)「やおら」　ア　ゆっくりと　イ　せっかちに　ウ　びっくりして　エ　いきなり

(2)「一心に」　ア　子どもにかえって　イ　得意げに　ウ　それだけに集中して　エ　うわのそらで

(3)「あどけない顔」　ア　たよりない顔　イ　ぎこちない顔　ウ　不安げな顔　エ　無邪気(むじゃき)な顔

(4)「しきりに」　ア　おおげさに　イ　しつこく　ウ　うれしそうに　エ　まじめに

問三 ――線部①「やっぱり」とありますが、この言葉にこめられた時夫の思いとして最も適切なものを次の中から選び、記号で答えなさい。

ア　お父さんとキャッチボールをしているときに友達になったおばあさんが、じっと見ているのでカンけりに集中できない。

イ　青屋根のたてものからおばあさんがいつも時夫を見ているので気になるけれども、自分から遊びに行く勇気はない。

ウ　キャッチボールをしているときに声をかけてきたおばあさんは、友達として自分と一緒(いっしょ)に遊びたいにちがいない。

エ　おばあさんと友達になる約束をしたものの、こわい気持ちをかくすことができないのはおばあさんに申し訳ない。

問四 ――線部②「時夫は心の中でくすっと笑い」とありますが、ここでの時夫の心情として**適切でないもの**を次の中から一つ選び、記号で答えなさい。

ア　年齢(ねんれい)のわりに若い言葉を使ったおばあさんをかわいらしいと感じている。

イ　時夫を友達として迎(むか)えてくれたおばあさんのやさしさに心がやわらいでいる。

ウ　それまでの警戒(けいかい)心がうすれ、おばあさんと友達になれそうな気がしている。

エ　おばあさんが「ルームメイト」という言葉を知っていたことにおどろいている。

問五　――線部③「その日以来毎日、学校から帰ると時夫は養老院に遊びにいった」とありますが、それはなぜですか。最も適切なものを次の中から選び、記号で答えなさい。

ア　おばあさんが持っているおはじきや昔のお金を見せてもらったり、古い写真を見ながら聞く思い出話は、学校の仲間とカンけりをして遊ぶより楽しく、おばあさんのことを本当に友達だと思うようになったから。

イ　おばあさんが話してくれる思い出話は、時夫にとって魅力的だが、それを聞きながら食べるアイスクリームやバナナがなによりおいしいので、おばあさんと友達になって本当によかったと心の底から思ったから。

ウ　おすもう好きのひさしさんと、すもうの話で盛り上がるのは時夫にとっても楽しい時間であり、「しぶ好み」とほめられたこともうれしくて、ひさしさんを紹介してくれたおばあさんに本当に感謝したから。

エ　アイスクリームはかちかちで冷蔵庫のにおいもついていたのでおいしくなかったが、楽しそうな表情で話すおばあさんの思い出話は、アイスクリームのにおいが気にならなくなるほど本当におもしろかったから。

問六　――線部④「お母さんは小さくためいきをついた」とありますが、ここでのお母さんの心情として最も適切なものを次の中から選び、記号で答えなさい。

ア　毎日のように養老院へ行っては、おやつやくだものを食べて帰ってくるので、自分よりおばあさんのほうを好きになったのではないかと不満に思っている。

イ　養老院に毎日通うようになったのは、時夫がおばあさんたちに重大な秘密があることを知って、それに関心を持ち始めているからではないかと心配している。

ウ　時夫がおばあさんたちと仲よくなることで、このあと老人たちとの間で何かよくない出来事に巻（ま）き込（こ）まれることになるのではないかと心配している。

エ　養老院へ行かないように時夫を説得する言葉がうまく見つからず困っているのに、助け船を出すそぶりを見せないお父さんに対して不満に思っている。

問七　――線部⑤「エビフライにかじりついた」とありますが、ここでの時夫の心情として最も適切なものを次の中から選び、記号で答えなさい。

ア　勇気を出して会いに行ったおかげで、せっかくおばあさんたちと仲のよい友達になれたのに、お父さんは理由もなく遊びに行ってはいけないと言うので、不満のあまりやけになっている。

イ　自分はテレビで野球を見ているくせに、時夫には遊びに行くのはよしなさいと言うお父さんの理不尽(りふじん)さには腹が立つものの、面と向かって親に逆らうわけにもいかず、八つ当たりしている。

ウ　せっかくおばあさんたちと友達になれたことを喜んでいたのに、お父さんとお母さんから頭ごなしに友達ではないと言われたことが悲しくて、泣きそうになるのをなんとかごまかしている。

エ　おばあさんの思い出話はとても魅力的で、それを聞くのが時夫のなによりの楽しみだったのに、お父さんに遊びに行ってはいけないと言われて、楽しみをうばわれたことに落ちこんでいる。

問八　――線部⑥「ちきしょう」とありますが、ここでの時夫の心情を百字以内で説明しなさい。

問九 ——線部⑦「時夫はまた毎日、おばあさんのところに遊びにいくようになった」とありますが、それはなぜですか。最も適切なものを次の中から選び、記号で答えなさい。

ア しばらく見つめあっていると、突然(とつぜん)にたっと笑うおばあさんはかわいらしかったし、そのうえ、短い会話を交(か)わしているうちに、おばあさんは疲れてことんと眠ってしまうので、そのあとは仲間と心置きなくカンけりができたから。

イ せっかく友達になったのに、時夫のことをすっかり忘れてしまったおばあさんにはがっかりしたが、ひさしさんやゆりこさんたちと離(はな)ればなれになって一人でぼんやり過ごしているおばあさんのことが、かわいそうに思えてきたから。

ウ おばあさんは時夫のことをまるで覚えていないようだったが、時夫にとっては仲のよい友達になったおばあさんであることに変わりなく、ささやかな会話を交わすだけでうれしそうに笑うおばあさんを見るのは、時夫もうれしかったから。

エ おばあさんは時夫を覚えていることもあったし、覚えていないこともあったが、いずれにしても会話の内容はたいして変わらず、簡単なやりとりをするだけでおばあさんは満足そうに眠ってくれるので、面倒(めんどう)なことはなにもなかったから。

問十 ——線部⑧「駐車場の車のかげにしゃがみこんで泣いた」とありますが、ここでの時夫の心情として最も適切なものを次の中から選び、記号で答えなさい。

ア 友達を連れてくると約束したまま、おばあさんは亡(な)くなってしまったので、時夫が友達を連れてくることを心待ちにしながら死んでいったのだと思って、後悔のあまりおそろしくなっている。

イ 最後に別れたときに「待っとるよ」と言っていたのに、何の前ぶれもなく亡くなってしまい、時夫との大切な約束を守れなかったおばあさんが気の毒で、いたたまれない気持ちになっている。

ウ しばらく会わない間におばあさんが亡くなったと知らされて、衝撃(しょうげき)のあまり駆けだしたが、時夫にとって突然のおばあさんの死は受け入れがたく、やり場のない悲しみにうちひしがれている。

エ おばあさんが亡くなってしまったと聞かされて動揺(どうよう)するが、時夫が誰かも覚えていないようなおばあさんだったから、何も分からないまま死んでいったのだとおばあさんに深く同情している。

問十一　本文について六人で意見を述べ合いました。本文の内容や表現について、**適切でない意見**を述べているのはだれですか。次の中から**二人**選びなさい。

Aさん「僕は、きょうちくとうの描写が印象的だと感じたよ。時夫とおばあさんが仲よくなったときは、紅い花を咲かせていたけど、おばあさんが亡くなった時は冬枯れていたね。これは季節の移り変わりを示すだけではなく、物語の内容と関連させて描かれているんじゃないのかな。」

Bさん「きょうちくとうについては、僕も気になったのでインターネットで調べてみたんだ。そうすると、きょうちくとうの花や葉、茎には強い毒があるそうだ。見た目は美しいけど毒があるというのは人間にも当てはまるのかな。時夫はそのことに気づかなかったから悲しい目にあわされたんだね。」

Cさん「僕は、登場人物の名前にも意味があるんじゃないかと思った。『時夫』と『トキ』は、二人が仲良くなるきっかけを作ったよね。そして、二人が本当の友達になったときには、少年とおばあさんという年齢の差、つまり〝時〟の隔たりをこえていくような印象を感じたよ。きっと作者は、そういう意味もこめて名前をつけたんじゃないのかな。」

Dさん「この小説の題名は『鬼ばばあ』だったよね。トキばあさんが、髪をふり乱して時夫にしがみついてきた場面では、突然人が変わってしまったようでおそろしかったよ。でも、最後はやさしいおばあさんにもどって、時夫と楽しく話していたからよかったよ。おばあさんが『鬼ばばあ』のようにこわい人のまま死んでいかなくてほっとしたよ。」

Eさん「子どもたちはいつも外でカンけりをしていたね。これって何か意味があるんじゃないのかな。カンけりでは、だれかが鬼になって、鬼につかまったり、友達を助けたりするよね。人間にはだれでも心の中に鬼みたいなおそろしい部分があって、その意味では、おそろしい存在になりかけていたトキばあさんを時夫は助けたと言えるね。」

Fさん「おばあさんが亡くなって数ヶ月がたち、春が来たとき、時夫たちはもとの生活にもどってカンけりをしているね。そのとき時夫は、おばあさんのことをもう思い出さなくなっているけど、きっと作者は時夫を通して、時間がたつとなんでもすっかりわすれてしまう、人間の心の冷たさを描きたかったんじゃないかな。」

【二】 次の文章は、「地球温暖化」の問題について、AさんとBさんがそれぞれ述べた意見です。これを読んで、本文の内容を百字以上二百字以内でまとめなさい。ただし、次の形式で書くこと。

Aさんは、……と考えている。一方、Bさんは、……と考えている。

Aさん

地球温暖化の影響はとても深刻だね。去年の夏は世界中で猛暑だったのを覚えてる？　最高気温が、アメリカでは54度、イタリアでは48度だったらしいよ。大変なのは気温だけじゃない。世界中で森林火災が何百件も起こったらしいし、異常気象も続いているもの。日本でも近年、夏にすごい雨が続いて、洪水がたくさん起こっているよね。ああいう異常気象も、温暖化が引き起こしたって言うし。やっぱり、これ以上の温暖化は絶対に防がないといけないよ。

「ＳＤＧｓ」って知ってる？　日本語だと「持続可能な開発目標」っていう、よりよい世界を目指す17の国際目標のことなんだ。貧困や教育、エネルギー、平和などのいろいろな目標があげられているんだけど、その中のひとつに「気候変動に具体的な対策を」っていう目標があるんだよね。「ＳＤＧｓ」は国際連合の会議の中で、会議に参加した全部の国が賛成して決められたんだ。世界中のどの国にとっても、温暖化や気候変動は重大な問題になっているっていうことだね。

温暖化の原因と言われているのは、人間の活動が生み出す、二酸化炭素などの温室効果ガスだって言われている。たとえば、車の排気ガスや工場の排気などがその例だよ。世界中のどんな国でも人々は車を使っているし、工場を動かしている。だから、世界中の国や人々が、例外なく同じように、温室効果ガスの排出を止めるように努力しないといけないと思うよ。それぞれの国にはいろいろな都合があるだろうけど、それを乗り越えてでも同じ努力をしないと、温暖化は食い止められないんじゃないかな。

Bさん

温暖化の対策が必要だっていうのは、確かにその通りだね。大阪でも、平均気温は100年前と比べたら2度以上上昇しているらしいよ。2度も違(ちが)ったら、ぼくたちが感じる暑さ寒さもずいぶん変わるし、虫や植物の生態にも影響が出てくるっていうもの。このまま放っておいたらもっと気温が上がるっていう話だから、対策は急いで打たないといけないね。

ただ、世界中の国々が同じ対策をしなきゃいけないのかっていうと、ぼくはそうじゃないと思うんだ。なぜかっていうと、今の温暖化に責任がある国とそうじゃない国があるから。

今の温暖化の原因になっている温室効果ガスを排出していた主な国って、アメリカとかイギリスとかみたいな、先進国って呼ばれる国でしょう。日本だって、先進国と呼ばれる国のひとつだし。そういう国は工業も発展していたし、車も多かったりしたから、これまでたくさんの温室効果ガスを出していたはずだよね。一方で、途上国(とじょうこく)って呼ばれるような国は、工業がそれほど発展していないから、これまではそんなに温室効果ガスを出してはいないはずだよ。そうだとすると、温暖化により大きな責任があるのは、先進国だっていうことになる。それなのに、その先進国と同じ責任を他の国にまで負わせるのは、不公平だと思うよ。

もちろん、これから温室効果ガスを減らす努力は世界的に必要だと思う。でもその中で、これまで温暖化の原因を作ってきた国は、より大きな責任を引き受けて努力しないといけないんじゃないかな。

（オリジナル文章）

（以　上）

令和三年度
清風中学校入学試験問題
前期試験
国語 (五〇分)

試験開始の合図があるまで、この「問題」冊子(さっし)を開かず、左記の注意事項を読んでください。

【注意事項】

一、試験開始の合図で、解答用紙の所定の欄(らん)に「受験番号」、「名前」をはっきりと記入してください。
二、この「問題」冊子は、16ページあります。解答用紙は一枚です。ページが脱落(だつらく)している場合は手をあげて試験監督(かんとく)の先生に知らせてください。
三、解答は、解答用紙の指定されたところに記入してください。
四、「問い」に「字数制限」がある場合、句読点やカギかっこなどの記号は、一字として数えて、解答してください。
五、試験終了の合図で、「問題」冊子の上に解答用紙を重ねてください。
六、「問題」冊子および解答用紙は持ち帰ってはいけません。

2021(R3) 清風中　前期
K 教英出版

令和三年度

清風中学校入学試験問題

前期試験

国語（五〇分）

【注意事項】

国語問題

（問題番号【一】〜【三】）

【一】 次の文章を読んで、後の問いに答えなさい。

（「私」は、中学生の時にアレルギーの検査を受け、ネコに対して陽性反応が出たので、一生ネコを飼うことはないだろうと思っていた。それから十年後、大阪の実家では妹が一匹の黒ネコを拾ってきて飼うことになった。その当時、「私」は大学生で京都に下宿していたが、たまに実家に戻ることもあった。）

小さくも大きくもない体長だが、骨格はしっかりしているところから見ると、成猫のようである。幾つなのかと訊ねると、予防接種をした際、獣医さんに診てもらったら、案外年を取っていて、人間でいう三十歳か四十歳あたりではないか、と言われたという。

名前は決まったのかと訊くと、(注)「キキはどうだろうか」と言う。黒猫でキキとはあまりに安易ではないか、と即座に反対を表明すると、じゃ、何がいいと思うのかと言う。

「ねね、はどうだろう」

と私は提案した。なぜ、ねねなのかと重ねる妹に、私は[a]白い目を向け、

「おいおい、ねねといえば、ご存知太閤秀吉の出世を陰で支えた、良妻、賢女として名高い北政所のことではないか。年齢的におばさんだというし、ここはねねがよいであろう」

とその心を解説した。ははあ、と妹はにぶい顔でうなずいていた。

実家に滞在する間、ネコアレルギーである私は、（ 1 ）ネコに触れなかった。[b]せいぜい足でつつくぐらいだった。寝ているところを足の親指でぐいと押したら、嫌そうな顔を向け、小走りで逃げていった。

京都の下宿に戻り、しばらくして実家に電話すると、ネコの名前が「ねね」になったと知らされた。何の思い入れもない相手の名付け親になるのは、何だか妙な気分だった。

数カ月に一度帰省するたび、ねねは確実に太っていった。家族の者は「そんなことない」と言うが、たまに見る私が明らかに違和感を覚えるのだから間違いない。後ろ姿もいつの間にか腹やら尻に肉がついて、足がずいぶん短く映る。もはや、何をどう見て(注)「エムボマ」などという連想を得たのかわからない。

太る前からそうだったのか、それとも太ったからなのか、どこまでも鈍くさいネコだった。よく、棚から棚に移動するとき、目測を誤って落ちていた。もしくは前足だけ引っかかって焦りまくっていた。もっとも、活発に動くことはまれで、ほとんどの時間、日当たりのいい場所で丸まって寝ていた。ネコの仕事は寝ることだと（　2　）実感した。少しでも寝心地のいい場所を探しだすのは、それが仕事だからだろう。ソファに腰掛けようとすると、たいてい、いちばんいい場所にねねが寝ていた。「居候のくせに生意気なんじゃ」と尻を足の指でぐいと押すと、不貞腐れた顔で面倒そうに場所を移動した。

「ねねは居候ちゃうで！　[X]　やで！」

とすぐさま女性陣から非難の声が飛んできて、ああ、鬱陶しいこっちゃ、と私は顔をしかめた。

私とねねの仲は良くなかった。だが、家族に言わせると、ねねは案外、私を気に入っているらしかった。確かに玄関に置かれた私の靴の内側をおそろしく真剣な顔で嗅いでいたり、イスに座って新聞を読んでいると、突然足に身体をすり寄せ去っていったりした。

出自が野良だからか、ねねは自分から人に近寄らなかった。膝の上に甘えてのっかるなど、絶対になかった。無理に抱きかかえられ、よく逃げようともがいていた。それだけに、ハスキーな声でにゃあと言って、身体をすりつけていくのは、相当な親愛の証である、と母親は主張した。

「そんなことあるもんか」

と私は照れもあり、頑なにそれを認めなかった。

その夜、風呂から出ると、玄関前でねねが丸まっていた。両者、視線を合わせるも、相手が立ち去る気配はない。①私は試しに近づいて、そっと黒い身体を撫でてみた。つるんとした毛並みが、冷たく心地よかった。ついでに尻のあたりをこちょこちょしてみた。ねねはどこかうっとりした様子で虚空に視線を送った。

「何だ、（　3　）かわいい奴じゃないか」

少しやさしい気持ちになった瞬間、急に身体をひねったねねにかぷっと手を嚙まれた。「イタッ！」と慌てて引っこめると、手の甲にくっきり歯形の痕が残っていた。

「このくそネコめがァ！」

㊟阿修羅の如き形相で立ち上がった私の足元を、思いもしない俊敏さで黒ネコは逃げていった。

ベッドに入っても、私は手を掻き続けた。噛まれた痕が、くっきり赤く腫れている。なるほどアレルギーとは厄介なものだと思った。噛まれた場所が痛い。同時に痒い。だが、掻いたところで何も治まらない。私の身体に侵入したネコの抗原を細胞が撲滅するまで、鈍い痛がゆさは続くのだ。

私とねねはふたたび②冷戦に突入した。

七年間、ねねは大阪の実家にいたが、結局一度も彼女を抱かなかった。それでも、ときにドキリとするほどの勢いで、ねねは私の足に身体をすりつけ、ごろごろ喉を鳴らした。気分をよくして身体を撫でたら、必ず手を噛まれそうになった。すでにタイミングをわきまえた私は、素早く手を引っこめ、「フンッ」と睨みつけた。

去年の春、実家に戻ると、ねねが机の花瓶に頭を突っこみ、しきりに中の水を飲んでいる。喉が渇いているのかと訊ねると、腎臓の具合がよくないねん、年やねん、と妹が心配そうな顔で答えた。

よくよく観察すると、黒い毛並みがいつの間にか灰色がかった色合いに変わっている。この家にやってきて七年。もはやねねは、私がかつて抱いた北政所のイメージをはるかに超え、本当のおばあさんになっていた。

夏に帰省したときも、ねねは花瓶の水をよく飲んでいた。腎臓の調子は悪化しているとのことだった。三カ月後に結婚式を挙げる予定の妹に、結婚したらねねはどうするのか訊ねると、新居はペットがアカンからこっちに置いていくと答えた。

拾い主ゆえか、やはりねねは妹を第一主人と考えているようだった。その主人がもうすぐ家を出て行くことを知っているのか知らないのか、花瓶の水を舐めるように飲み、マッサージチェアに上り身体を丸めた。しばらくして寝息が聞こえてきた。ときどき、「ふえ」と間の抜けたいびきを発した。

妹の結婚式を一週間後に控えた日、実家に電話をすると母親が「ねねちゃん、もうアカンかもしらん」と暗い声で告げてきた。すでに腎臓が完全に機能を失い、獣医に連れていくも、これは老衰です、もうどうにもなりません、と伝えられたのだという。

「ねねちゃん、結婚式の日に死ぬような気がする。あの子が結婚して、家から出て行くのを見送ってから死ぬような気がする」

と母親が真面目な声で言うのを、「そんなことネコにわかるもんか」と③私は鼻で笑った。いや、ねねはわかっている、と頑固に言い張る母親に、帰省の日時を伝え、私は電話を切った。

結婚式の一日前、私は実家に戻った。もはや丸くなることもできず、横に倒れるようにして、フローリングの上にねねが寝ていた。鮮やかだった白目は濁り、ぼんやり宙に視線をさまよわせていた。そっと毛に触れるも、嫌そうに身体を揺らしたので、すぐに手を引っこめた。これは明日までもたないのではないかというほど、急激な衰弱の度合いだった。

もはや立つことも無理そうに見えるのに、ときどき様子を見にいくと、(注)忽然と姿が消えている。慌てて家族が家の中を探すと、場所を変えて倒れている。ひょっとしてもう死んでいるのではないか、と一瞬疑うが、よく見ると腹のあたりが大儀そうに上下している。④こんな状態になっても、少しでも気持ちがいい場所で横になりたいものらしい。やはりネコが生きる最大の目的は気持ちよく寝ることなのだ。

その夜、テレビのスポーツニュースを見ていると突然、玄関から「フギャァァ」と何かの鳴き声が聞こえてきた。続いて、

「アカン！　ねねちゃん、アカン！」

と母と妹が叫んでいる声が聞こえた。息をするのもやっとなはずのねねが、玄関のドア前に立ちこれまで聞いたこともない凶暴な声を上げていた。外に出せということらしい。家にやってきてからというもの、ねねは決して外に出ようとしなかった。一度だけ試しに散歩に連れ出したら、すっかり怯え、妹の肩にすがりついたまま一歩も自分で歩けなかった。腰が砕けた情けない姿に、どうやって野良をやっていたのだろう、と誰もが不思議がった。

そんな臆病なネコが、外に出せと叫んでいる。母と妹が必死でそれを止めていた。死はすぐそこに来ていた。

しばらくしてふたたび様子を見にいくと、ようやく落ち着いたねねの横で、母と妹が身体を撫でていた。お互い泣き腫らした顔を見比べ、「明日どうしよう」と笑い合った。

結婚式の当日、私は式の前に用事があり、朝の五時に起きた。洗面台に向かうと、風呂場の扉の前でねねが倒れていた。名前を呼ぶと、いかにもc億劫そうに目を開け、一瞬視線を向けると、ふたたび目を閉じた。

私は結婚式のあと、そのまま新幹線に乗って東京に戻る予定だった。家を出発する前に、ねねとお別れをした。⑤大したネコだと心

から思った。

無事、式を見届け、東京に戻ると電話がかかってきた。

電話口で母親はねねの死を告げた。

式場に向かう花嫁たちを見送ってから、ねねは誰もいない静かな家でこの世の生を終えたのだという。

七年前、自分を拾ってくれた主人とともに、ねねは我が家を去った。

（万城目学「ねねの話」〔『ザ・万歩計』文春文庫刊より〕）

(注) キキ ―― 『魔女の宅急便』の主人公の名前が「キキ」であり、「キキ」の相棒として黒猫が登場する。『魔女の宅急便』は、角野栄子著の児童書で、一九八九年に宮崎駿監督によりアニメ映画化された。

エムボマ ―― カメルーン出身のサッカー選手で、Jリーグでも活躍した。以前、筆者は、ねねの長い足を見て、「エムボマみたいやな」と言っていた。

阿修羅 ―― 古代インドにおいて、戦闘を行うとされた鬼神。

忽然と ―― にわかに。急に。

問一　――線部a～cの語句の本文中の意味として最も適切なものを、それぞれ次の中から選び、記号で答えなさい。

a「白い目」

ア　おどろいて大きく見開いた目　　イ　相手への憎（にく）しみをこめたまなざし

ウ　得意げにほこらしく輝（かがや）く目　　エ　相手を軽蔑（けいべつ）した冷たいまなざし

b「せいぜい」

ア　やっかいではあるが　　イ　ほとんどの場合

ウ　できる限りしてみても　　エ　いやいやながら

c「億劫そうに」

ア　別れをおしんで悲しそうに　　イ　気が進まず面倒そうに

ウ　息をするのも苦しそうに　　エ　何とも言えずさびしそうに

問二　空欄（くうらん）（ 1 ）～（ 3 ）に入る語句として最も適切なものを、それぞれ次の中から選び、記号で答えなさい。

ア　意外と　　イ　もはや　　ウ　いっさい　　エ　つくづく

問三　空欄［ x ］に入る語句を、本文中より二字でぬき出して答えなさい。

問四　――線部①「私は試しに近づいて、そっと黒い身体を撫でてみた」とありますが、ここでの「私」の心情はどのようなものですか。最も適切なものを次の中から選び、記号で答えなさい。

ア　ネコアレルギーである「私」は、元々ネコに興味もなく、「ねね」のことをじゃまに思っていたため、「ねね」から気に入られているという家族の言葉が信じられず、そんなことがあるはずがないということを明らかにするために、意を決して「ねね」を触って怒らせてみようとした。

イ　ネコアレルギーである「私」は、内心「ねね」のことがかわいくてしかたがないのに「ねね」に触れることもできなかったが、「ねね」から気に入られていると聞くと、アレルギーのことを忘れて「ねね」を撫でてしまうほどに、今まで以上に「ねね」のことがいとおしくなった。

ウ　ネコアレルギーである「私」は、「ねね」に何の思い入れもなく、しかも「ねね」の生意気な態度にほとほと嫌気が差していたが、「ねね」から気に入られていると家族に指摘されたことで、急に「ねね」への愛情が湧きあがり、これからは大事にかわいがってやろうと決意した。

エ　ネコアレルギーである「私」は、日頃「ねね」をあまりかわいがっていないだけに、「ねね」から気に入られていると家族に言われても、気恥ずかしくて認めたくなかったものの、内心、そう言われてみると悪い気はせず、かわいがってみようかという気持ちになった。

問五　――線部②「冷戦に突入した」とありますが、それは「私」と「ねね」のどういう状況のことを言っていますか。最も適切なものを次の中から選び、記号で答えなさい。

ア　お互い表面的には関わりを持ちはするが、内心では相手に対する憎しみを抱いている状況。

イ　お互い相手に興味を感じないわけでもないが、それぞれに警戒して心を許しあうことがない状況。

ウ　お互い相手を挑発し合い、相手から攻撃を受けた後に反撃を加えるチャンスを待ち受ける状況。

エ　お互い相手への直接的な攻撃をすることはないが、相手とはいっさい関わろうとはしない状況。

問六 ――線部③「私は鼻で笑った」とありますが、ここでの「私」の心情はどのようなものですか。最も適切なものを次の中から選び、記号で答えなさい。

ア 母親が、まるで「ねね」が人間の気持ちや事情をよく分かっているかのようなことを言うため、いくら「ねね」に思い入れがあるからといって、とうていあり得ないおかしなことを言うものだと、母親のことを小馬鹿にする気持ち。

イ 母親が、「ねね」の死が近いようなことを言ったため、「ねね」に特別な愛情をそそいできたわけではないが、「ねね」の死を想像するのはやはりつらいことであるため、人知れぬ悲しみを笑ってごまかそうとする気持ち。

ウ 母親は、妹の結婚式の日に「ねね」が死ぬ気がすると真面目な声で言ったが、結婚式という祝い事と死を結びつけるとは、縁起(えんぎ)でもないことを言うものだと思い、母親の言葉を頭から否定して自分の不安を打ち消そうとする気持ち。

エ 母親は、妹が結婚して家から出て行くのを見送ってから「ねね」が死ぬような気がすると言うが、ネコに未来を予知できるはずもないのに、「ねね」のことを予知能力の持ち主だと真顔で断言する母親のことをあざける気持ち。

問七 ――線部④「こんな状態になっても、少しでも気持ちがいい場所で横になりたいものらしい」とありますが、このように述べる「私」の心情はどのようなものですか。最も適切なものを次の中から選び、記号で答えなさい。

ア 人に心配をかけるような状態になっても、気持ちよく寝ることしか考えないネコの気楽さに、あこがれている。

イ 息をするのもやっとの状態になっても、やはりネコはあくまでもネコらしく生きるのだと、感心している。

ウ 人に心配をかけるような状態になっても、のんびり寝ている「ねね」は、のんきなものだと、あきれている。

エ 息をするのもやっとの状態になっても、精一杯(せいいっぱい)生きる努力を続ける「ねね」に、尊敬の念を抱いている。

問八 ――線部⑤「大したネコだ」とありますが、「私」は、「ねね」のどういうところを、そう思ったのですか。四十字以内で説明しなさい。

【二】　次の文章は下村健一著『10代からの情報キャッチボール入門――使えるメディア・リテラシー』の一部です。これを読んで、後の問いに答えなさい。（ただし、□で囲まれている部分は、段落の順序を入れ替えています。）

事例H　**走っている人と犬**

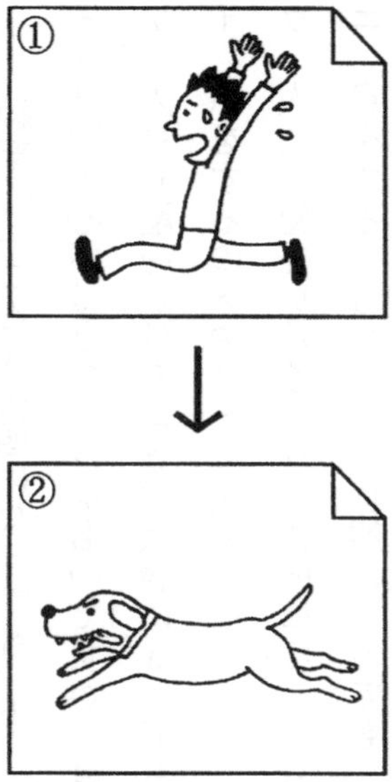

何の解説もなく、右の二枚の絵を順番に見た瞬間、君はどういうストーリーをパッと想像する？　「人が、犬に追いかけられて逃げている」――教室でたずねると、だいたい七〜九割の人が、そう答える。残りの人は、「逃げた犬を、飼い主が追いかけている」と答える。ときには、ほとんど全員が前者の答で、後者は一人か二人ということもある。

では、この二枚の絵をただ入れ替えてみよう。左の絵をパッと見て、今度はどんなストーリーが浮かぶかな？

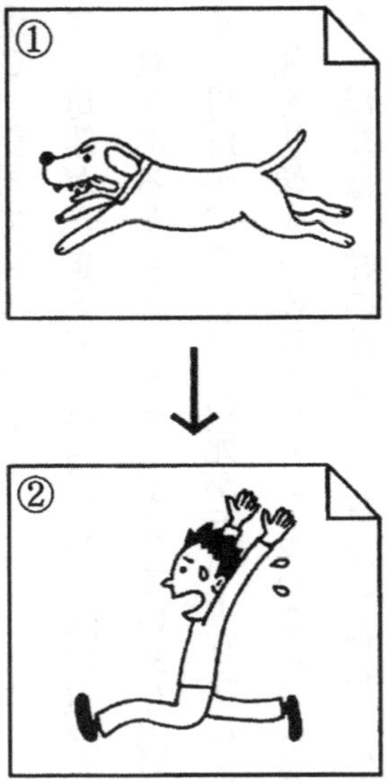

「逃げてしまった犬を、飼い主が追いかけている」――今度は教室で七～九割の人が、そう答える。残りの人は、「人が、犬に追いかけられて逃げている」と答える。この場合もまた、ほぼ全員が前者と答えるクラスもある。

［ア］以上が、《順序》の入れ替え実験。次は、《立場》の入れ替えを練習してみよう。

［イ］たった二枚のごく簡単なイラストでも、見る順番が変わるだけで、人はこんなにもガラッと受け止め方を変えてしまうことがある。普段、君がインターネットやテレビ、雑誌、新聞記事などから受け取っている情報は、何十、何百ものパーツ（この実験ではイラスト）が組み合わさって伝えられている。それがどういう順序で構成されているかによって、君の見方は大きく変わってくる可能性があるわけだ。

［ウ］となれば、受け取る側の君が、柔軟になるしかない。**事例H**でどちらかのストーリーが瞬間的に頭に浮かんでも、そこで決めつけず、「待てよ、これらのイラスト（情報）を違う順番で見たら、他の見え方もないかな？」と考えめぐらせてみる。そうやっていろんな可能性を頭の中に残しながら、続報を待とう。

［エ］たとえばあるテレビニュースで、二〇種類のシーンが撮れたとしても、画面を二〇個に分割して同時にすべてのシーンを放送したら、かえって何も伝わらない。インターネットの記事で、一行目から最後の行までを同じ場所に重ねて書いたら、グチャグチャでまったく読めない。だから、情報を出す側は、どうしても一通りの順番を選んで見せていかざるをえない。

事例I　「人里にサルが出た」

こういうニュース、よく見るよね。「住宅地にクマが出て、大騒ぎ」とか、「シカが出て、六時間かけて捕まえた」とか。

私がTBSで「おはようニュース&スポーツ」という番組のキャスターを務めていた時、どこかの地方局から、このサルのニュースの中継があった。ところがその中継が予定より早く終わって、コマーシャルに移るまでの時間が一〇秒ほど余ってしまい、スタジオにいた私は、とっさに何か一言アドリブを言って、空白を埋めなければならなくなった（生放送の報道・情報番組では、こういうことはしょっちゅう発生する）。

さぁ、質問。君がこの時、私の代わりにキャスターだったら、その場で一〇秒、何と言っただろう？「人里にサルが出た」というニュースを受けて、わざと何か《立場》を入れ替えて、〝もし〇〇だったら……〟という発想のコメントを、ここに書いてみよう。

書けたかな？　私がこの時の番組で実際に言ったのは、こういう一言だった。

「でも今頃、サル界のニュース番組では「　A　」と言っているかもしれませんね」

――もともと、日本列島は全部が自然の野山で、サルたちは自由に棲む所を選んでいたのだろう。それを後から人間が住宅地として切り拓いて、縄張りにしていったのだから、サルから見れば、人間こそ、自分たちの棲み処に後から現れた迷惑者だろう。だから「人里にサルが出た」も、立場を変えれば「　A　」。

こうした逆の見え方をポンと加えると、ただの害獣駆除のニュースから、「野生動物と人間の共生」など、新たなテーマも浮かんできて、視野がサッと広がったりする。

まずは頭のタイソウ（a）で、このように今日から①「逆リポーターごっこ」をやってみよう。何かニュースの中から一本選んで、自分がスッと理解できる立場とは無理やり反対の立場に立って、今出ている材料だけで何を言えるか一生懸命考えてみるんだ。たとえば、謎の連続殺人事件で疑惑の人物について報じられたら、あえて「その人のベンゴ人（b）」の立場になりきる。〝夢の新技術〟（まだショウニン（c）されていない新薬とかリニア新幹線とか）の素晴らしさを報じるリポートを見たら、あえて〝その技術の怖さ〟という立場からコメントしてみる。日本と他国が対立している問題について、あえて相手国のニュースキャスターになったつもりで報じてみる。――最初は、強引でもいい。そうやって無理やりでも別の見方を探していると、段々に②情報を立体的に受け止める〝目〟ができていくから。

以上、《順序》と《立場》の入れ替え方を練習してきた。では次に、《重心》のずらし方を考えてみよう。

事例J　**いじめの把握件数が増えた**

二〇一二年度に全国の小中高校などが把握したいじめは前年度の二・八倍の一九万八一〇八件だったことが一〇日、文部科学省の問題行動調査で分かった。一九八五年の調査開始以来最多。

（時事通信社のウェブサイト　二〇一二年一二月一〇日）

把握されたいじめ件数が急増しているというこの記事を読んだ瞬間、君はどう受け止める？　「悪い傾向だな」と感じたか、「いい傾向だな」と感じたか。

「悪い」と感じた人は、このニュースを「［B］が増えた」と受け止めたのだろう。つまり、右の記事の第一文の、「［B］」という語に重心を置いているんだね。でも、これも教室で皆にたずねてみると、たいてい数人は、「いい」と感じた方に手を挙げる子もいる。その理由をきくと、「把握件数が増えたということは、今まで先生にも相談できずに埋もれていたいじめや、学校が文部科学省に報告しないでウヤムヤにしていたいじめが、それだけちゃんと把握されて取り組まれるようになったということだから」という返事が返って来る。つまり、記事の第一文の、「［C］」という語に重心を置いているんだ。なるほど、そういう見方もできるよね。

あるいは、両方の見方が半分ぐらいずつ正解なのかもしれない。

となると、このニュースは、単純に「いい」とか「悪い」とか決めつけず、「二・八倍にもなったのなら、実数も増えたのかもしれない。けど、これだけいじめが社会問題になったことで学校のシセイ（d）が変わり、把握・報告件数が増えた分も、けっこうあるかもしれないな」と、一歩引いた広い目で見て、続報を待ったり自分で調べたりできるといいね。

ただこれは、いざ実行してみようとすると、慣れないうちはなかなか難しい。**事例H**は試しに情報の《順番》を入れ替えてみればいいし、**事例I**も単純に《立場》をひっくり返してみればいいだけ。ところが**事例J**は、ただ「《重心》をズラしてみよう」（③）と言われても、どうズラせばいいのか、何も思い浮かばない！　ということが、よくある。

（下村健一著『10代からの情報キャッチボール入門——使えるメディア・リテラシー』岩波書店）

問一　〰〰線部a〜dのカタカナを漢字に直しなさい。

問二　［　　］で囲まれた部分の［ア］〜［エ］の段落を、文脈が通るように正しい順序に並べかえ、記号で答えなさい。

問三　空欄［A］に入る一文を十字以内で書きなさい。ただし、「サル里」という言葉を用いて答えること。

問四　空欄［B］・［C］に入る言葉を、それぞれ**【事例J】**の文章の中から三字以上五字以内でぬき出して答えなさい。

問五　――線部①「逆リポーターごっこ」とありますが、次の南中学の校内新聞の記事をもとにして、南中学の生徒のA君〜E君で話し合ってみました。「逆リポーターごっこ」として最も適切に発言しているのは誰ですか。

男子ソフトボール部が優勝！

7日、○○市中学男子ソフトボール大会の決勝が、中央公園グラウンドで行われました。昨年頂点に輝いた、わが南中学男子ソフトボール部は、決勝初進出の北中学と対戦しました。1対2で1点を追う苦しい展開の中、6回表の南中学の攻撃で、1アウト満塁からS君が見事なホームランを打って4点を加え、5対2と逆転しました。その後、最終回の7回表に1点を追加し、その裏の相手の攻撃を0点に抑え、6対2で快勝しました。わが南中学は、2年連続8回目の優勝を果たしました。試合後、S君は、「僕が逆転ホームランを打てたことよりも、チームが優勝できたことが一番うれしい」と満面の笑みで語ってくれました。

A君「S君は、優勝が一番うれしいと言ったけど、僕が彼の立場なら自分の逆転ホームランのほうがうれしいと思うよ。」

B君「6回表のホームランまでは負けていたから接戦だったとも言えるけど、見方によっては4点差の大勝とも言えるよね。」

C君「決勝初進出の北中学からすると、5回の裏までは昨年王者の南中学に勝っていたのだから、おしい負けだったね。」

D君「そういえば、北中学は女子ソフトボール部が強くて、今年の市大会の決勝ではわが南中学を下して優勝したそうだよ。」

E君「それじゃあ、男女あわせて考えると、今年のソフトボールは、1勝1敗の両校引き分けということになるんだね。」

問六 ――線部②「情報を立体的に受け止める〝目〟ができていく」とありますが、それはどういうことですか。最も適切なものを次の中から選び、記号で答えなさい。

ア 抽象的に物事を考えるのではなく、具体的に想像することができるようになってくること。

イ 一つの見方から単純に物事を理解するのではなく、多角的に理解する力が身についてくること。

ウ 感情的で不正確な考え方をするのではなく、論理的で正確に思考できるようになってくること。

エ 個人的な見解にとらわれることなく、世間一般的な見方に広げる習慣が身についてくること。

問七 ――線部③「《重心》」とありますが、それはどういうことですか。最も適切なものを次の中から選び、記号で答えなさい。

ア 何のためにその情報を収集しようとするのかということ。

イ 何によってその情報がもたらされたのかということ。

ウ 何がその情報を貴重なものにしているのかということ。

エ 何に焦点を当ててその情報をとらえるのかということ。

【三】 次の文章を読んで、後の①～⑩の意味にあてはまる語句を、それぞれ指定の字数にしたがって本文中からぬき出しなさい。
（ただし、①～⑩は、本文中に出てくる順になっています。）

著作権に関係する弊社の都合により
本文は省略いたします。

教英出版編集部

（　朝日新聞「天声人語」二〇一九年一〇月一日　）

① 人の手が加わって、自然のままでない。（三字）
② ある物事について、こうではないかとおしはかって考えること。（二字）
③ 研究・調査などの目的のために必要なものをとること。（二字）
④ なんと。本当に。（二字）

⑤ 文章や話の始め。(二字)
⑥ 全体の中から、大切なことや注意すべきことなどを具体的に取り上げて示すこと。(二字)
⑦ 他のことにかかわらないで、そのことだけに集中して。ただただ。(四字)
⑧ 自然界のある地域に住むすべての生物とそれらを取り巻く環境(かんきょう)とを一体として見たもの。(三字)
⑨ ある事柄(ことがら)が関係する範囲(はんい)。(二字)
⑩ いろいろ。さまざま。(二字)

(以 上)

令和3年度

清 風 中 学 校 入 学 試 験 問 題

前期試験

算　　数（50分）

試験開始の合図があるまで，この「問題」冊子(さっし)を開かず，下記の注意事項を読んでください。

【注 意 事 項】

1．試験開始の合図で，解答用紙の所定の欄(らん)に「受験番号」,「名前」をはっきりと記入してください。

2．この「問題」冊子は，5ページあります。解答用紙は1枚です。ページが脱落(だつらく)している場合は手をあげて試験監督(かんとく)の先生に知らせてください。

3．解答は，解答用紙の指定されたところに記入してください。

4．各ページの余白は下書きに使用してもかまいません。

5．試験終了の合図で,「問題」冊子の上に解答用紙を重ねてください。

6．「問題」冊子および解答用紙は持ち帰ってはいけません。

1　次の問いに答えなさい。

（1）$15\times3.14+3.5\times6.28-314\times0.12$ を計算しなさい。

（2）10%の食塩水Aと，濃(こ)さのわからない食塩水Bがあります。Aを100gと，Bを何gか混ぜたところ，13%の食塩水が250gできました。食塩水Bの濃さは何%ですか。

（3）0，1，2，3の4枚のカードから3枚を使って，3けたの整数を作るとき，奇数(きすう)は何個できますか。

（4）ある中学校では，クラブに入っている生徒が全生徒の65%であり，この人数はクラブに入っていない生徒より120人多いです。この中学校の全生徒数は何人ですか。

（5）右の図のように，三角形の紙（三角形ABC）を，頂点Aが辺BC上にくるように折り曲げました。アの角の大きさを求めなさい。

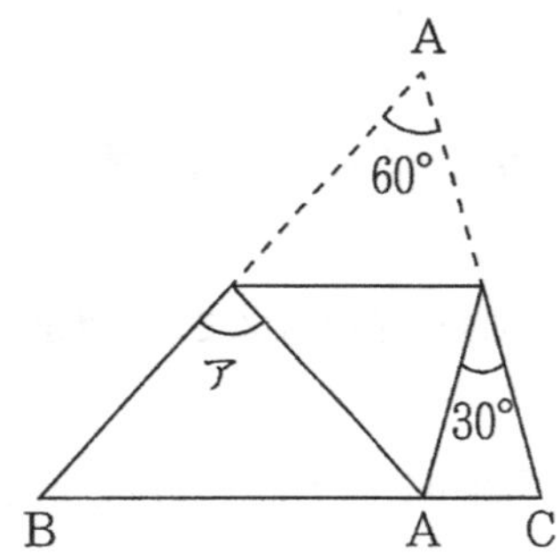

2　A君とB君の家は，学校をはさんで反対側にあります。A君は自転車で通学し，B君は毎分70mの速さで歩いて通学しています。2人は同時に学校を出て下校しましたが，A君は途中でB君に借りていたノートを返し忘れたことに気づき，速さを25%増してB君を追いかけました。追いついてからノートを返し，2分間立ち話をして，A君はさらに速さを10%増し，B君はもとの速さで，それぞれの家に帰りました。

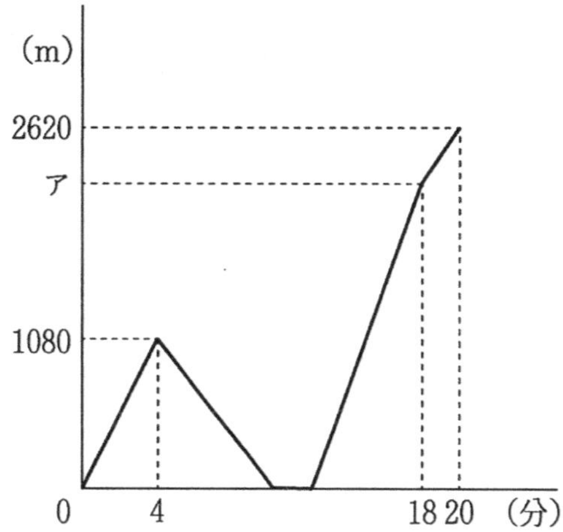

グラフは，2人が学校を出てから，2人の間の距離を表したものです。このとき，次の問いに答えなさい。

（1）　A君の，自転車の最初の速さは毎分何mですか。

（2）　学校を出てから何分後にA君はB君に追いつきますか。

（3）　グラフのたて軸のアにあてはまる数を答えなさい。

（4）　学校とB君の家の距離は何mですか。

3　正方形ABCDの，辺CDおよびCB上に点E，Fを，CE=CFとなるようにとり，EFの延長とABの延長が交わる点をGとします。また，ABおよびEF上にそれぞれ点H，Iを，HIとEFが垂直になるようにとると，HIの長さが12cmになります。このとき，EIを直径とする半円は，図のように正方形ABCDの辺CDとだけ交わっています。半円の弧（図の太線部分）の長さが9.42cmのとき，次の問いに答えなさい。ただし，円周率は3.14とします。

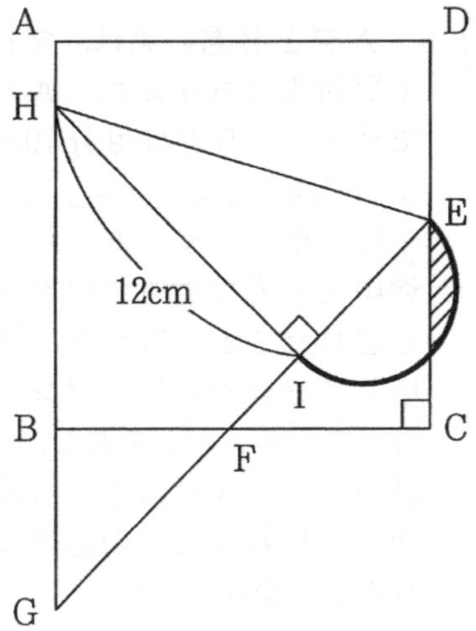

（1）　直径EIの長さを求めなさい。

（2）　三角形GIHの面積を求めなさい。

（3）　図の斜線部分の面積を求めなさい。

（4）　BDの長さを求めなさい。

（5）　正方形ABCDの面積を求めなさい。

4 　下の図は，平らな机の上にあるAB＝3 cm，AD＝4 cm の長方形ABCDを，辺BCが机から離(はな)れないようにして次の手順で移動させたとき，長方形ABCDが通過してできる立体を表しています。

手順1　辺BCを軸(じく)として，30°回転させる。
手順2　辺BCと垂直な方向へ6 cm 移動させる。
手順3　辺BCを軸として，回転させて裏返す。

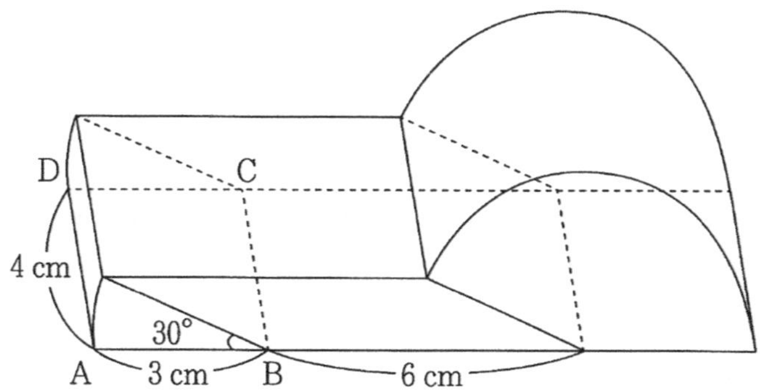

このとき，次の問いに答えなさい。ただし，円周率は3.14 とします。

（1）　右の図は，30°，60°，90°の直角三角形です。
a の長さは何cm になりますか。

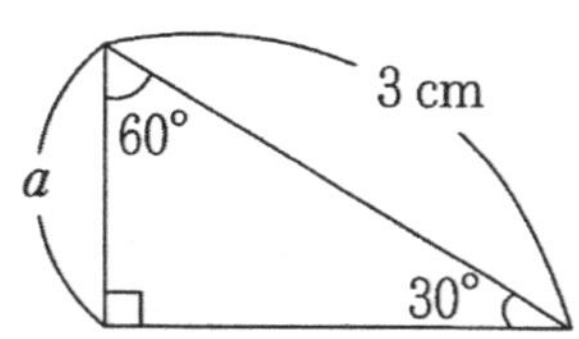

（2）　長方形ABCDを，机の上にある状態から 手順3 まで移動させたとき，点Aの通過した距離(きょり)を求めなさい。

（3）　図の立体の体積を求めなさい。

（4）　図の立体の表面積を求めなさい。

5　1g，4g，16g，64g，256g，1024g のおもりがそれぞれ3個ずつあり，これらのおもりを用いて作ることのできる重さを考えます。このとき，次の問いに答えなさい。

（1）10g の重さを作るのに，1g と 4g のおもりはそれぞれ何個必要ですか。

（2）これらのおもりの中から，7個のおもりを使って作ることのできる最も小さい重さは何g ですか。

（3）2021g の重さを作るのに，おもりは全部で何個必要ですか。

（4）256g 以下のおもりを用いて，次の①，②の各場合で作ることのできる重さは，それぞれ何通りありますか。

① 256g のおもりは必ず使うが，64g 以下のおもりについては使わないおもりがあってもよい場合

② ①のうち，64g のおもりをまったく使わない場合

5　次の文章を読み，下の各問いに答えなさい。

令和２年６月21日，大阪で日食が観察されました。日食とは，太陽の一部またはすべてが，欠けて見えることです。**図１**は，日食のときの太陽・月・地球の位置関係について，地球の北極側から見たものを模式的に表しています。ただし，月は地球のまわりを矢印の向きに回転しています。

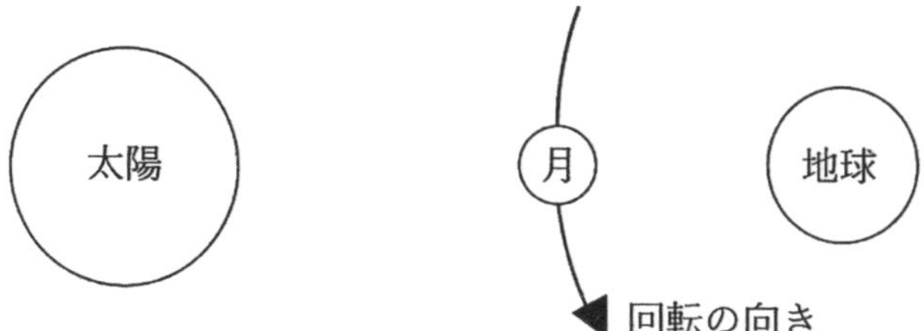

図１

問１　天体望遠鏡を用いて月を観察すると，表面に丸いくぼみが見られました。このくぼみの名称(めいしょう)を答えなさい。

問２　**図１**のときから１週間後に観察される月として適するものを，次の**ア**～**エ**のうちから１つ選び，記号で答えなさい。

ア　三日月　　**イ**　上弦(じょうげん)の月　　**ウ**　満月　　**エ**　下弦(かげん)の月

問３　太陽がすべてかくれる日食を「かいき日食」といいます。北半球のある地点で「かいき日食」が観察されるとき，観察した日食のようすの順番として適するものを，次の**ア**～**エ**のうちから１つ選び，記号で答えなさい。ただし，黒い部分は，欠けたように見える部分を示しています。

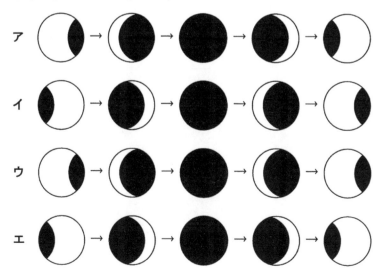

ア

イ

ウ

エ

月食とは，満月のときに月の一部またはすべてが，欠けて見えることです。**図2**は，月食のときの太陽・地球・月の位置関係について，地球の北極側から見たものを模式的に表しています。ただし，月は地球のまわりを矢印の向きに回転しています。

図2

問4　**図2**のとき，月が南中する時刻は何時頃(ごろ)であると考えられますか。適するものを，次の**ア**～**エ**のうちから1つ選び，記号で答えなさい。ただし，18時とは，午後6時を24時間制で表したものです。

ア　0時　　**イ**　6時　　**ウ**　12時　　**エ**　18時

問5　月がすべて欠けたように見える月食を「かいき月食」といいます。北半球のある地点で「かいき月食」が観察されるとき，観察した月食のようすの順番として適するものを，次の**ア**～**エ**のうちから1つ選び，記号で答えなさい。ただし，黒い部分は，欠けたように見える部分を示しています。

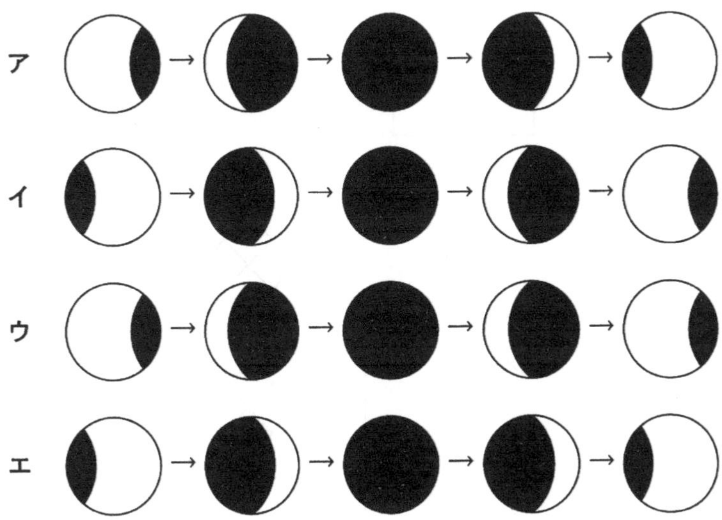

6 次の文章を読み，下の各問いに答えなさい。

図1のように，乾電池(かんでんち)と豆電球をそれぞれ1つずつ用いて回路をつくりました。このとき，豆電球に流れる電流を1とします。このあと用いる乾電池と豆電球は，すべて**図1**と同じものとします。

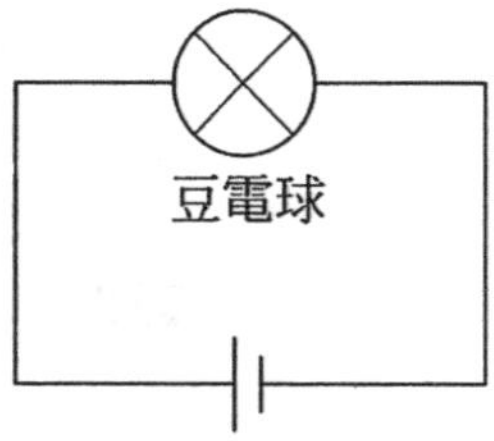

図1

図2のように，乾電池と豆電球を用いて5つの回路をつくりました。

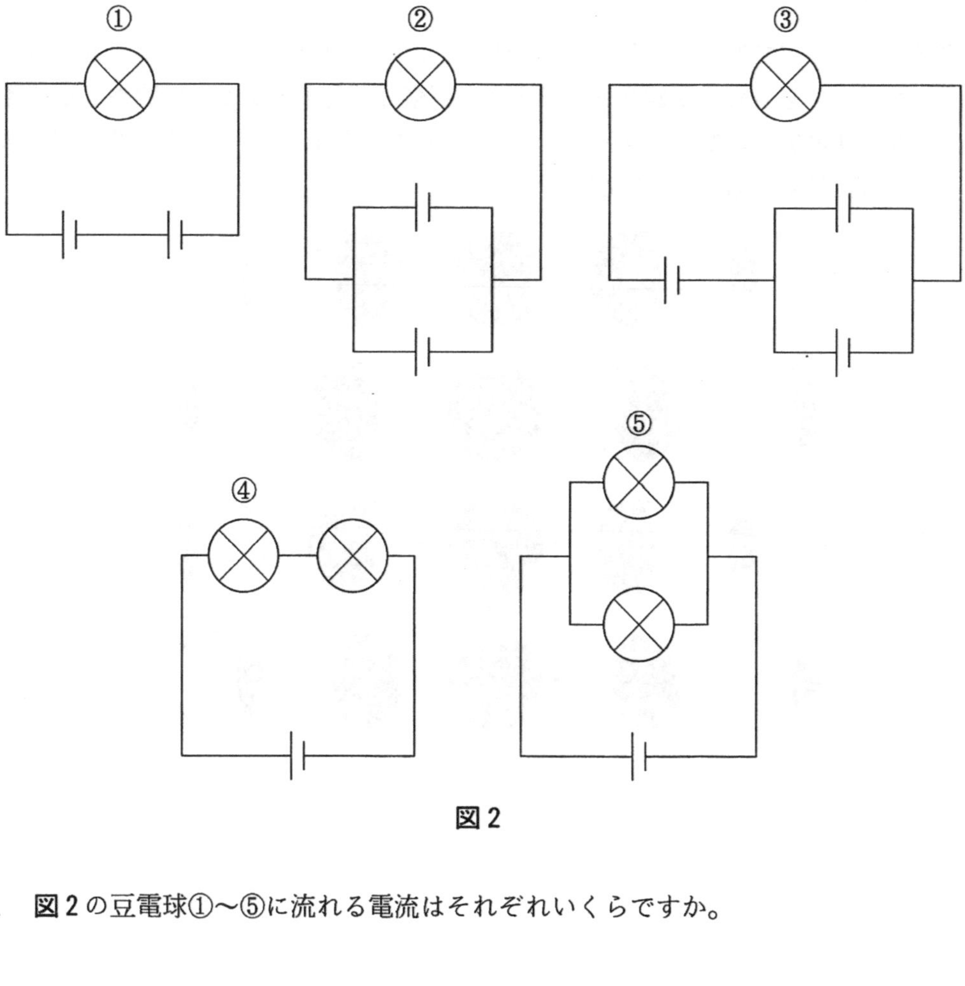

図2

問1　**図2**の豆電球①～⑤に流れる電流はそれぞれいくらですか。

図3のように，乾電池と豆電球を１つずつ導線でつなぎました。**図3**の豆電球側をA，乾電池側をBとします。

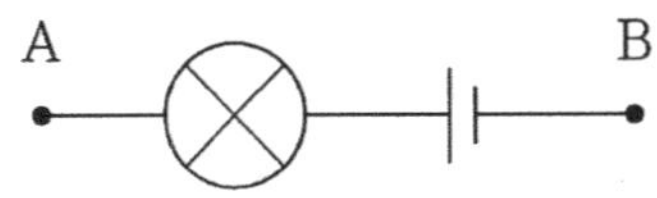

図3

図4のように，乾電池または豆電球をはめこむことができる部分a，bを導線でつないだ箱があります。**図4**のa側をP，b側をQとします。

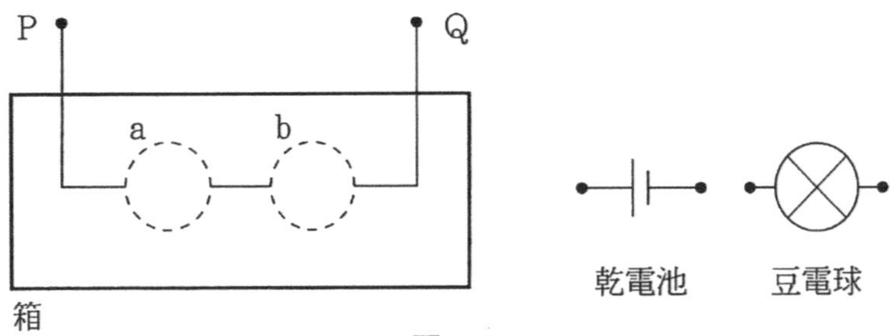

図4

問2　**図3**のAを**図4**のPに，**図3**のBを**図4**のQに接続すると，**図3**の豆電球に流れる電流は1でした。このとき，a，bに乾電池または豆電球をはめこんだ箱として適するものを，次の**ア**～**エ**のうちから１つ選び，記号で答えなさい。

ア

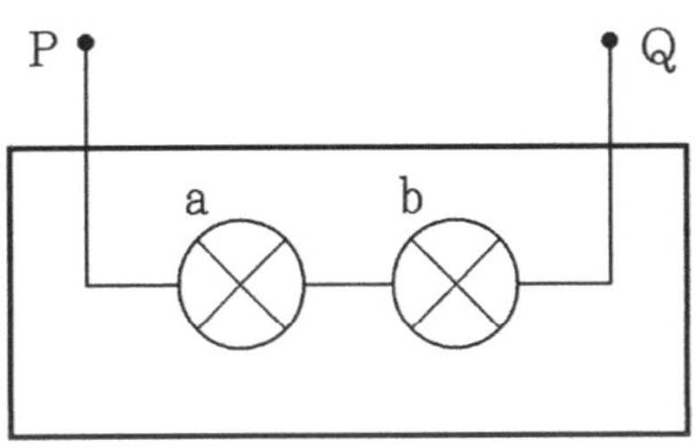

イ

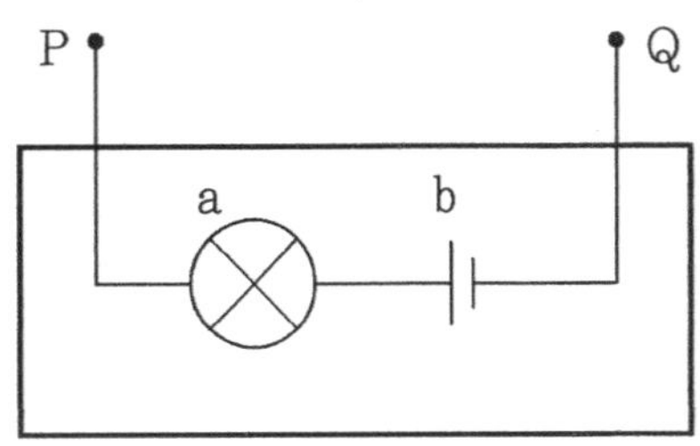

ウ

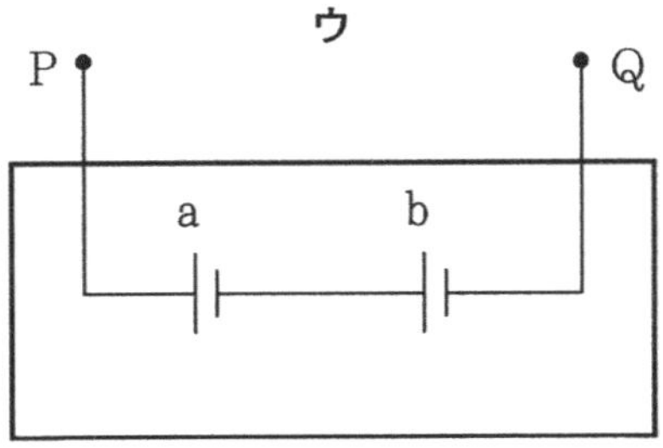

エ

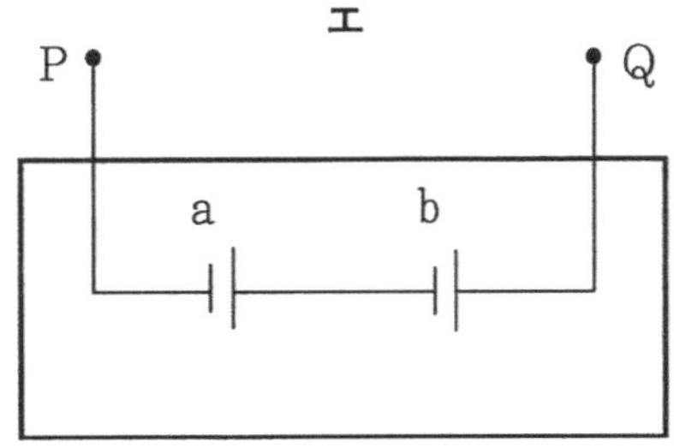

図5のように，乾電池または豆電球をはめこむことができる部分ａ～ｃを導線でつないだ箱があります。**図5**のａ側をＰ，ｂ側をＱ，ｃ側をＲとします。

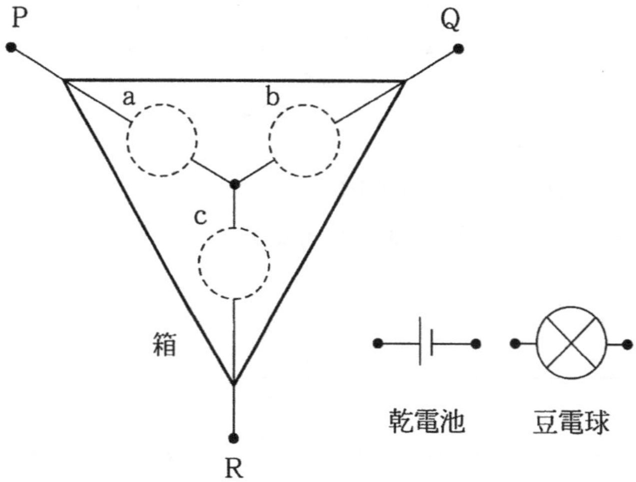

図5

問3　**図3**のAを**図5**のPに，**図3**のBを**図5**のQに接続すると，**図3**の豆電球に流れる電流は1でした。また，**図3**のAを**図5**のPに，**図3**のBを**図5**のRに接続すると，**図3**の豆電球に流れる電流も1でした。このとき，a～cに乾電池または豆電球をはめこんだ箱として適するものを，次の**ア～エ**のうちから1つ選び，記号で答えなさい。

ア

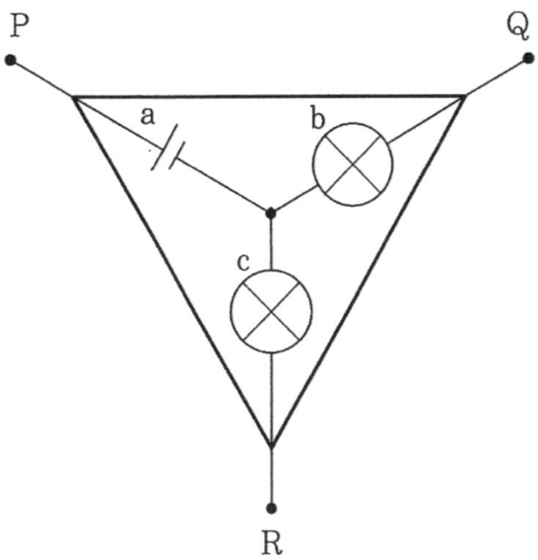

イ

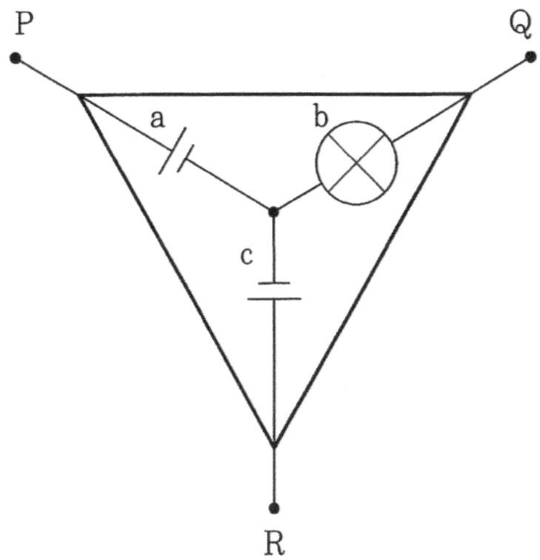

ウ

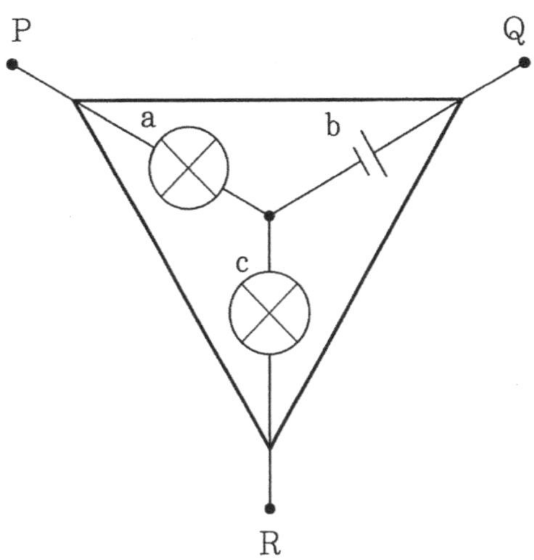

エ

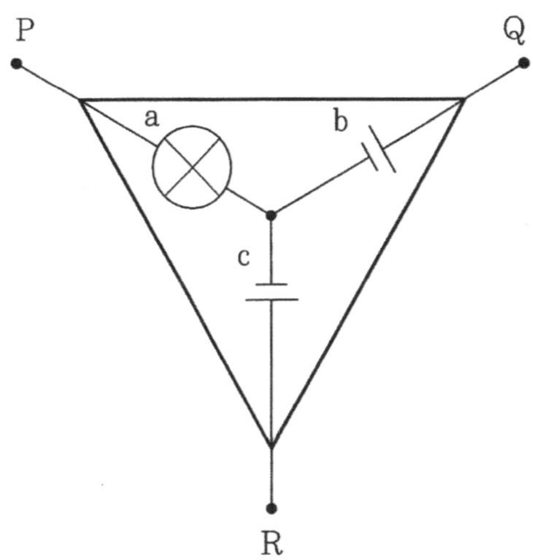

〔以 上〕

令和3年度

清 風 中 学 校 入 学 試 験 問 題

前期プレミアム・理Ⅲ選抜試験

算　　数 (50分)

試験開始の合図があるまで，この「問題」冊子(さっし)を開かず，下記の注意事項を読んでください。

【注　意　事　項】

1．試験開始の合図で，解答用紙の所定の欄(らん)に「受験番号」，「名前」をはっきりと記入してください。

2．この「問題」冊子は，5ページあります。解答用紙は1枚です。ページが脱落(だつらく)している場合は手をあげて試験監督(かんとく)の先生に知らせてください。

3．解答は，解答用紙の指定されたところに記入してください。

4．各ページの余白は下書きに使用してもかまいません。

5．試験終了の合図で，「問題」冊子の上に解答用紙を重ねてください。

6．「問題」冊子および解答用紙は持ち帰ってはいけません。

1　次の問いに答えなさい。

（1） (1234＋2341＋3412＋4123)÷10 を計算しなさい。

（2） 鉛筆(えんぴつ)を何人かの生徒に分けます。1人に5本ずつ分けようとすると10本足りませんが，1人に4本ずつ分けると4本余ります。生徒の人数と鉛筆の本数をそれぞれ求めなさい。

（3） 百の位の数字が一の位の数字より大きい3けたの整数Aがあります。Aの十の位の数字はそのままにして，百の位と一の位の数字を入れかえた数をBとすると，Bも3けたの整数で，AからBをひいた差が5の倍数となりました。このとき，AからBをひいた差を求めなさい。

（4） 右の図で，三角形ABCと三角形DCEはともに正三角形です。また，3点B，C，Eは一直線上にあり，BC：CE＝1：2となっています。三角形ABCの面積が10cm^{2}のとき，四角形ABEDの面積を求めなさい。

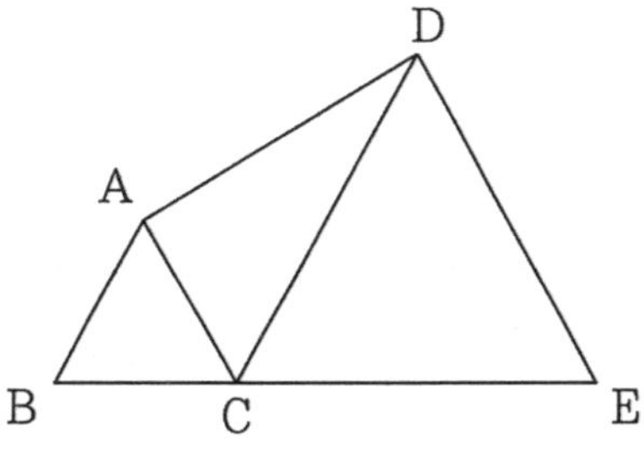

（5） 右の図のように，立方体の8つのかどを，各辺のまん中の点を通る平面で切り取りました。残った立体の面の数，辺の数，頂点の数をそれぞれ求めなさい。

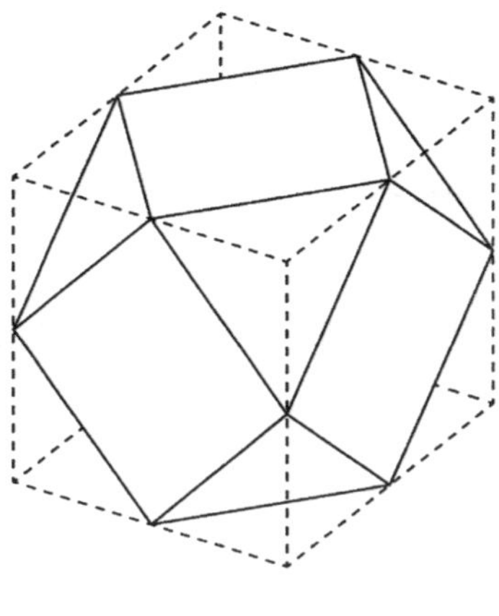

2　水そうに水を流し込み，満水にしました。次に，水そうの水をポンプで排水しますが，ポンプＡだけで排水すると，水そうを空にするのに12分かかります。同様に，ポンプＢだけ，ポンプＣだけで排水するとそれぞれ24分，16分かかります。このとき，次の問いに答えなさい。

（１）ポンプＡとＢを同時に用いると，満水になった水そうを何分で空にすることができますか。

（２）水そうが満水になった状態から，ポンプＡ，Ｂ，Ｃを３つ同時に用いて排水したところ，４分後にポンプＣが故障して止まったので，そこからはポンプＡとＢだけで排水しました。このとき，排水を始めてから水そうを空にするのに何分かかりましたか。

空になった水そうに，毎分３Ｌの割合で再び水を流し込みました。水そうが満水になってもそのまま水を流し込みながら，同時にポンプＡだけで排水すると，満水になってから16分で水そうを空にすることができました。

（３）水そうの容積は何Ｌですか。

（４）さらに，毎分３Ｌの割合でもう１度水を流し込んで水そうを満水にし，そのまま水を流し込みながら，同時にポンプＡとＢの両方を用いて排水しましたが，実際は途中でポンプＡが故障して止まっていたので，満水になってから水そうを空にするのに20分かかりました。ポンプＡが正常に動いていたのは何分間ですか。

3　〈図1〉のように，1辺の長さが12cmの正方形を4つ合わせた正方形があります。曲線ABCDは点Oを中心とする半径12cmの円周の一部です。今，点Pが点Aを出発し，図の ⟶ に沿って曲線上をA→B→C→Dまで一定の速さで進むと36秒かかります。このとき，次の問いに答えなさい。ただし，円周率は3.14とします。

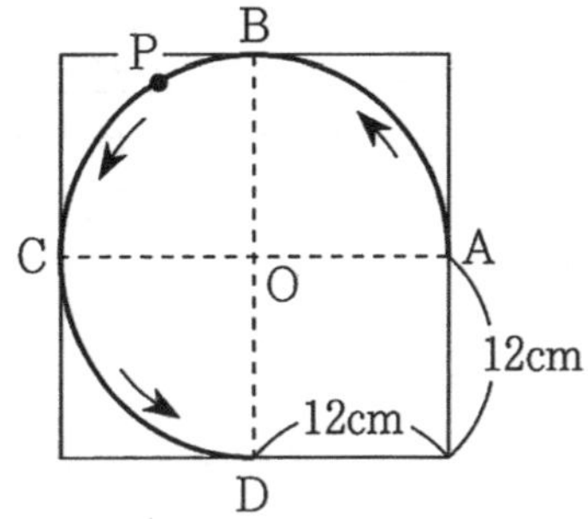

〈図1〉

（1）点Pが点Aを出発して点Cに到達（とうたつ）するのは何秒後ですか。

（2）点Pの速さは毎秒何cmですか。

（3）点Aを出発してから16秒後の点Pについて，角BDPの大きさを求めなさい。

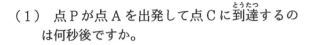

（4）〈図2〉のように，（3）のときの点Pの位置をQ，さらに12秒後（つまり，点Aを出発して28秒後）の点Pの位置をRとします。このとき，斜線（しゃせん）部分の面積を求めなさい。

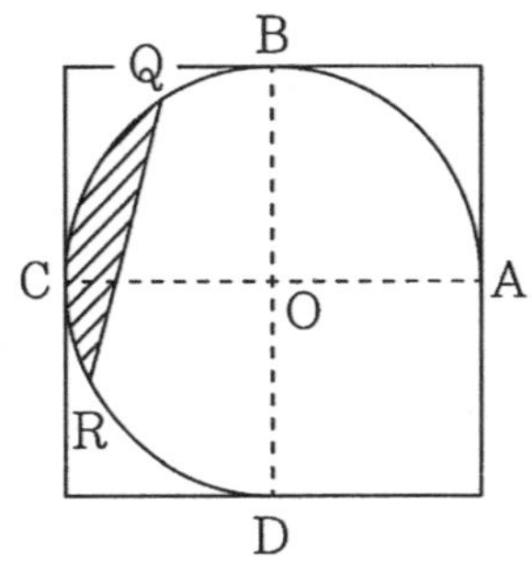

〈図2〉

次に，〈図1〉の図形を2つくっつけて，〈図3〉のようなS字形の曲線ABCDEFGを作ります。この曲線と直線CH，AFの交点をそれぞれK，Lとすると，点Kから点Dまでの曲線の長さと，点Dから点Lまでの曲線の長さが等しくなりました。

（5）〈図3〉の2つの斜線部分の面積の和を求めなさい。

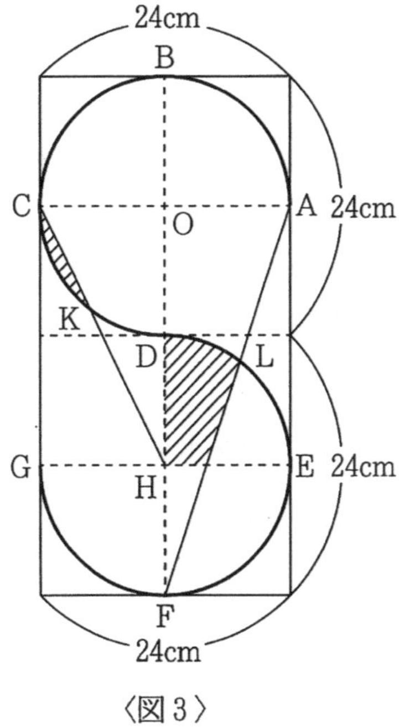

〈図3〉

令和三年度　国語　前期プレミアム・理Ⅲ選抜試験　解答用紙

問一～六の小計

問七～十一の小計

【一】

（　）問一　a　b　c　d

問二　(1)　(2)　(3)　(4)

問三　Ⅰ　Ⅱ　Ⅲ

（　）問四

問五

問六

（　）問七

（　）問八　Ⅰ　Ⅱ

問九

問十　Ⅰ　Ⅱ　Ⅲ　Ⅳ

問十一　さん　さん

問一．３点×４
問二．３点×４
問三．３点×３
問四．５点
問五．５点
問六．５点
問七．17点
問八．完答５点
問九．５点
問十．完答５点
問十一　５点×２

分	分	L	分間

3

5点×5

(1)	(2)	(3)	(4)	(5)
秒後	毎秒 cm	度	cm^2	cm^2

2 3 小計

4

(1)〜(3)5点×3　(4)4点×2

(1)	(2)	(3)	(4)	
			①	②
cm^3	cm^2	cm^2	cm^2	cm^3

5

(1)5点　(2)①5点　②4点　(3)4点　(4)4点

(1)	(2)		(3)	(4)
	①	②		
番目	個		個	

4 5 小計

受験番号					
名　　前					

令和３年度　算数　前期プレミアム・理Ⅲ選抜試験
解答用紙

合計	

※120点満点

(1), (3), (4) 6点×3　(2) 3点×2　(5) 2点×3

1

(1)	(2)		(3)	(4)	(5)		
	生徒　人	鉛筆　本		cm²	面	辺	頂点

1
小　計

【解答

5点×4

合計

※120点満点

受験番号

	名前

100字

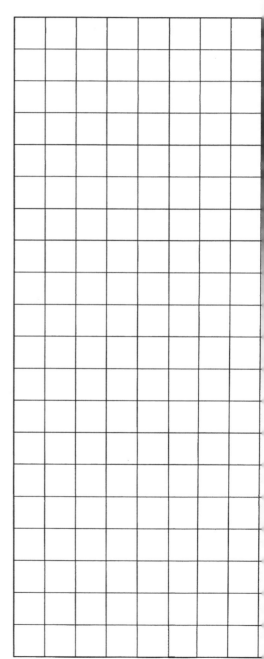

【解答

4 〈図１〉のように１辺の長さが２cmの立方体を積み重ねて直方体を作り，そこから三角すいF－ABCを取り出しました。このとき，次の問いに答えなさい。ただし，分数の答えは小数になおさなくてよい。

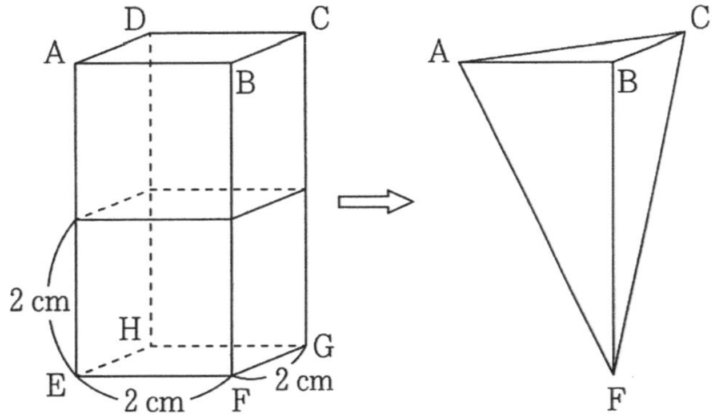

〈図１〉

（１） 三角すいF－ABCの体積を求めなさい。

（２） 三角形AFCを底面として，三角すいF－ABCの側面を切り開いて広げると，〈図２〉のような正方形になりました。このとき，三角形AFCの面積を求めなさい。

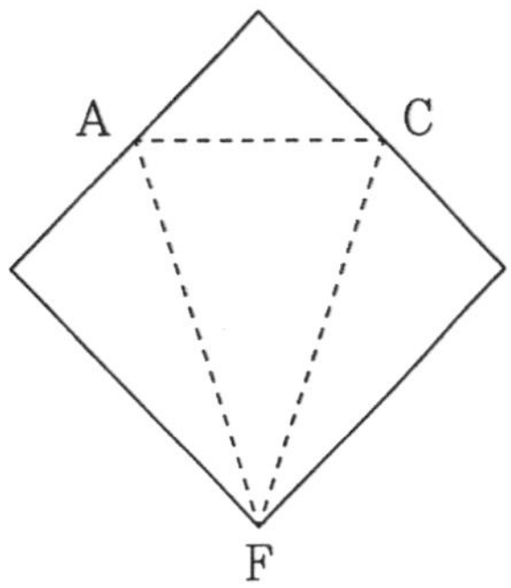

〈図２〉

次に，〈図１〉の直方体に１辺の長さが２cmの立方体を２個くっつけて，〈図３〉のような立体を作りました。

（３） この立体の表面積を求めなさい。

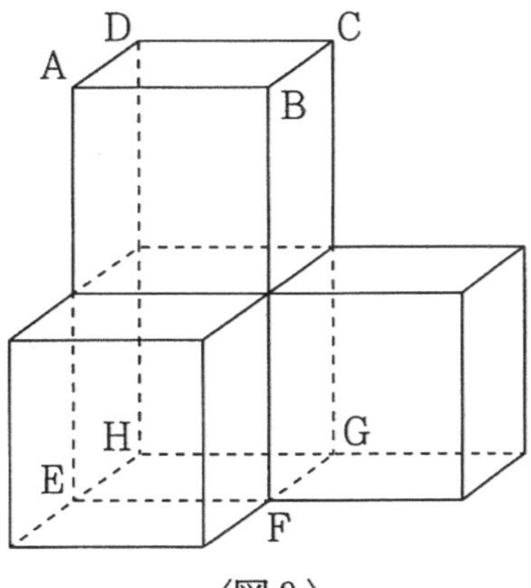

〈図３〉

（４） この立体を３つの頂点Ａ，Ｃ，Ｆを通る平面で切断します。

① 切り口の図形の面積を求めなさい。

② 切断した後の，頂点Ｄを含（ふく）む方の立体の体積を求めなさい。

5　各位の数字がすべて奇数（きすう）であるような整数を，小さい順に並べた数の列を考えます。

1，3，5，7，9，11，13，15，17，19，31，33，35，37，39，51，53，…

このとき，次の問いに答えなさい。

（1）59は，初めから数えて何番目の整数ですか。

（2）この数の列の中から，2けたの整数を取り出します。

① 2けたの整数は全部で何個ありますか。

② 2けたの整数をすべてたすと，いくつになりますか。

（3）この数の列の中で，500より大きく800より小さい3の倍数は，全部で何個ありますか。なお，3の倍数には，「各位の数の和が3で割り切れる。」という性質があります。例えば，$5+3+7=15$ は3で割り切れるから，537は3の倍数です。

（4）初めから数えて2021番目の整数は何ですか。

令和３年度

清風中学校入学試験問題

前期試験

理　　科（40分）

試験開始の合図があるまで，この「問題」冊子を開かず，下記の注意事項を読んでください。

【注　意　事　項】

1．試験開始の合図で，解答用紙の所定の欄に「受験番号」，「名前」をはっきりと記入してください。

2．この「問題」冊子は，14ページあります。解答用紙は１枚です。ページが脱落している場合は手をあげて試験監督の先生に知らせてください。

3．解答は，解答用紙の指定されたところに記入してください。

4．試験終了の合図で，「問題」冊子の上に解答用紙を重ねてください。

5．「問題」冊子および解答用紙は持ち帰ってはいけません。

1 次の文章を読み，下の各問いに答えなさい。

水素について調べると，いろいろな特ちょうがわかりました。

問1 水酸化ナトリウム水溶液（すいようえき）に入れたとき，水素が発生する金属として適するものを，次の**ア**～**エ**のうちから1つ選び，記号で答えなさい。

ア 金　**イ** アルミニウム　**ウ** マグネシウム　**エ** 銅

問2 塩酸に入れたとき，水素が**発生しない**金属として適するものを，次の**ア**～**エ**のうちから**すべて**選び，記号で答えなさい。

ア 金　**イ** アルミニウム　**ウ** マグネシウム　**エ** 銅

問3 水素を水上置かんで集める理由として適するものを，次の**ア**～**エ**のうちから1つ選び，記号で答えなさい。

ア 空気より軽い。　**イ** 空気より重い。
ウ 水に溶（と）けやすい。　**エ** 水に溶けにくい。

問4 塩酸に鉄を入れると，水素が発生します。あるこさの塩酸の体積を変え，鉄1gを入れて，発生した水素の体積を測定しました。**表**は，その結果をまとめたものです。ただし，水素の体積は，同じ条件で測定したものとします。

表

塩酸〔cm^3〕	30	60	（ X ）	120	150
水素〔cm^3〕	100	200	300	400	400

(1) **表**の空欄（くうらん）（ X ）にあてはまる数値を答えなさい。

(2) 塩酸150cm^3に鉄2gを入れたとき，発生する水素は何cm^3ですか。

2　次の文章を読み，下の各問いに答えなさい。

氷を温めると，氷から水へ，水から水蒸気へと状態が変化します。**図1**のように，水の入ったビーカーに，氷の入ったフラスコを入れ，ガスバーナーで加熱しました。**図2**は，このときの加熱時間とフラスコ内の温度との関係を表したグラフです。

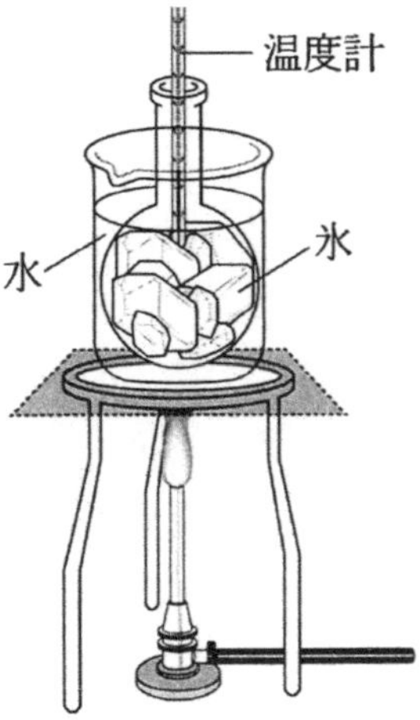

図1

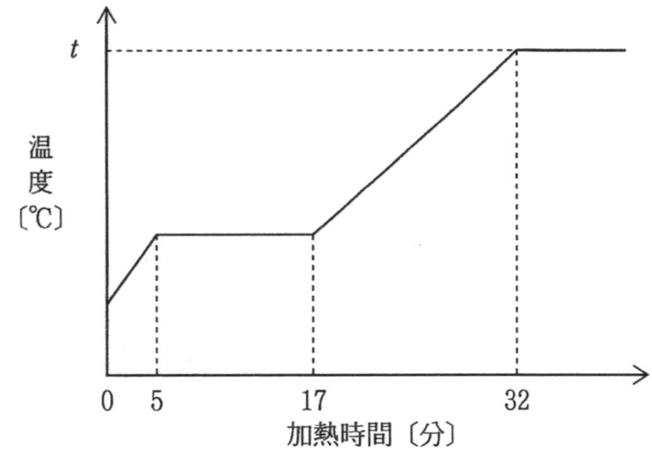

図2

問1　水から水蒸気へと状態が変化することを何といいますか。適するものを，次の**ア**～**エ**のうちから1つ選び，記号で答えなさい。

ア　蒸散　　**イ**　蒸発　　**ウ**　結露(けつろ)　　**エ**　ほう和

問2　水から水蒸気へと状態が変化する例として適するものを，次の**ア**～**エ**のうちから1つ選び，記号で答えなさい。

ア　熱いお茶を飲むとメガネのレンズがくもった。
イ　氷水を入れたガラスのコップの外側に水滴(すいてき)がついた。
ウ　早朝にこい霧(きり)が発生した。
エ　ぬれていた洗たく物がかわいた。

問3　下線部について，ガスバーナーの使い方として**適さないもの**を，次の**ア**～**エ**のうちから1つ選び，記号で答えなさい。

ア　火をつけるときは，ガスバーナーの口のななめ下から火のついたマッチを近づける。
イ　火を消すときは，空気調節ねじを閉じたあとにガス調節ねじを閉じる。
ウ　加熱するときは，空気調節ねじを回して，ほのおが赤くなるように調節する。
エ　ガスの元栓(もとせん)を開くときは，すべての調節ねじが閉じていることを確認する。

問4　**図2**の温度 t は何℃ですか。

問5　**図2**で，氷から水へと状態が変化し始めてから，すべて水になるまでにかかった時間は何分間ですか。適するものを，次の**ア**～**エ**のうちから1つ選び，記号で答えなさい。

ア　5分間　　**イ**　12分間　　**ウ**　15分間　　**エ**　17分間

問6　**図1**で用いた氷と同じ温度で，重さが半分の氷を加熱しました。このときの加熱時間とフラスコ内の温度との関係を表したグラフとして適するものを，次の**ア**～**エ**のうちから1つ選び，記号で答えなさい。ただし，ガスバーナーから伝わる熱は，**図2**のときと同じものとします。

ア

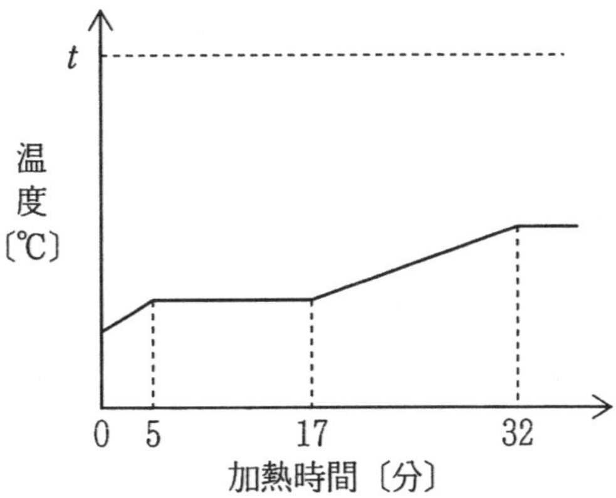

イ

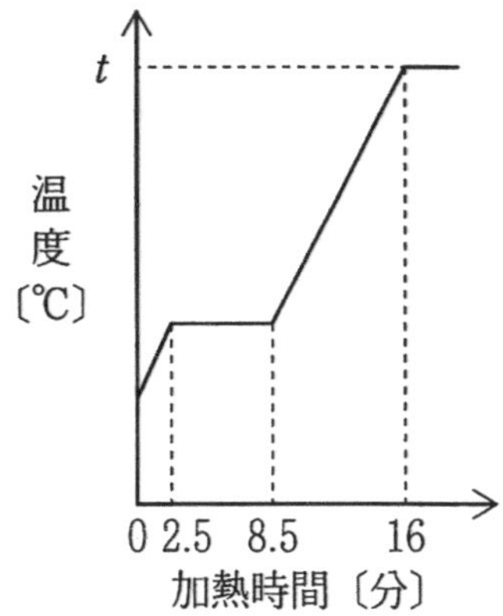

ウ

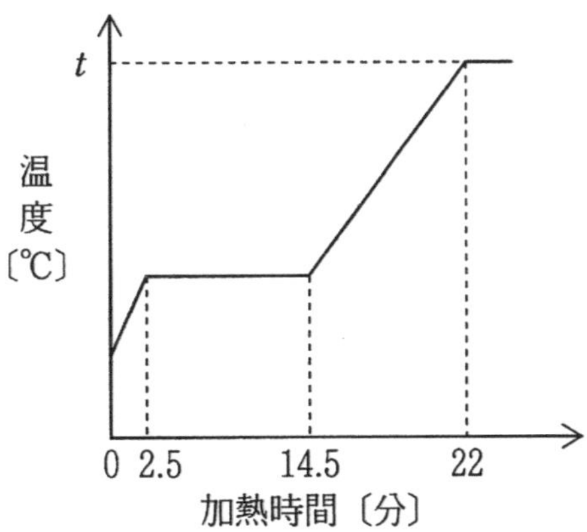

エ

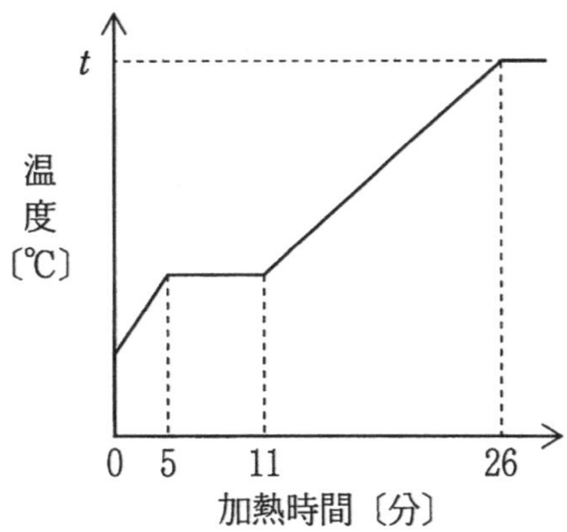

3 次の文章を読み，下の各問いに答えなさい。

先生と清太くんは，同じような大きさのアサガオの葉を使って，光合成の実験を2日間行いました。**葉Ⅰ**と**葉Ⅱ**を実験の前日からアルミはくでおおい，**図**のように，葉の各部分をA～Hとしました。実験の2日間は同じように晴れており，アサガオのまわりに街灯などはなく，夜間は葉に光が当たらないものとします。次の文章は，この実験についての会話です。

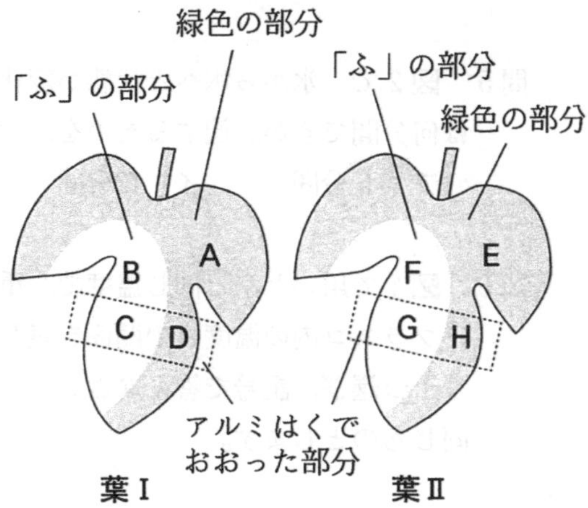

図

1日目　昼

清太：葉の白い部分は何ですか。

先生：この白い部分は「ふ」といいます。

清太：「ふ」の部分はなぜ白いのですか。

先生：それは，「ふ」の部分には（　①　）がないためです。そのため，「ふ」の部分では光合成ができません。今日は朝から，**葉Ⅰ**にも**葉Ⅱ**にも十分に光が当たっていました。まず，**葉Ⅰ**をつみとり，どの部分にデンプンがあるかを観察してみましょう。

【実験観察】

清太：**葉Ⅰ**の（　②　）が青紫色（あおむらさきいろ）になりました。

先生：そうですね。では，A～Dのどことどこを比較（ひかく）すると，光合成には光が必要だとわかりますか。

清太：**葉Ⅰ**の（　②　）と（　③　）です。

先生：そうですね。では，明日の日の出前に**葉Ⅱ**をつみとり，どこにデンプンがあるかを確かめてみましょう。

2日目　日の出前

先生：結果はどうでしたか。

清太：**葉Ⅱ**には，どの部分にもデンプンはありませんでした。

先生：**葉Ⅱ**には，**葉Ⅰ**と同じように昨日はデンプンがあったはずですが，日の出前にはなくなったということですね。**葉Ⅰ**のどこと**葉Ⅱ**のどこを比較すると，デンプンがなくなったことがわかりますか。

清太：**葉Ⅰ**の（　②　）と**葉Ⅱ**の（　④　）です。

先生：そうですね。デンプンは，呼吸で使われたり，夜のうちに茎（くき）を通って根などに移動したりしました。

問1　アサガオの花の特ちょうとして適するものを，次の**ア**～**エ**のうちから**2つ**選び，記号で答えなさい。

ア　花びらが離(はな)れている。
イ　おしべの数は5本である。
ウ　1つの花におしべとめしべがある。
エ　がくの枚数は4枚である。

問2　会話文中の空欄(くうらん)（　①　）にあてはまる語句を，**漢字3字**で答えなさい。

問3　下線部について，観察するためには，次の**手順a**～**手順d**をどのような順番で行えばよいですか。その順番として適するものを，次の**ア**～**カ**のうちから1つ選び，記号で答えなさい。

手順a　葉を水でうすめたヨウ素液につける。
手順b　葉をエタノールの中に入れてあたためる。
手順c　葉を水で洗いながす。
手順d　葉がやわらかくなるまで煮(に)る。

ア	b→c→d→a
イ	b→d→c→a
ウ	b→a→c→d
エ	d→c→b→a
オ	d→b→c→a
カ	d→a→c→b

問4　会話文中の空欄（　②　），（　③　）にあてはまる葉の部分として適するものを，**図**の**A**～**D**のうちからそれぞれ1つずつ選び，記号で答えなさい。

問5　会話文中の空欄（　④　）にあてはまる葉の部分として適するものを，**図**の**E**～**H**のうちから1つ選び，記号で答えなさい。

4 次の文章を読み，下の各問いに答えなさい。

図1は，ヒトのからだのつくりと血管を表しています。AとBはつくりを，①～⑩は血管を表し，矢印は血管を流れる血液の向きを示しています。また，**図2**は，ヒトの心臓を正面から見たときの断面を表しています。

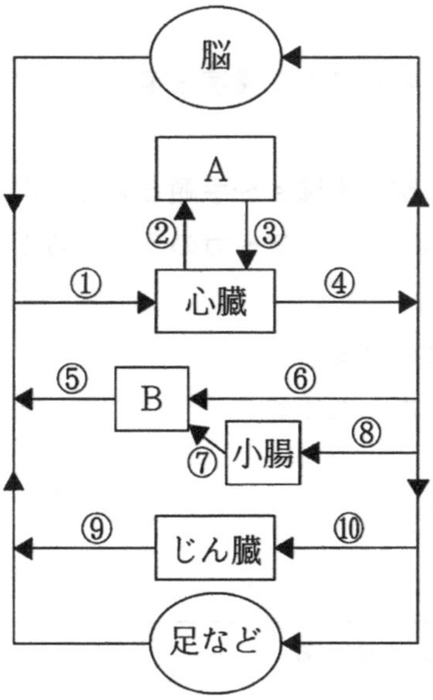

図1

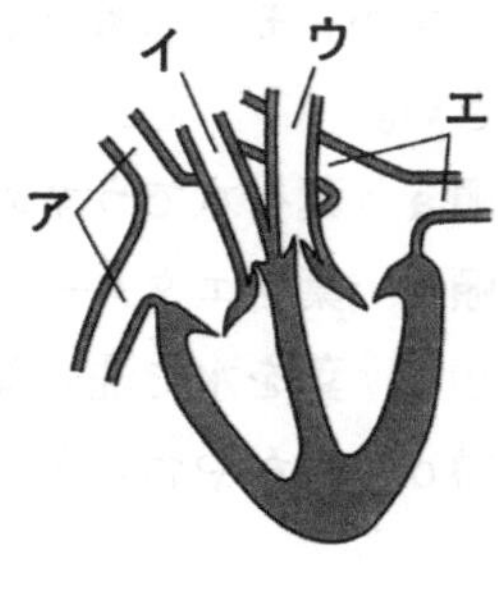

図2

問1 **図1**のAとBの名称をそれぞれ答えなさい。

問2 食後しばらくして，栄養分を最も多く含む血液が流れる血管として適するものを，**図1**の①～⑩のうちから1つ選び，記号で答えなさい。

問3 **図1**の①～④のうち，二酸化炭素を多く含む血液が流れる血管の組み合わせとして適するものを，次の**ア**～**カ**のうちから1つ選び，記号で答えなさい。

ア ①と②　　**イ** ①と③　　**ウ** ①と④
エ ②と③　　**オ** ②と④　　**カ** ③と④

問4 **図1**の②と④の血管として適するものを，**図2**の**ア**～**エ**のうちからそれぞれ1つずつ選び，記号で答えなさい。

令和3年度

清 風 中 学 校 入 学 試 験 問 題

前期試験

社　　会 (40分)

試験開始の合図があるまで，この「問題」冊子(さっし)を開かず，下記の注意事項を読んでください。

【注 意 事 項】

1．試験開始の合図で，解答用紙の所定の欄(らん)に「受験番号」，「名前」をはっきりと記入してください。

2．この「問題」冊子は，12ページあります。解答用紙は1枚です。ページが脱落(だつらく)している場合は手をあげて試験監督(かんとく)の先生に知らせてください。

3．解答は，解答用紙の指定されたところに記入してください。

4．試験終了の合図で，「問題」冊子の上に解答用紙を重ねてください。

5．「問題」冊子および解答用紙は持ち帰ってはいけません。

社 会 問 題

（ 問題番号 1 ～ 5 ）

1　次の生徒のレポートを読んで，あとの問１～問６に答えなさい。

Aさん　新潟県は，日本一の米の生産量をほこっています。南魚沼(うおぬま)市に広がる水田地帯では，こしひかりを中心に①米づくりがさかんで，日本全国で販売(はんばい)されています。

Bさん　鹿児島県には，②活火山の桜島があり，観光の名所としてたくさんの観光客が訪れています。鹿児島県でさかんな水産業も観光に利用されており，南九州市ではまぐろの③養殖(ようしょく)場で餌(えさ)やり体験ツアーが組まれるなどしています。

Cさん　三重県は古くから林業がさかんで，特に尾鷲(おわせ)のヒノキは有名です。現在でも④人工林の割合が，全国平均よりも高くなっています。一方，平野部は工業地帯が広がり，鈴鹿(すずか)市にある⑤自動車工場の周辺には多くの関連工場が集まっています。

問１　下線部①に関連して，日本の米づくりと販売の工夫について述べた文として**適当でないもの**を，次の**ア～エ**から一つ選び，記号で答えなさい。

ア　消費量を増やすために，無洗米や米粉のパンを売り出す取り組みがあります。
イ　消費者が安心して購入(こうにゅう)できるように生産者の名前や顔写真を米袋(こめぶくろ)にのせています。
ウ　生産調整がおこなわれた1970年頃(ころ)と比べて，現在の米の生産量は増えています。
エ　品種改良により，味や色つやのよい米がつくられています。

問２　下線部②に関連して，火山の名前とそれが位置する県の組み合わせとして**適当でないもの**を，次の**ア～エ**から一つ選び，記号で答えなさい。

ア　富士山－静岡県・山梨県　　**イ**　御嶽(おんたけ)山－長野県・岐阜県
ウ　浅間山－群馬県・長野県　　**エ**　有珠(うす)山－熊本県・宮崎県

問３　下線部③について，日本の養殖による魚介類の生産（2016年）において，鹿児島県が都道府県別生産量１位の魚介類を，次の**ア～エ**から一つ選び，記号で答えなさい。

ア　マダイ　　**イ**　ブリ　　**ウ**　フグ　　**エ**　ホタテ貝

問４　下線部④に関連して，日本の人工林について述べた次の文**X**・**Y**の正誤の組み合わせとして正しいものを，あとの**ア～エ**から一つ選び，記号で答えなさい。

X　木材を育てる目的以外に，風や雪，砂の害から家や畑を守るはたらきがあります。
Y　1950年代以降，林業の衰退(すいたい)にともない，人工林の面積が減少し続けています。

ア　X　正　Y　正　　**イ**　X　正　Y　誤
ウ　X　誤　Y　正　　**エ**　X　誤　Y　誤

問5　下線部⑤に関連して，関連工場が自動車の組み立てに使われる部品を必要なときに必要な量だけ自動車工場に届ける方式を何といいますか。解答欄に合うように，**カタカナ4字**で答えなさい。

問6　次の**X**～**Z**の図は，レポートに出てきた3つの県の県庁所在地（新潟市，鹿児島市，津市）のいずれかの月別平均気温と月別降水量を表したものです。**X**～**Z**と県庁所在地の組み合わせとして正しいものを，あとの**ア**～**カ**から一つ選び，記号で答えなさい。

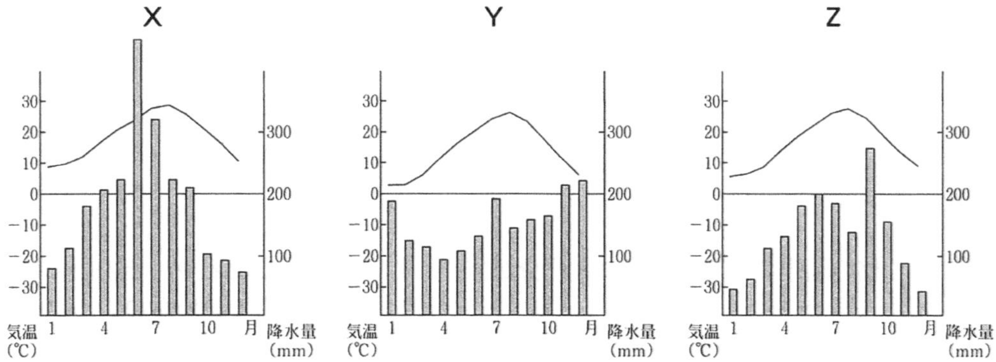

	ア	イ	ウ	エ	オ	カ
新潟市	X	X	Y	Y	Z	Z
鹿児島市	Y	Z	X	Z	X	Y
津市	Z	Y	Z	X	Y	X

2　次の略地図を見て，あとの問１～問４に答えなさい。

問１　略地図中の**A**国で国民の大部分が信仰(しんこう)している宗教の教えや，その教えにもとづいた**A**国での人々の生活習慣について述べた文として**適当でないもの**を，次の**ア～エ**から一つ選び，記号で答えなさい。

ア　男性が外出するときは，顔や体をおおう黒い衣服を身につけます。
イ　１日に５回，メッカの方角に向かってお祈(いの)りをします。
ウ　小さな子どもや病人以外は，ラマダーンの間は日の出から日没(にちぼつ)まで断食をします。
エ　酒を飲むことが禁じられており，豚肉(ぶたにく)を食べることもありません。

問2　次の図は，日本と略地図中の**A**国との間の貿易品目とその割合を表したものです。図中の**X**・**Y**の組み合わせとして正しいものを，あとの**ア**～**エ**から一つ選び，記号で答えなさい。

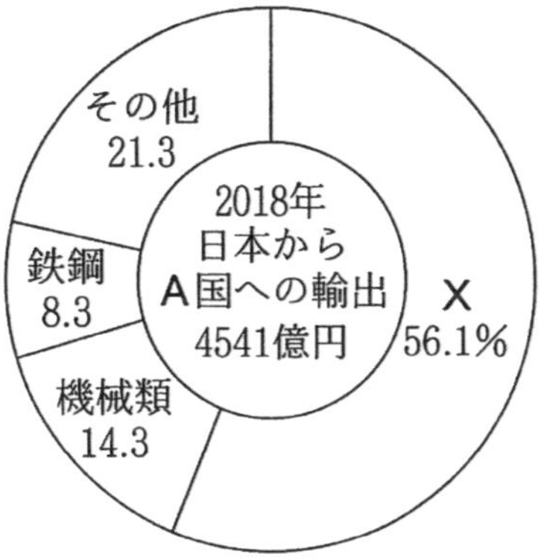

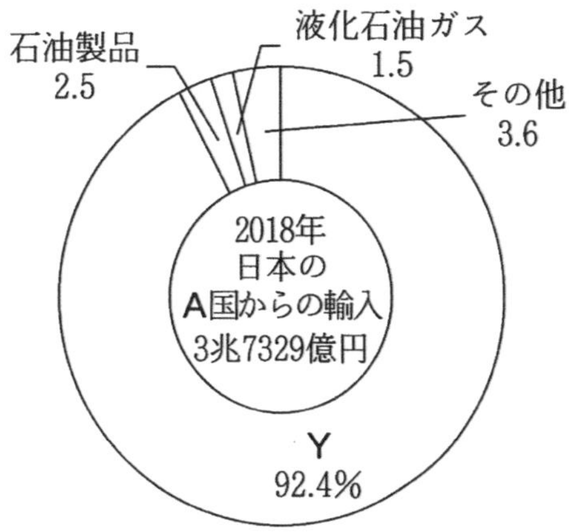

2019/2020年版『日本国勢図会』により作成。

ア　**X**　医薬品　**Y**　原油　　**イ**　**X**　医薬品　**Y**　大豆
ウ　**X**　自動車　**Y**　原油　　**エ**　**X**　自動車　**Y**　大豆

問3　略地図中の**B**国について述べた文として**適当でないもの**を，次の**ア**～**エ**から一つ選び，記号で答えなさい。

ア　50以上の民族が存在していますが，漢族が人口の約90%を占めています。
イ　インチョン国際空港があり，世界の多くの都市と航空路網(もう)でつながっています。
ウ　経済特区では税金が優遇(ゆうぐう)されるため，外国の企業(きぎょう)がたくさん進出しています。
エ　世界文化遺産である万里の長城には，世界中から観光客がやってきます。

問4　略地図中の**C**国が世界で最も多く生産している農作物（2016年）を，次の**ア**～**エ**から一つ選び，記号で答えなさい。

ア　小麦　　**イ**　コーヒー豆　　**ウ**　米　　**エ**　とうもろこし

3　次のⅠ～Ⅴの文や資料について，あとの問１～問10に答えなさい。

Ⅰ　弥生時代に①米づくりの技術が広まると，土地などをめぐって，くにとくにとの間で争いがおこりました。このことは佐賀県の吉野ヶ里遺跡(いせき)から発見された，集落を囲む深い堀(ほり)や柵(さく)からわかります。

その後，②5世紀から6世紀にかけて，九州から関東まで支配を広げた大和政権は，663年の白村江の戦いで唐・新羅の連合軍に敗れたため，北九州には水城を，西日本各地には山城を築いて，唐や新羅からの攻撃(こうげき)に備えました。

こうして，日本に防御(ぼうぎょ)のための建物である城がつくられるようになりました。

問１　下線部①について述べた次の文**X**・**Y**の正誤の組み合わせとして正しいものを，あとの**ア**～**エ**から一つ選び，記号で答えなさい。

X　福岡県の板付遺跡からは，水田のあとが見つかっています。
Y　今から１万2000年ほど前に，日本列島に米づくりが伝わりました。

ア　**X**　正　**Y**　正　　**イ**　**X**　正　**Y**　誤
ウ　**X**　誤　**Y**　正　　**エ**　**X**　誤　**Y**　誤

問２　下線部②に関連して，５世紀から６世紀頃(ころ)の日本について述べた次の文**a**～**d**の正しいものの組み合わせを，あとの**ア**～**エ**から一つ選び，記号で答えなさい。

a　大王の記録を残すために，古事記がつくられました。
b　近畿地方では，大仙古墳がつくられました。
c　「魏志」の倭人伝には，当時の大王について記されています。
d　渡来人が大和政権の記録係として働きました。

ア　**a**・**c**　　**イ**　**a**・**d**　　**ウ**　**b**・**c**　　**エ**　**b**・**d**

Ⅱ　③奈良時代からは，地方を支配するために国単位で役所がおかれるようになりました。朝廷に従わない東北地方の人々に対しては，現在の宮城県にある多賀城のように，柵で囲まれた軍事拠点(きょてん)をかねた役所が設置されました。

そして，④10世紀頃から12世紀頃にかけて，武士と呼ばれる人々があらわれました。彼(かれ)らは，自分の領地の中に住居と防衛の拠点をかねた館をつくりました。

令和三年度　国語前期試験　解答用紙

【一】

小　計

問一　a　b　c

問二　1　2　3

問三

問四

問五

問六

問七

問八

問一．３点×３
問二．３点×３
問三．５点
問四．５点
問五．５点
問六．５点
問七．５点
問八．８点

【二】

小　計

問一　a　b　c　d

問二　↓　↓　↓

問三

問四　B　C

問一．３点×４
問二．完答６点
問三．６点
問四．５点×２
問五．５点
問六．５点
問七．５点

m	分後		m	

5点×5

3

(1)	(2)	(3)	(4)	(5)
cm	cm^2	cm^2	cm	cm^2

2 3
小　計

5点×4

4

(1)	(2)	(3)	(4)
cm	cm	cm^3	cm^2

5点×5 ((1)は完答)

5

(1)		(2)	(3)	(4)	
1gのおもり　個	4gのおもり　個	g	個	①　通り	②　通り

4 5
小　計

２点×６

4

問 1		問 2	問 3	問 4	
A	B			②	④

（　　）

3・4の小計

３点×５

5

問 1	問 2	問 3	問 4	問 5

（　　）

問１…２点×５　問２、３…３点×２

6

問 1				
①	②	③	④	⑤

問 2	問 3

（　　）

5・6の小計

問6	問7	問8	問9	問10

3の小計

4

２点×６

問1	問2	問3	問4	問5	問6

5

２点×４

問1	問2	問3	問4

4・5の小計

受験番号					
名　　前					

令和３年度　社会　前期試験　解答用紙

合計	

※80点満点

1

３点×６

問１	問２	問３	問４	問５	問６
				・イン・タイム	

2

３点×４

問１	問２	問３	問４

1・2の小計

【解答

受験番号					
名　　前					

令和３年度　理科　前期試験　解答用紙

合計	

※80点満点

２点×５

1

問１	問２	問３	問４	
			(1)	(2) cm^3

問１～５…２点×５　問６…３点

2

問１	問２	問３	問４	問５	問６
			℃		

1・2の小計

２点×７

3

問１		問２	問３	問４		問５
				②	③	

【解答

受験番号					
名　　前					

令和３年度　算数　前期試験　解答用紙

合計	

※120点満点

6点×5

1

(1)	(2)	(3)	(4)	(5)
	%	個	人	度

1 小　計

5点×4

【解答

2

(1)	(2)	(3)	(4)

合計

※120点満点

小計

【三】

①

②

③

④

⑤

⑥

⑦

⑧

⑨

⑩

2点×10

受験番号

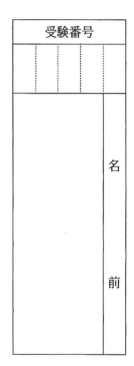

名前

問３　下線部③の時代のできごとについて述べた文として**誤っているもの**を，次の**ア**～**エ**から一つ選び，記号で答えなさい。

ア　平等院鳳凰堂が建てられました。
イ　中国から鑑真が招かれました。
ウ　国ごとに国分寺を建てる命令が出されました。
エ　東大寺の大仏が完成しました。

問４　下線部④の時期におこったできごとについて述べた次の文**a**～**c**を，古いものから順に並べたときの順序として正しいものを，あとの**ア**～**カ**から一つ選び，記号で答えなさい。

a　平清盛が太政大臣になりました。
b　屋島の戦いがおこりました。
c　源義家が東北の争いをおさめました。

ア　a→b→c　　**イ**　a→c→b　　**ウ**　b→a→c
エ　b→c→a　　**オ**　c→a→b　　**カ**　c→b→a

Ⅲ

資料A

資料B

問5　資料Aは，13世紀の文永の役と弘安の役との間に築かれた防塁です。これらのできごととかかわりのある次の文a～dの正しいものの組み合わせを，あとのア～エから一つ選び，記号で答えなさい。

a　この防塁は，福岡の博多湾(わん)に築かれました。
b　この防塁は，明の攻撃に備えてつくられました。
c　武士たちは，毒矢や火薬を使った武器に苦しめられました。
d　北条時宗は，自分の活躍(かつやく)を「蒙古襲来絵詞」に残しました。

ア　a・c　　**イ**　a・d　　**ウ**　b・c　　**エ**　b・d

問6　資料Bは，室町時代の京都の様子を描(えが)いたものです。この頃の社会について述べた文として正しいものを，次の**ア**～**エ**から一つ選び，記号で答えなさい。

ア　東北にも仏教が広まり，中尊寺金色堂が建てられました。
イ　山城国では8年にわたって自治がおこなわれました。
ウ　油かすやほしかといった肥料が使われるようになりました。
エ　農民は地方の特産物を納める調という税を負担しました。

Ⅳ　徳川家康が大阪城を攻めて⑤豊臣氏を滅ぼすと，江戸幕府によって「一国一城令」が出され，大名が住む城以外の城の破壊が命じられました。さらに島原・天草一揆後には，城を再建できないように石垣を破壊することも命じられました。⑥江戸時代末期になると，外国からの攻撃に備えた城がつくられるようになりました。星形の堀が特徴的な函館の五稜郭は，この頃につくられた代表的な城です。

問７　下線部⑤に関連して，豊臣秀吉について述べた文として正しいものを，次の**ア～エ**から一つ選び，記号で答えなさい。

ア　はじめて武家諸法度を定めました。
イ　天皇から征夷大将軍に任命されました。
ウ　朝鮮に大軍を送る拠点として，名護屋城を築かせました。
エ　関ヶ原の戦いでは，西軍の中心として戦いました。

問８　下線部⑥に関連して，江戸時代末期から明治時代にかけての外国との交流について述べた文として**誤っているもの**を，次の**ア～エ**から一つ選び，記号で答えなさい。

ア　日米和親条約で，下田と函館の２港が開かれました。
イ　津田梅子が女子留学生としてはじめてアメリカに渡りました。
ウ　ドイツの憲法を参考にして，大日本帝国憲法がつくられました。
エ　ノルマントン号事件がきっかけで条約改正交渉がはじまりました。

Ⅴ　近代の戦争にも城がかかわっていることがあります。例えば，⑦日清戦争のときには明治天皇とともに最高司令部が広島城内に移り，広島で臨時の帝国議会が開かれました。しかし，第二次世界大戦末期に落とされた原子爆弾（ばくだん）により広島城は倒壊（とうかい）し，その他の城も空襲（くうしゅう）により多くが焼けてしまいました。現在は12の天守が現存しており，特に兵庫県の姫路城は，⑧世界遺産にも指定されています。

問９　下線部⑦について述べた次の文**Ｘ**・**Ｙ**の正誤の組み合わせとして正しいものを，あとの**ア**～**エ**から一つ選び，記号で答えなさい。

Ｘ　満州でおこった反乱がきっかけとなって戦争がはじまりました。
Ｙ　日本は講和条約で台湾と遼東半島をゆずり受けました。

ア　**Ｘ**　正　**Ｙ**　正　　**イ**　**Ｘ**　正　**Ｙ**　誤
ウ　**Ｘ**　誤　**Ｙ**　正　　**エ**　**Ｘ**　誤　**Ｙ**　誤

問10　下線部⑧に関連して，世界遺産条約が採択（さいたく）された1972年以降におこったできごととして正しいものを，次の**ア**～**エ**から一つ選び，記号で答えなさい。

ア　警察予備隊がつくられました。
イ　日米安全保障条約が結ばれました。
ウ　朝鮮戦争がおこりました。
エ　日中平和友好条約が結ばれました。

4　次の文を読んで，あとの問１～問６に答えなさい。

①日本国憲法では，②生存権を保障するために，「国は，（　　　）および国民の健康の向上と増進に努めなければならない」と定められています。また③国民の義務についても定められています。これらは，私たちが生活していくうえで大切なことです。実際の生活では，人はけがをしたり病気になったりすることがあり，自分の力だけで生活を送っていくことが難しくなることがあります。④少子高齢(こうれい)化が進む中，助けを必要としている人を社会全体で支えるしくみを整えるため，⑤国はさまざまな仕事を行います。

問１　文章中の（　　　）にあてはまる語句を，次の**ア**～**エ**から一つ選び，記号で答えなさい。

ア　復興　　**イ**　環境(かんきょう)　　**ウ**　社会保障　　**エ**　平和

問２　下線部①について述べた文として正しいものを，次の**ア**～**エ**から一つ選び，記号で答えなさい。

ア　1947年５月３日に公布されました。
イ　思想や学問の自由が保障されています。
ウ　国民の祝日は日本国憲法によって定められたものです。
エ　憲法を改正するかどうかは，国会議員の投票で最終的に決めます。

問３　下線部②を定めた日本国憲法は第何条ですか。次の**ア**～**エ**から一つ選び，記号で答えなさい。

ア　第１条　　**イ**　第９条　　**ウ**　第11条　　**エ**　第25条

問４　下線部③について，日本国憲法に定められている国民の義務に**あてはまらないもの**を，次の**ア**～**エ**から一つ選び，記号で答えなさい。

ア　政治に参加する義務　　**イ**　子どもに教育を受けさせる義務
ウ　働く義務　　**エ**　税金を納める義務

問５　下線部④について，少子高齢化が日本の社会におよぼす影響(えいきょう)の例として**適当でないもの**を，次の**ア**～**エ**から一つ選び，記号で答えなさい。

ア　高齢者だけの世帯が増えます。
イ　商品を買う人が増え，産業全体が活発になります。
ウ　国や地方自治体の税金による収入が減ります。
エ　学校の統廃合(とうはいごう)が進みます。

問6　下線部⑤に関連して，国の仕事について述べた文として**誤っているもの**を，次の**ア～エ**から一つ選び，記号で答えなさい。

ア　皇室の儀式(ぎしき)にかかわる事務をおこないます。
イ　災害がおこった地域からの要請(ようせい)を受けて自衛隊を派遣(はけん)します。
ウ　国会議員の中から都道府県知事を選びます。
エ　国民から集めた税金を管理しています。

5　次の文を読んで，あとの問1～問4に答えなさい。

①新型コロナウイルス感染症が世界中に広がり，2020年に開催(かいさい)される予定だった②オリンピック・パラリンピックは延期されました。この影響により多くの人が仕事を失いました。また，③紛争(ふんそう)によって家を失う人が増えるなど，世界は深刻な問題に直面しています。世界の平和と安全を守ることを使命とする国際連合は，紛争を防ぐための取り組みや④復興支援(しえん)など，人々の暮らしをよりよいものにするために，さまざまな活動をおこなっています。

問1　下線部①に関連して，新型コロナウイルス感染症の拡大を防ぐための取り組みとして**適当でないもの**を，次の**ア～エ**から一つ選び，記号で答えなさい。

ア　オンライン授業　　**イ**　テレワーク
ウ　プラスチック製ゴミ袋(ぶくろ)の有料化　　**エ**　時差通勤

問2　下線部②について述べた次の文**X・Y**の正誤の組み合わせとして正しいものを，あとの**ア～エ**から一つ選び，記号で答えなさい。

X　第1回の近代オリンピックはギリシャのアテネで開催されました。
Y　パラリンピックは，障がいのあるスポーツ選手たちの世界的な競技大会です。

ア　X　正　Y　正　　**イ**　X　正　Y　誤
ウ　X　誤　Y　正　　**エ**　X　誤　Y　誤

問3　下線部③に関連して，ペシャワール会所属の医師であった中村哲(てつ)さんが活動を続けてきた国を，次の**ア～エ**から一つ選び，記号で答えなさい。

ア　メキシコ　　**イ**　ハイチ
ウ　アフガニスタン　　**エ**　イラク

問４　下線部④に関連して，2011年に発生した東日本大震災の復興支援においては，各国の政府だけでなく，政府から独立した民間の団体も参加しました。こうした非政府組織の略称を，次の**ア**～**エ**から一つ選び，記号で答えなさい。

ア　NGO　　　**イ**　ODA　　　**ウ**　WHO　　　**エ**　WTO

〔以上〕

令和三年度

清風中学校入学試験問題

前期プレミアム・理Ⅲ選抜試験

国　語

（五〇分）

試験開始の合図があるまで、この「問題」冊子（さっし）を開かず、左記の注意事項を読んでください。

【注意事項】

一、試験開始の合図で、解答用紙の所定の欄（らん）に「受験番号」、「名前」をはっきりと記入してください。

二、この「問題」冊子は、18ページあります。解答用紙は一枚です。ページが脱落（だつらく）している場合は手をあげて試験監督（かんとく）の先生に知らせてください。

三、解答は、解答用紙の指定されたところに記入してください。

四、「問い」に「字数制限」がある場合、句読点やカギかっこなどの記号は、一字として数えて、解答してください。

五、試験終了の合図で、「問題」冊子の上に解答用紙を重ねてください。

六、「問題」冊子および解答用紙は持ち帰ってはいけません。

教英出版

【一】 次の文章を読んで、後の問いに答えなさい。

（ミオと妹のヒナコの家に親戚から、二匹の活きた毛ガニが贈られてきた。ヒナコは喜んではしゃぎ、「飼いたい」と言うが、ママはダメと言う。ミオはあきらめるようにヒナコを説得するが、ヒナコは聞くどころか、二匹に「チョキ」と「パア」という名前までつけてしまう。夕方ミオが遊びから帰ると、ヒナコは、魚屋の家の子に海水を分けてもらって、青いプラスチックの洗いおけで二匹を飼い始めていた。二人はカニのつもりになって、いま二匹はプラスチックの容器のなかで、小魚やクラゲや海藻に囲まれた海のなかでの生活を夢見ているんだろうと想像した。するといきなりヒナコが「(海に)かえしてやろ」と言いだしてきかなくなった。）

外でざわざわと木の葉のゆれる音がした。

①「海までの地図を見てみるだけだよ。いかないよ」

ミオは地図をひらいた。

遠足で行った江ノ島が一番近い海のはずだった。

ダイニングテーブルにひろげた地図の上に、ふたりは頭をならべた。

ミオが見ようとして指でなぞる上を、どこ、どこ？　とヒナコの頭がかぶっていく。

「もう、頭がじゃま。そっちいってて」

ミオが乱暴に妹の頭をどける。ヒナコは少しもさからわない。

パパの道路地図はむずかしかった。やたらに字はちいさく、やたらに漢字は多かった。やっと江ノ島をさがせても、そこから家までがたどれない。ページをめくるとわからなくなってしまうのだ。

「うーん」

(1)まゆを寄せてミオは妹を見つめた。ヒナコもまゆを寄せ、ついでに目玉も寄せてみせた。

ミオは地図に向かって役たたずだといいわたし、腕組みをして目をとじた。遠足を思い出すことにしようと思った。

まずバスにのって駅まで行く。その方面の電車があるのは三つ先の駅のはず。そこから『江ノ島行き』の電車にのる。駅についてからは一本道だった気がする。ただ道にそって歩いていけば海に出られたのをおぼえている。

だいいち、日本は島国だ。ずっと歩けばいつかは海に出られるはずだ。

できそうな気がする。うん、できるかもしれない。

ミオはヒナコに目をやった。ヒナコは鼻をほじっていた手をやすめ、じっとミオのことばをまった。

②「ねえヒナコ、いけたとしてもいかないよ。でも、いくらお金もってる?」

バス代、電車代、できればジュース代、いくらぐらいお金がかかるものだろう。

ヒナコはマリオネットのようにとびあがり、二階にかけあがるとすぐにゴジラのチョキン箱(a)をかかえてもどってきた。

チョキン箱をパカンと音をたててはずす。ジャラジャラいうコゼニ(b)とゴジラの首がテーブルの上にならんだ。ミオもその上でさいふをさかさにする。

「いかないけどね。ママにはないしょだよ」とミオ。

「うん。いかないけど、ぜったいひみつだね」とヒナコ。

お金をかぞえるミオの横で、ヒナコがうれしそうにいった。

「チョキとパア、よろこんでるみたい」

ミオには、カニのよろこんでいる顔とかなしんでいる顔の区別がまだつかない。それどころか、どうみてもこのカニの運命はいまのところ最低だ。でも運命はかえられる。いまは自分たちがそれをにぎっている。

A神さまが人間を見おろすときもこんなものかしら。③ミオはふしぎな思いでカニを上からながめやった。

風が雨戸をかたかたと鳴らした。

ヒナコがクシュンとくしゃみをした。

その夜中、パタパタという足音でミオは目をさました。

パパとママが妹の部屋に出入りしていた。ミオはヒナコの部屋をのぞきにいった。
ヒナコは赤い顔でベッドにねていた。
ママが体温計をながめていた。
「ねっ、だしたの?」
ママはうなずいて、ヒナコのおでこに自分のおでこをくっつける。
ミオの耳におでこが衝突（しょうとつ）するちいさな音まできこえてくる。ちいさな頃（ころ）、ヒナコはすぐに㊟ひきつけた。だから高い熱をだすといまでもママはあわててしまうのだ。
一階におりていくと、パパがくすり棚（だな）をかきまわしていた。
「ヒナコの熱、たかいの?」
「うん、少しね」
パパの横ではカニの入った洗いおけが、ブクブクと音をたてている。
ミオはカニが気になった。カニの運命をひとりで(2)背おわされるのはかなわなかった。ヒナコが熱をだしているあいだは海に行けない。長びけばカニは死ぬ。
「ヒナコ、すぐなおるよね。熱、すぐにひくよね」
「ああ、だいじょうぶ」
とパパはほほえんだ。そして、つけくわえた。
「熱で死ぬようなことはないだろうから」
しんぱいせずに早くねなさい、パパは解熱剤（げねつざい）と水をもって二階にあがった。
④ミオはつっ立っていた。
パパの声が頭のなかにひびく。シンバルがジャンとなる。
死ぬようなことはないだろう……「ないだろう」というのは「ない」というのとはちがうのではないか。「ないだろう」というの

B1はもしかしたら「ある」ということにはならないか。
風が鳴っていた。魔物（まもの）のうなり声のようだった。

ベッドに入ってもミオは寝（ね）つかれなかった。

パパとママもひきあげたヒナコの部屋に、ミオはもういちど足を向けた。

ドアをそうっとあけた。むんとあたたかい空気が顔にあたった。

ナイトランプがぼうっと光り、ベッドの影（かげ）をかべに大きく映しだしている。

加湿器（かしつき）が白い霧（きり）をつくり、おばけのようなもやもやしたかたちをひろげていた。

ヒナコは目をつむっている。

ミオはうしろ手にドアをしめた。

夜中になって北風のcイキオいはましていた。

おもての通りでからんころんとなにかがころがっていく音。つづいてぎいぎいと太い木のしなう音がひびきわたった。

妹だけが死んだようにひっそりしていた。

ミオは(3)胸がざわついた。

B2風は黄泉（よみ）の国からふいてくる。ミオはそんなおそろしい想像をしたことがあった。

たくさんの死者のたましいをのせて、風は夜中の街をふきぬける。家々の窓をのぞきながら、つれていくだれかをさがすのだ。だから、風のあれくるう夜には外に出てはいけない。いくら窓をたたく音がきこえても、決して耳をかしてはいけない。

ひときわ強い風がどしんとふいた。部屋のどこかがみしりといった。

玄関（げんかん）の門が、キイキイと悲鳴をあげはじめた。

どうしよう。風はもうそこまできている。

ヒナコが見つかったのかもしれない。風はヒナコのたましいをさらおうと、ねらいをさだめたのかもしれない。

血のにおいをかぎつけたサメの群れが、えもののまわりをまわるように、うーうーとうなりをあげて家のまわりをふきあれる。

ミオはベッドの脇に寄り、妹をまもるように布団の上に手をわたした。

かすかな熱い息がミオの手にふれた。

ヒナコはまだちいさく、この世にしっかりとつながってはいない。だから、かんたんにつれていかれてしまいそうでこわかった。

それは⑤ミオ自身がずっとかかえている不安でもあった。

なんの約束もなしにこの世に生まれたことが、たよりなくてしかたがないときがある。

この世に生まれる以前にいた場所に、いつまたつれもどされるのかしれないのだ。パパやママよりも自分たちの方がその場所に近い気がした。

そして、つれていかれるときはひとりなのだろう。だれとも離れて、ひとりぼっちなのだろう。それが何よりもおそろしくて、さびしくて、泣きたくなるのだった。

⑥ミオは重しにでもなったつもりで、布団にほおをおしつけた。

カーテンがゆらりとうごいたように見えた。

窓があいているようなことはないだろうか。ミオは勇気をふりしぼり、窓のそばに(4)にじり寄った。そしてサッシのかぎをしめなおした。

風がすぐ耳もとでわぁんと鳴った。何百人もの死者がいっせいに抗議の声をあげたようにきこえた。

ミオはおそるおそるカーテンのすきまから外をのぞき見た。

夜中の町は月光に照らされて、ふしぎなほど明るかった。はればれと青く澄んで、（　Ⅰ　）海の底に思えた。木々は海草のようにゆれて、ちぎれた木の葉は小魚みたいに通りをおよいでいる。

夜空に目をうつすと、大きな金色の月がかがやいている。

あの空の高いところからなにかが見おろしている気がした。おぼえのある感覚だったので、ガラスにおでこをくっつけて思い出そうとした。思い出したらこんどはぞくりと鳥はだが立った。

カニだった。海底から月を見あげるカニだったのだ。
自分がカニになり、天井（てんじょう）の電灯を月にみたててながめたことが、ほんとうにあったような気がしたのだ。
急に風がぱたりとやんだ。
あたりがいっぺんにしんとした。
ヒナコが目をさました。
「おねえちゃん?」
ヒナコのそばにかけもどった。ここにいるよ、ミオは妹の汗（あせ）ばむおでこを手の平でぬぐい、前髪（まえがみ）をうしろになでつけてやった。
ヒナコは安心したようにこくりとうなずき、また目をとじる。ほおのうぶ毛があかりに透（す）けて光っている。ミオはナイトランプの光をちいさくした。
目をつむったまま、ヒナコが布団のあいだからちょろりと指さきを出した。
ひとさし指となか指が、弱々しくVの字をつくった。
ミオは考えをめぐらせた。だいじょうぶというつもりのVなのか。それともカニのことをよろしくという意味のチョキなのか。
いまのヒナコはカニに似ているとミオは思った。赤い顔やほおのうぶ毛以上に、その運命が似ている。カニが網（あみ）につかまったように、ヒナコもなにかにつかまりかけているのだ。
ミオはおしいれから布団と毛布をひっぱりだし、みのむしのようにからだにまきつけ、ベッドの脇に横になった。
ヒナコの息づかいをたしかめながら、カーテンのすきまにのぞく夜空に目をすえた。
だれなのか、なんなのかはしらないけれど、そこから見おろしているのはしってるよ。
でも、だめだから。妹をつれてはいかせないから、絶対に。
朝、ママにおこされてミオは目をさました。ヒナコはねむっていた。熱はあいかわらずのようだった。
なぜヒナコの部屋でねたのかとママにきかれた。説明なんてできない。わけのわからないいいわけをしながら部屋をとび出した。

とけいを見ながらろうかを走った。
つかまったカニを逃がしてやるのだ。ミオは信じていた。網にかかったカニが自由になれたら、悪い運命からヒナコも逃げだせる。
いそがなくっちゃ。ミオは台所にとびこんで、洗いおけをのぞいた。へりを乱暴にたたくとカニたちはかすかにはさみをうごかした。
ママのすいじてぶくろをはめた。その手をおもいきって水の中につっこみカニをつかみだした。ハッポウスチロールの箱に入ったおがくずのなかに二匹をほうりなげた。
箱をもちあげてみた。しかしミオには大きすぎた。こんなものをもちあるいて海までは行けない。
おしいれの中に顔をつっこんでかわりの箱をさがした。ちいさすぎるか大きすぎるか、浅すぎるか深すぎるか、ぴったりくるものは（ Ⅱ ）見つからない。そこいらじゅうがあき箱だらけになった。
なにかべつのいれものをさがそうと思いなおしたころ、ころあいの箱が見つかった。かたい紙製の道具箱で、ヒナコが幼稚園でつかっていたものだった。オレンジ色のおかしな顔のライオンがわらっている。「りす組　さいとうひなこ」とでかでかと名前が書いてあった。
台所の戸棚からアイスピックをひっぱりだし、箱にブスブスとつきたてて穴をあけた。
二匹のカニをおがくずごと道具箱にガサリとうつし、上から輪ゴムでしっかりとめた。
ゆうべ用意したお金をざらざらとズボンのポケットにつっこみ、通帳とハンコをリュックに入れた。コートにそでを通し、リュックを背おい、カニを入れた箱をかかえてミオは家をとび出した。
C1 向かい風がびゅうびゅうとふいていた。からだをおしもどされそうになりながら、バス停までななめになってミオは走った。
バス停についで息をととのえた。箱に耳をおしつけた。（ Ⅲ ）ごそごそと音がきこえて、ほっと胸をなでおろした。
バスはなかなかやってこなかった。

バスをまって立っているあいだ、通りすぎる人たちがみんな自分をじろじろとながめていくような気がした。あんたいくつ？　この時期に海ですって？　頭がおかしいんじゃないの？　ミオはうつむいた。

胸のなかでふくらませていたふうせんに穴があいたように、勇気がしゅわしゅわとちぢんでいく。

C[2]計画は妹と行くつもりで立てたもの。ひとりではやりおおせないかもしれない。

風がからかうようにミオの髪をまきあげた。

ミオは顔のまわりでおどる自分の髪をひとふさつまんだ。そして、それを口にもっていきギシギシとかんだ。そうでもしていないとくるりとまわって、いまきた道をもどってしまいそうだった。

「まかせとき」という声にミオはふりむいた。

うけあってくれたのは、つなぎを着たおねえさん。ただし、その顔はミオに向けられているわけではなかった。

バス停のうしろは食堂になっている。広い駐車場（ちゅうしゃじょう）があり、街道に面しているので長距離（ちょうきょり）のトラックがよく立ち寄っていく店だった。

C[3]『めし、うどん』と書かれたのれんを背に、おねえさんは連れの人にまかせてと胸をたたいていたのだ。

おねえさんは風のなか、とてもたのもしそうなようすで大またに歩いてくる。そして駐車場にとめてあったトラックの運転台にとびのると、長い髪をたばねていた赤いバンダナをきゅっと結びなおした。それから連れのおにいさんとなにかやりとりをしながら、トラックのミラーをうごかした。

ミオはそのトラックにむかって走った。

「すいません」

D[1]大きな声でよびかけながら運転台の脇にかけよった。おねえさんがふしぎそうにミオを見つめ、運転席のドアをあけた。

「海に、いきますか」

運転席をミオは見あげた。D[2]風に声が流された。

「え」

「海にこのトラックはいきますか」
ミオはくりかえした。
そして、カニを海にかえしたいこと、それを妹がのぞんでいること、⑦そうしないと妹の病気はなおらない気がすること、ミオは一気にうったえた。
おねえさんはだまっていた。助手席にいたおにいさんは首をひねった。
「このなかにカニがいるんです」
ミオは道具箱をさしだした。
おねえさんはにこりともせず箱を見つめ、ミオを見つめた。
そして目玉をくるりとまわしてため息をついた。
からだをのばすようにしてミオの手から箱をうけとり、それをシートの上にポンと置いた。
「わかった。海にかえしてやるよ」
おにいさんが助手席で「まじかよ」といってわらいこけた。
おねえさんはミオに離れるよう手でアイズ[d]をし、バタンと音をたててドアをしめた。
トラックのエンジンの音は大きかったので、ミオはどなるようにお礼をいった。
銀色のアルミの車体をきらめかせてトラックは遠ざかった。[E]風がびゅうとあとを追った。
ミオは頭を下げた。
ちいさくなっていく車体ではエビの絵が踊(おど)っていた。カニの絵ではなかったけれど、⑧それに、賭(か)けた。
「ねえ、熱がでていたときって、こわい夢をみなかった?」
もう熱がさがって二日もたつくせに、いったいいつまでねているつもり……ほんとうはそんなこともいいたいけれど、それよりもミオにはもっと気にかかっていることがあった。

ヒナコは夢をみたかもしれない。風にさらわれ、暗い世界へつれさられる夢。

なおったころあいをみて、それをぜひきいてみたかった。

「うん。みたよ。とってもこわい夢」

ヒナコは読んでいたまんが本の脇から顔をだした。

「どんな？」

ミオは手の平があせばんでいくのがわかった。

うーんとヒナコは天井を見あげた。その目はまだ熱がこもっているように青白く光っていた。

「おねえちゃんがね、でてきたの」

ミオは真夜中の風を思いうかべ、月光に照らされた自分を思い出した。

「それでね、あたしをひっぱるの」

「……うん」

「タコ焼き、よこせって……」

ミオは、最後まできかぬうちにまんが本をヒナコの顔におしつけた。

ママがドアをあけた。ヒナコに絵はがきがとどいているといった。ミオには妹をいじめるのはもう一日あとにしろといった。

ママのさし出した絵はがきをヒナコはうけとった。横からミオがのぞきこんだ。

冬の寒そうな海岸の絵だった。

すみにちいさく書いてあったことばをヒナコはぼそぼそと声にだした。

「びょうきはなおりましたか。こちらはさむいけれど、かいてきです。げんきでいてください」

おせじにもじょうずとはいえない字だった。差出人はカニとあり、住所は北の海の底とある。いくらか字のにじんでいるところは、いかにも海からとどいたものに思えた。

ミオとヒナコは顔を見合わせた。ママはふたりの顔をふしぎそうに交互(こうご)にながめた。ママにはカニを逃がしたことはうちあけてあり、あやまってあった。ママはもったいないといいながらもほっとしたようにちいさく息をついたのだった。

思いついてミオはママにたずねた。

「ねえママ、ようちえんのお道具箱って、なまえを書くでしょ。住所なんかも書いてたっけ?」

お道具箱にはどうだったかしら。ママは首をかしげた。

ヒナコはベッドにあおむけになったまま、はがきを顔の上にのせて遊んでいた。

スンスンと息をすい、海のにおいがするといった。

そして鼻から息をふきつけて、F1顔からはがきをおとそうとした。

二度目にふこうとしたとき、窓から口笛のような陽気な音がきこえてきた。細いすきまからはいった風は、いたずらをしかけているようにヒナコの顔からはがきを舞(ま)いおとした。F2それからふたりのほおを、ひやりとなでてどこかに消えた。

(安東(あんどう)みきえ「毛ガニ」〔『天のシーソー』より〕)

㊟ ひきつけた ―― けいれんを起こした

問一　═══線部a～dのカタカナを漢字に直しなさい。

問二　〰〰線部(1)～(4)の本文中の意味として最も適切なものをそれぞれ次の中から選び、記号で答えなさい。

(1)「まゆを寄せて」

ア　困った顔をして　　イ　いやな顔をして　　ウ　ふざけた顔をして　　エ　かなしい顔をして

(2)「背おわされる」

ア　さそわれる　　イ　流される　　ウ　まかされる　　エ　ささげられる

(3)「胸がざわついた」

ア　おそろしくてはき気がした　　イ　不吉(ふきつ)で落ち着かなくなった

ウ　こわくてたえられなくなった　　エ　うるさくて気持ち悪くなった

(4)「にじり寄った」

ア　ひざをすって近づいた　　イ　早足で近づいた　　ウ　転がりながら近づいた　　エ　ゆっくりと近づいた

問三　空欄(くうらん)（　Ⅰ　）～（　Ⅲ　）に入る語句として最も適切なものをそれぞれ次の中から選び、記号で答えなさい。ただし同じ記号を二回以上使ってはいけません。

ア　かなり　　イ　すでに　　ウ　かすかに　　エ　なかなか　　オ　まるで

問四　ミオはヒナコに、――線部①で「海までの地図を見てみるだけだよ。いかないよ」と言い、また――線部②では、「ねえヒナコ、いけたとしてもいかないよ。でも、いくらお金もってる？」と言っています。このときのミオの気持ちの説明として最も適切なものを次の中から選び、記号で答えなさい。

ア　実際には行くつもりはないけれども、もし行くとしたらということをいっしょに考えてあげて、ヒナコをなぐさめることだけはしようとしている。

イ　実際には行かずに地図を見るだけだとヒナコに念をおし、それを口実にして、もし行くとしたらどうすればいいかということを考えようとしている。

ウ　実際には行くことはできないと言っても、なかなかヒナコは分かってくれないので、地図の上だけでも行ったつもりにさせてごまかそうとしている。

エ　実際に行こうとすれば、お母さんに止められることは二人ともわかっているので、どうしたら行けるかを遊びのつもりで考えて楽しもうとしている。

問五　――線部③「ミオはふしぎな思いでカニを上からながめやった」とありますが、「ふしぎな思い」とはどういう「思い」ですか。最も適切なものを次の中から選び、記号で答えなさい。

ア　カニが、神さまに見すてられて最低の状態におかれていても、悲しんでいるように見えないという思い。

イ　神さまが、カニの運命をどのようにでも扱(あつか)うことができるように、人間も見下ろしているのだという思い。

ウ　神さまに、自分たちが選ばれて、カニの運命を決めることができる力をさずけてもらったという思い。

エ　自分たちが、生きものの運命を決められる神さまのような力をもっている立場にあるのだという思い。

問六　――線部④「ミオはつっ立っていた」とありますが、それはなぜですか。最も適切なものを次の中から選び、記号で答えなさい。

ア　パパの言い方だと、ヒナコが死ぬこともありえるということになるのに、パパはのんきすぎると驚いたから。
イ　パパは、ミオに心配をかけないで早く寝させるために気を使って、ヒナコは大丈夫だと言ったと気づいたから。
ウ　パパの言い方だと、ヒナコは死なないとも限らないということになると気づいて、大きな衝撃を受けたから。
エ　パパは、ヒナコが死ぬことはないと考えているが、ミオにはそう考えるパパの気持ちが全く分からなかったから。

問七　――線部⑤「ミオ自身がずっとかかえている不安」とありますが、これはどういうことですか。九十字以内で説明しなさい。

問八　――線部⑥「ミオは重しにでもなったつもりで、布団にほおをおしつけた」とありますが、何のために「重し」になろうとしたのですか。次の空欄Ⅰ・Ⅱに入る言葉を本文中から指定の字数でぬき出して答えなさい。

［Ⅰ（一字）］が［Ⅱ（十五字以内）］とするのをとめるため。

問九　――線部⑦「そうしないと妹の病気はなおらない気がする」とありますが、それはなぜですか。最も適切なものを次の中から選び、記号で答えなさい。

ア　ヒナコは、カニが贈られてきたはじめから、お母さんに反対されても、カニに名前をつけてまでかわいがっていたから。
イ　ヒナコと二人で、カニを海にかえす計画を立てたのに、ヒナコの病気でそれが実現できないことになってしまうから。
ウ　ヒナコの望みをかなえられず、もしカニが死んでしまったら、ヒナコはがっかりしてミオのことをうらみ続けるから。
エ　ミオは、カニが人間につかまりヒナコもなにかにつかまりかけていて、カニとヒナコは似ていると思っているから。

問十　――線部⑧「それに、賭けた」とありますが、ここでの意味を説明した次の文章の空欄に入る言葉を、本文中から指定の字数でぬき出して答えなさい。

「それ」が指しているのは、車体の［Ⅰ（四字）］であり、「賭けた」というのは、それにカニの［Ⅱ（二字）］をゆだねるということであるが、実際は、［Ⅲ（五字）］にカニの［Ⅱ］をゆだねることによって、結局、［Ⅳ（一字）］の［Ⅱ］をゆだねることになっているということ。

問十一　……線部の「風」の描写（びょうしゃ）について、六人で話し合いました。本文の内容に**合わない**感想を述べているのはだれですか。次の中から**二人**選びなさい。

Aさん（……線部Aの表現に関して）
「『風が雨戸をかたかたと鳴らした』とあるけど、その直後にヒナコがくしゃみをしているよね。きっと冷たい風なんだろうね。ヒナコが熱を出して寝こむ前触れ（まえぶ）になっているとぼくは思ったよ。」

Bさん（……線部B¹・B²の表現に関して）
「なるほどそうだね。そしてだんだん風が強くなって、『魔物のうなり声のよう』に『鳴っていた』とき、ミオはヒナコの容体を心配していたけど、つい『黄泉の国』を空想して、こわさで縮みあがって何ひとつ考えられなくなったよね。」

Cさん（……線部C¹・C²・C³の表現に関して）
「そこもおもしろかったけど、『びゅうびゅう』と吹（ふ）く『向かい風』に『からか』われるように『髪をまきあげ』られたところで弱気になったミオの前に、おねえさんが、風をものともせずに『大またに歩いて』登場する場面がとてもかっこよかったなあ。」

Dさん（……線部D¹・D²の表現に関して）
「ぼくはね、『風に声が流された』という言い方がおもしろいなあと思ったよ。『海に、いきますか』というミオの声がおねえさんの耳にまで届くのを、まるで風がじゃましているように感じられるよね。」

Eさん（……線部Eの表現に関して）

「わたしは、そのおねえさんがトラックを走らせて遠ざかって行ったところの、『風がびゅうとあとを追った』という表現だけど、用事が増えたおねえさんは、きっと風に負けまいと追いかけっこして急ぐんだろうなって思ったわ。」

Fさん（……線部F_1・F_2の表現に関して）

「それよりもっと気になるところがあるよ。『陽気な音』をたてて入ってきた風が、ヒナコの顔からはがきを舞いおとすいたずらは明るい雰囲気(ふんいき)なんだけど、『ふたりのほおを、ひやりとなで』たって、何かとても意味ありげだよね。」

【二】 次の文章は、「マスメディアの役割」について、AさんとBさんがそれぞれ述べた意見です。これを読んで、本文の内容を百字以上二百字以内でまとめなさい。ただし、次の形式で書くこと。

Aさんは、……と考えている。一方、Bさんは、……と考えている。

Aさん

マスメディアって言うと、新聞とかテレビ・ラジオのことだよね。「マス」っていう言葉には「大衆」っていう意味があるのは知ってる? その言葉通り、多くの人に一度に情報を伝えられるところが、マスメディアの一番すごいところだね。たとえば、このあいだやっていたある番組は、一番多いときで二〇〇〇万人の人が観ていたんだって。それに、最近では新聞を取っている家が減っていると言われるけれど、一般の新聞とスポーツ新聞を合わせると四〇〇〇万部も発行されているんだよ。これだけたくさんの人に、一度に同じ情報を伝えることができるのは、やっぱりすごいことだよね。

このことから考えると、マスメディアの役割のひとつは、多くの人が知りたいと思っている情報を伝えることなんじゃないかな。みんなが知りたいことにはいろいろな種類があるよね。たとえば、おいしいものが食べられるお店がどこにあるのかとか、明日の天気予報とかね。先週、動物園でパンダの赤ちゃんが生まれたってテレビのニュースでやっていたけれど、それを観たら次の日曜日にさっそく行ってみようかって家族で盛り上がったんだ。こういうとき、テレビみたいなマスメディアがあってよかったなって思うよ。

あと、テレビだとバラエティ番組やドラマ、映画など、おもしろい番組をたくさんやっているよね。それを家族で観たり、次の日に学校で観た番組についてみんなと話をしたりするのはとても楽しい。そう考えると、番組や記事を通してみんなを楽しませることも、マスメディアの役割なんじゃないかな。

Bさん

たしかにマスメディアは情報を伝えることについて大きな力を持っているよね。知りたいことを教えてくれたり楽しませてくれたりするっていう点で、とても役に立っているとぼくも思うよ。

ただ、マスメディアには、他にも大切な役割があるとぼくは思う。それは、みんなが知りたいと思っているかどうかとは別に、人々が知らなければならないことを伝えることなんだ。それは何かって言うと、世の中で権力を持っている人や組織の、行動だとか振る舞いだよ。マスメディアは権力者をしっかり監視して、問題点や不祥事があったら人々に伝えないといけない。たとえば政治家がわいろを受け取ったり、大企業や警察などが何か不正をしていたりしたら、徹底的に取材をして、どんなことが行われたのかを人々に知らせる役割があるんだよ。

権力者は力があるから、悪いことをしようと思ったらできてしまうし、隠そうと思ったら隠せてしまう。どんな悪いことが行われているのか、ぼくたち一般人は全然知ることができないかもしれない。マスメディアが権力者を恐れずにしっかりと監視や取材をして、何が起こったのかを報道してくれれば、ぼくたちは問題点を認識して、もっとよい社会を作っていけるようになるんだ。社会をよりよくするためにも、ぼくたちにとってマスメディアは大切なんだと思うよ。

（オリジナル文章）

（以上）